生育生殖流程管理与风险控制

主　编　刘　彦　刘嘉茵
副主编　杨　丹　柴德春
顾　问　戴钟英　刘　炜
编　者　（以姓氏笔画为序）

王　昊　王　菁　王欣月　王晨曦
冯丽霞　庄　海　刘　娟　杜　辉
杨　力　杨晓玉　吴春香　汪希鹏
沈婷婷　张　慰　陈秀萍　罗　捷
冒韵东　徐舒翔　唐丽华　黄秀丽
曹瑞勤　霍晓溪

科学出版社

北京

内 容 简 介

本书分上下两篇，列出了产科和生殖中心的流程管理和风险控制的模式图，共64项。图中标识出相关问题的执行路径和风险控制点，并配以相关标准、说明及表格等。附录中收录了20例来自临床的典型真实案例分析和供产科接诊人员及孕产妇就诊分类的自测题。针对临床处理中流程管理的缺失或缺陷增加了专家点评，指导就诊者尤其是有并发症的就诊者怎样避免生育生殖中的风险。其内容展现了一套实用性很强的生育生殖临床工作创新管理模式，并借鉴了 ISO9000 和我国部分医院的优质管理成功经验。

本书适于妇科、产科、生殖中心，以及各妇幼保健院的医护人员和管理者学习使用，同时亦可为广大孕产妇或待孕妇女阅读。

图书在版编目（CIP）数据

生育生殖流程管理与风险控制 / 刘彦，刘嘉茵主编 . —北京：科学出版社，2019.11

ISBN 978-7-03-063120-6

Ⅰ . ①生… Ⅱ . ①刘… ②刘… Ⅲ . ①生育 – 卫生管理 – 风险控制 – 研究 – 中国 Ⅳ . ① C924.2

中国版本图书馆 CIP 数据核字（2019）第 246919 号

责任编辑：徐卓立 / 责任校对：张林红
责任印制：赵 博 / 封面设计：吴朝洪

科学出版社 出版
北京东黄城根北街 16 号
邮政编码：100717
http://www.sciencep.com

三河市春园印刷有限公司 印刷
科学出版社发行 各地新华书店经销

*
2019 年 11 月第 一 版 开本：889×1194 1/16
2019 年 11 月第一次印刷 印张：13 3/4
字数：416 000
定价：146.00 元
（如有印装质量问题，我社负责调换）

序 一

繁衍是人类得以延续的保障，生育是家庭和社会最为关注的大事。

20世纪初，欧洲发现了公元前20000年前的一尊乳房丰满的妊娠妇女雕像，世人称之威伦道夫的维纳斯（Venus of Willendorf），它象征着生育。以后在欧洲多处洞穴的远古壁画中又见到反映妇女腹中胎儿的图像；在土耳其的古代洞穴里还发现看来是生育女神的坐姿分娩，双足间有个小孩。这反映了早期人类对分娩的朦胧认识。

埃及和古希腊文明时代医学有了长足发展，甚至有了产科书籍的出版，但当时对妊娠和分娩的知识仍十分有限。直到18世纪解剖学的发展才使人们认识了子宫、输卵管、卵巢、睾丸这些生殖器官，并在显微镜下认识了卵泡和精子；对妊娠时胎位及骨盆与难产的关系也有了比较粗浅的认识；初步建立起科学的接生方法，产钳也随之诞生；从此迎来了妇产科学的快速发展。进入19世纪，随着巴斯德（Pasteur）建立并发展了细菌学，李斯特（Lister）的苯酚（石炭酸）消毒法逐步在产科推广，产妇因产褥感染而死亡的风险大大降低。迈入20世纪后，剖宫产技术亦日益成熟，血型研究的成功又使得输血可以安全地应用于临床，许多难产和出血得到控制。特别是弗莱明（Fleming）发现了青霉素并被用来治疗产妇和婴儿的感染后，更使得孕产妇的死亡率显著下降。到了20世纪后半叶，胎心电子监护、B型超声等先进仪器在产前及产时广泛得以使用，进一步提高了产妇分娩的安全性。今天，沃森（Watson）和克里克（Crick）在遗传学方面对DNA的一系列研究，使胎儿先天性和遗传性疾病有了可靠的检查方法，为孕产妇的科学生育做出了积极贡献。现在全球孕产妇的死亡率已经从最初的1500～2000/10万有了明显下降，少数发达国家更是降到了1～3/10万，这里面饱含着多少代人不懈的努力啊！

我之所以与大家一起简略回顾产科的发展历程，是希望广大的产科工作者记住我们的祖辈曾经为人类繁衍做出了怎样的贡献，他们从每一例死亡的孕产妇中总结经验教训，孜孜不倦地追求科学的进步和母婴的平安，才取得今天对生育生殖的深刻认知和高水平处理方式。

医学的发展十分迅速，分科也越来越细。由于积累了很多成熟的诊断治疗经验，近来各类学科都有一种就某种疾病的诊断和治疗达成共识再进行推广的趋向，也就是说使之成为某项医疗活动的指导，催生出一种相对正确的工作流程，以便引领和强化行业或领域内的学科发展。一般遵照这个流程处理，临床就会少走一些弯路，少犯错误；它还可以引导一些经验不够丰富的医务工作者避免因工作缺乏指导而引发不幸事件。这和航空事业相当类似。自1911年莱特兄弟发明飞机后的100多年来，航空事业已经进一步成为一个国家的重要支柱产业，它是那么庞大，又那么复杂，一旦发生事故伤亡和损失难以估量，所以它们早就开始实施了"流程管理"的工作模式。通过十分严密和精细的流程控制，不断从总结以往各种成功经验和失败教训中完善补充该流程，这才在很大的程度上保证了飞行的安全。直到今天航空仍然在继续改善自己先进的流程管理模式。

我们再来回顾一下生殖和生育方面的进步。远至1778年，英国的Bland医师首次用孕产妇死亡率来映射英国贫穷地区孕产妇生育的保健水平；1840年英国政府开始正式采用该方法并每年发布报告来公示这一孕产妇死亡率的数字。以后世界卫生组织也采取了同一方法，并在各国普及了逐年报告孕产妇死亡率的做法。在我国，1949—1950年的孕产妇死亡率可能在1500/10万左右；后来在政府和全国产科工作者的共同努力下，死亡率逐年下降。至2000年我国孕产妇死亡率已降至53/10万，2017年部分城市更降为19.6/10万。目前全国孕产妇死亡率最低的是上海市，它通过近20年来创建和推广的一整套与孕产妇相关的工作流程，使孕产妇的死亡率在2017—2018年已降至1～3/10万。这是一个了不起的数字，说明上海市的生殖生育工作已经迈入世界先进水平，可喜可贺！

本书就是在总结上海市经验的基础上撰写的。全书通过介绍产科日常工作和常见重危产科疾病的工作流程，力图引导产科医师和助产士提高工作质量，希望能对孕产妇死亡率进一步下降做出贡献。当然本书所建议的工作流程和航空事业一样，不可能是一成不变的。随着产科工作经验不断的积累和内容不断地更新，此工作流程会随之做出修订和升级。此外，书中还介绍了一些有关辅助生育的工作流程。这是一个近年来飞速发展的领域，辅助生育技术的出现和进步使原来不孕不育的夫妇能安全地获得一个健康的新生儿，是以妇产科的内分泌学、遗传学、胚胎学等为基础发展起来的新兴学科。我认为，该新兴学科一开始就应尽量纳入科学的流程管理范畴，以避免工作的异质化和由此带来的风险。所以尽管制订的相关流程还不够成熟，但该项工作的益处显而易见。

最后，我要强调这个流程是我们产科医师和助产士在执行，这里每一个产科医师和助产士都是关键，所以他们应该成为高素质高水平的人。首先他们应该是诚实而不说谎的人，是严格遵守纪律的人，是勤快而不偷懒的人，是对生命高度负责并有进取心的人；同时他们还应该是个有了错误能虚心承认并认真改正的人。人们可能要问，医师又不是完人，这要求是不是太高了？我想，面对着千千万万的母亲和孩子，为了他们的安全，我们的产科医师和助产士必须是这样的人。只有这样我们才能进步，成长为优秀的妇产科专科医师（包括产科、生殖科），才有希望处处规避风险而立于不败之地；我们的团队才能迅速提高整体水平，在全国范围内形成更多像上海那样优秀和同质化的医疗团队来。

谨此，我认为本书的出版将有助于产科工作者整体医疗水平全面提升，也预祝我们的妇产科事业更上一层楼！

中华医学会妇产科学会原副主任委员

上海市第六人民医院教授，原妇产科主任

戴钟英

2019年8月于上海

序 二

欣喜阅读了刘彦教授和刘嘉茵教授主编的《生育生殖流程管理与风险控制》一书，给人耳目一新的感觉。

当前，随着信息时代的到来，科学飞速发展，各种新理念、新技术、新方法以闪速冲击着人们惯有的思维，也推动了临床医学的快速发展。面对眼花缭乱、目不暇接的知识更新，如何将更新的知识与患者状况相结合，如何与疾病的诊断及治疗相结合，是值得临床医师深思的。临床医学是一门实践性非常强的科学。除了进行深入的基础研究来揭示疾病的病因及变化规律外，还应该根据长期临床经验的积累、大量临床循证医学前瞻性或回顾性研究结果，总结制定各种严格的流程与常规来规范我们的医疗行为。特别是在当前的大数据时代，一些研究结果和结论有很重要的理论价值。我们应在充分认识疾病的规律及认真研究、掌握、了解疾病的基础上，有效地捕获和更新知识，使现有的流程更加合理和规范。

产科是临床医学中风险最高的科室，在母体孕育新生命直至胎儿出生的漫长过程中，面对看似风平浪静，然而静水下旋涡却无处不在，含有颇多潜在危险，稍一疏忽就会出现难以预料的问题。而面对出现的问题一旦处理不当或不及时，会直接影响母儿健康，甚至威胁母儿生命。此时产科医师的第一要务在于如何预测、评估并及时发现存在的风险，立即采取有效防范与抢救措施，使母亲和胎儿顺利渡过妊娠期，安全分娩，保证宝宝平安出生。尽管当前临床中已制定了多项常规和各种专家共识，但实际应用中临床医师特别是基层医师或经验不足的年轻医师常感到力所不逮，不能一下抓住处理原则并付诸临床实践，从而错失良机，延误了最佳抢救时间，导致发生不可挽救的严重临床结局。

人类繁衍生息是人类得以生存和社会持续发展的重要内容。生殖健康关系到家庭、社会的安定，甚至关系到全人类的正常繁衍，生殖医学是解决生命孕育过程中出现各种问题的学问。目前不孕不育发病率占全体育龄人群的 10%～15%，发病原因中，单纯属女方因素的约占 50%，单纯属男方因素的约占 30%～40%，男女共有因素的约占 10%～20%。面临生育力下降问题，生殖领域有许多急需探讨和急需解决的难点。当前生殖领域的研究与临床，已经成为了最热门的学科领域。

本书围绕生育（产科）和生殖两个医学领域的风险管理撰写。在产科流程与风险控制篇中，包含了在门诊进行的产前检查及住院后的流程，包含了正常产、病理产科及与新生儿相关的各个内容。特别是将上海市多年前开始制定，并在其后实施过程中证明行之有效的风险管理理念，以简易的流程图方法展示，使操作者一目了然。通过图示使得临床医师能尽快深入其中，掌握流程，并可以根据风险管理的流程图，按部就班解决复杂的临床问题。在生殖中心流程与风险控制篇中，包含了生殖医学领域中必须面对的相关问题。全书尽可能包罗了上述两个领域中的诸多疾病。

本书另一特点是参照了国际标准化组织（ISO）制定的 ISO9000 质量管理体系标准。在 2018 年 ISO9000 标准中第一位强调的是全员参与管理。该书作者大胆借鉴航空领域中的严格军事化管理程序，在流程图中采用了不同形状、不同颜色的图形，表示出不同内容和意义。按照 ISO 管理理念将疾病诊断和处理常规与临床思维相结合，力求使复杂临床问题简单化，让医师特别是基层医师和年轻医师阅读时一目了然，容易迅速付诸于临床实践。

当前我国有 3000 多家妇幼保健机构、800 多家妇产科医院，18 万助产士、近 21 万产科医师，每年出生的新生儿约 1 700 万。面对众多的出生人口，要实现我国在"健康中国 2030"规划纲要中提出"到 2030 年全国孕产妇死亡率下降至 18/10 万"，任务十分艰巨。该书用简单易懂的图表方式把工作流程介绍给临床医师，对降低产科风险和规范临床治疗肯定很有帮助，对解决全国产科发展不平衡的状况做了有益的工作。

感谢作者提供了这样一种新的以图标表示的临床思维模式。

北京大学医学部妇产科学系名誉主任
北京大学人民医院妇产科教授、主任医师、博士生导师

魏丽惠

2019 年 8 月

序 三

本书主编刘彦是我的姐姐，她是海军军医大学（原第二军医大学）附属长征医院原妇产科主任，现任上海复旦大学附属华山医院客座教授，我们关于流程管理有过多次探讨并经常在一起交换意见。当她建议我为本书写点什么的时候让我有点意外，因为这可是一本"医学"专著，而我是一个航空人，长期从事的是航空工程技术质量管理和流程管理工作，看起来和医学有点风马牛不相及。

但细细一想，航空和医学确有相通之处，因为两者都是安全等级要求极高的行业，每天面对大量的流动人群必须保证工作的有序和安全，否则就会有生命危险。航空管理水平历来世界第一，制定严格的流程管理来控制各环节风险的发生。刘彦教授一直认为生育生殖工作要想避免风险确保母婴平安，一定要借鉴航空的流程管理模式。在她的力邀下，我愿意尽我所能为此书的撰写提供意见和帮助，并借此搭建航空和医学两个领域相互借鉴的桥梁。

既然要写，我就先从我自己熟悉的航空管理说起，希望所说的内容对医学管理的进步有所帮助，也希望医学专家们原谅我的"鲁班门前弄大斧"。

众所周知，从莱特兄弟发明第一架飞机起，百年航空史就是一部与航空事故或事件做斗争的历史。航空领域把"零缺陷""零事故"作为最高的理想目标。为此，航空人一直在与地球环境、人的弱点进行斗争，不断修订安全标准、建立流程管理、加强过程控制，光是一种飞机的机械操作流程就有一尺来厚，细致到每个动作、每个做法都有执行标准和管理规定。积累至今才有了我们较为完善的航空流程管理和风险控制体系。

要管理就要建立标准。那么什么是航空的标准呢？简单说航空标准就是适合航空飞行的标准，简称"适航标准"。建立该标准沿用的是案例标准修正法。也就是每一起航空事故或事件发生后，都必须仔细追根溯源，找出发生事故的真正原因，根据找出的原因制定新的标准和规范，确保同类事故和问题决不重复发生。正是这种一丝不苟的精神，才有了今天世界上最能严格把控风险的适航标准和制度，这些标准和制度甚至已经成为美国联邦法律的一部分。也正因为执行了该标准，才为人类提供了当今最安全、最快捷的交通工具。我国的航空事业从初建起就是根据适航标准来打造的，经过多年的努力，我可以自豪地告诉大家，航空百年发展后的今天，我国与欧美发达国家的航空飞行事故的万时率（每1万小时飞行时间发生事故的次数）已经相同。

我现在想说的是，在今天的中国，医师们的技术并不欠缺，设备仪器也很先进，甚至很多医疗人才具备国际水准。然而，中国历史上从不缺技术水平高超的老工匠，也有过质量很好的产品，可如果不能像今天现代化生产那样具有严格的技术工艺管理、流程控制，那么产品质量就会因人而异，也就不能得到一致性好、可靠性高的大批量好产品。说到这里，我想转过来谈谈有关医学的流程管理问题。根据我个人及周围群体的就医体验，还有与医师朋友们聊天交流获得的感受，我感觉医院及其科室的管理相比较航空领域的管理来显得比较粗放，许多部门除了一般的规章制度外，尚缺少对某一个既定疾病的相关环节制订出极为细致的流程来控制风险，且对已有流程的执行也似乎存在不少随意性，缺乏刚性和细致化的监管，个人经验的惯性、部门的人为指令及其他因素随时都可能影响和改变流程的执行，没有按流程执行也不用积极去查找隐患。这样怎么能保证患者的生命安全得到合理保障呢？

我对医学是门外汉，但我知道要想让大多数产品避免或降低出问题的风险，必须要有正确的流程管理，这是刚需，任何领域都是如此。尽管人体要比飞行器复杂得多，但要想降低医疗的风险也必须样样事情按一定的模式用严格的流程管理来控制才行。什么人体的复杂性、疾病的不可预知性、工作的繁忙性等都不是不按规范或不执行医学正确流程的借口。这里我想介绍一个国际著名的定律：美国有一位安全工程师海因里希（Herbert William Heinrich）通过分析工伤事故的发生概率为保险公司的经营提出300∶29∶1的法则，现被称之为"海因里希安全法则""海因里希事故法则"，它在业界被奉为金科玉律。含意是当一个企业存在300起隐患或违章时，则非常可能已经发生过29起轻伤或故障，肯定还有一起重伤或死亡事故。它反过来告诉我们，如果发生了1件重大的事故，其背后必然隐藏有29件轻度事故，还有300件潜在的隐患！更应该引起我们高度防范的是，当你已经发现1件轻度事故（差错）时，千万注意赶快去把那10.3个隐患问题找出来吧，如果不引起重视，出现重大事故仅仅是早晚（积累）的事。我想这个法则可能同样适用于其他领域，当然也包括医学。

正确的流程反映正确的思维，错误的思维导致错误的流程，如果不遵守流程生产出有瑕疵的航空产品，就可能导致机毁人亡的事故。医学上的流程错误（并非是技术问题）也不例外，最终会导致治疗上的错误，甚至威胁到人的生命健康。我相信各医院和医疗单位所出现的医疗事故、医患纠纷甚至是很小的医疗差错，许多情况下可能都不是医护人员的医术问题，而是流程制订不到位、过程监管不规范或者流程管理不严格的结果。

所以，越是对医学专家们辛苦付出的由衷敬佩，就越是觉得应该让医学管理的标准犹如适航标准一样精细化，医院的流程管理要像航空管理一样严格。换句话说，航空用流程管理为每一位乘飞机的人提供生命的保障，这样的流程管理过程当然越详细越好，对实施者来说每一步都能够照本执行，循规而动。同样，医学管理也应该这样，需更加追求流程的精细化，每一步流程都有明确的流向和内容并保证执行到位，这样医者才能更好地看病，患者的生命才有了保障。我们航空人常说的一句话：管理水平和技术水平是"车之双轮""鸟之双翼"，缺一不可。这句话我想同样适用于医学和医院。

刘教授认为，尽管关于生殖生育目前尚未制订出相关流程，但根据我国专业领域颁布的相关文件和指南，再参考她们上海地区（全国领先）实施多年证明行之有效的产科风险控制管理方法，完全可以撰写一本关于生殖生育流程管理和风险控制的专著。面对当前国家鼓励生育的大环境，为雨后春笋般不断建立的妇幼保健机构提供管理借鉴，也为全国从事妇产医护、母婴保健的人员，甚至全国的女性患者就医就诊提供参考。我非常支持她的这一决定。

时至今日，最新的 ISO9000 已经颁布，以促进各个企业更严格地规范生产标准。而在我即将完成本稿的时候，震惊全世界航空界的埃塞俄比亚空难事件发生了，一架仅仅才交付使用 4 个月的波音 737MAX8 坠毁，全机无人幸免。据报道，该事故与 5 个月前发生的印尼狮航公司同型号飞机的事故极为相似，于是全球紧急停飞所有的波音 737MAX8 飞机。这也应验了前面讲过的海因里希法则，必须找到事故发生背后那许多个潜在的隐患才行！同时也又一次说明航空系统距离追求"零事故"的目标还有很长的路要走，我想现代医学领域的追求又何尝不是如此？

让航空和医疗两个领域互相借鉴，共同努力加强流程管理和风险控制，给予广大人民的生命安全更多的保障。

航空技术质量高级工程师

刘　炜

2019 年 8 月

前　言

为何写此书？对长期在教学医院从事妇产科临床及教学工作的我来说，用最简洁明了的方法解决复杂的临床诊治问题一直是自己的工作追求，因此用流程图的方法做一本妇产科临床治疗管理的"书"，成为多年来在我心头萦绕不去的心愿。

做了40余年的妇产科医师，但穷尽所能做1例手术也只能救治1位患者。而总结职业生涯最根本的思考，还是想怎样将老一辈和我们多年有益的专业理念、经验等通过某种方式传承和推广下去，惠及一批人，一代人，甚至整个专业领域，使医患双方在治病和被治病过程中遵循一定的法则少走弯路，也可促进行业协会和卫生行政人员的管理工作更上一层楼。

20多年前，在许多老专家的建议下，在上海市卫健委、妇幼中心的设计指导下，我们开始尝试在产科分娩中应用风险管理的理论进行风险评估，并应用颜色标法分类的临床管理方法，结果发现这对降低孕产妇并发症及死亡率非常有帮助，现上海市孕产妇的死亡率因此明显降低，已处于国际领先水平。我有幸亲历了整个系统的建立和实践过程，非常清楚每个工作流程、每一个流程细节的把握有多么重要！广泛征求了企业家、老教授、普通患者、同辈们和年轻的医师们的意见后，更觉得有义务将此风险控制管理体系的实践方法总结汇集出来。如果大家都能掌握应用这些行之有效的管理方法，对实现"健康中国2030"规划纲要中的安全行动计划——全国孕产妇死亡率降到18/10万的目标将大有裨益，并可改善全国3000多家妇幼保健机构、800多家妇产科医院发展不平衡不充分的现状，更有助于提高我国18万助产士和21万产科医生临床诊治的风险意识和诊治水平。

生育是人类的基本活动，是一件关系到人类绵延生息的大事。进化到今天，自然生育仍然存在许多不确定的风险，如何避免风险是亘古不变的医学课题。我国高剖宫产率及"开放二胎"的独特生育状况，渴望分娩中母婴安全及有效治疗不孕不育的呼声越来越高，妇产科医生成了最忙碌也是最不允许出错的群体。如何有效降低育龄期健康女性和不孕不育者妊娠后的并发症并规避诊治风险，我们的共识是：必须实施并强化临床诊治的流程管理，减少临床诊治的随意性和盲目性，强调执行流程"细节决定治疗成败"这一理念。

怎样才能加强流程管理呢？我想首先应该向航空界学习。因为在这方面他们一直走在世界前列。航空人追求"零死亡""零缺陷"的理想目标与医学领域对生命负责的理念高度一致，已经形成了一套完整的流程细节管理，且至今仍在不断地总结和改进中。由于挽救生命是分秒必争的大事，任何细节的遵守都决定生命能否挽救成败，如果没有类似航空界锲而不舍永远追求事故真相的流程管理，就谈不上安全保障，当然更无法谈及什么风险控制了。因此借鉴航空界严格精细的流程管理来制订、改进、优化医学临床的工作流程十分必要。

医疗和航空一样，是大家公认的高风险行业，且医疗风险更为复杂。首先疾病就是威胁生命的最大风险；其次科学界对许多疾病尚认知有限，目前大多数疾病并不是被"治"好的，而是在医师的协助下自愈的，强行干预、过度干预都会带来风险；最后即便是医师对疾病采取一些有限的干预手段，也仍旧要面临个体差异、社会环境、条件不确定等风险因素，需要患者、家庭和社会给予充分理解才能化险为夷。面对医疗道路上如此多的风险，规避它并少走弯路的捷径就是坚持有效的流程管理之路。

众所周知，形成好的流程除了需要大量的实践基础外，制订出的方法还要让大家能看懂、快速理解并抓住要点，而达到这一目的最好的方式肯定首推优质合理的流程图展示。为了让流程执行者面对风险时既能明确地感知风险、识别风险、分析风险，正确应对风险并最终控制风险，又兼顾医护人员生殖生育知识的多寡和规避社会环境与医患关系造成的风险叠加，我们决定全书尽量少用文字，借助流程图的图形、色彩和路径表达等优势，让医护人员及患者对有关的风险点、各步骤的衔接和不同重点一目了然。参加本书编写的大都有 10 年以上临床经验且来自一线，从主治医师到主任医师、从护师到主任护师，每当主编、副主编根据国内外最新临床指南及多年临床工作经验编制出一张流程图后，都交给作者们反复传阅，让他们直抒胸臆提出意见或建议，再不厌其烦地进行多次讨论修改。力求最后成稿的诊治流程更加合理，更加实用。书中汇集的生动病例均选自作者们亲身经历并主持讨论、鉴定过的宝贵实践。在制作流程图和撰写本书的过程中，所有参与者都更深刻地体会到了流程管理的重要性，深深感受到了这些流程图和真实病案浓缩着医护人员及前辈们宝贵的临床经验和教训。

全书分上、下两篇。上篇围绕生育展开，下篇围绕生殖展开。为了让读者使用流程时更加方便，对执行流程中所需要参考的国内外指南中的诊断标准、分级标准、设备要求及所需要填写的各种表格均在相关流程图后用标注或图表的形式做了解释或补充，分类标识管理这一重点流程还附有执行实例作为参考。同时为了帮助阅读者更好地理解和学习知识，本书还用附录的形式列举了流程管理与风险控制的有关案例 20 例，主要分析病例相关的"风险提示"并做出"流程点评"；此外编写了 5 道妊娠就诊分类标识自测题及 20 道生殖生育知识练习题，作为读者自我测试使用。

目前中国医疗的发展确实不平衡、不充分，同级医院可能差别巨大，这在我被邀请去许多不同地区和医院会诊和手术后感触更加深刻。许多医师从医学院校一毕业，没有经过住院医师规范化培训阶段，就踏进了水平参差不齐的各级医院，很多工作缺乏指导，导致实施常规工作标准化程度也相差甚远，医护人员自悟的随意性增加，最后扩大了不同地区临床诊治能力的差别。借助编写此书，使我能从风险控制角度深入思考古老的"分娩"问题和最新的"试管婴儿"治疗，这是一件令人兴奋的挑战，我非常乐于以此书的写作做一全新的尝试。当然，相关流程的落地还要依靠各级医疗行政管理单位及广大妇产科医护人员不懈的努力。

借本书的出版之际，我特别感谢上海华山医院章组成主任，江苏省人民医院生殖中心的王媄、丁卫、马翔、刘金勇等主任和教授，他们对本书的出版给予了大力支持和鼓励，提出过许多宝贵的意见和建议。此外，在编写中我们参照了上海市妇幼保健中心编写的《妇幼卫生文件选编》、已故张惜阴老师主编的《妇产科诊疗常规》、最新版的《妇产科学》，以及 WHO 发布的相关报告等。这里一并表示感谢。

　　相信我们首次制作的流程图肯定存在不足，但希望投入的努力不枉我们的初心。撰写中疏漏或错误之处，欢迎大家批评指正。

海军军医大学附属长征医院原妇产科主任，教授、博士生导师

复旦大学附属华山医院客座教授、华山医院北院妇产科执行主任

中华医学会妇产科分会内镜学组副组长

《中国微创外科杂志》副主编

刘　彦

2019 年 8 月

目 录

下　篇　生殖中心流程和风险控制

流程图符号说明

为了方便大家更好地理解使用流程图，下面我们对流程图符号加以说明：

1. ↑ ↓ → ↘   流程方向，表示诊疗步骤或方向。

2. ⬡   "开始框"，表示流程开始；

   ⬭   "结束框"，表示流程结束。

   例如：〈不孕不育初步筛查〉------------→（辅助生育技术治疗）
                                       （步骤省略）

   表示"不孕不育初步筛查开始"至"不孕不育初步筛查流程结束"。

3. ▱   "特定框"，表示含《健康手册》的流程；

4. ▭   "过程框"或"叙述框"，常表示流程发展变化的路径，如具体检查、诊治建议等。

5. ◇   "判定框"或"评估框"，在菱形框左、右或下方常有标明"是""否""正常""异常""阴性""阳性"等不同判定结果后的方向路径。

   例如：

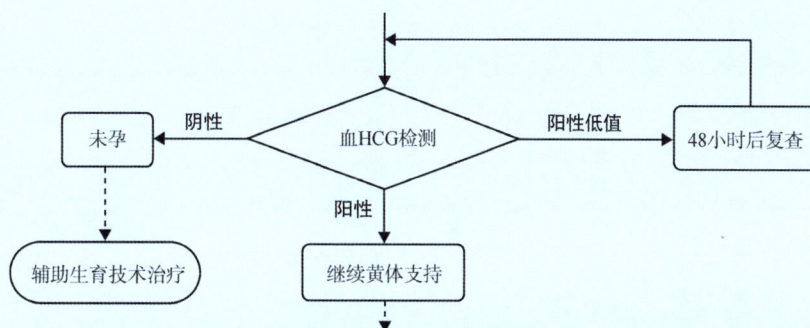

6. ✴   "危险提示框"，表示存在提示重大风险或生命危险。

7. - - - - - -   流程图中的虚线往往表示阶段性分隔或时间进程。

上 篇

产科流程和风险控制

　　产科的基本工作是做好妊娠期保健并协助孕产妇分娩，要达到的工作目标是确保母婴平安。

　　根据资料统计，人类的分娩至少 85% 应该为顺产。然而即使是顺产，偶尔也会发生不可预计的风险。无论今天医学技术发展得怎样，孕产妇和新生儿客观上仍存在一定的死亡率。

　　我国一直在进行降低孕产妇和新生儿死亡率的努力，并积累了几十年的工作经验，建立了一套行之有效的工作方法，甚至有些成熟的方法在某些城市医院中已经公认为是孕产妇处理的法规了。比如上海市早就实行的孕产妇产前疾病筛查和风险颜色预警标识法就是一个大家公认的、预防孕产妇风险很好的工作流程，市内医院都采用了这一方法，因此该市 2017 年孕产妇死亡率低至 3/10 万，处于国内领先的水平。根据《2014 年世界助产状况报告》的数据，2013 年中国孕产妇死亡率是 23.2/10 万。这个例子有力地证明，产科领域建立一个有效的流程管理对风险控制有多么重要。如果这个流程得到普遍认同和严格管理执行，甚至每个孕产妇在孕前保健时也知道是怎么回事，那么对我们全国医院的妇产科及妇幼保健医院的妊娠期保健及确保母婴平安有极大的促进作用。

　　本篇介绍有关产科的流程和风险控制工作，共分 3 章列出 37 项工作流程图，主要分为产前、住院生产期间和新生儿疾病筛查及接种疫苗 3 类。为了使读者更准确地理解和使用相关流程，我们将各个流程在执行的过程中所需要参考的 WHO 的推荐意见、诊断标准、分级标准、设备要求、所需要填写的表格，以及一些执行实例一并以标注或图表的形式标在流程后面，用以帮助大家掌握。

第1章　产前流程和风险控制

引　言

　　"不打无准备之仗""不打无把握之仗"这些话用来指导产前的流程和风险控制特别合适。我们都希望女性有一个正常的妊娠期，控制风险不发生，一旦有发生的迹象马上进行正确的应对，降低风险，转危为安。然而风险控制的前提是风险识别，产科医护人员对所有妊娠期女性都要通过产前检查将可能的异常情况及时识别出来，并根据其对母婴可能产生的影响进行风险评估，再按照风险严重程度对每位孕妇做出预警标识分类管理。这种风险标识法能让医护人员一目了然地识别出孕产妇的风险所在，并使每一位孕产妇无论走到哪个医院能得到正确的诊治，并合理分配利用医疗资源，使有助产资格的各级医院及行政管理部门明确其职责。

　　本章一方面展示对所有就诊孕产妇怎样进行上述风险识别和分类管理的具体方法；另一方面就是针对妊娠期可能遇到的各种病理情况做出正确可行的操作预案，并根据国际通行的 ISO9000 对患者与家属教育要求，结合我国国情特点列出了一些表格，以督促医护人员和孕妇及其家属间的有效沟通，让医护人员了解孕妇及其家属对妊娠及分娩的认知程度，也让孕妇及其家属知晓妊娠期及分娩时所要承担的义务和责任。一旦发生病理状态的妊娠和分娩使双方心中有数，及时应对，规避风险，确保母婴安全。

一、孕妇妊娠就诊分类管理流程

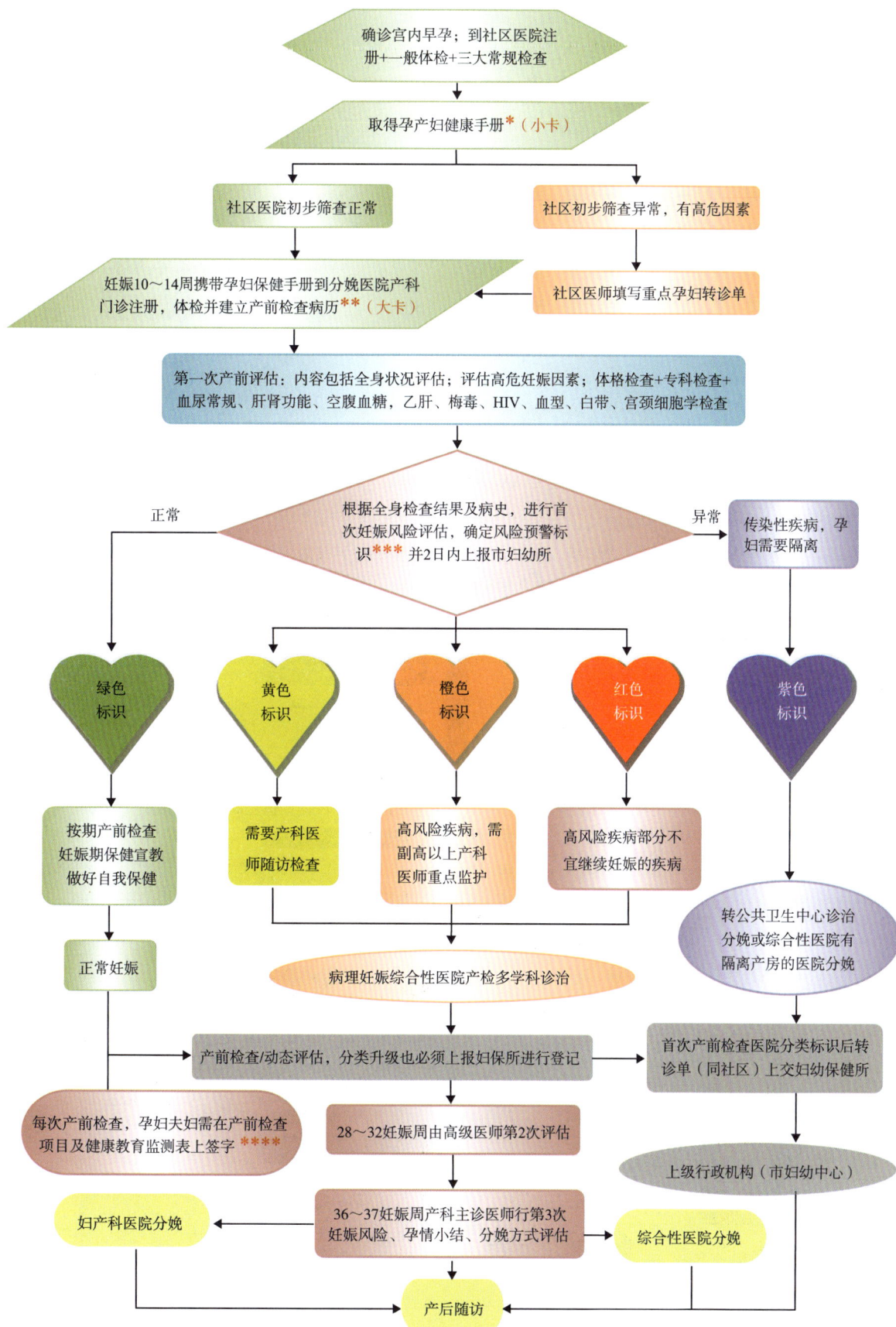

确诊宫内早孕；到社区医院注册+一般体检+三大常规检查

取得孕产妇健康手册*（小卡）

社区医院初步筛查正常

社区初步筛查异常，有高危因素

妊娠10～14周携带孕妇保健手册到分娩医院产科门诊注册，体检并建立产前检查病历**（大卡）

社区医师填写重点孕妇转诊单

第一次产前评估：内容包括全身状况评估；评估高危妊娠因素；体格检查+专科检查+血尿常规、肝肾功能、空腹血糖，乙肝、梅毒、HIV、血型、白带、宫颈细胞学检查

根据全身检查结果及病史，进行首次妊娠风险评估，确定风险预警标识***并2日内上报市妇幼所

正常

异常

传染性疾病，孕妇需要隔离

绿色标识

黄色标识

橙色标识

红色标识

紫色标识

按期产前检查妊娠期保健宣教做好自我保健

需要产科医师随访检查

高风险疾病，需副高以上产科医师重点监护

高风险疾病部分不宜继续妊娠的疾病

正常妊娠

转公共卫生中心诊治分娩或综合性医院有隔离产房的医院分娩

病理妊娠综合性医院产检多学科诊治

产前检查/动态评估，分类升级也必须上报妇保所进行登记

首次产前检查医院分类标识后转诊单（同社区）上交妇幼保健所

每次产前检查，孕妇夫妇需在产前检查项目及健康教育监测表上签字****

28～32妊娠周由高级医师第2次评估

上级行政机构（市妇幼中心）

妇产科医院分娩

36～37妊娠周产科主诊医师行第3次妊娠风险、孕情小结、分娩方式评估

综合性医院分娩

产后随访

* 孕产妇健康手册　是地区（省或市）医疗行政管理部门为本地区助产医疗机构及孕产妇统一印制的用于进行孕产期监护的初级就诊文件；俗称"小卡"。我们以上海市社区卫生中心发给孕妇的《上海市孕产妇健康手册》（小卡）为例加以展示（图1-1，图1-2A、B、C），若社区卫生中心准备将初诊的孕妇转往综合医院、专科医院或其他医院要填写社区转诊单，即孕妇初步筛查异常转诊单（表1-1）。

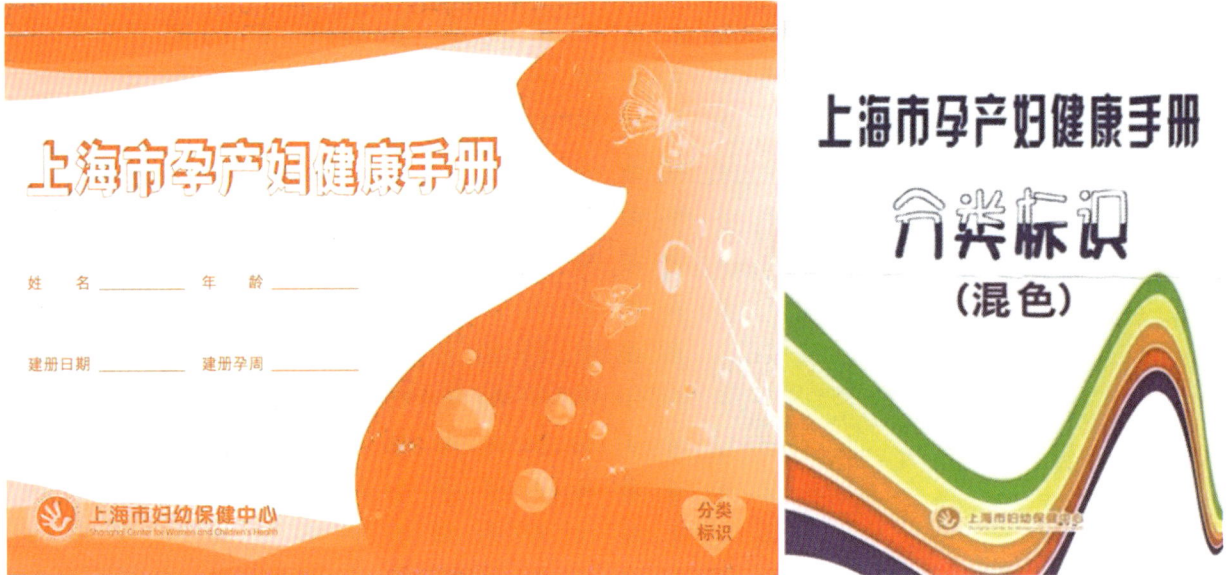

图 1-1　《上海市孕产妇健康手册》封面
注：孕产妇在社区领取并持有的《孕产妇健康手册》（左），助产医疗机构持有的《孕产妇健康手册》（右）

A

B

C

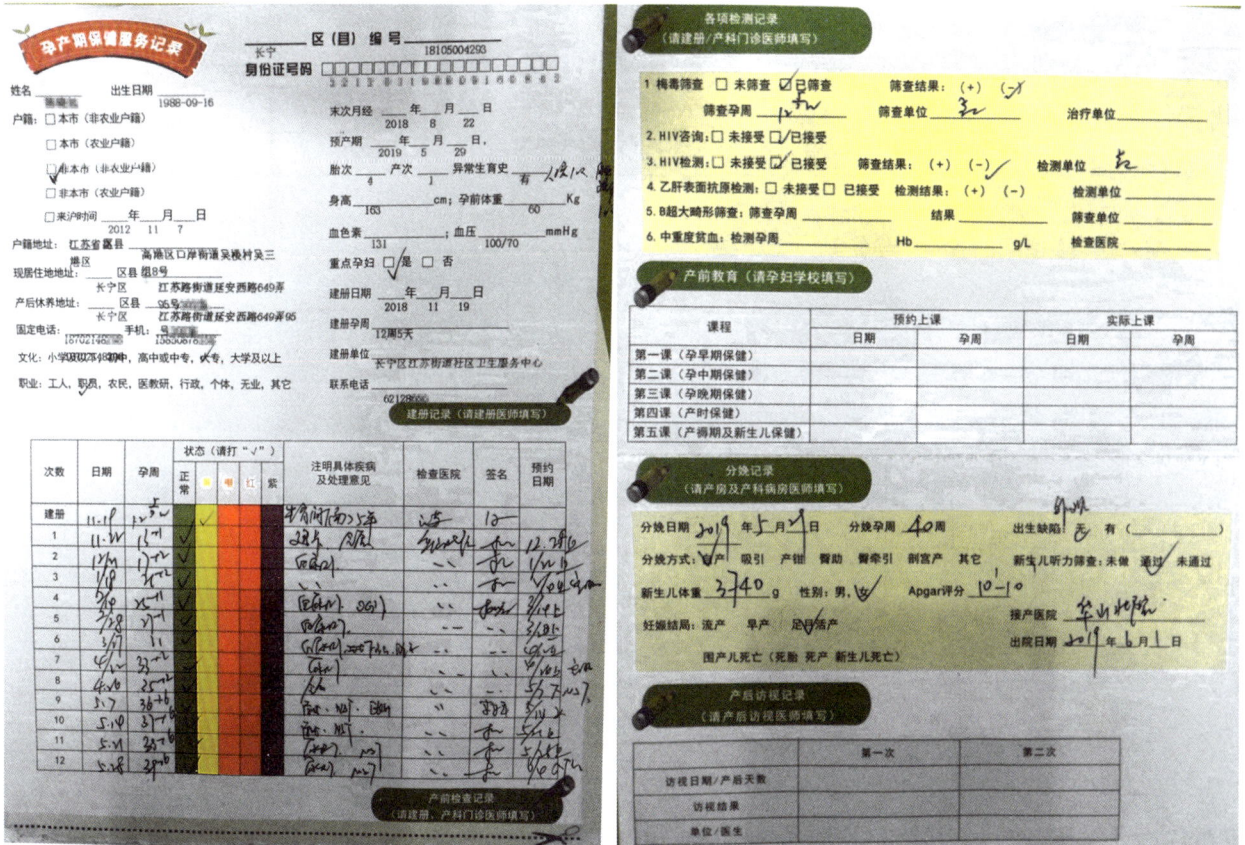

图 1-2　孕产妇手中持有的《上海市孕产妇健康手册》中需要填写的主要内容

注：A.需要填写的部分空白表格；B.已经填写的产前检查记录，记录中可见每次产前检查都在绿色带中画有"√"，用来帮助孕妇知晓自己妊娠期的状态和孕检情况；C.除在 B 中填写过的检测情况外，还有产前教育记录；在医院正常分娩后，院方应填写好分娩信息，产妇将手册带回至社区卫生服务中心，以便随访并填写产后访视记录

表 1-1　孕妇初步筛查异常转诊单（社区转诊单）

就诊日期＿＿＿＿年＿＿月＿＿日　　　　建册编号＿＿＿＿＿＿

姓　　名＿＿＿＿＿年龄＿＿＿　　　　　出生日期＿＿＿＿年＿＿月

户　　籍　□本市　□外地　（　　流动）

户籍地址＿＿＿＿＿＿＿＿＿＿　　　　　邮　　箱＿＿＿＿＿＿＿＿＿

居住地址＿＿＿＿＿＿＿＿　　　联系电话＿＿＿＿＿　固定电话＿＿＿＿

孕妇基本情况：体重＿＿kg，身高＿＿cm，BMI（体重指数）＿＿kg/m^2　血压＿/＿mmHg　心率＿次/分

三大常规检查：血：□正常　□异常　□未做　尿：□正常　□异常　□未做　粪：□正常　□异常　□未做

妊娠病史：末次月经＿＿月＿＿日　　　月经规律　□是　□否　孕产次：＿/＿

　　　　　预产期＿＿年＿＿月＿＿日　　　现孕周：＿＿周＿＿天

异常妊娠：阴道出血　□有　□无　下腹痛　□有　□无

妊娠风险评估：（如体重指数＞正常、贫血、原发高血压等）

处理意见：　　　社区建（小）卡　□是　□否

妊娠风险预警评估或分类：（有能力的社区卫生中心或医院可以进行评估）

转出医疗机构：×××区/县×××镇×××社区卫生服务中心/妇幼保健所

转诊日期：＿＿年＿＿月＿＿日　　接诊医院：＿＿＿＿＿

接诊/转诊医师签名：＿＿＿＿　　接诊医师签名：＿＿＿＿

***《产前检查病历》* 是由综合医院妇产科或助产医疗机构印制并给前来就诊的孕产妇所做的专用记录，俗称"大卡"表 1-2。建立该病历标志着该医疗机构已给孕产妇建立了医疗档案并负责定期进行产前检查，直到胎儿出生。

表 1-2　产前检查记录

初诊日期＿＿＿＿＿＿＿			门诊号＿＿＿＿＿＿＿		
＿＿＿＿＿＿胎＿＿＿＿＿＿产			住院号＿＿＿＿＿＿＿		
姓名＿＿＿＿年龄＿＿＿＿	结婚年龄	过去史	心脏病、肺（　）、肾病、肝炎	丈夫情况	
籍贯＿＿＿＿职业＿＿＿＿	初潮年龄		高血压、甲亢、糖尿病、其他	姓名　　年龄	
单位	月经周期	家族史	高血压：、父、母	健康状况	
部门	末次月经		遗传病（　　）、传染病（　　）	单位	
地址	预产期	近期史	传染性肝炎、细菌性痢疾	部门	
电话	胎动孕周		出血或紫斑史：有、无	地址	
家庭住址	基础血压	手术史		电话	
电话	孕 3 个月前有无接触放射、化学物，曾于孕＿＿＿＿周时发热、服药、无服药				
孕产史	足月产　次，早次　次，流产　次，人流　次		过敏史：青霉素、链霉素、磺胺、普罗卡因、其他 初诊孕＿＿＿＿周 宣教上课：1、2、3 产后计划生育措施：放环、服药、注射、男用 　　　　　　　　绝育（男、女）、其他		
	现有子女数＿＿＿＿＿＿末次生产＿＿＿年＿＿＿月 流				
	胎婴儿死亡原因				
	出血史				
	难产史及手术史				
	其他（包括急产、滞产、胎儿畸形）		记录者＿＿＿＿＿＿＿		
初诊检查	本次妊娠异常情况（包括自觉症状）				
	体格检查			骨盆测量	化验
	营养	牙	腹围	外阴	髂前上棘间径	血红蛋白
	体重	甲状腺	宫底高度		髂嵴间径	血型
	身高	乳头	胎方位	阴道	骶耻外径	尿蛋白
	血压	心脏	胎心		坐骨结节间径	尿糖
	水肿	肺部	先露	子宫颈	其他：	白带：真菌 滴虫
	四肢脊柱	肝	衔接			SGPT
	膝腱反射	脾				HBsAg

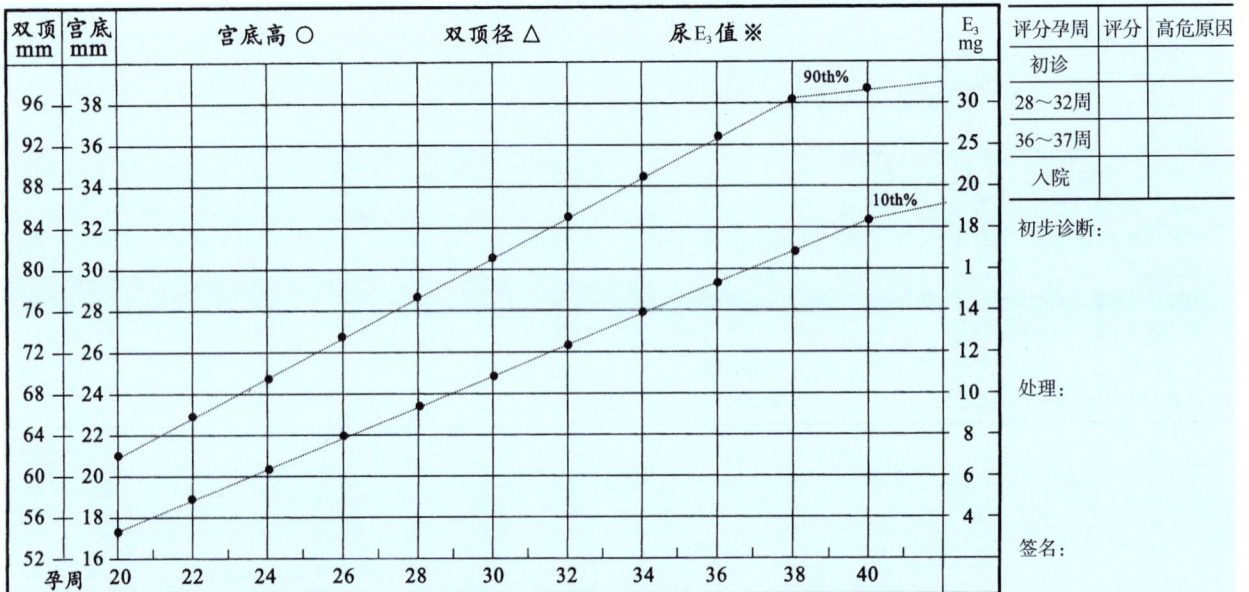

		评分孕周	评分	高危原因
		初诊		
		28～32 周		
		36～37 周		
		入院		
		初步诊断：		
		处理：		
		签名：		

双顶 mm　宫底 mm　宫底高 ○　　双顶径 △　　尿 E₃ 值 ※　　E₃ mg

孕周　20　22　24　26　28　30　32　34　36　38　40

续表

复查记录

检查日期	孕周	自觉症状	体重	血压	宫底高	腹围	胎位	胎心	先露	衔接	水肿	蛋白尿	指导及处理	预约日期	签名

日期	处理	日期	处理

孕 38 周小结	日期	血压	胎位	胎心	妊娠主要并发症	评分	估计胎儿大小	估计分娩方式	临产时注意点	签名

产前随访	日期	月　日电，信，人	月　日电，信，人	月　日电，信，人	月　日电，信，人
	签名				

*** 风险预警标识 具体内容见表 1-3A，使用方法见表 1-3B，经辅助生育技术治疗后妊娠的孕妇如何使用风险预警标识见表 1-3C。

表 1-3A 上海市《产前检查病历》需要做的孕产妇风险分类预警标识

分类标识	相关疾病	保健指导
♥	未发现疾病	按期产前检查，做好自我保健
♥	1. 基本情况：年龄 ≥35 岁或 ≤18 岁；BMI ≥24kg/m² 或 ≤18.5kg/m²；生殖道畸形；骨盆狭小；不良孕产史（各类流产 ≥3 次、早产、围生儿死亡、出生缺陷、异位妊娠、滋养细胞疾病等）；瘢痕子宫；子宫肌瘤或卵巢囊肿 ≥5cm；盆腔手术史；辅助生殖妊娠 2. 孕产期并发症 （1）心脏病（经心内科诊治无须药物治疗、心功能正常）：①先天性心脏病（不伴有肺动脉高压的房缺、室缺、动脉导管未闭；法洛四联症修补术后无残余心脏结构异常等）；②心肌炎后遗症；③心律失常；④无并发症的轻度肺动脉狭窄和二尖瓣脱垂 （2）呼吸系统疾病：请呼吸内科诊治无须药物治疗，肺功能正常 （3）消化系统疾病：肝炎，病毒携带（表面抗原阳性、肝功能正常） （4）泌尿系统疾病：肾病（目前病情稳定肾功能正常） （5）内分泌系统疾病：无须药物治疗的糖尿病、甲状腺疾病、垂体泌乳素瘤 （6）血液系统疾病：妊娠合并血小板减少 [PLT（50～100）×10⁹/L] 但无出血倾向，妊娠合并贫血 Hb70～90g/L） （7）神经系统疾病：癫痫（单纯部分性发作和复杂部分性发作）；重症肌无力（眼肌型）等 （8）免疫系统疾病：无须药物治疗（如系统性红斑狼疮、IgA 肾病、类风湿关节炎、干燥综合征、未分化结缔组织病等） （9）尖锐湿疣、淋病等性传播疾病 （10）吸毒史 （11）其他。高度近视（大于 600 度） 3. 孕产期并发症：双胎妊娠；先兆早产；胎儿宫内生长受限；妊娠期高血压疾病；（除外红、橙色）；妊娠期肝内胆汁淤积症；胎膜早破；羊水过少；羊水过多；≥36 孕周胎位不正；低置胎盘；妊娠剧吐等	属一般监护疾病。孕妇应加以重视，按期进行产前检查，如有不适，立即去医院诊治
♥	1. 基本情况：年龄 ≥40 岁；BMI ≥28kg/m² 2. 孕产期并发症 （1）心脏病变较严重：①心功能 II 级，轻度左心功能障碍或者 EFA40%～50%；②需药物治疗的心肌炎后遗症、心律失常等；③瓣膜性心脏病（轻度二尖瓣狭窄，瓣口面积 >1.5cm²），主动脉瓣狭窄（跨瓣压差 <50mmHg），无并发症的轻度肺动脉狭窄，二尖瓣脱垂，二叶式主动脉瓣病变，马方（Marfan）综合征无主动脉扩张；④主动脉疾病（主动脉直径 <45mm），主动脉狭窄矫治术后；⑤经治疗后稳定的心肌病；⑥各种原因的轻度肺动脉高压（<50mmHg）；⑦其他 （2）呼吸系统疾病：哮喘，脊柱侧弯，胸廓畸形等伴轻度肺功能不全 （3）消化系统疾病：原因不明的肝功能异常，仅需要药物治疗的肝硬化、肠梗阻、消化道出血等 （4）泌尿系统疾病：慢性肾病肾功能不全代偿期（肌酐超过正常值上限） （5）内分泌系统疾病：需药物治疗的糖尿病、甲状腺疾病、垂体泌乳素瘤；肾性尿崩症（尿量超过 4000ml/d） （6）血液系统疾病：①血小板减少 [PLT（30～50）×10⁹/L]；②重度贫血（Hb40～70g/L）；③凝血功能障碍无出血倾向；④易栓症（如抗凝血酶缺陷症、蛋白 C 缺陷症、蛋白 S 缺陷症、抗磷脂综合征、肾病综合征等） （7）免疫系统疾病：应用小剂量激素（如泼尼松 5～10mg/d）6 个月以上，无临床活动表现（系统性红斑狼疮、重症 IgA 肾病、类风湿关节炎、干燥综合征、未分化结缔组织病） （8）恶性肿瘤治疗后无转移无复发 （9）智力障碍 （10）精神病缓解期 （11）神经系统疾病：癫痫（失神发作），重症肌无力（病变波及四肢骨骼肌和延髓部肌肉等） （12）其他 3. 孕产期并发症 （1）三胎及以上妊娠 （2）Rh 血型不合 （3）瘢痕子宫（距末次子宫手术间隔 <18 个月） （4）瘢痕子宫伴中央性前置胎盘或伴有可以胎盘植入 （5）各类子宫手术史（如剖宫产、宫角妊娠、子宫肌瘤挖除术等）≥2 次 （6）双胎、羊水过多伴发心肺功能减退 （7）重度子痫，慢性高血压合并子痫前期 （8）原因不明的发热 （9）产后抑郁症，产褥期中暑，产褥感染等	属高风险疾病，需重点监护孕妇应遵照医嘱，增加产检次数和内容，如有不适，立即去医院诊治

续表

分类标识	相关疾病	保健指导
♥	**1. 孕产期并发症** （1）严重心血管系统疾病：（经心内科诊治无须药物治疗、心功能正常）：①各种原因引起的肺动脉高压≥（50mmHg），如房缺、室缺、动脉导管未闭等；②复杂先天性心脏病（法洛四联症、艾森门格综合征等）和未手术的发绀型心脏病（SpO_2 < 90%）。Fontan 循环术后；③心脏瓣膜病瓣膜置换术后，中重度二尖瓣狭窄（瓣口面积 < $1.5cm^2$），主动脉瓣狭窄（跨瓣压差≥ 50mmHg），马方综合征等；④各类心肌病；⑤感染性心内膜炎；⑥急性心肌炎；⑦风湿性心脏病风湿活动期；⑧妊娠期高血压心脏病；⑨其他 （2）呼吸系统疾病：哮喘反复发作，肺纤维化，胸廓或脊柱严重畸形等影响肺功能者 （3）消化系统疾病：重型肝炎，肝硬化失代偿，严重消化道出血，急性胰腺炎，肠梗阻等影响孕妇生命的疾病 （4）泌尿系统疾病：急、慢性肾炎肾病伴高血压、肾功能不全（肌酐超过正常值上限的 1.5 倍） （5）内分泌系统疾病：①糖尿病并发症肾病 V 级，严重心血管病，增生性视网膜病变或玻璃体出血，周围神经病变等；②甲状腺功能亢进并发心脏病、感染、肝功能异常、精神异常等疾病；③甲状腺功能减退引起相应系统功能障碍，基础代谢率 < −50%；④垂体泌乳素瘤出现视力减退、视野缺损、偏盲等压迫症状；⑤尿崩症：中枢性尿崩症伴有明显的多饮、烦渴、多尿症状，或合并有其他垂体功能异常；⑥嗜铬细胞瘤等 （6）血液系统疾病：①再生障碍性贫血；②重度血小板减少（< $30×10^9$/L）或进行性下降或伴有出血倾向，③极重度贫血（Hb < 40g/L）；④白血病；⑤凝血功能障碍伴有出血倾向（如先天性凝血因子缺乏、低纤维蛋白原血症等）；⑥血栓栓塞性疾病（如下肢深静脉血栓、颅内静脉窦血栓等） （7）免疫系统疾病活动期：如系统性红斑狼疮（SLE），重症 IgA 肾病，类风湿关节炎、干燥综合征、未分化结缔组织病等 （8）精神病急性期 （9）恶性肿瘤。①妊娠期间发现的恶性肿瘤；②治疗后复发或发生远处转移 （10）神经系统性疾病：①脑血管畸形及手术史；②癫痫全身发作；③重症肌无力（病变发展至延髓、肢带肌、躯干肌和呼吸肌）。 （11）吸毒 （12）其他严重内外科疾病 **2. 孕产期并发症**：①三胎及以上妊娠伴发心肺功能减退；②凶险型前置胎盘；③红色预警范畴疾病产后尚未稳定 （1）妊娠并发症：①产科出血（> 2000ml，或出现休克、DIC 者）；②重度子痫前期（心力衰竭、肾衰竭、脑出血、HELLP 综合征等），子痫；③羊水栓塞；④子宫内破裂；⑤各种产科疾病所致的 DIC；⑥妊娠期畸形脂肪肝；⑦其他危及生命的产科疾病 （2）妊娠并发症：①严重心脏疾病，心功能Ⅲ～Ⅳ级，左心室收缩功能不全（EF ≤ 40%），重度肺动脉高压，右向左分流型先天性心脏病，严重心律失常，心肌梗死，风湿热活动期，恶性高血压，高血压脑病等；②肺栓塞，重症肺炎，急性血型播散性肺结核，哮喘持续发作状态，各种原因引起的大咯血、呼吸衰竭；③肝衰竭，急性消化道大出血，重症胰腺炎；④急、慢性肾衰竭；⑤糖尿病严重代谢性并发症（酮症酸中毒、高渗性昏迷）；甲状腺危象；⑥血细胞严重异常和凝血功能障碍（如血小板 ≤ $20×10^9$/L 或进行性减少）；⑦免疫系统疾病活动期伴多脏器功能受损；⑧脑血管意外癫痫持续状态，昏迷；⑨休克，其原因有感染性、心源性、过敏性、失血性、神经源性等；⑩恶性肿瘤晚期；⑪孕产期严重感染；⑫其他危及生命的严重内外科疾病	属高风险疾病，部分不宜继续妊娠的严重疾病 孕妇需遵医嘱至相应的危重孕产妇抢救中心明确诊断与处理
♥	所有妊娠合并传染性疾病——如病毒性肝炎、梅毒、HIV 感染及艾滋病、结核病	属高风险的传染性疾病。孕妇需转公共卫生中心诊治▲
★	风险分类同一颜色中存在多种疾病，在标识中央以蓝色"★"标注（参见下一流程）	

▲公共卫生中心无产房的地区，此类孕妇应该在有隔离产房的医院分娩。

表 1-3B　风险预警标识的使用方法

说明：根据上海市孕妇健康手册通用的分类标识法，孕产妇就诊时应按照 2 大步骤 5 种颜色（绿、黄、橙、红、紫）的方法实施管理。	
步骤	1. 首先将妊娠分为生理妊娠还是病理妊娠两种。将注册在该院产科门诊进行产前保健检查的孕妇，按照检查结果和相关的医学标准先划分为生理妊娠和病理妊娠。其中生理妊娠孕妇按期接受产前检查及产前教育即可。 2. 不属于生理妊娠的孕产妇，要根据病变的性质和种类及严重程度进一步分类，贴上不同颜色的标签及星号（星号使用方法见下一流程）。
颜色	1. 绿色标识　生理妊娠，表示妊娠正常。 2. 黄色预警　合并有低风险的状况，表示孕产妇需要特别关注。 3. 橙色预警　妊娠合并属于较高风险类比较明确的疾病，表示孕产妇需要重点监护，适当增加产前检查次数。 4. 红色预警　妊娠合并高风险疾病，其中部分不宜继续妊娠；有此标志表示必须在当地孕产妇抢救中心或有条件进行救治的医院进行产前检查及分娩。 5. 紫色预警　说明孕产妇合并有传染性疾病，不分严重程度均应到有妇产科的公共卫生中心进行治疗和分娩

表 1-3C　辅助生育技术治疗的妊娠及孕妇分类预警标识建议▲

分类标	相关疾病	保健指导
💛	助生育技术治疗后妊娠，未发现疾病	属需一般监护疾病 除常规产前检查外，孕妇应遵医嘱增加生殖科随访
🧡	（1）IVF 移植＞3 次 （2）＞40 岁 （3）2 次以上剖宫产史	属高风险疾病，需重点监护。生殖科和产科医师应针对孕妇具体情况及时沟通，孕妇应相应提早进行产前检查注册 孕妇应加以重视，按期进行产前检查，如有不适，立即去医院诊治，也应告知生殖科医师，以得到生殖科和产科医师的必要的共同治疗
❤️	（1）妊娠后血 HCG 48 小时倍增值不达标并高度怀疑异位妊娠者 （2）为辅助生育技术治疗目的孕妇口服某些药（可能致畸、影响血凝等） （3）恶性肿瘤术后经辅助生育技术治疗妊娠者（产科预警红色标识以外的任何情况）	属高风险疾病，部分不宜继续妊娠的严重疾病。必要时需向医疗行政部门报告 孕妇除常规产前检查外，应遵医嘱增加生殖科、肿瘤科随访，增加产检次数和内容

　▲国内生育政策的改变及辅助生育技术治疗的进展，越来越多的不孕患者成功妊娠。但为此医患双方都付出了巨大的精力和财力。为保证这类得益于辅助生育技术治疗后的母婴安全分娩，从一开始妊娠就需要多学科的密切随访。为此编制了针对这类孕妇的产前预警方式和标准，强调多学科及时沟通在这类孕妇随访工作流程环节中的重要性，以便降低孕妇的风险

　　**** 每次产前检查孕妇夫妇需在产前检查项目及健康教育监测表上签字　所使用的健康教育监测表见表 1-4。

表1-4　孕产妇产前检查项目及健康教育监测

姓名：_____ 年龄：_____ 预产期：_____ 年_____月_____日　　初诊日：_____ 年_____月_____日

检查次数	产前检查孕周	常规检查项目	健康知识教育	完成与否▲	孕妇签字
第1次	（6～13）±6孕周	1. 建立孕产妇产前检查病历 2. 全身状况评估 3. 评估高危妊娠因素 4. 体格检查＋专科检查＋血尿粪常规、肝肾功能、空腹血糖，乙肝丙肝HIV病毒、梅毒、血型 5. 备选项目：甲状腺功能	1. 流产认识及预防 2. 营养和生活方式的指导 3. 补充叶酸或 含叶酸的复合维生素 4. 避免接触有毒有汗误会和宠物 5. 慎用药物和疫苗 6. 改善不良生活习惯，避免高强度工作 7. 产前筛查的意义 8. 补铁、补钙 9. 预约大畸形筛查，签署知情同意书	YES/NO YES/NO YES/NO YES/NO YES/NO YES/NO YES/NO YES/NO YES/NO	
第2次	14～19孕周	1. 分析首次产前检查结果 2. 血压、体重、宫高、腹围、胎心 3. 询问阴道出血与否 4. 唐氏筛查（妊娠15～20周时）			
第3次	20～23孕周	1. 询问胎动时间、阴道出血等异常情况 2. 血压、体重、宫高、腹围、胎心 3. 超声大畸形筛查 4. 血常规、尿常规	1. 早产识别及预防 2. 营养和生活方式的指导 3. 胎儿系统超声大畸形筛查意义	YES/NO YES/NO YES/NO YES/NO	
第4次	24～27孕周	1. 询问异常病史 2. 血压、体重、宫高、腹围、胎心 3. 超声大畸形筛查 4 血常规、尿常规、糖尿病筛查	1. 早产认识及预防 2. 妊娠期糖尿病筛查意义 3. 营养指导	YES/NO YES/NO YES/NO YES/NO	
第5次	28～31孕周	1. 询问异常病史 2. 血压、体重、宫高、腹围、胎心 3. 血常规、尿常规	1. 分娩方式指导 2. 开始计数胎动 3. 母乳喂养指导	YES/NO YES/NO YES/NO	
第6次	32～36孕周	1. 询问胎动、出血、饮食等及异常病史 2. 宫缩、皮肤瘙痒、饮食、分娩前准备 3. 血常规、尿常规 4 血压、体重、宫高、腹围、胎心、胎位 5 必要时NST（34孕周后）	1. 分娩前及分娩时相关知识指导 2. 新生儿疾病筛查指导 3. 心理辅导：预防产后抑郁，抑郁知识的宣教，社会支持度的评估等	YES/NO YES/NO YES/NO	
第7次	37孕周	1. 询问胎动、宫缩、出血及其他异常情况 2. 血压、体重、宫高、腹围、胎心、胎位 3. 超声检查；必要时NST检查 4. 必要时宫颈Bishop评分检查	1. 临产先兆及住院时机安排指导 2. 宣教自我监护胎儿的最佳方法数胎动的意义及如何计数胎动 3. 新生儿免疫接种指导 4. 产褥期指导	YES/NO YES/NO YES/NO YES/NO	
第8次 第9次 第10次 第11次	38孕周 39孕周 40孕周 41孕周	1. 主治医师小结签字 2. 38～41孕周常规检查血压、尿常规 3. 羊水监测 4. 备NST检查	1. 强调每日三次自数胎动并记录 2. 分娩方式临产住院指征宣教 3. 无痛分娩宣教	YES/NO YES/NO YES/NO YES/NO	
第12次	41⁺³孕周	1. 再次确认孕周，确诊过期妊娠入院 2. 评估胎盘功能和胎儿宫内状况 3. 决定引产及分娩方式	务必使孕妇自己懂得最好的胎儿实时监测是数胎动。孕妇必须认真自数胎动，并及时报告医师	YES/NO YES/NO YES/NO	

▲注：YES/NO＝是／否，表明完成的产前检查及对宣教知识的掌握（通过孕妇与医护人员有效沟通方式）

孕妇联系电话：1._____ 2._____ 家人联系方式：_____

二、病理妊娠风险控制流程

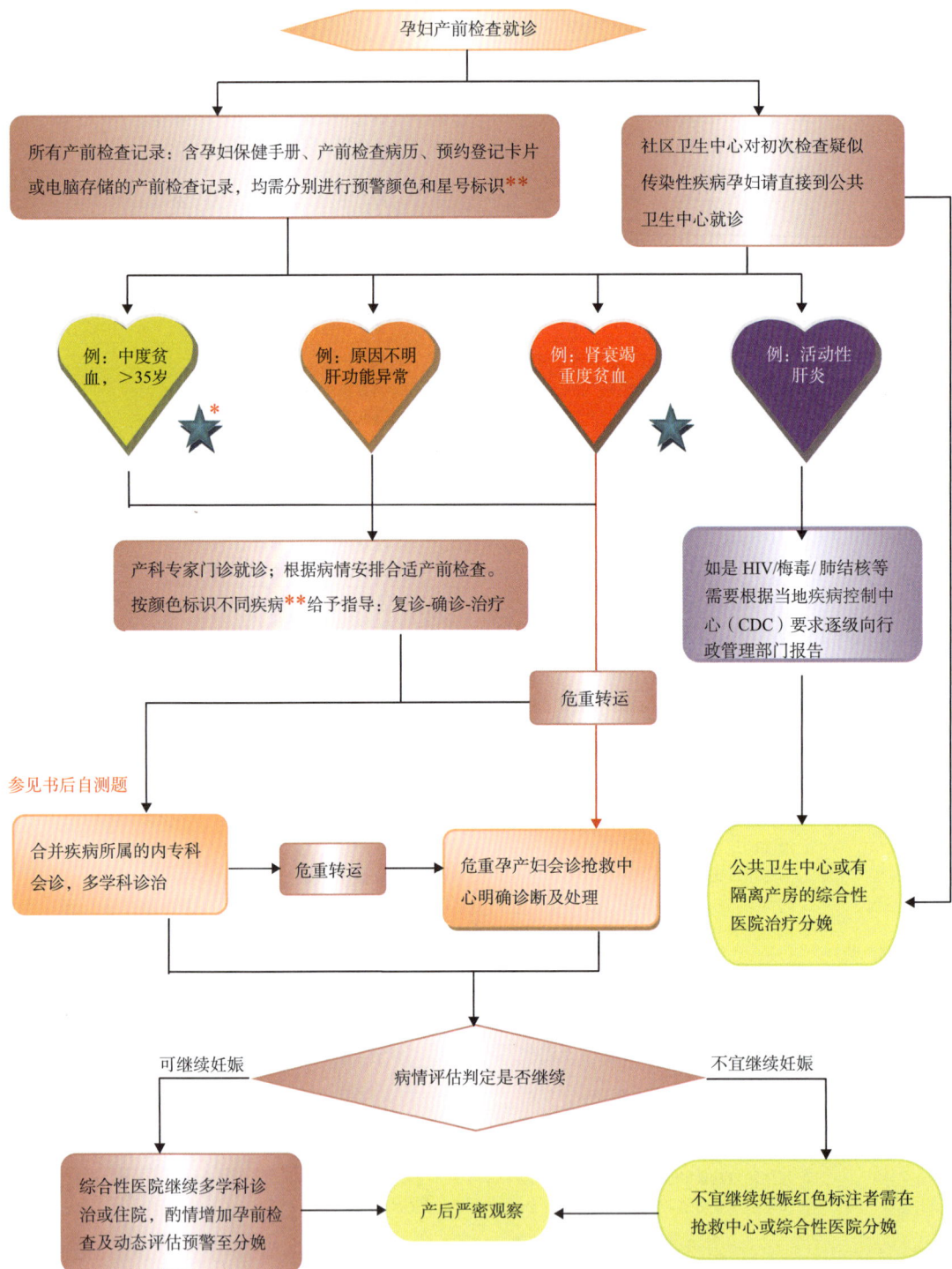

```
                        孕妇产前检查就诊
```

所有产前检查记录：含孕妇保健手册、产前检查病历、预约登记卡片或电脑存储的产前检查记录，均需分别进行预警颜色和星号标识**

社区卫生中心对初次检查疑似传染性疾病孕妇请直接到公共卫生中心就诊

例：中度贫血，＞35岁 *

例：原因不明肝功能异常

例：肾衰竭重度贫血

例：活动性肝炎

产科专家门诊就诊；根据病情安排合适产前检查。按颜色标识不同疾病**给予指导：复诊-确诊-治疗

如是HIV/梅毒/肺结核等需要根据当地疾病控制中心（CDC）要求逐级向行政管理部门报告

危重转运

参见书后自测题

合并疾病所属的内专科会诊，多学科诊治

危重转运

危重孕产妇会诊抢救中心明确诊断及处理

公共卫生中心或有隔离产房的综合性医院治疗分娩

病情评估判定是否继续

可继续妊娠

不宜继续妊娠

综合性医院继续多学科诊治或住院，酌情增加孕前检查及动态评估预警至分娩

产后严密观察

不宜继续妊娠红色标注者需在抢救中心或综合性医院分娩

　　* ⭐　星号是2017年上海市妇幼保健相关部门补充规定，当给孕妇做颜色标识时，如该孕妇同时合并多种疾病时需加星号标注，2018年确定此星号为蓝色，星号数目表示合并疾病的种类数。具体用法参考后面检查实例。

＊＊需分别进行预警颜色和星号标识 / 按颜色标识不同疾病 下面列出合并疾病的孕妇如何使用颜色、星号标识进行预警分类的具体步骤。

1. **确诊妊娠** 通过相关检查确认为宫内妊娠。

2. **建立小卡** 携带社区《孕妇保健手册》（小卡）及社区转诊单，按预约时间到医院产科门诊。社区服务中心所建立的《孕妇保健手册》（小卡）意义重大，这是孕妇与医疗机构建立孕期及产后随访的第一步。

3. **建立大卡** 由分娩医院或产科门诊建立产前检查记录（大卡），按表格要求填写相关内容（由孕妇本人及医护人员一同完成）。

4. **首次评估** 填写产前检查记录的过程也是对孕妇进行全面评估的过程。首诊接待的医师或助产士开具孕妇必需的一般检测申请医嘱，包括血、尿、粪常规，肝肾功能、空腹血糖、乙型、丙型肝炎病毒，HIV 病毒及梅毒螺旋体等。

5. **分类标识** 医师负责对全部检查结果做出解读，并进行常规产科检查，按照上海市孕妇健康手册通用的分类标识法对孕妇进行分类，具体各种标识及分类原则参见本章"一、孕妇妊娠就诊分类管理流程"。一般绿色为正常妊娠；黄色以上风险标识则属于病理妊娠，此时医师 / 助产士需根据病理妊娠的程度主动电话向孕妇报告，并转至上级医师进行第二次产前检查和治疗。没有能力接受病理妊娠的医院可以将孕妇转至上级医院。

6. **传染病转诊** 分类标识为紫色属于合并高风险的传染性疾病，需要将孕妇转至当地公共卫生临床中心诊治。公共卫生中心不具备处理孕妇时，根据当地医疗条件采取多学科会诊形式，安排在传染病院处理传染性疾病，在有隔离产房和救治危重患者能力的医院进行分娩。

7. **蓝星使用** 无论正常还是病理妊娠都要按照规定定期进行产前检查并将结果记录在案。2018 年上海市规定，如孕妇合并出现有相同等级的疾病时，要在主要标识旁标注蓝色星状标识，蓝色星状标识的个数与合并同一等级的疾病种类数一致。如病理妊娠有 2 个或 2 个以上蓝星标识说明为多种复合性诊断，其处理方式要综合考虑危险程度和疗效。注意病理妊娠的主要诊断和次要诊断一定要和标识相吻合。如《产前检查病历》初步诊断 1 "瘢痕妊娠"→贴黄色标识；诊断 2 "高龄孕妇"→标识一个蓝色星；妊娠 32 周时，检查发现"中度贫血"为诊断 3 →再加一个蓝色星标识。

8. **动态标识** 整个产前检查过程中，应根据病理妊娠的诊治进行动态标识。比如，初诊时因贫血标识为黄色预警，经治疗后血红蛋白恢复正常，可用绿色标识覆盖黄色标识。如果初诊时为绿色标识的正常妊娠，而妊娠期检查过程中确诊妊娠期糖尿病，或乙型肝炎发作为活动期，原绿色标识应改用黄色及紫色标识覆盖，表示该孕妇为低风险（黄色）和高风险孕妇（紫色）。

9. **标识位置** 这些不同颜色标识应该贴在孕妇个人《孕产妇健康手册 / 卡》《产前检查病历》，包括预约卡等有关资料的最醒目处，使孕妇及其家属及所有参与产前检查及接生助产人员一目了然。这样不仅能使医护人员第一时间知道该孕产妇的妊娠期分娩风险所在，及时治疗所有疾病或采取相关措施；同时孕妇手里持有的《孕产妇健康手册 / 卡》（小卡）与医院管理的《产前检查病历》（大卡）还要时刻保持预警标识的一致，这能促使孕妇及其家属自觉参与整个妊娠期管理接受产前风险控制安排。今后无论孕妇走到哪里，或因为什么情况到某处就医，所有经手的各级医院及医护人员（包括孕妇）都可以根据这些不同的颜色标识非常明确知道该孕产妇的风险大小。

10. **孕妇签字** 为保证孕妇完全理解产前检查目的及预警标识的意义，完成标识步骤后应请孕妇在健康教育监测表（见上一流程注释的表 1-4）上签字。

下面展示几例产前检查实例供参考，见图 1-3 至图 1-7（为了保护患者隐私，相关的姓名、身份证号、地址等信息做了技术处理）。

卡号：141801000803804

姓名：**█████**

性别：女 年龄：30

OG77: 457 - 62 - 654

产前检查记录

劳 公 自 其

GBS(-)

初诊日期 _18·11·22_   4 胎 1 产

身份证：321201 1980 0916 0842

门诊号 _____

住院号 _____

				过去史	心脏病、肺（ ）、肾病、肝炎	丈夫情况	
姓名	██	年龄 30	结婚年龄 22		高血压、甲亢、糖尿病、其他 无	姓名 ██	年龄 31
籍贯	██	职业 幼教	初潮年龄 13	家族史	高血压：父、母	健康状况 健康	
单位	██		月经周期 7天/30天		遗传病（ ）、传染病（ ）	单位 常州邮政	
部门			末次月经 2018年8月7日	近期史	传肝、菌痢	部门	
地址	██		预产期 19·5·14		出血或紫斑史：有、无	地址	
电话			胎动孕周 17w		手术史 无	电话 ██	
家庭地址	██		基础血压 90/70				
电话	██		孕3月前有无接触放射、化学物，曾于孕 6 周时发热、服药，无 查林如川				

孕产史	足月产 1 次，早产 0 次，流产 次，人流 次	过敏史：青、链、磺胺、普罗卡因、其他 无	
	现有子女数 1女 末次生产 18年6月剖宫产	初诊孕 12+5 周 孕已12周行之	
	胎儿死亡原因 小儿内科 689	宣教上课：1、2、3	
	出血史 无	产后计划生育措施：放环、服药、注射、男用	
	难产史及手术史 /	22明缩放 200度 绝育（男、女）、其他	
	其他（包括急产、滞产、胎儿畸形）	记录者 ████	

本次妊娠异常情况（包括自觉症状） 无

	体 格 检 查						骨盆测量	化 验	
初诊检查	营养 高	牙齿 义齿	腹围 78	外阴 (-)			髂前上棘间径	血色素 135	
	体重 60kg	甲状腺 未触及	宫底高度				髂嵴间径 无	血型 A+	
	身高 162cm	乳头 凸	胎方位	阴道 (-)			骶耻外径	尿蛋白 (-)	
	血压 115/73	心脏 (-)	胎心 109				坐骨结节间径	尿糖 (-)	
	浮肿 (-)	肺部 (-)	先露	子宫颈 光滑			其他	白带：霉菌 滴虫 (-)	
	四肢脊柱 (-)	肝 (-)	衔接					SGPT 8	
	膝反射 (+)	脾 未触及						HBsAg (-)	

评分孕周	评分	高危原因
初诊 13+		
28~32周		
36~37周		
入院		

处理：G4P1. 13+w.

进修

签名 ████

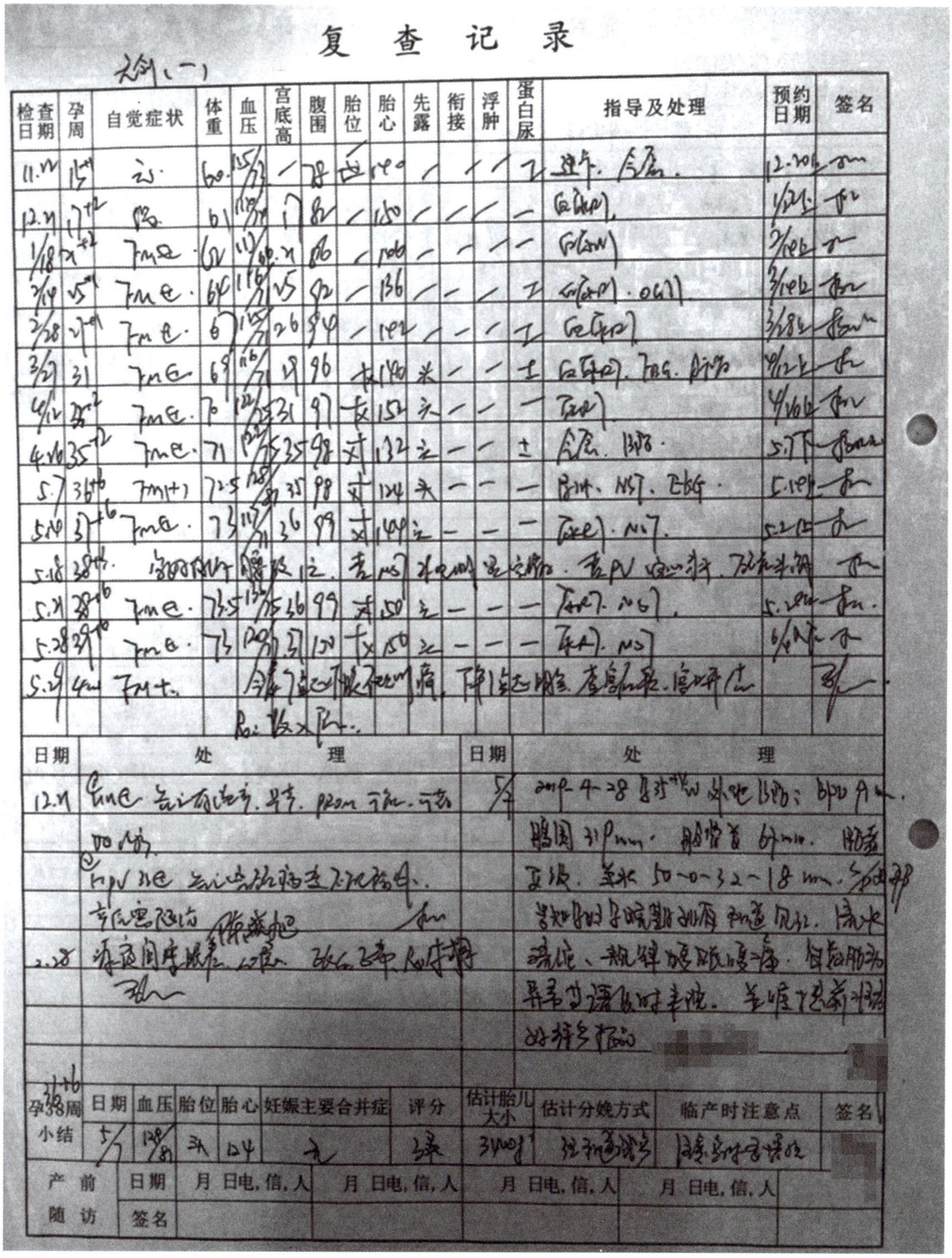

复 查 记 录

检查日期	孕周	自觉症状	体重	血压	宫底高	腹围	胎位	胎心	先露	衔接	浮肿	蛋白尿	指导及处理	预约日期	签名

日期	处理	日期	处理

孕38周小结	日期	血压	胎位	胎心	妊娠主要合并症	评分	估计胎儿大小	估计分娩方式	临产时注意点	签名

产前随访	日期	月 日电,信,人	月 日电,信,人	月 日电,信,人	月 日电,信,人
	签名				

B（反面）

图 1-3　正常孕妇产前检查记录表

注：正面标有绿色心形标识，提示孕妇产前检查正常；反面显示门诊检查 14 次，均正常

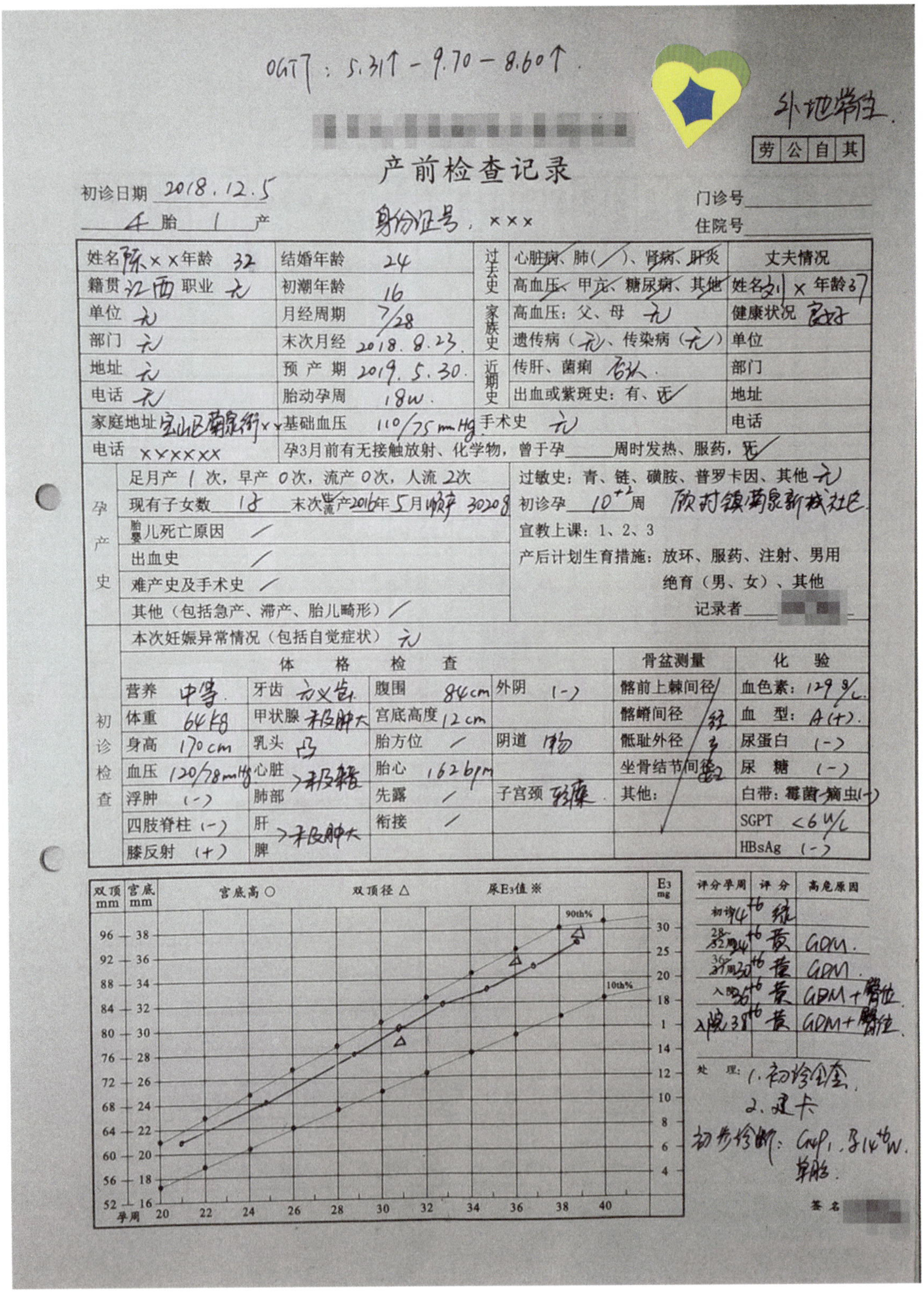

OGTT: 5.31↑ - 9.70 - 8.60↑.

外地学生

劳 公 自 其

产前检查记录

初诊日期 2018.12.5

孕 胎 1 产

身份证号：×××

门诊号 _____
住院号 _____

姓名 陈×× 年龄 32	结婚年龄 24	过去史	心脏病、肺(✓)、肾病、肝炎	丈夫情况
籍贯 江西 职业 无	初潮年龄 16		高血压、甲亢、糖尿病、其他 无	姓名 刘×× 年龄 37
单位 无	月经周期 7/28	家族史	高血压：父、母 无	健康状况 良好
部门 无	末次月经 2018.8.23		遗传病(无)、传染病(无)	单位
地址 无	预产期 2019.5.30	近期史	传肝、菌痢 否认	部门
电话 无	胎动孕周 18w		出血或紫斑史：有、无	地址
家庭地址 宝山区南泉街×× 基础血压 110/75mmHg			手术史 无	电话
电话 ××××	孕3月前有无接触放射、化学物，曾于孕 周时发热、服药，无			

孕产史	足月产 1 次，早产 0 次，流产 0 次，人流 2 次	过敏史：青、链、磺胺、普罗卡因、其他 无
	现有子女数 1g 末次生产2016年 5月 顺产 3020g	初诊孕 10⁺² 周 顾村镇菊泉新苑社区
	胎儿死亡原因 /	宣教上课：1、2、3
	出血史 /	产后计划生育措施：放环、服药、注射、男用
	难产史及手术史 /	绝育（男、女）、其他
	其他（包括急产、滞产、胎儿畸形）/	记录者 _____
	本次妊娠异常情况（包括自觉症状）无	

		体　格　检　查		骨盆测量	化　验
初诊检查	营养 中等	牙齿 有义齿	腹围 84cm	外阴 (-)	髂前上棘间径	血色素 129 g/L
	体重 64kg	甲状腺 不及肿大	宫底高度 12cm		髂嵴间径 /	血型 A(+)
	身高 170cm	乳头 凸	胎方位 /	阴道 /	骶耻外径 /	尿蛋白 (-)
	血压 120/78mmHg	心脏 >不及肿大	胎心 162bpm		坐骨结节间径 /	尿糖 (-)
	浮肿 (-)	肺部 /	先露 /	子宫颈 光滑	其他：	白带 霉菌-滴虫(-)
	四肢脊柱 (-)	肝 >不及肿大	衔接 /			SGPT <6 u/L
	膝反射 (+)	脾 /				HBsAg (-)

评分孕周 评分 高危原因
初诊4⁺周 绿
28⁺周 黄 GDM
36⁺周 黄 GDM
入院35⁺周 黄 GDM+臀位
入院38⁺周 黄 GDM+臀位

处理：1. 初诊检查
　　　2. 建卡

初步诊断：GMP1、孕14⁺W
　　　　　单胎

签名 _____

图 1-4　病理妊娠孕妇的产前检查记录表

注：显示早孕正常（绿色标识），中期妊娠以后发现异常（血糖升高和贫血），用黄色 +1 星标识覆盖了绿色标识

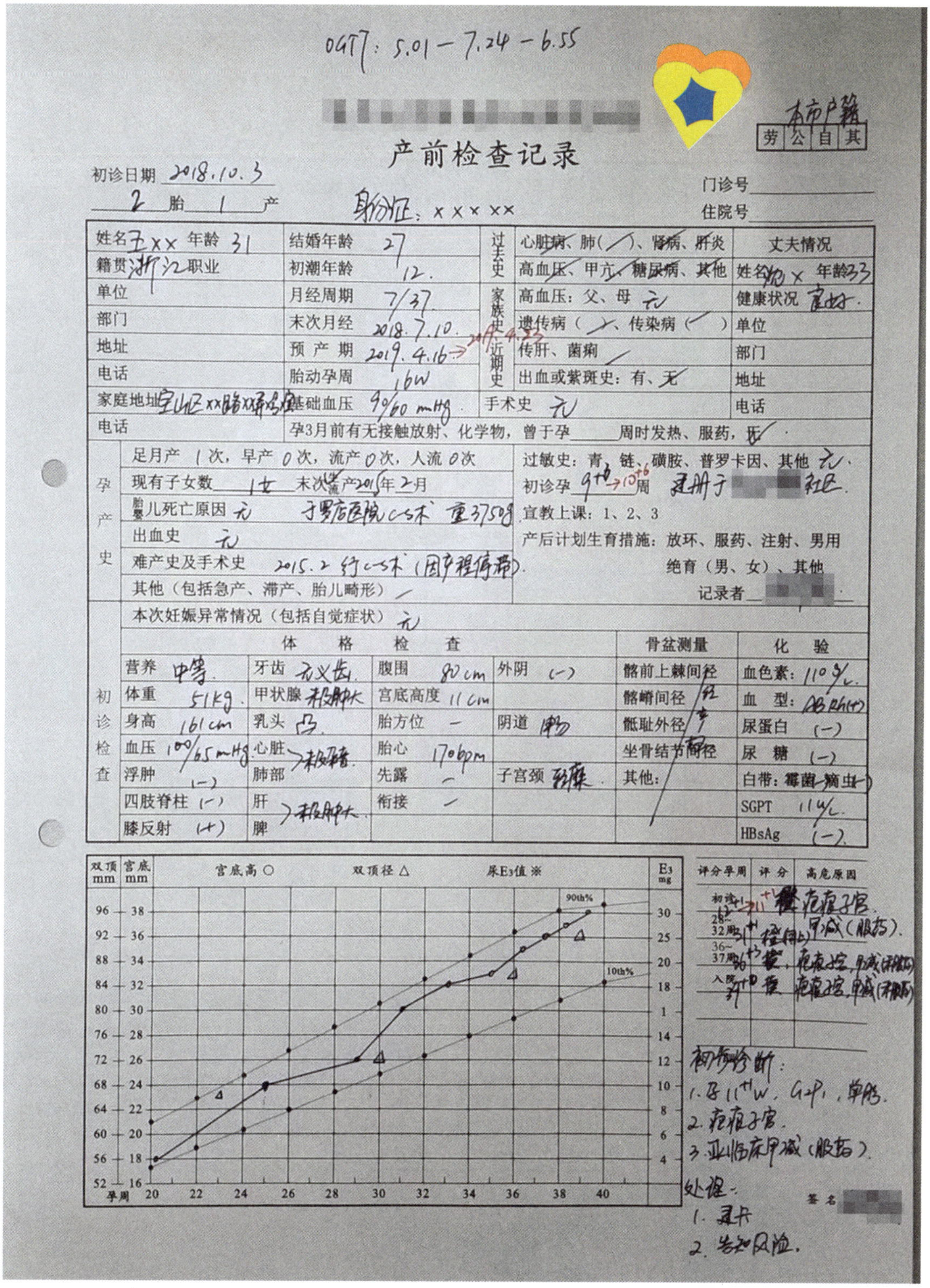

图 1-5　病理妊娠孕妇的产前检查记录表

注：该孕妇早孕即有异常（瘢痕子宫，甲状腺功能虽正常但正在服用相关药物，给予橙色标识），中期妊娠以后停止用药但出现甲状腺功能减退，给予黄色 +1 星标识覆盖原有的橙色标识

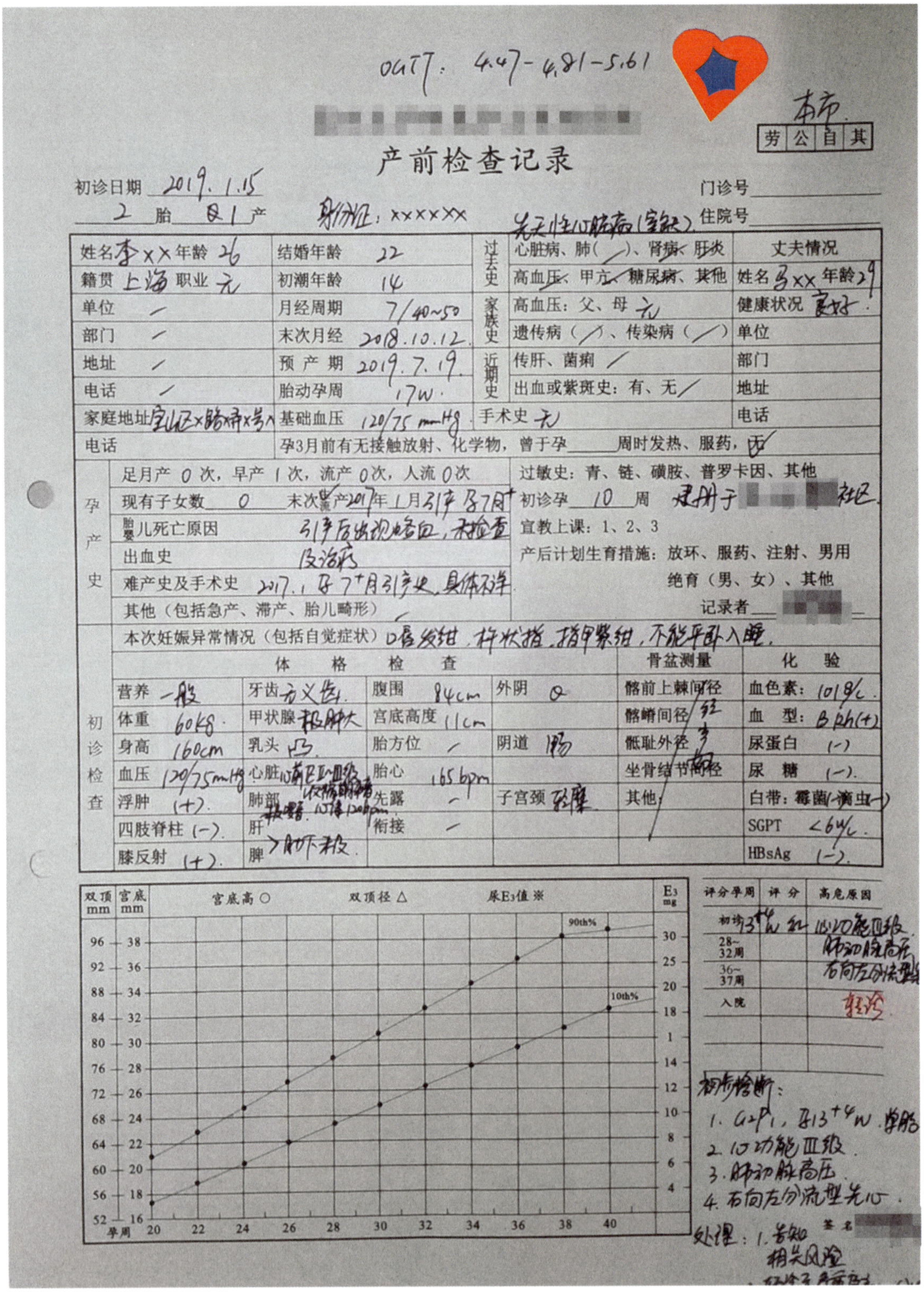

图 1-6　先天性心脏病妊娠孕妇的产前检查记录表

注：该孕妇心功能Ⅲ级并伴有肺动脉高压，属于高度危险患者，不适宜妊娠，给予红色 +1 星标识

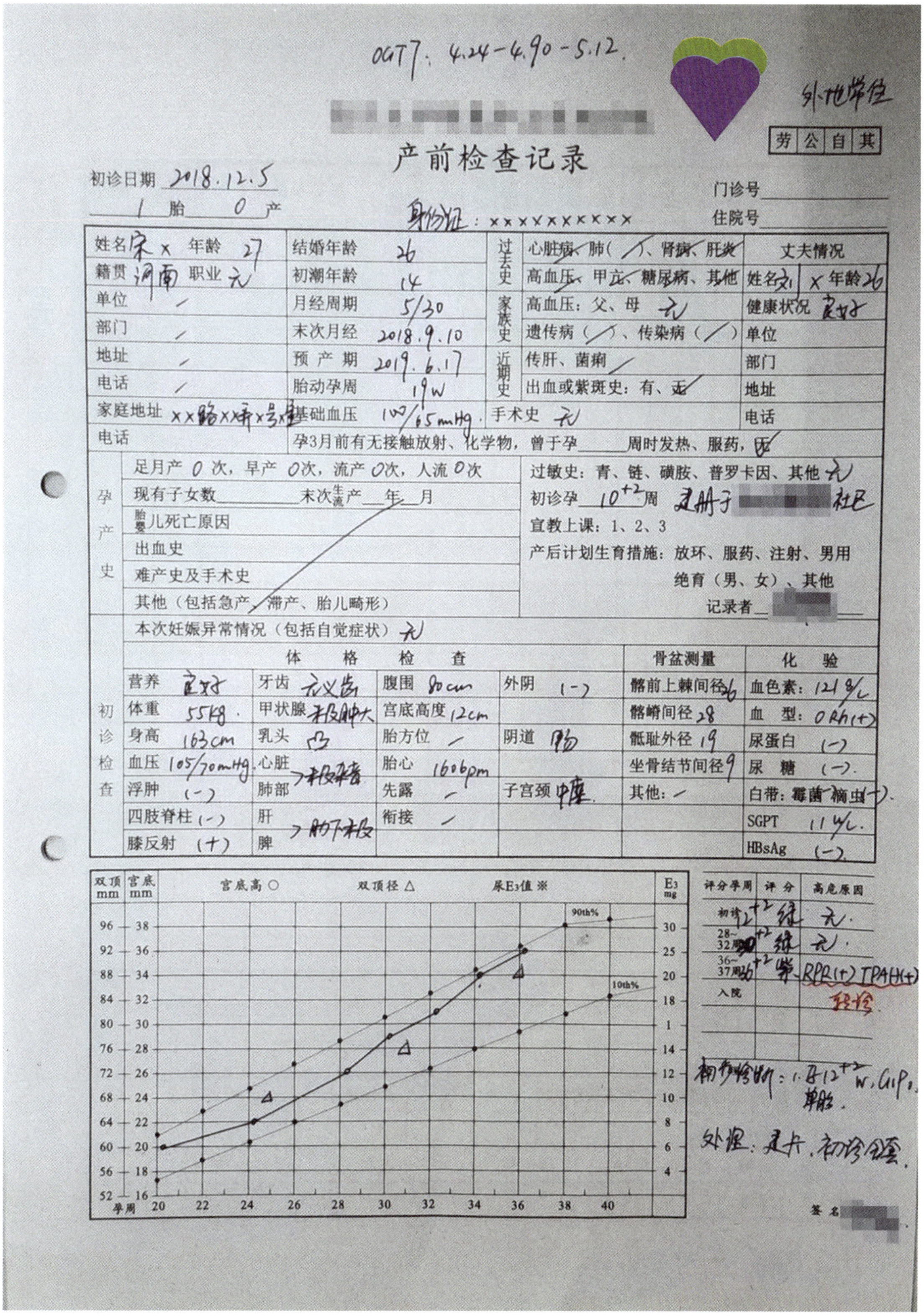

图 1-7　感染性妊娠孕妇的产前检查记录表

注：该孕妇早孕正常（绿色标识），后发现感染性疾病，因 RPR（梅毒相关抗体检测）阳性，用紫色标志覆盖原有的绿色标识

三、胎儿异常及畸形筛查流程

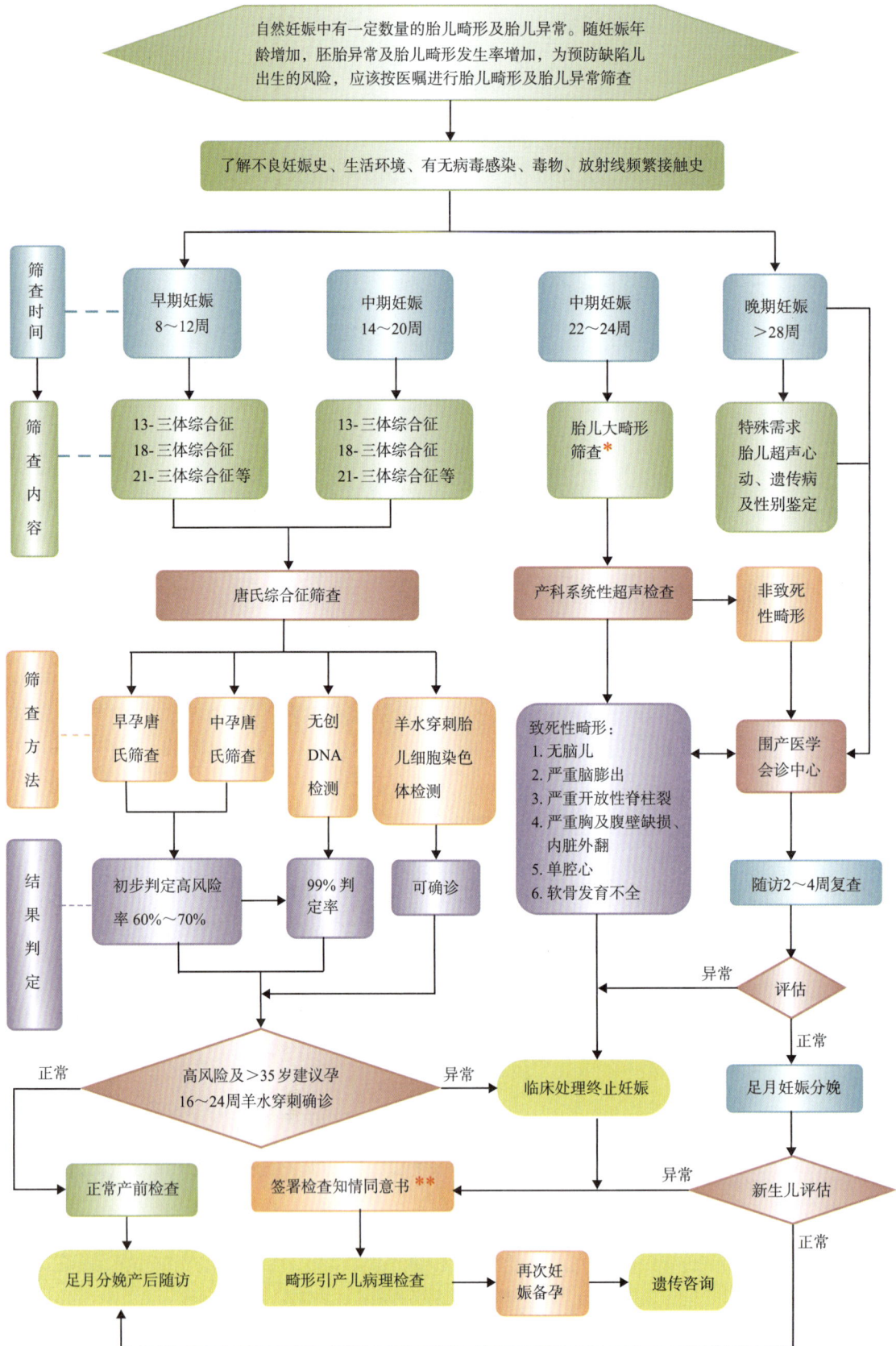

自然妊娠中有一定数量的胎儿畸形及胎儿异常。随妊娠年龄增加，胚胎异常及胎儿畸形发生率增加，为预防缺陷儿出生的风险，应该按医嘱进行胎儿畸形及胎儿异常筛查

了解不良妊娠史、生活环境、有无病毒感染、毒物、放射线频繁接触史

筛查时间

| 早期妊娠 8～12周 | 中期妊娠 14～20周 | 中期妊娠 22～24周 | 晚期妊娠 >28周 |

筛查内容

13-三体综合征 18-三体综合征 21-三体综合征等

13-三体综合征 18-三体综合征 21-三体综合征等

胎儿大畸形筛查*

特殊需求胎儿超声心动、遗传病及性别鉴定

唐氏综合征筛查

产科系统性超声检查 → 非致死性畸形

筛查方法

早孕唐氏筛查　中孕唐氏筛查　无创DNA检测　羊水穿刺胎儿细胞染色体检测

致死性畸形：
1. 无脑儿
2. 严重脑膨出
3. 严重开放性脊柱裂
4. 严重胸及腹壁缺损、内脏外翻
5. 单腔心
6. 软骨发育不全

围产医学会诊中心

结果判定

初步判定高风险率60%～70%　　99%判定率　　可确诊

随访2～4周复查

评估 — 异常 —

高风险及>35岁建议孕16～24周羊水穿刺确诊 — 异常 → 临床处理终止妊娠

正常 → 足月妊娠分娩

正常 → 正常产前检查

签署检查知情同意书** ← 异常 — 新生儿评估

正常

足月分娩产后随访

畸形引产儿病理检查 → 再次妊娠备孕 → 遗传咨询

* 胎儿大畸形筛查　主要指中妊娠期胎儿大畸形超声筛查，超声筛查申请单见表 1-5。

表 1-5　中孕期胎儿大或畸形超声筛查申请单

姓名：＿＿＿＿＿＿＿＿＿年龄：＿＿＿＿＿＿＿＿门诊号：＿＿＿＿＿＿＿＿＿＿＿＿＿＿＿＿科别：＿＿＿＿＿＿＿＿＿

临床诊断：G＿＿＿＿P＿＿＿＿孕＿＿＿＿周＿＿＿＿＿＿＿＿＿＿最近一次超声孕周＿＿＿＿＿＿＿＿＿＿＿＿＿＿＿＿

简要病史：＿＿＿

末次月经：20＿＿＿＿年＿＿＿＿月＿＿＿＿日，如月经周期不规律，末次月经不详者，请注明

＿＿；

高危因素或不良妊娠史：无＿＿＿＿＿，有：＿＿＿＿＿＿＿＿＿＿＿＿＿＿＿＿＿＿＿＿＿＿＿＿＿＿＿＿＿＿＿＿；

产科体检特殊情况描述：＿＿＿；

其他：＿＿；

申请检查项目：

胎儿中孕期大畸形筛查　　　　　　　　　　　　　　收费编码：

申请医师签名（章）＿＿＿＿＿＿＿＿＿＿＿＿＿＿＿＿＿＿＿＿＿申请单开具日期：20＿＿＿＿年＿＿＿＿月＿＿＿＿日

预约筛查日期（预约人员填写）：20 年 月 日；预约序号　　（按最近一次超声孕周计算，范围 20 ～ 24 周，22 周为最佳检查日期）

请孕妇认真阅读以下事项：

1. 请务必于预约日期持本院门诊病历卡（磁卡）、本申请单及《胎儿大畸形超声筛查知情同意书》来院进行本项检查；因医疗资源有限，无故错过检查时机，将无法再为您安排，并视作孕妇本人拒绝接受本项检查

2. 超声筛查完成后，本申请单交超声医师留存；当场获得超声筛查报告单后，请及时回到经管医师处接受咨询及定期产前检查

　　　　　　　　　　　　　　　　　　　　　　　　　　　　　　　　　　××医院

孕妇阅读并理解以上内容后签名：＿＿＿＿＿＿＿＿＿＿日期：＿＿＿＿＿＿年＿＿＿＿＿月＿＿＿＿＿日

** 签署检查知情同意书　与孕妇及其家属签署相关的知情同意书（其中超声筛查知情同意书见表1-6）。

表1-6　胎儿大畸形超声筛查知情同意书

亲爱的孕妇：

　　请您在进行胎儿大畸形超声筛查前，仔细阅读以下内容，以对产前超声检查、胎儿大畸形超声筛查有一个全面客观的认识。

　　1. 产前超声检查是应用超声的声学物理特性，对孕妇和胎儿进行影像学检查，为妇产科临床医师提供诊断参考的一种检查技术。超声诊断不同于临床诊断及病理诊断，临床诊断是结合病史、体征、遗传、医学影像、生化免疫等资料综合判断的结果。

　　2. 胎儿大畸形超声筛查为孕期保健基本检查项目，筛查的主要目的是对胎儿主要解剖结构进行观察及对严重结构畸形进行筛查，如严重颅脑畸形（无脑儿、脑膨出、重度脑积水、水脑症、无叶型前脑无裂畸形）、单腔心、严重脑腹壁缺失内脏外翻、严重脐膨出、致死性软骨发育不全、严重开放性脊柱裂、股骨、胫骨、腓骨、肱骨、尺骨、桡骨的严重缺失。

　　3. 我国目前规定胎儿大畸形超声筛查的时机为妊娠18～24周。基于妊娠周准确的前提下，本院一般于妊娠20～24周进行胎儿大畸形超声筛查，需要提前预约。

　　4. 超声筛查发现了许多过去出生前无法发现的胎儿畸形，为优生优育做出了积极贡献。但超声检查仅是通过某一特定时间、某些特定断面的影像学改变来判断胎儿疾病是否存在，而疾病的发生发展是一个结构、功能及病理生理改变的复杂过程，由于受仪器设备、孕妇腹壁厚度、妊娠周、羊水、胎儿体位及大小、胎儿活动、胎儿骨骼声影等众多因素影响，超声检查技术本身存在其局限性，目前国际上胎儿畸形产前超声筛查的检出率仅为50%～70%。

　　5. 胎儿的生长发育是一个逐渐成熟的过程，每次的超声检查结果只代表当时的生长发育水平。胎儿畸形也是一个动态发展的过程，在没有发展到一定阶段或程度时，超声检查是不能发现的。故而妊娠期需要动态的临床及超声检查随访。

　　6. 超声报告主要供临床医师诊断参考，超声筛查结果提示异常，可能需要随访、进一步检查或转诊。超声报告中"未见明显异常"不代表"一切正常"；超声报告中"超声描述"部分，没有描述到的胎儿结构不在本次超声检查范围内，如目前受技术条件所限，胎儿面裂、耳、腕骨、掌骨、指骨、距骨、跗骨、跖骨、趾骨、甲状腺、内外生殖器等众多的人体结构尚不能作为常规筛查项目进行检查；超声不能排除胎儿智力、视力、听力、运动功能、代谢性疾病、胎儿染色体异常等；已经检查的胎儿结构形态未见异常，不能说明这些结构功能无异常。

　　7. 目前推荐采用的超声检查方法均遵照国际公认的安全性标准进行。

　　8. 胎儿大畸形超声筛查收费高于产科常规超声检查，严格执行上海市现行物价收费标准。

　　本着"知情、同意、自愿"原则，您有权选择是否进行筛查。对于上述内容，如有疑问或不理解之处，您可以咨询接诊医师；如果您已理解以上内容并要求胎儿大畸形超声筛查，请于下方签名。

　　孕妇或家属意见：我已阅读并理解以上内容，并要求胎儿大畸形超声筛查。

　　孕妇（和/或家属）签名：_____日期：_____　年_____月_____日

　　申请医师签名_____日期：_____　年_____月_____日

四、瘢痕子宫妊娠风险控制流程

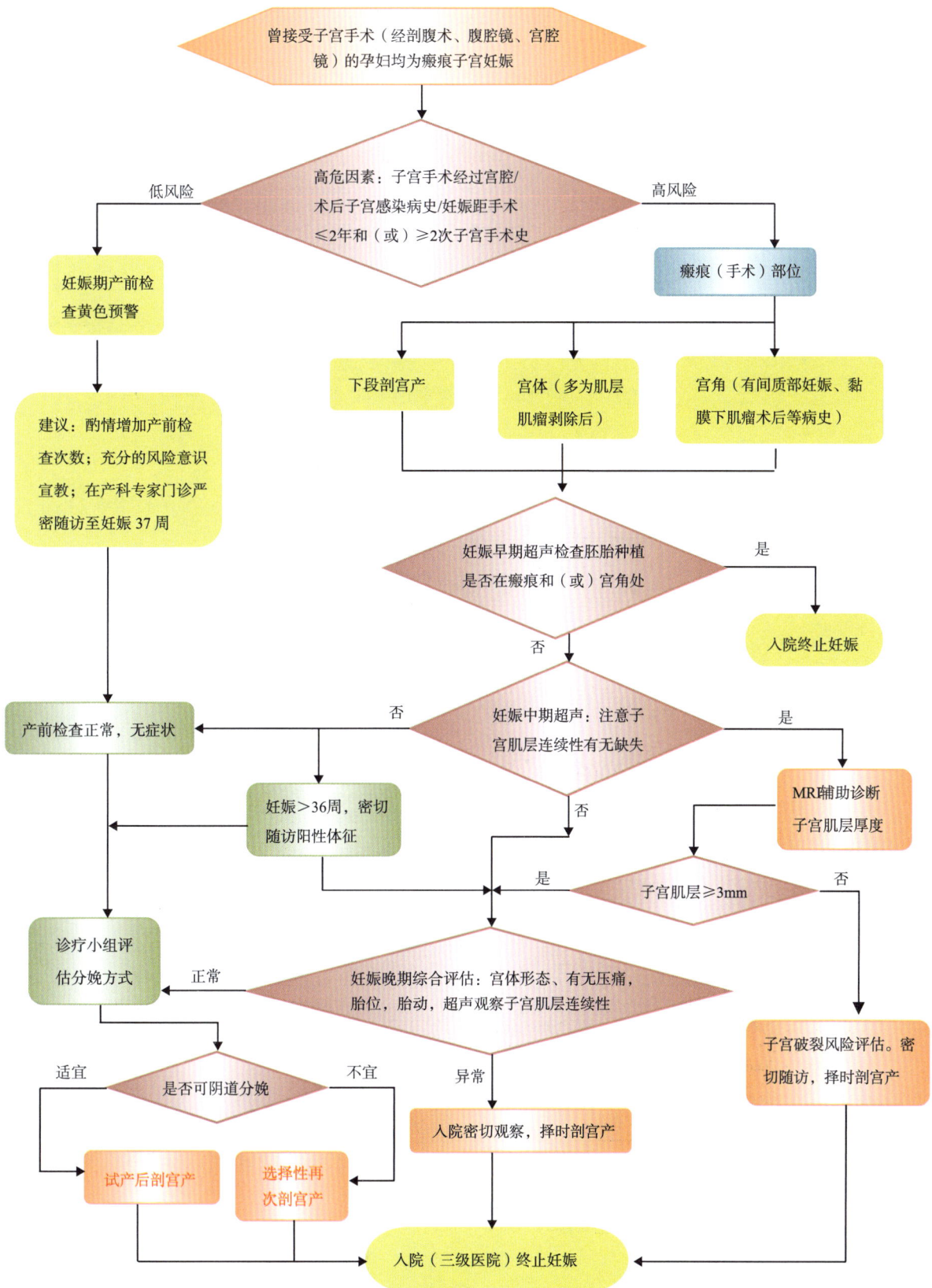

曾接受子宫手术（经剖腹术、腹腔镜、宫腔镜）的孕妇均为瘢痕子宫妊娠

高危因素：子宫手术经过宫腔/术后子宫感染病史/妊娠距手术≤2年和（或）≥2次子宫手术史

低风险 → 妊娠期产前检查黄色预警

高风险 → 瘢痕（手术）部位

建议：酌情增加产前检查次数；充分的风险意识宣教；在产科专家门诊严密随访至妊娠37周

下段剖宫产

宫体（多为肌层肌瘤剥除后）

宫角（有间质部妊娠、黏膜下肌瘤术后等病史）

妊娠早期超声检查胚胎种植是否在瘢痕和（或）宫角处

是 → 入院终止妊娠

否

妊娠中期超声：注意子宫肌层连续性有无缺失

否 → 产前检查正常，无症状

是 → MR辅助诊断子宫肌层厚度

否 → 妊娠>36周，密切随访阳性体征

子宫肌层≥3mm

是 → 妊娠晚期综合评估：宫体形态、有无压痛，胎位，胎动，超声观察子宫肌层连续性

否 → 子宫破裂风险评估。密切随访，择时剖宫产

诊疗小组评估分娩方式

正常

异常 → 入院密切观察，择时剖宫产

是否可阴道分娩

适宜 → 试产后剖宫产

不宜 → 选择性再次剖宫产

入院（三级医院）终止妊娠

五、妊娠期糖尿病（GDM）诊治流程

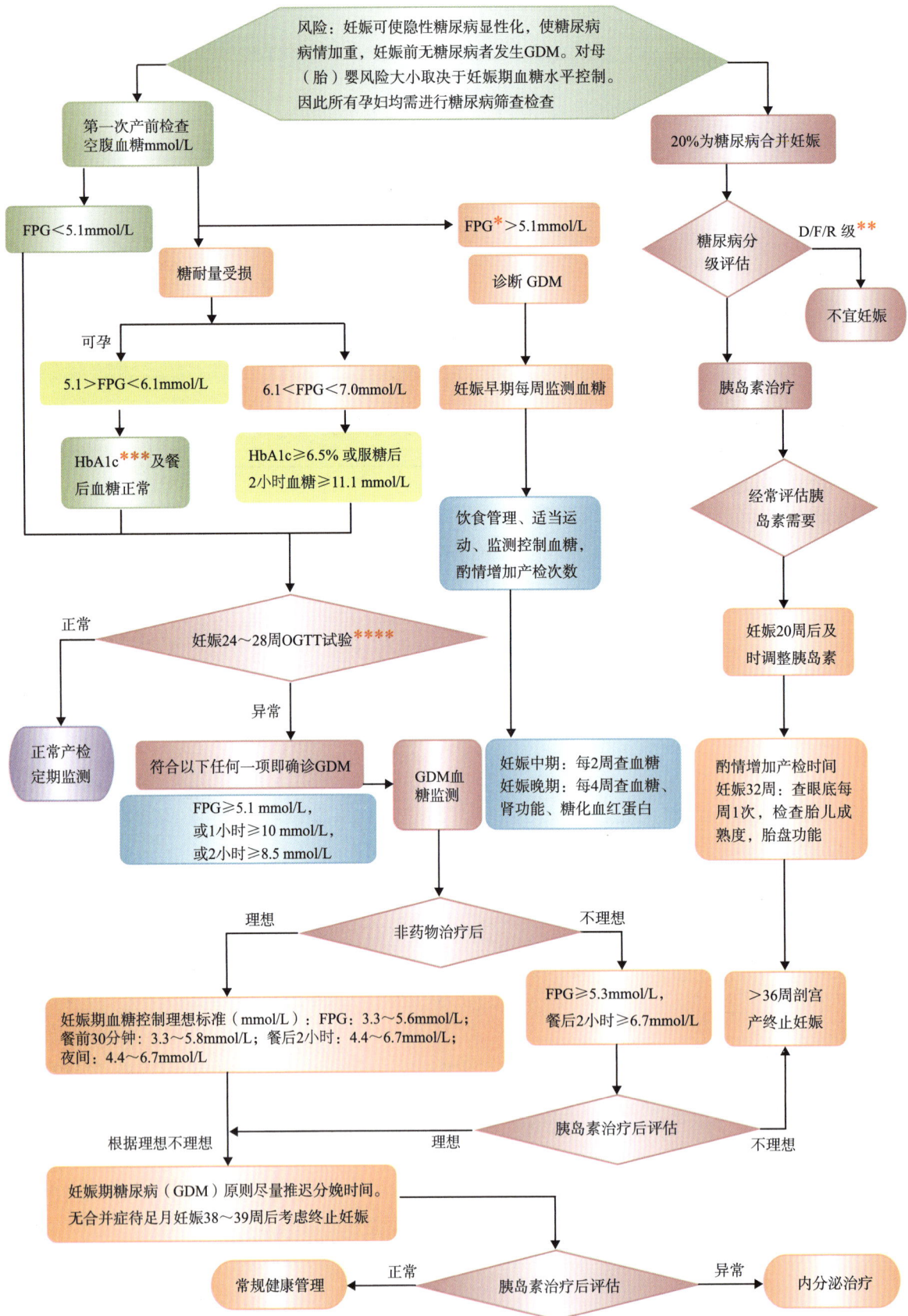

风险：妊娠可使隐性糖尿病显性化，使糖尿病病情加重，妊娠前无糖尿病者发生GDM。对母（胎）婴风险大小取决于妊娠期血糖水平控制。因此所有孕妇均需进行糖尿病筛查检查

第一次产前检查空腹血糖mmol/L

FPG＜5.1mmol/L

糖耐量受损

FPG*＞5.1mmol/L

诊断 GDM

20%为糖尿病合并妊娠

糖尿病分级评估

D/F/R 级 **

不宜妊娠

可孕

5.1＞FPG＜6.1mmol/L

6.1＜FPG＜7.0mmol/L

HbA1c*** 及餐后血糖正常

HbA1c≥6.5% 或服糖后2小时血糖≥11.1 mmol/L

妊娠早期每周监测血糖

胰岛素治疗

经常评估胰岛素需要

饮食管理、适当运动、监测控制血糖，酌情增加产检次数

妊娠20周后及时调整胰岛素

正常

妊娠24～28周OGTT试验****

异常

正常产检定期监测

符合以下任何一项即确诊GDM

FPG≥5.1 mmol/L，或1小时≥10 mmol/L，或2小时≥8.5 mmol/L

GDM血糖监测

妊娠中期：每2周查血糖
妊娠晚期：每4周查血糖、肾功能、糖化血红蛋白

酌情增加产检时间妊娠32周：查眼底每周1次，检查胎儿成熟度，胎盘功能

理想

非药物治疗后

不理想

妊娠期血糖控制理想标准（mmol/L）：FPG：3.3～5.6mmol/L；餐前30分钟：3.3～5.8mmol/L；餐后2小时：4.4～6.7mmol/L；夜间：4.4～6.7mmol/L

FPG≥5.3mmol/L，餐后2小时≥6.7mmol/L

＞36周剖宫产终止妊娠

根据理想不理想

理想

胰岛素治疗后评估

不理想

妊娠期糖尿病（GDM）原则尽量推迟分娩时间。无合并症待足月妊娠38～39周后考虑终止妊娠

常规健康管理

正常

胰岛素治疗后评估

异常

内分泌治疗

*FPG（Fasting Plasma Glucose，FPG） 指孕妇空腹血糖；若 > 5.1 mmol/L，可直接诊断妊娠期糖尿病（GDM），不需再做 OGTT 试验（口服葡萄糖耐量试验）。

**D/F/R 级 指内科糖尿病分级管理中不宜妊娠的几种级别，依据患者发生糖尿病的年龄、病程及是否存在血管并发症等进行分期（White 分类法），有助于判断病情的严重程度及预后: 具体分级方法见表 1-7。

表 1-7　内科糖尿病严重程度分级管理

分级	判断标准
A 级:	经控制饮食，空腹血糖 < 5.8mmol/L，餐后 2 小时血糖 < 6.7mmol/L
B 级:	显性糖尿病，20 岁以后发病，病程 < 10 年
C 级:	发病年龄 10 ~ 19 岁，或病程达 10 ~ 19 年
D 级:	10 岁前发病，或病程 ≥ 20 年，或合并单纯性视网膜病
F 级:	糖尿病肾病
R 级:	眼底有增生性视网膜病变或玻璃体出血
H 级:	冠状动脉粥样硬化性心脏病
T 级:	有肾移植史

***HbA1c 糖化血红蛋白。

****OGTT 试验 口服葡萄糖耐量试验。

六、妊娠期高血压及子痫前期疾病诊治流程

（一）妊娠期高血压诊断流程

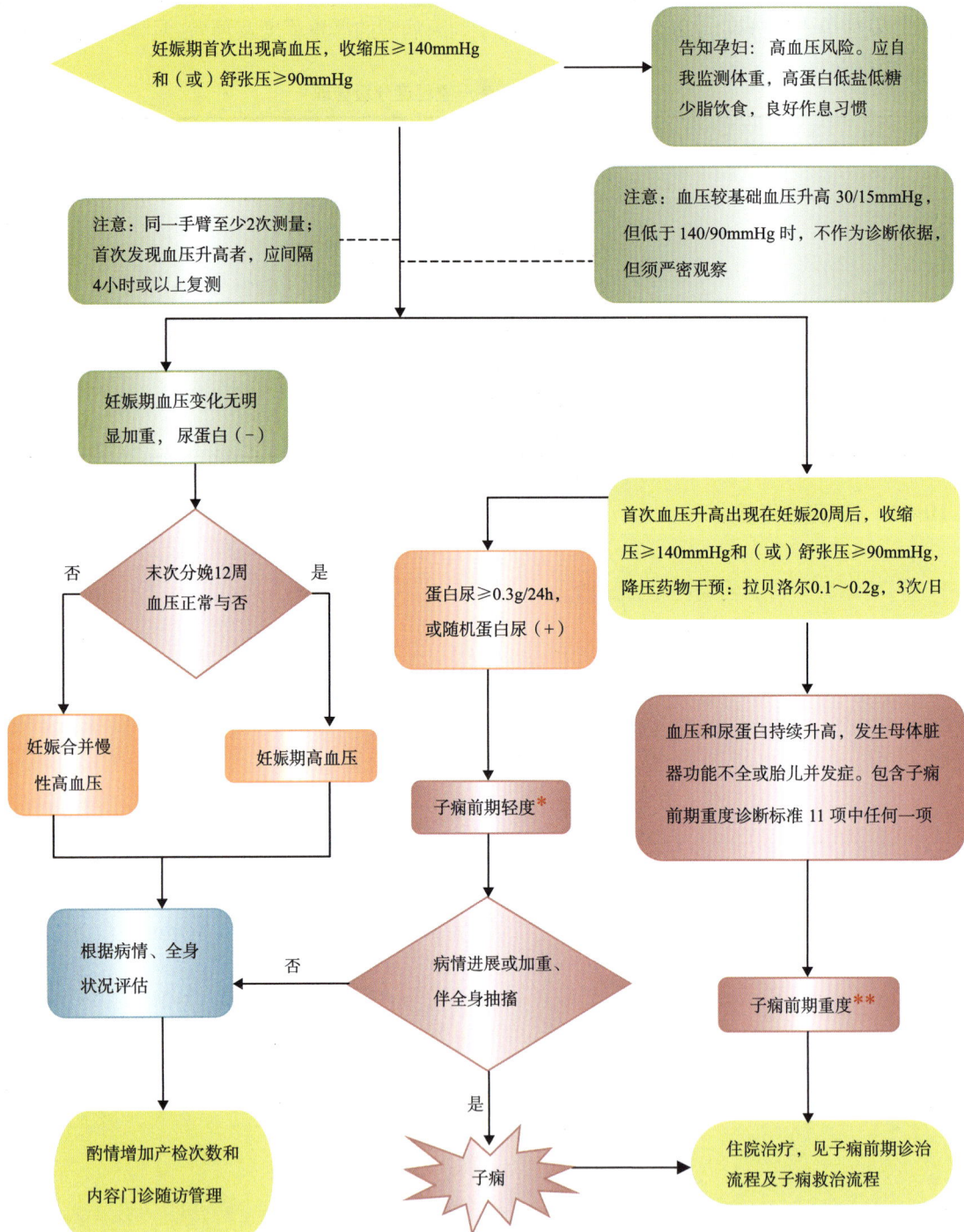

妊娠期首次出现高血压，收缩压≥140mmHg 和（或）舒张压≥90mmHg

告知孕妇：高血压风险。应自我监测体重，高蛋白低盐低糖少脂饮食，良好作息习惯

注意：同一手臂至少2次测量；首次发现血压升高者，应间隔4小时或以上复测

注意：血压较基础血压升高 30/15mmHg，但低于 140/90mmHg 时，不作为诊断依据，但须严密观察

妊娠期血压变化无明显加重，尿蛋白（－）

末次分娩12周血压正常与否

否 | 是

蛋白尿≥0.3g/24h，或随机蛋白尿（＋）

首次血压升高出现在妊娠20周后，收缩压≥140mmHg和（或）舒张压≥90mmHg，降压药物干预：拉贝洛尔0.1～0.2g，3次/日

妊娠合并慢性高血压

妊娠期高血压

子痫前期轻度*

血压和尿蛋白持续升高，发生母体脏器功能不全或胎儿并发症。包含子痫前期重度诊断标准 11 项中任何一项

根据病情、全身状况评估

否

病情进展或加重、伴全身抽搐

子痫前期重度**

酌情增加产检次数和内容门诊随访管理

是

子痫

住院治疗，见子痫前期诊治流程及子痫救治流程

*子痫前期轻度　其诊断标准为，妊娠 20 周后出现收缩压≥140mmHg 和（或）舒张压≥90mmHg 伴蛋白尿≥0.3g/24h，或随机蛋白尿（＋）。

** 子痫前期重度　其诊断标准如下。

1. 在子痫前期的基础上血压和尿蛋白持续升高，发生母体脏器功能不全或胎儿并发症。

2. 病程中出现下述 11 项中任一项不良情况可诊断为重度子痫前期。

（1）血压持续升高：收缩压≥ 160mmHg 和（或）舒张压≥ 110mmHg。

（2）24 小时蛋白尿≥ 5.0g，或随机蛋白尿≥（+++）。

（3）持续性头痛或视力障碍或其他脑神经症状。

（4）持续性上腹部疼痛，肝包膜下血肿或肝破裂症状。

（5）肝功能异常：肝酶 ALT 或 AST 水平升高。

（6）肾功能异常：少尿（24 小时尿量＜ 400ml 或每小时尿量＜ 17ml）或血肌酐＞ 106μmol/L。

（7）低蛋白血症伴胸腔积液或腹水。

（8）血液系统异常：血小板呈持续性下降并低于 100×10^9/L；血管内溶血、贫血、黄疸或血 LDH 升高。

（9）心力衰竭、肺水肿。

（10）胎儿生长受限或羊水过少。

（11）早发型即妊娠 34 周以前发病。

（二）子痫前期处理流程

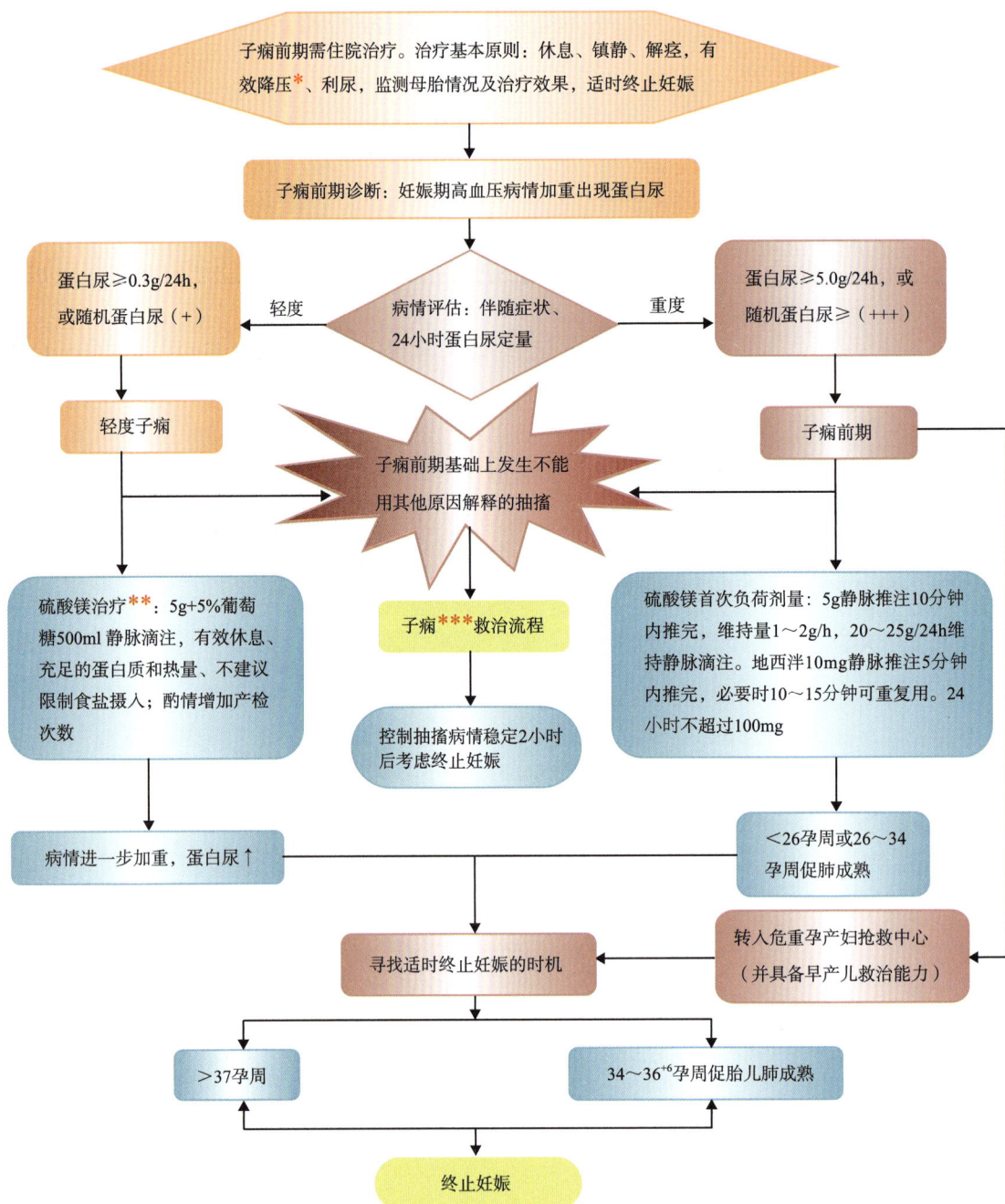

子痫前期需住院治疗。治疗基本原则：休息、镇静、解痉，有效降压*、利尿，监测母胎情况及治疗效果，适时终止妊娠

子痫前期诊断：妊娠期高血压病情加重出现蛋白尿

蛋白尿≥0.3g/24h，或随机蛋白尿（＋）

病情评估：伴随症状、24小时蛋白尿定量

轻度

重度

蛋白尿≥5.0g/24h，或随机蛋白尿≥（＋＋＋）

轻度子痫

子痫前期

子痫前期基础上发生不能用其他原因解释的抽搐

硫酸镁治疗**：5g+5%葡萄糖500ml静脉滴注，有效休息、充足的蛋白质和热量、不建议限制食盐摄入；酌情增加产检次数

子痫***救治流程

硫酸镁首次负荷剂量：5g静脉推注10分钟内推完，维持量1~2g/h，20~25g/24h维持静脉滴注。地西泮10mg静脉推注5分钟内推完，必要时10~15分钟可重复用。24小时不超过100mg

控制抽搐病情稳定2小时后考虑终止妊娠

病情进一步加重，蛋白尿↑

<26孕周或26~34孕周促肺成熟

寻找适时终止妊娠的时机

转入危重孕产妇抢救中心（并具备早产儿救治能力）

>37孕周

34~36+6孕周促胎儿肺成熟

终止妊娠

*有效降压　降压目标应为 140～150/90～100mmHg。药物可选一线降压药物：如拉贝洛尔 20mg，口服或静脉用药；或硝苯地平 10～20mg，口服（不可含服）；或肼屈嗪 12.5～25mg，静脉用药。严密监测血压，每 10 分钟 1 次，1 小时后血压未降可重复用药，达到积极预防并控制子痫发生的目的。血压下降要求平稳，血压最低≥130/80mmHg，以保证胎盘血流灌注。

**硫酸镁治疗　硫酸镁治疗中常引起面色潮红、出汗、口干等症状，快速静脉注射时可引起恶心、呕吐、心慌、头晕，个别出现眼球震颤。剂量大，需注意中毒症状，即出现呼吸抑制和心律失常，膝反射消失等，应立即停药，用 10% 葡萄糖酸钙 10ml 缓慢静脉推注（＞3 分钟），吸氧，利尿。否则浓度进一步升高，可致心搏骤停。

***子痫　子痫可反复发作，导致发生胎盘早剥、心力衰竭、肾衰竭、颅内出血等。

七、心脏病患者妊娠前咨询评估及妊娠期风险识别流程

（一）心脏病妊娠前咨询评估流程

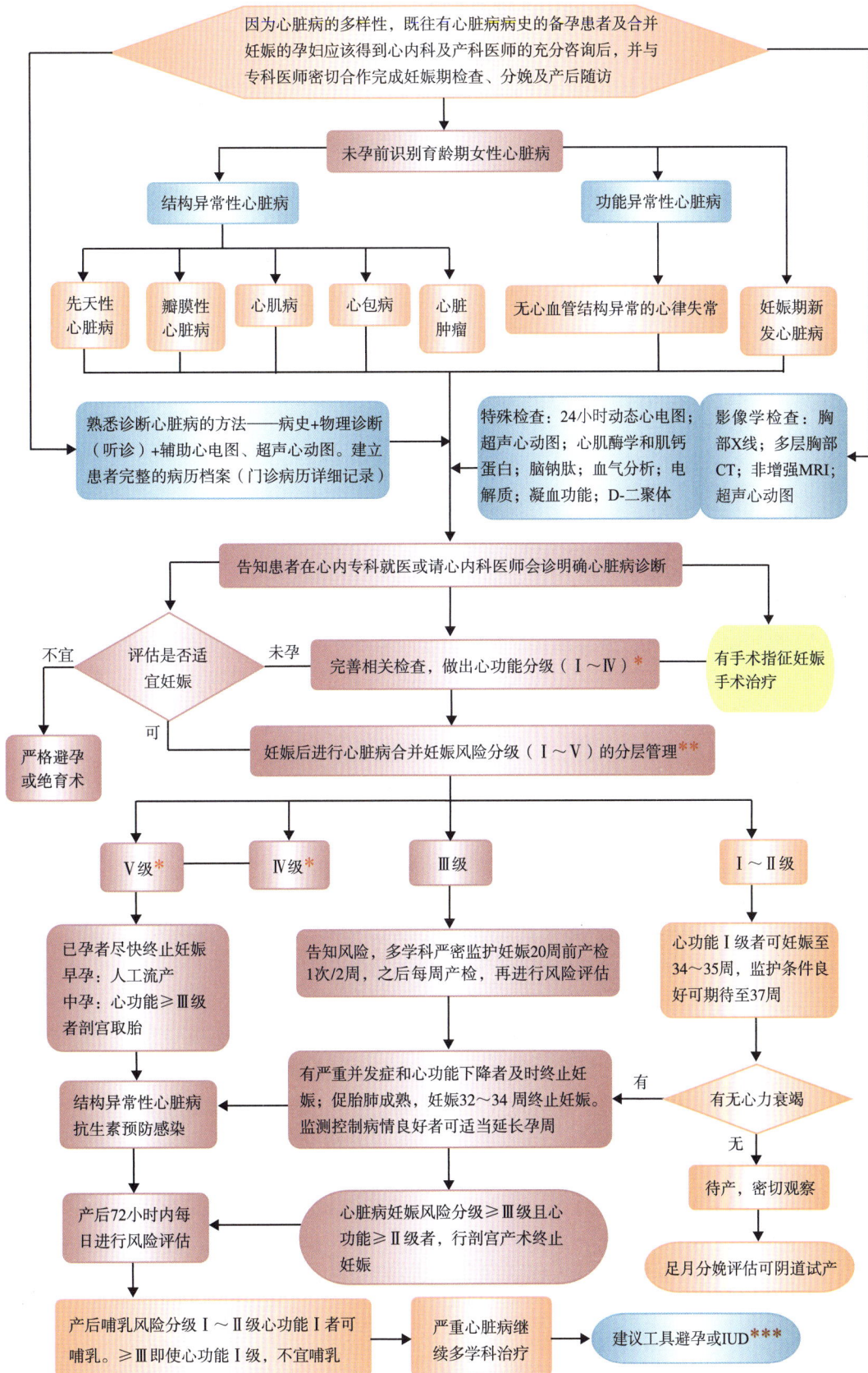

因为心脏病的多样性，既往有心脏病病史的备孕患者及合并妊娠的孕妇应该得到心内科及产科医师的充分咨询后，并与专科医师密切合作完成妊娠期检查、分娩及产后随访

未孕前识别育龄期女性心脏病

结构异常性心脏病

功能异常性心脏病

先天性心脏病　瓣膜性心脏病　心肌病　心包病　心脏肿瘤

无心血管结构异常的心律失常

妊娠期新发心脏病

熟悉诊断心脏病的方法——病史+物理诊断（听诊）+辅助心电图、超声心动图。建立患者完整的病历档案（门诊病历详细记录）

特殊检查：24小时动态心电图；超声心动图；心肌酶学和肌钙蛋白；脑钠肽；血气分析；电解质；凝血功能；D-二聚体

影像学检查：胸部X线；多层胸部CT；非增强MRI；超声心动图

告知患者在心内专科就医或请心内科医师会诊明确心脏病诊断

评估是否适宜妊娠

不宜 → 严格避孕或绝育术

未孕 → 完善相关检查，做出心功能分级（Ⅰ～Ⅳ）*

有手术指征妊娠手术治疗

可 → 妊娠后进行心脏病合并妊娠风险分级（Ⅰ～Ⅴ）的分层管理**

Ⅴ级*　　Ⅳ级*　　Ⅲ级　　Ⅰ～Ⅱ级

已孕者尽快终止妊娠
早孕：人工流产
中孕：心功能≥Ⅲ级者剖宫取胎

告知风险，多学科严密监护妊娠20周前产检1次/2周，之后每周产检，再进行风险评估

心功能Ⅰ级者可妊娠至34～35周，监护条件良好可期待至37周

结构异常性心脏病抗生素预防感染

有严重并发症和心功能下降者及时终止妊娠；促胎肺成熟，妊娠32～34周终止妊娠。监测控制病情良好者可适当延长孕周

有无心力衰竭

有

无

待产，密切观察

产后72小时内每日进行风险评估

心脏病妊娠风险分级≥Ⅲ级且心功能≥Ⅱ级者，行剖宫产术终止妊娠

足月分娩评估可阴道试产

产后哺乳风险分级Ⅰ～Ⅱ级心功能Ⅰ者可哺乳。≥Ⅲ即使心功能Ⅰ级，不宜哺乳

严重心脏病继续多学科治疗

建议工具避孕或IUD***

*心脏功能分级（Ⅰ～Ⅳ）　此处指按照纽约心脏病协会（NYHA）心功能分级标准进行的心功能分级，是目前临床诊断对所有心脏病患者（包括非妊娠妇女）最常用的分级方法，具体分级标准见表1-8。对诊断为Ⅳ级的女性心脏病者不适宜妊娠，应劝其避孕。

表1-8　纽约心脏病协会（NYHA）心功能分级

心功能分级	心脏代偿能力	生活状态
Ⅰ	完全代偿能力	几乎与正常人没有区别，完全能正常工作、学习及生活，甚至能胜任较重的劳动或体育活动
Ⅱ	已开始减退	在较重活动（如快走步、上楼或提重物）时，即会出现气急、水肿或心绞痛，但休息后即可缓解。属轻度心力衰竭
Ⅲ	已减退	轻度活动，如上厕所、打扫室内卫生、洗澡等时也引起气急等症状，属中度心力衰竭。或曾经有心力衰竭史
Ⅳ	已严重减退	休息时仍有气急等症状。在床上不能平卧，生活不能自理，而且常伴有水肿、营养不良等症状。重度心力衰竭，不仅完全丧失了劳动力，而且还有生命危险

**　心脏病合并妊娠风险分级（Ⅰ～Ⅴ）的分层管理　注意这个分级是专门针对妊娠的女性心脏病患者进行的，不同于普遍人群心脏病的 NYHA 心功能分级。该处提及的分层管理是专门针对已妊娠的心脏病妇女而制定，具体内容如下。

Ⅰ级（孕妇死亡率不增加，或者母儿并发症不增加或轻度增加）

包括无并发症的轻度肺动脉狭窄和二尖瓣脱垂；小的动脉导管未闭（≤ 3mm）；已手术修补的不伴有肺动脉高压的房间隔缺损、室间隔缺损、动脉导管未闭和肺静脉畸形引流；不伴有心脏结构异常的单源、偶发的室上性或室性期前收缩。

·由二、三级妇产科专科医院或者二级以上综合性医院负责诊治。

Ⅱ级（孕妇死亡率轻度增加，或者母儿并发症中度增加）

包括未手术的不伴有肺动脉高压的房间隔缺损、室间隔缺损、动脉导管未闭；法洛四联症修补术后且无残余的心脏结构异常；不伴有心脏结构异常的大多数心律失常。

·由二、三级妇产科专科医院或者二级以上综合性医院负责诊治。

Ⅲ级（孕妇死亡率中度增加，或者母儿并发症重度增加）

包括轻度二尖瓣狭窄（瓣口面积 > 1.5cm^2）；二尖瓣中度狭窄或者三尖瓣狭窄、主动脉瓣膜关闭不全等（略）。

·由三级妇产科专科医院或者三级综合性医院负责诊治。

Ⅳ级（孕妇死亡率明显增加，或者母儿并发症重度增加；需要专家咨询；如果继续妊娠，需告知风险；需要产科和心脏科专家在妊娠期、分娩期和产褥期严密监护母儿情况）

·由有良好心脏专科的三级甲等综合性医院或者综合实力强的心脏监护中心处理。

Ⅴ级（极高的孕妇死亡率和严重的母儿并发症，属妊娠禁忌证；如果妊娠，须讨论终止问题；如果继续妊娠，需充分告知风险，并由产科和心脏科专家在妊娠期、分娩期和产褥期严密监护母儿情况）

·有良好心脏专科的三级甲等综合性医院或者综合实力强的心脏监护中心才能处理。

***IUD　使用宫内节育器。

（二）心脏病合并妊娠风险评估流程

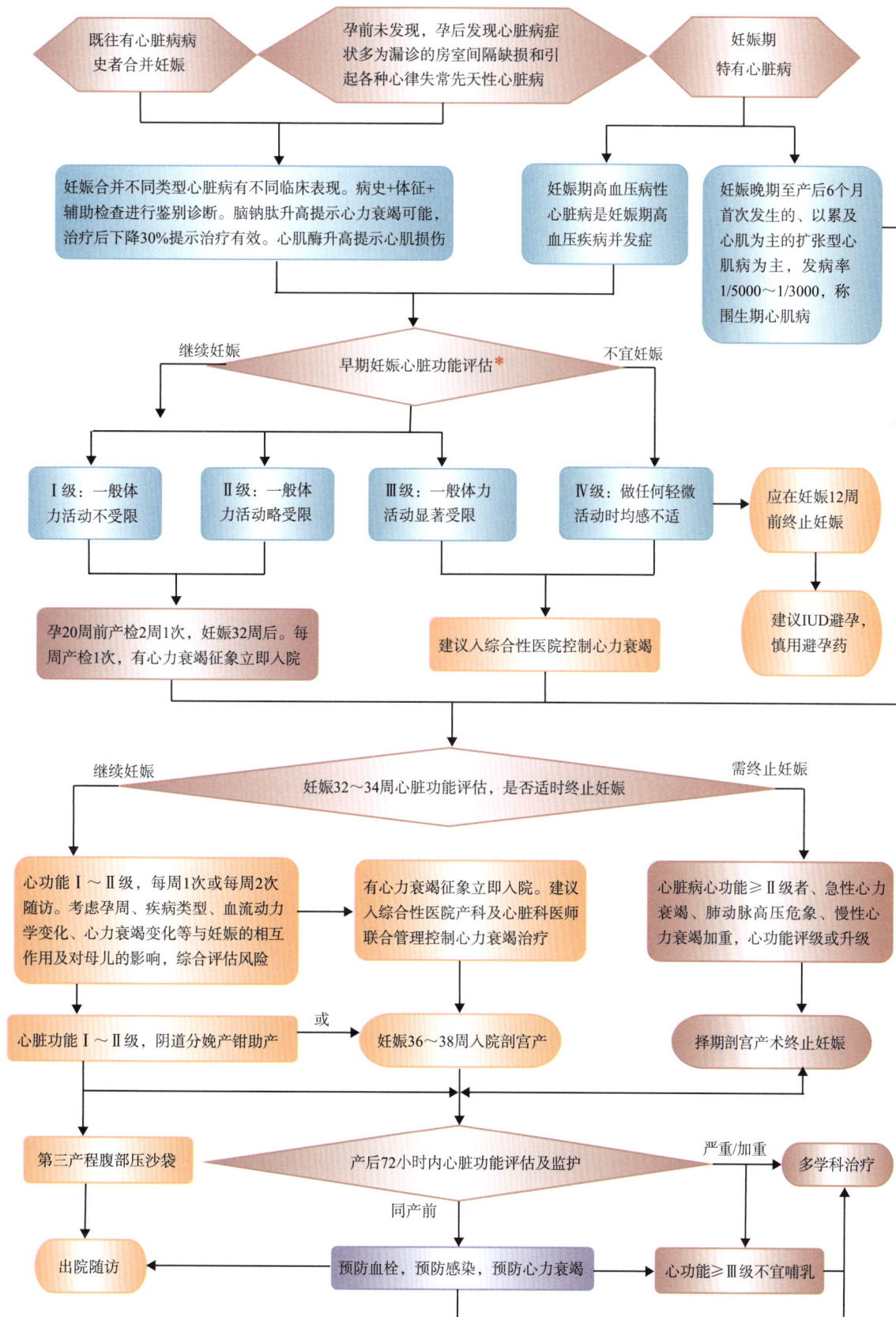

既往有心脏病病史者合并妊娠

孕前未发现，孕后发现心脏病症状多为漏诊的房室间隔缺损和引起各种心律失常先天性心脏病

妊娠期特有心脏病

妊娠合并不同类型心脏病有不同临床表现。病史+体征+辅助检查进行鉴别诊断。脑钠肽升高提示心力衰竭可能，治疗后下降30%提示治疗有效。心肌酶升高提示心肌损伤

妊娠期高血压病性心脏病是妊娠期高血压疾病并发症

妊娠晚期至产后6个月首次发生的、以累及心肌为主的扩张型心肌病为主，发病率1/5000～1/3000，称围生期心肌病

继续妊娠 ← 早期妊娠心脏功能评估* → 不宜妊娠

Ⅰ级：一般体力活动不受限

Ⅱ级：一般体力活动略受限

Ⅲ级：一般体力活动显著受限

Ⅳ级：做任何轻微活动时均感不适

应在妊娠12周前终止妊娠

建议IUD避孕，慎用避孕药

孕20周前产检2周1次，妊娠32周后。每周产检1次，有心力衰竭征象立即入院

建议入综合性医院控制心力衰竭

继续妊娠 ← 妊娠32～34周心脏功能评估，是否适时终止妊娠 → 需终止妊娠

心功能Ⅰ～Ⅱ级，每周1次或每周2次随访。考虑孕周、疾病类型、血流动力学变化、心力衰竭变化等与妊娠的相互作用及对母儿的影响，综合评估风险

有心力衰竭征象立即入院。建议入综合性医院产科及心脏科医师联合管理控制心力衰竭治疗

心脏病心功能≥Ⅱ级者、急性心力衰竭、肺动脉高压危象、慢性心力衰竭加重，心功能评级或升级

心脏功能Ⅰ～Ⅱ级，阴道分娩产钳助产 —或— 妊娠36～38周入院剖宫产

择期剖宫产术终止妊娠

第三产程腹部压沙袋

产后72小时内心脏功能评估及监护 — 严重/加重 → 多学科治疗

同产前

出院随访 ← 预防血栓，预防感染，预防心力衰竭 → 心功能≥Ⅲ级不宜哺乳

* 早期妊娠心脏功能评估   此处仅指早孕期的心功能评估，只判断是否适宜妊娠。一般心脏病合并妊娠的风险多发生在妊娠 32 ～ 34 周、分娩期和产后 72 小时内。这 3 个时期心脏负担明显加重使风险陡然骤增，极易发生心功能不全。即使早孕时期评估可以继续妊娠的孕妇很可能也会在这 3 个时期发生不同程度的心功能不全，因此这 3 个时期的评估更加重要，在流程图中使用的 3 个评估框或判定框即为这 3 次评估。

八、妊娠合并梅毒孕产妇诊治流程

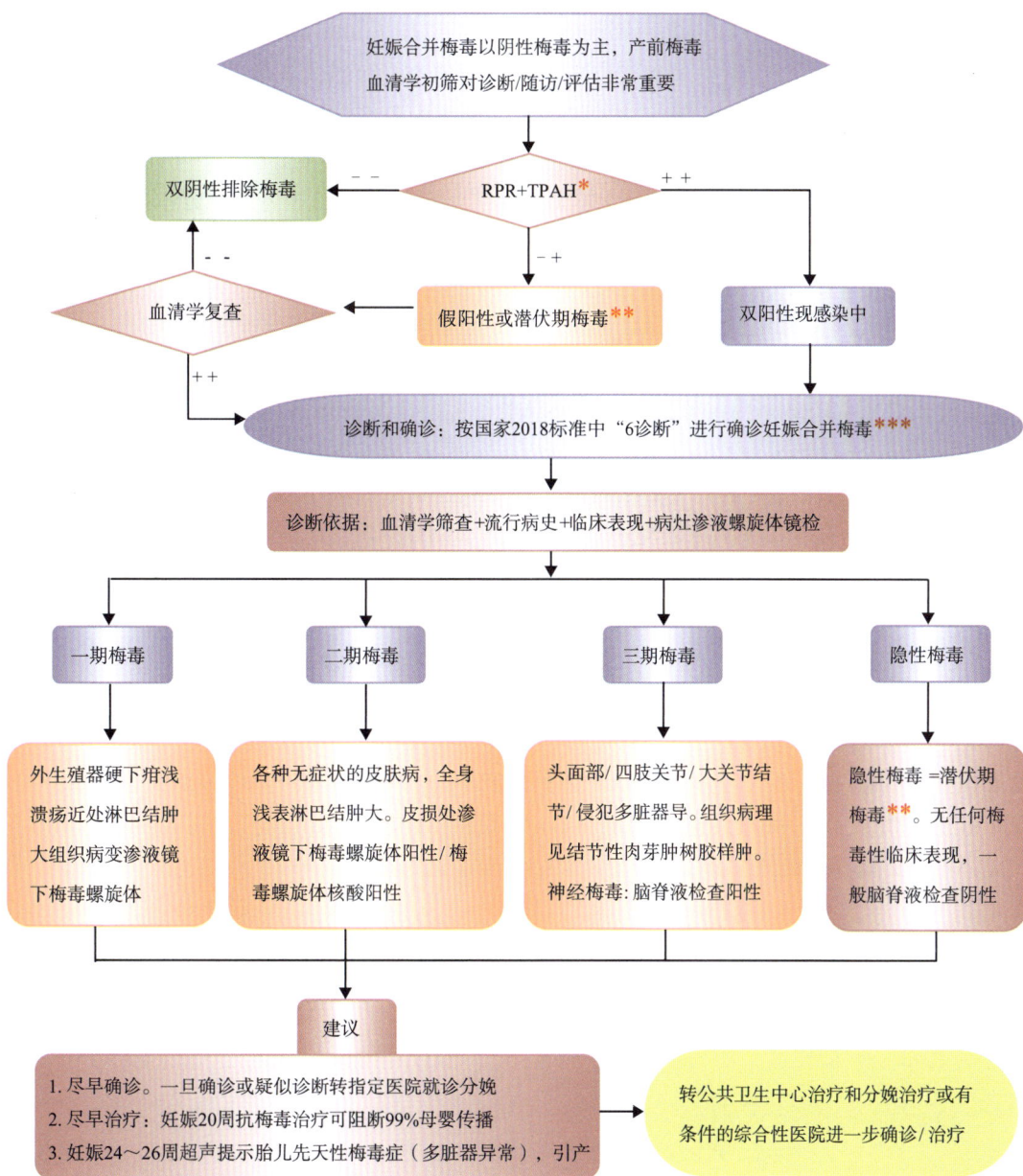

妊娠合并梅毒以阴性梅毒为主，产前梅毒血清学初筛对诊断/随访/评估非常重要

```
                    RPR+TPAH*
      - -  ◄───────  ◆  ───────► + +
                       │
双阴性排除梅毒          │ - +                双阳性现感染中
                       ▼
   - -                假阳性或潜伏期梅毒**
血清学复查  ◄─────────
      │
      │ + +
      ▼
```

诊断和确诊：按国家2018标准中"6诊断"进行确诊妊娠合并梅毒***

诊断依据：血清学筛查+流行病史+临床表现+病灶渗液螺旋体镜检

一期梅毒	二期梅毒	三期梅毒	隐性梅毒
外生殖器硬下疳浅溃疡近处淋巴结肿大组织病变渗液镜下梅毒螺旋体	各种无症状的皮肤病，全身浅表淋巴结肿大。皮损处渗液镜下梅毒螺旋体阳性/梅毒螺旋体核酸阳性	头面部/四肢关节/大关节结节/侵犯多脏器导。组织病理见结节性肉芽肿树胶样肿。神经梅毒:脑脊液检查阳性	隐性梅毒=潜伏期梅毒**。无任何梅毒性临床表现，一般脑脊液检查阴性

建议

1. 尽早确诊。一旦确诊或疑似诊断转指定医院就诊分娩
2. 尽早治疗：妊娠20周抗梅毒治疗可阻断99%母婴传播
3. 妊娠24~26周超声提示胎儿先天性梅毒症（多脏器异常），引产

→ 转公共卫生中心治疗和分娩治疗或有条件的综合性医院进一步确诊/治疗

*RPR+TPAH　梅毒快速血清反应环状卡片试验。

** 假阳性或潜伏期梅毒/隐性梅毒=潜伏期梅毒　指梅毒感染不足6周者，此时患者非梅毒螺旋体血清试验可为阴性，而梅毒感染不足4周者，其梅毒螺旋体血清试验可为阴性。所以对就诊孕妇若考虑有梅毒感染的可能应于初诊后4、6周后复查相关检查。

*** 按国家 2018 标准中"6 诊断"进行确诊妊娠合并梅毒　国家 2018 标准指中华人民共和国卫生行业标准 WS273-2018 行业标准中有关梅毒的诊断标准，目前我国传染病学会制定的梅毒诊断标准和该国家标准是一样的。下面是相关的摘要。

6.1　一期梅毒

6.1.1 疑似病例诊断：流行病学史＋临床表现＋梅毒或非梅毒血清学其中一项阳性。

6.1.2 确诊病例：一期疑似病例诊断标准＋组织渗液镜下梅毒螺旋体阳性。

·行业标准中的数字表示：4 诊断依据：4.1 一期梅毒意义和分类。4.1.1 流行病学史。4.1.2 临床表现。4.1.3.1 暗视野镜下螺旋体阳性。4.1.3.2 非梅毒螺旋体血清学试验。4.1.3.3 梅毒螺旋体血清学试验。

6.2　二期梅毒

6.2.1 疑似病例诊断：流行病学史＋临床表现＋梅毒或非梅毒血清学其中一项阳性。

6.2.2 确诊病例：二期疑似病例诊断标准＋组织渗液镜下梅毒螺旋体阳性

·行业标准中的数字表示：4.2 二期梅毒意义和分类。4.2.1 流行病学史。4.2.2 临床表现。4.2.3.1 暗视野镜下螺旋体阳性。4.2.3.2 非梅毒螺旋体血清学试验。4.2.3.3 梅毒螺旋体血清学试验。

6.3　三期梅毒

6.3.1 疑似病例诊断：流行病学史＋临床表现＋梅毒或非梅毒血清学其中一项阳性。

6.3.2 确诊病例：流行病学史＋临床表现＋非梅毒血清学阳性＋梅毒血清阳性或组织学病理中一项阳性。神经梅毒脑脊液阳性。

·行业标准中的数字表示：4.3 三期梅毒意义和分类。4.3.1 流行病学史。4.3.2 临床表现。4.3.3.1 非梅毒螺旋体血清学试验。4.3.3.2 梅毒螺旋体血清学试验。4.3.3.3（脑脊液＋）。

6.4　隐性梅毒（潜伏梅毒）

6.4.1 疑似病例诊断：流行病学史＋临床表现＋梅毒或非梅毒血清学其中一项阳性。

6.4.2 确诊病例：流行病学史＋临床表现＋非梅毒血清学阳性＋梅毒血清阳性或组织学病理中一项阳性。

·行业标准中的数字表示：4.4 隐性梅毒。4.4.1 流行病学史。4.4.2 临床表现。4.4.3.1 非梅毒螺旋体血清学试验。4.4.3.2 梅毒螺旋体血清学试验。4.4.3.3.（组织学病理）。

九、妊娠合并子宫肌瘤诊治流程

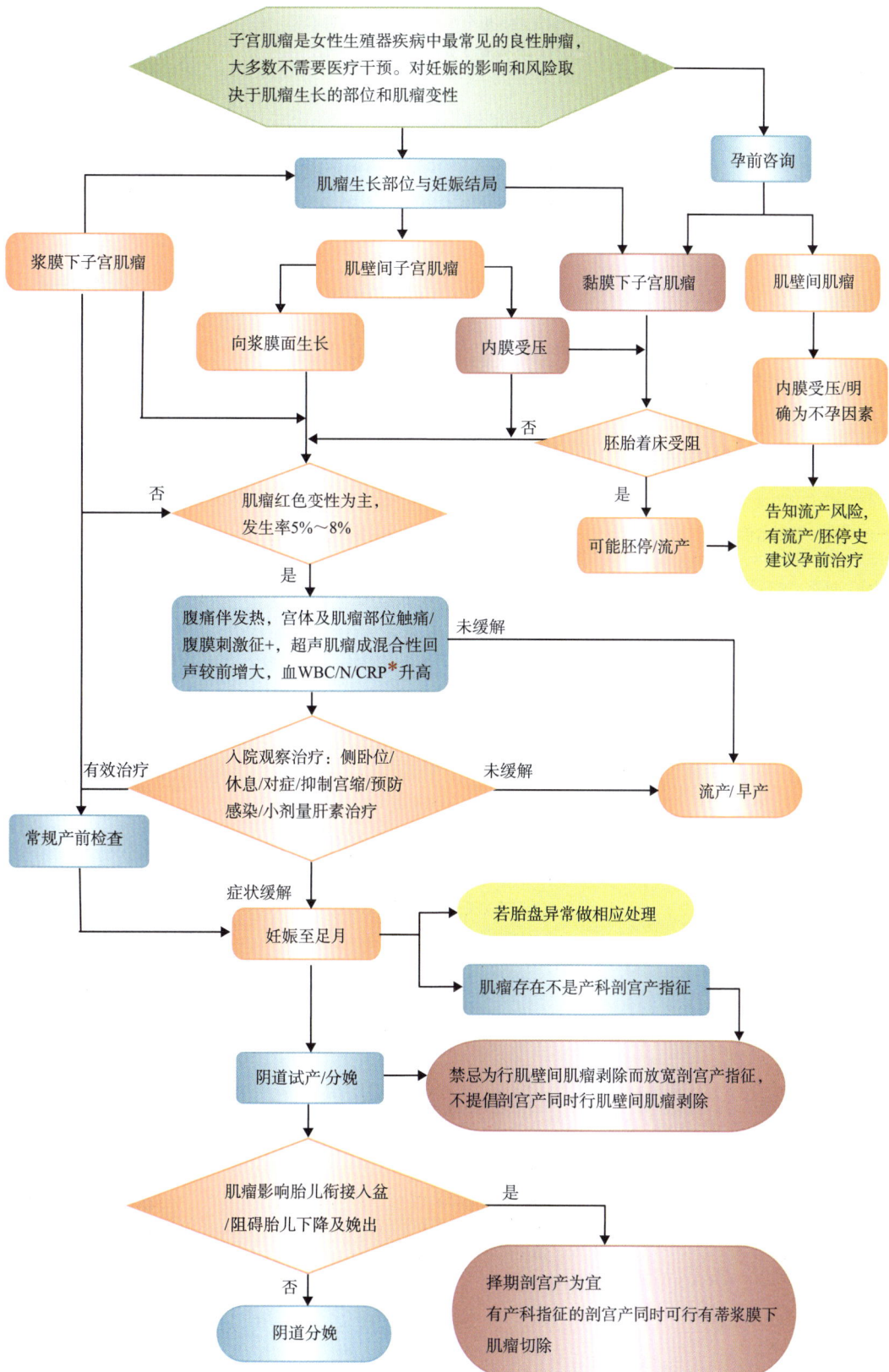

子宫肌瘤是女性生殖器疾病中最常见的良性肿瘤，大多数不需要医疗干预。对妊娠的影响和风险取决于肌瘤生长的部位和肌瘤变性

孕前咨询

肌瘤生长部位与妊娠结局

浆膜下子宫肌瘤

肌壁间子宫肌瘤

黏膜下子宫肌瘤

肌壁间肌瘤

向浆膜面生长

内膜受压

内膜受压/明确为不孕因素

否

肌瘤红色变性为主，发生率5%～8%

否

胚胎着床受阻

是

可能胚停/流产

告知流产风险，有流产/胚停史建议孕前治疗

是

腹痛伴发热，宫体及肌瘤部位触痛/腹膜刺激征+，超声肌瘤成混合性回声较前增大，血WBC/N/CRP*升高

未缓解

有效治疗

入院观察治疗：侧卧位/休息/对症/抑制宫缩/预防感染/小剂量肝素治疗

未缓解

流产/早产

常规产前检查

症状缓解

妊娠至足月

若胎盘异常做相应处理

肌瘤存在不是产科剖宫产指征

阴道试产/分娩

禁忌为行肌壁间肌瘤剥除而放宽剖宫产指征，不提倡剖宫产同时行肌壁间肌瘤剥除

肌瘤影响胎儿衔接入盆/阻碍胎儿下降及娩出

是

否

阴道分娩

择期剖宫产为宜有产科指征的剖宫产同时可行有蒂浆膜下肌瘤切除

*WBC/N/CRP　白细胞 / 中性粒细胞 /C 反应蛋白。

十、妊娠合并外科疾病诊治流程

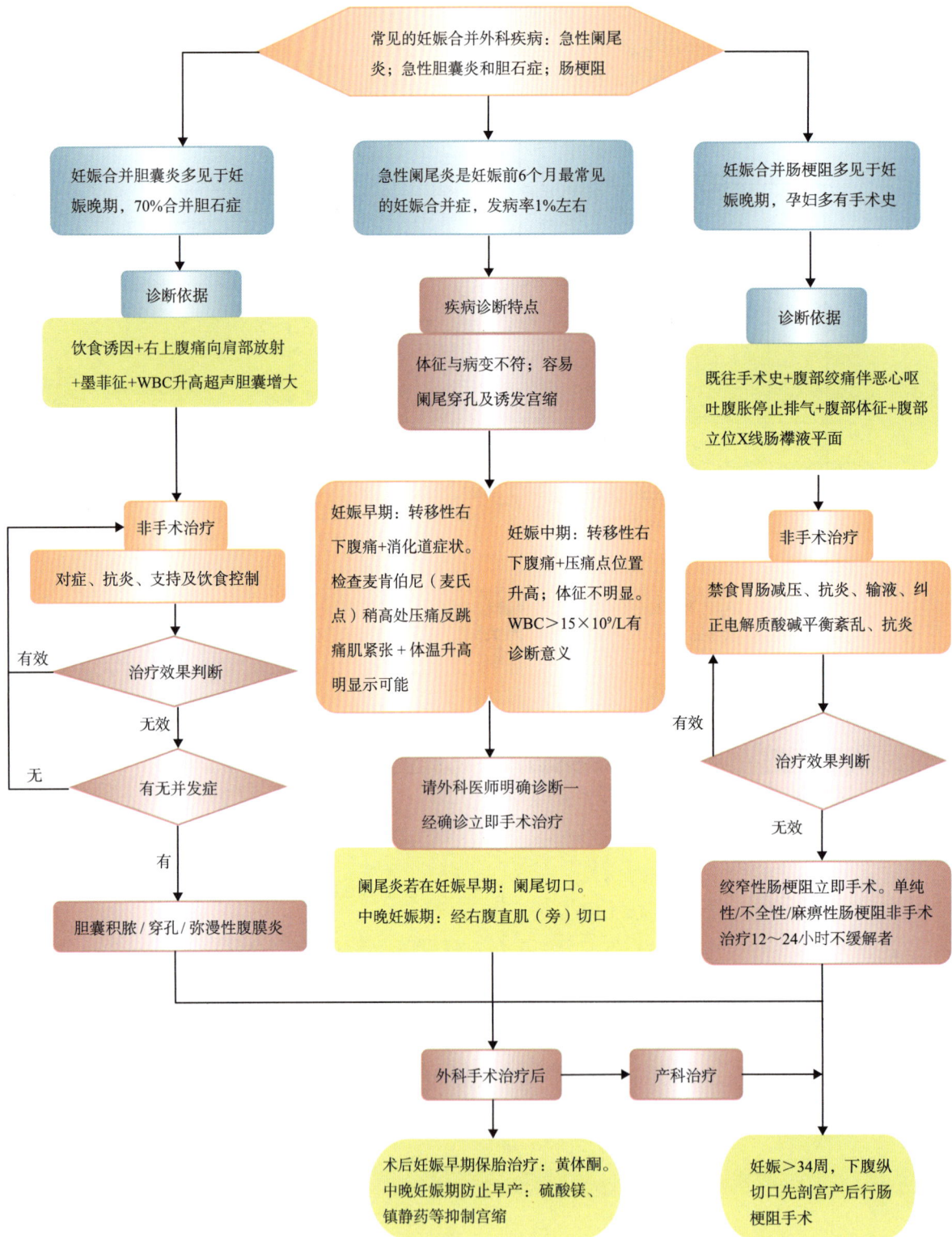

常见的妊娠合并外科疾病：急性阑尾炎；急性胆囊炎和胆石症；肠梗阻

妊娠合并胆囊炎多见于妊娠晚期，70%合并胆石症

急性阑尾炎是妊娠前6个月最常见的妊娠合并症，发病率1%左右

妊娠合并肠梗阻多见于妊娠晚期，孕妇多有手术史

诊断依据

饮食诱因+右上腹痛向肩部放射+墨菲征+WBC升高超声胆囊增大

疾病诊断特点

体征与病变不符；容易阑尾穿孔及诱发宫缩

诊断依据

既往手术史+腹部绞痛伴恶心呕吐腹胀停止排气+腹部体征+腹部立位X线肠襻液平面

非手术治疗

对症、抗炎、支持及饮食控制

妊娠早期：转移性右下腹痛+消化道症状。检查麦肯伯尼（麦氏点）稍高处压痛反跳痛肌紧张+体温升高明显示可能

妊娠中期：转移性右下腹痛+压痛点位置升高；体征不明显。WBC>15×10⁹/L有诊断意义

非手术治疗

禁食胃肠减压、抗炎、输液、纠正电解质酸碱平衡紊乱、抗炎

治疗效果判断

有效

无效

有无并发症

有

胆囊积脓/穿孔/弥漫性腹膜炎

请外科医师明确诊断一经确诊立即手术治疗

阑尾炎若在妊娠早期：阑尾切口。中晚妊娠期：经右腹直肌（旁）切口

治疗效果判断

有效

无效

绞窄性肠梗阻立即手术。单纯性/不全性/麻痹性肠梗阻非手术治疗12～24小时不缓解者

外科手术治疗后

产科治疗

术后妊娠早期保胎治疗：黄体酮。中晚妊娠期防止早产：硫酸镁、镇静药等抑制宫缩

妊娠>34周，下腹纵切口先剖宫产后行肠梗阻手术

十一、妊娠期胆汁淤积症（ICP）诊治流程

（一）门诊诊治流程

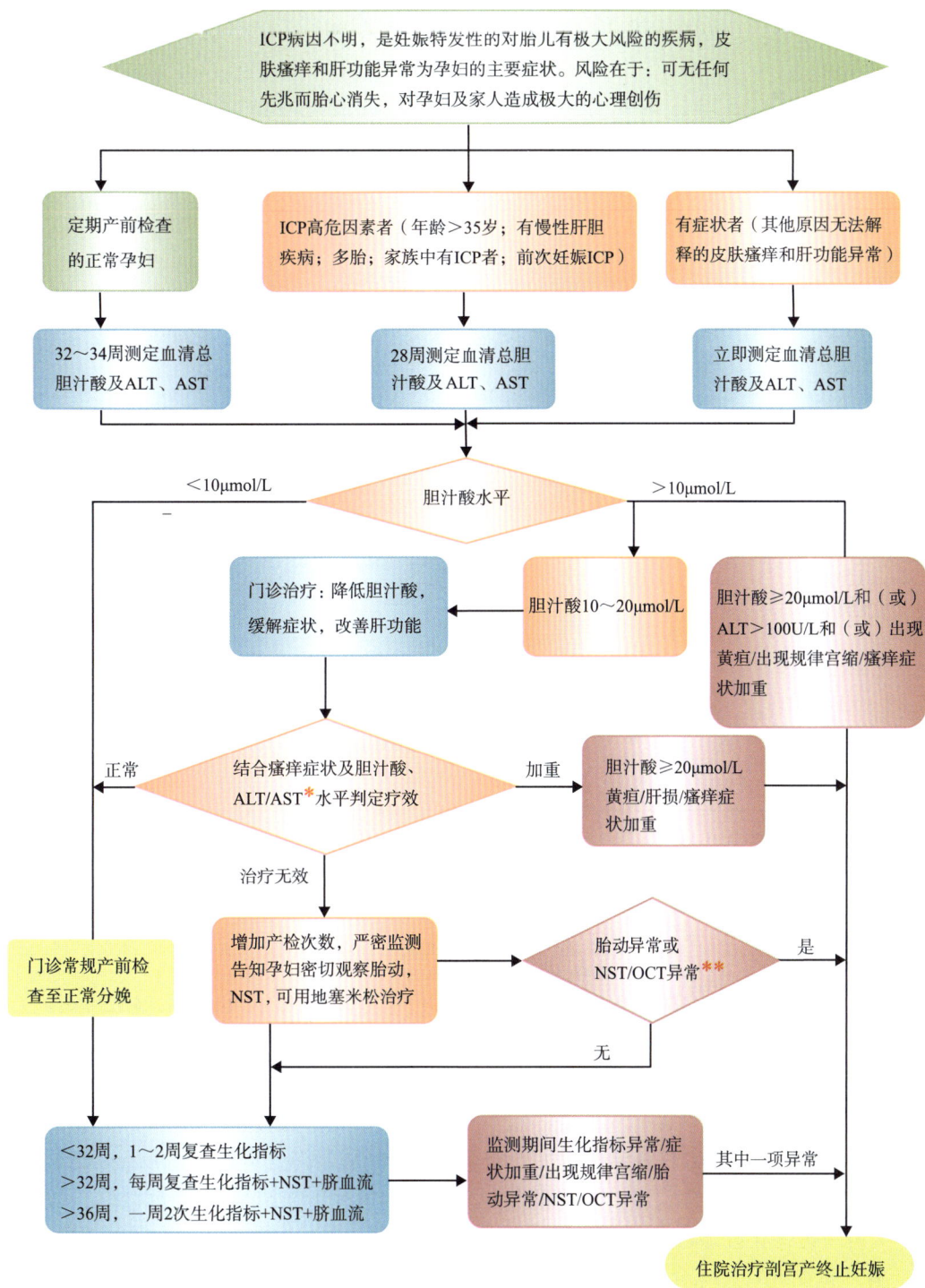

ICP病因不明，是妊娠特发性的对胎儿有极大风险的疾病，皮肤瘙痒和肝功能异常为孕妇的主要症状。风险在于：可无任何先兆而胎心消失，对孕妇及家人造成极大的心理创伤

定期产前检查的正常孕妇

ICP高危因素者（年龄＞35岁；有慢性肝胆疾病；多胎；家族中有ICP者；前次妊娠ICP）

有症状者（其他原因无法解释的皮肤瘙痒和肝功能异常）

32～34周测定血清总胆汁酸及ALT、AST

28周测定血清总胆汁酸及ALT、AST

立即测定血清总胆汁酸及ALT、AST

胆汁酸水平 ＜10μmol/L ＞10μmol/L

门诊治疗：降低胆汁酸，缓解症状，改善肝功能

胆汁酸10～20μmol/L

胆汁酸≥20μmol/L和（或）ALT＞100U/L和（或）出现黄疸/出现规律宫缩/瘙痒症状加重

结合瘙痒症状及胆汁酸、ALT/AST*水平判定疗效 正常 加重

胆汁酸≥20μmol/L 黄疸/肝损/瘙痒症状加重

门诊常规产前检查至正常分娩

治疗无效

增加产检次数，严密监测告知孕妇密切观察胎动，NST，可用地塞米松治疗

胎动异常或NST/OCT异常** 是 无

＜32周，1～2周复查生化指标
＞32周，每周复查生化指标+NST+脐血流
＞36周，一周2次生化指标+NST+脐血流

监测期间生化指标异常/症状加重/出现规律宫缩/胎动异常/NST/OCT异常 其中一项异常

住院治疗剖宫产终止妊娠

*ALT/AST 丙氨酸转移酶/谷草转氨酶。

**胎动异常或NST/OCT异常 前者指胎动频繁、减少或消失；后者均为产程中鉴别胎儿窘迫和胎儿生理性应激反应的主要手段；其中NST是无宫缩时的胎心监护，OCT是用缩宫素诱导宫缩后的胎心监护。注意OCT在ICP患者中禁用。

（二）住院治疗流程

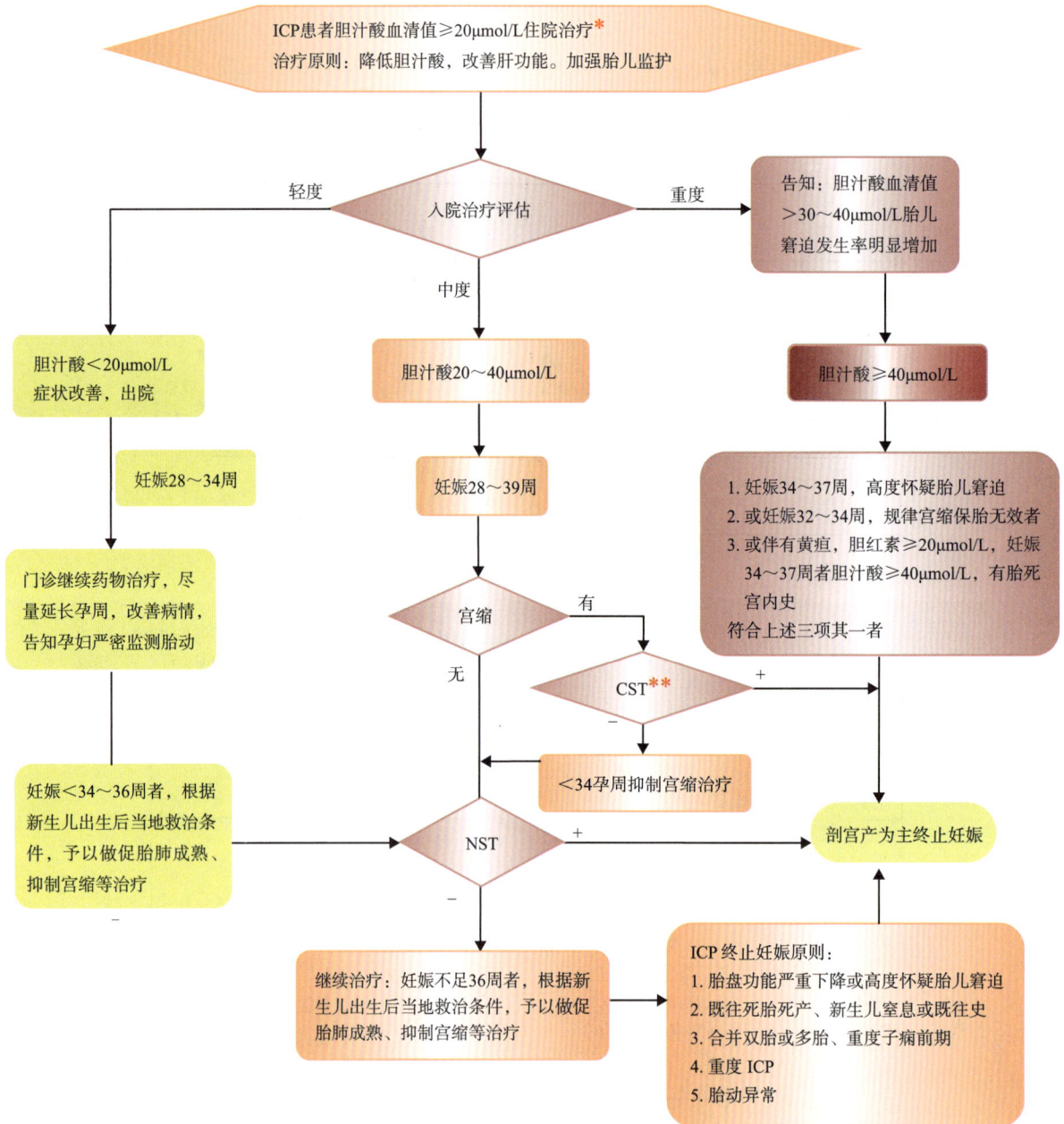

ICP患者胆汁酸血清值≥20µmol/L住院治疗*
治疗原则：降低胆汁酸，改善肝功能。加强胎儿监护

入院治疗评估

轻度 →　胆汁酸＜20µmol/L 症状改善，出院

重度 →　告知：胆汁酸血清值＞30～40µmol/L胎儿窘迫发生率明显增加

中度 →　胆汁酸20～40µmol/L

胆汁酸≥40µmol/L

妊娠28～34周

门诊继续药物治疗，尽量延长孕周，改善病情，告知孕妇严密监测胎动

妊娠28～39周

妊娠＜34～36周者，根据新生儿出生后当地救治条件，予以做促胎肺成熟、抑制宫缩等治疗

宫缩　有 →

1. 妊娠34～37周，高度怀疑胎儿窘迫
2. 或妊娠32～34周，规律宫缩保胎无效者
3. 或伴有黄疸，胆红素≥20µmol/L，妊娠34～37周者胆汁酸≥40µmol/L，有胎死宫内史
符合上述三项其一者

CST**　＋

无

－　＜34孕周抑制宫缩治疗

NST　＋　剖宫产为主终止妊娠

－

继续治疗：妊娠不足36周者，根据新生儿出生后当地救治条件，予以做促胎肺成熟、抑制宫缩等治疗

ICP终止妊娠原则：
1. 胎盘功能严重下降或高度怀疑胎儿窘迫
2. 既往死胎死产、新生儿窒息或既往史
3. 合并双胎或多胎、重度子痫前期
4. 重度 ICP
5. 胎动异常

***胆汁酸血清值≥20µmol/L 住院治疗**　关于临床上对胆汁酸始终处于20～30µmol/L或治疗无效者，目前处理的意见不同。我们的建议是：①严密监测胎儿宫内情况，强调孕妇每日详细记录胎动，尽量延长孕周，37周可考虑终止妊娠；②无论选择何种分娩方式，应避免宫缩过强；放宽剖宫产术指征；③妊娠＞28周，有严重胎儿窘迫综合征的，可在促胎肺成熟条件下，立即终止妊娠；④权衡利弊和孕妇夫妇意见综合制订临床上的处理方案，但要充分做好知情同意的流程管理。

**CST　是指有宫缩时的胎心监护。

十二、异位妊娠处理和抢救流程

（一）生命体征稳定时的处理流程

育龄期/辅助生育治疗者病史，症状体征不明显但高度怀疑异位妊娠的门/急诊患者

妇科检查+血常规+血、尿HCG检验

经阴道超声检查

根据病史+体检+尿HCG*+血HCG及HCG倍增检查+超声结果进行评估确诊

+ 不排除异位妊娠

－ 排除异位妊娠

向主治医师以上医师报告并复诊再次确诊

病情风险评估并告知签名复查血HCG

－ 黄体酮撤退试验

按异常子宫出血治疗

向妇幼保健行政管理机构（孕妇保健系统）报告

+ 确诊入院

腹腔镜手术治疗

充分告知
1. 治疗效果不确定
2. 仍有破裂出血转手术可能
3. 药物不良反应

非手术治疗指征
未破裂型，肿块＜2cm，血HCG＜1000IU/L

切除输卵管手术建议指征
无生育要求/有二孩；要求保留，但输卵管肿块直径＞2cm；先兆破裂；取胚后种植部位出血活跃

保留输卵管手术方法：输卵管开窗去清除胚胎术/MTX**30～50mg病变处/输卵管肿块系膜处

无效

MTX治疗+血HCG随访

有效

HCG下降＞50%

切除患侧输卵管

血HCG持续阳性

出院

随访至再次妊娠

病情反复

出院每周复查血HCG至正常

*HCG 促绒毛膜性腺激素。　　****MTX** 甲氨蝶呤。

（二）生命体征不稳定（休克前期 / 休克）时的抢救流程

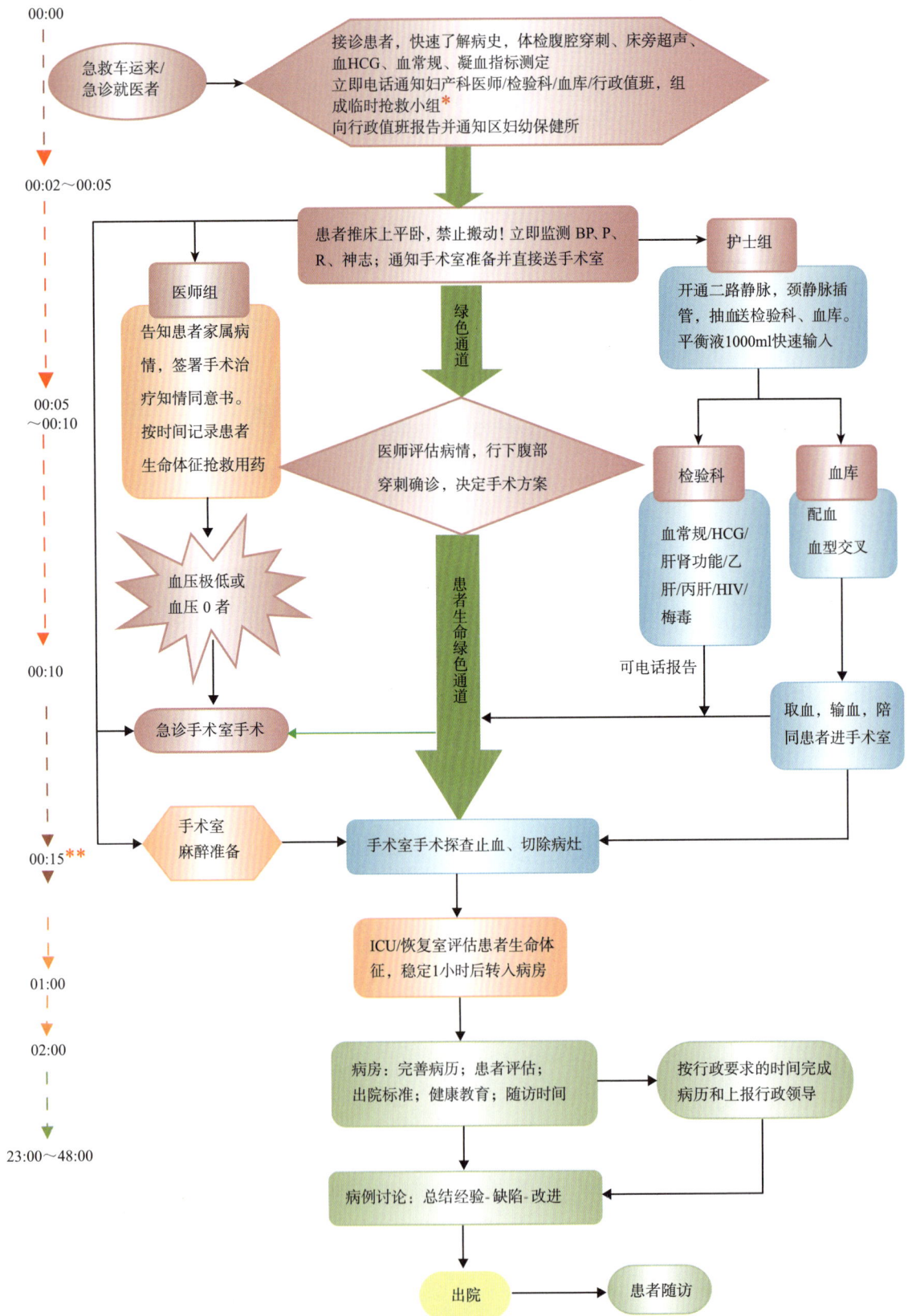

00:00

急救车运来/
急诊就医者

→

接诊患者，快速了解病史、体检腹腔穿刺、床旁超声、
血HCG、血常规、凝血指标测定
立即电话通知妇产科医师/检验科/血库/行政值班，组
成临时抢救小组*
向行政值班报告并通知区妇幼保健所

00:02～00:05

患者推床上平卧，禁止搬动! 立即监测 BP、P、
R、神志；通知手术室准备并直接送手术室

护士组

开通二路静脉、颈静脉插
管，抽血送检验科、血库。
平衡液1000ml快速输入

医师组

告知患者家属病
情，签署手术治
疗知情同意书。
按时间记录患者
生命体征抢救用药

绿色通道

00:05
～00:10

医师评估病情，行下腹部
穿刺确诊，决定手术方案

检验科

血常规/HCG/
肝肾功能/乙
肝/丙肝/HIV/
梅毒

血库

配血
血型交叉

血压极低或
血压 0 者

患者生命绿色通道

可电话报告

00:10

急诊手术室手术

←

取血，输血，陪
同患者进手术室

00:15**

手术室
麻醉准备

→

手术室手术探查止血、切除病灶

←

ICU/恢复室评估患者生命体
征，稳定1小时后转入病房

01:00

02:00

病房：完善病历；患者评估；
出院标准；健康教育；随访时间

按行政要求的时间完成
病历和上报行政领导

23:00～48:00

病例讨论：总结经验-缺陷-改进

出院

→

患者随访

*组成临时抢救小组　小组成员包括医师 3 人，护理 2 人，行政 1 人。

**00:15　要求 15 分钟内完成抢救工作。

十三、妊娠合并卵巢肿瘤诊治流程

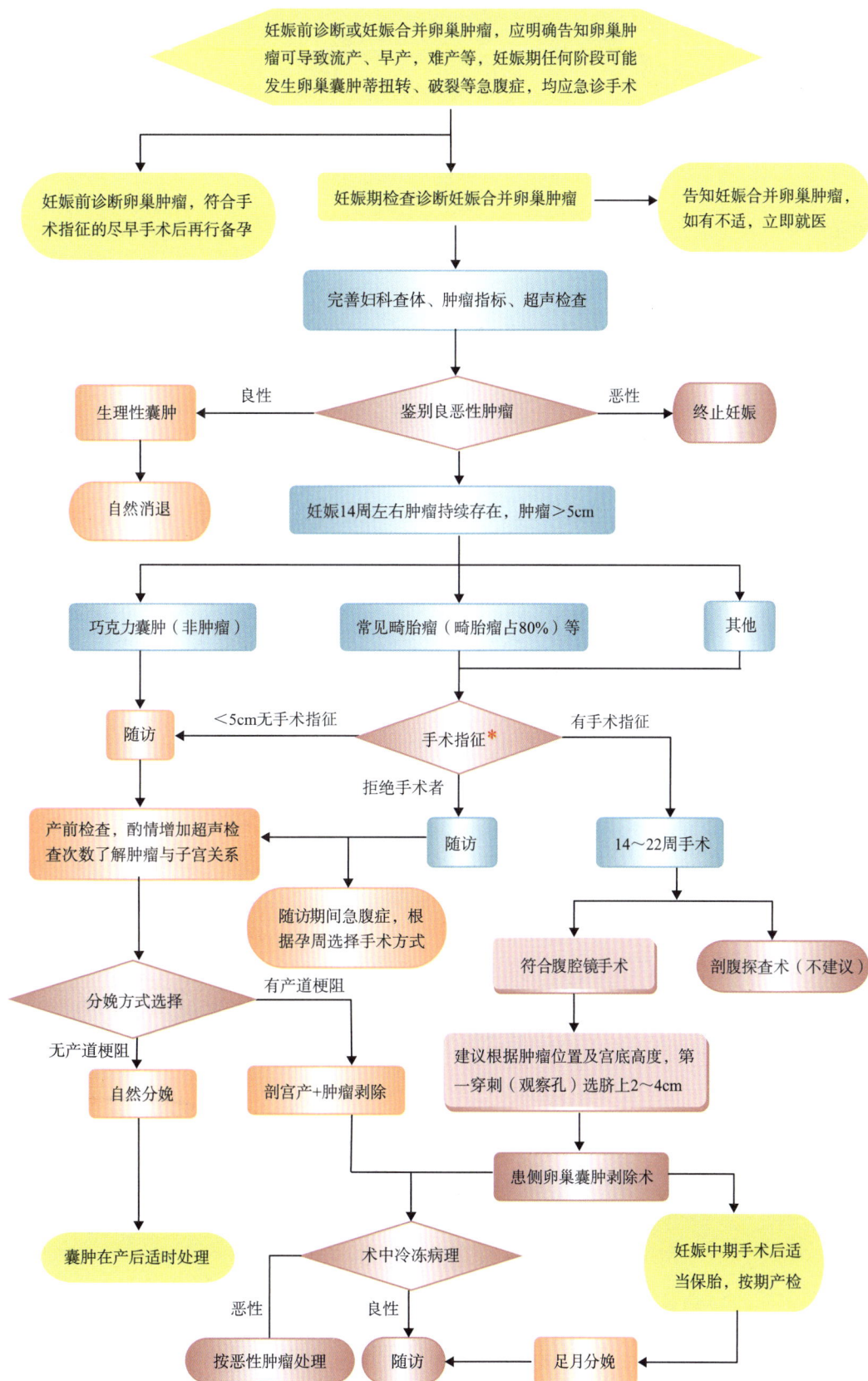

妊娠前诊断或妊娠合并卵巢肿瘤，应明确告知卵巢肿瘤可导致流产、早产、难产等，妊娠期任何阶段可能发生卵巢囊肿蒂扭转、破裂等急腹症，均应急诊手术

妊娠前诊断卵巢肿瘤，符合手术指征的尽早手术后再行备孕

妊娠期检查诊断妊娠合并卵巢肿瘤

告知妊娠合并卵巢肿瘤，如有不适，立即就医

完善妇科查体、肿瘤指标、超声检查

鉴别良恶性肿瘤

良性 → 生理性囊肿 → 自然消退

恶性 → 终止妊娠

妊娠14周左右肿瘤持续存在，肿瘤>5cm

巧克力囊肿（非肿瘤）

常见畸胎瘤（畸胎瘤占80%）等

其他

手术指征*

<5cm无手术指征 → 随访

拒绝手术者 → 随访

有手术指征 → 14～22周手术

随访 → 产前检查，酌情增加超声检查次数了解肿瘤与子宫关系

随访期间急腹症，根据孕周选择手术方式

符合腹腔镜手术

剖腹探查术（不建议）

建议根据肿瘤位置及宫底高度，第一穿刺（观察孔）选脐上2～4cm

分娩方式选择

无产道梗阻 → 自然分娩 → 囊肿在产后适时处理

有产道梗阻 → 剖宫产+肿瘤剥除

患侧卵巢囊肿剥除术

妊娠中期手术后适当保胎，按期产检

术中冷冻病理

恶性 → 按恶性肿瘤处理

良性 → 随访

足月分娩

* 手术指征 注意囊肿存在并不是剖宫产术指征。

十四、产科危重孕产妇救治质量控制管理流程 *

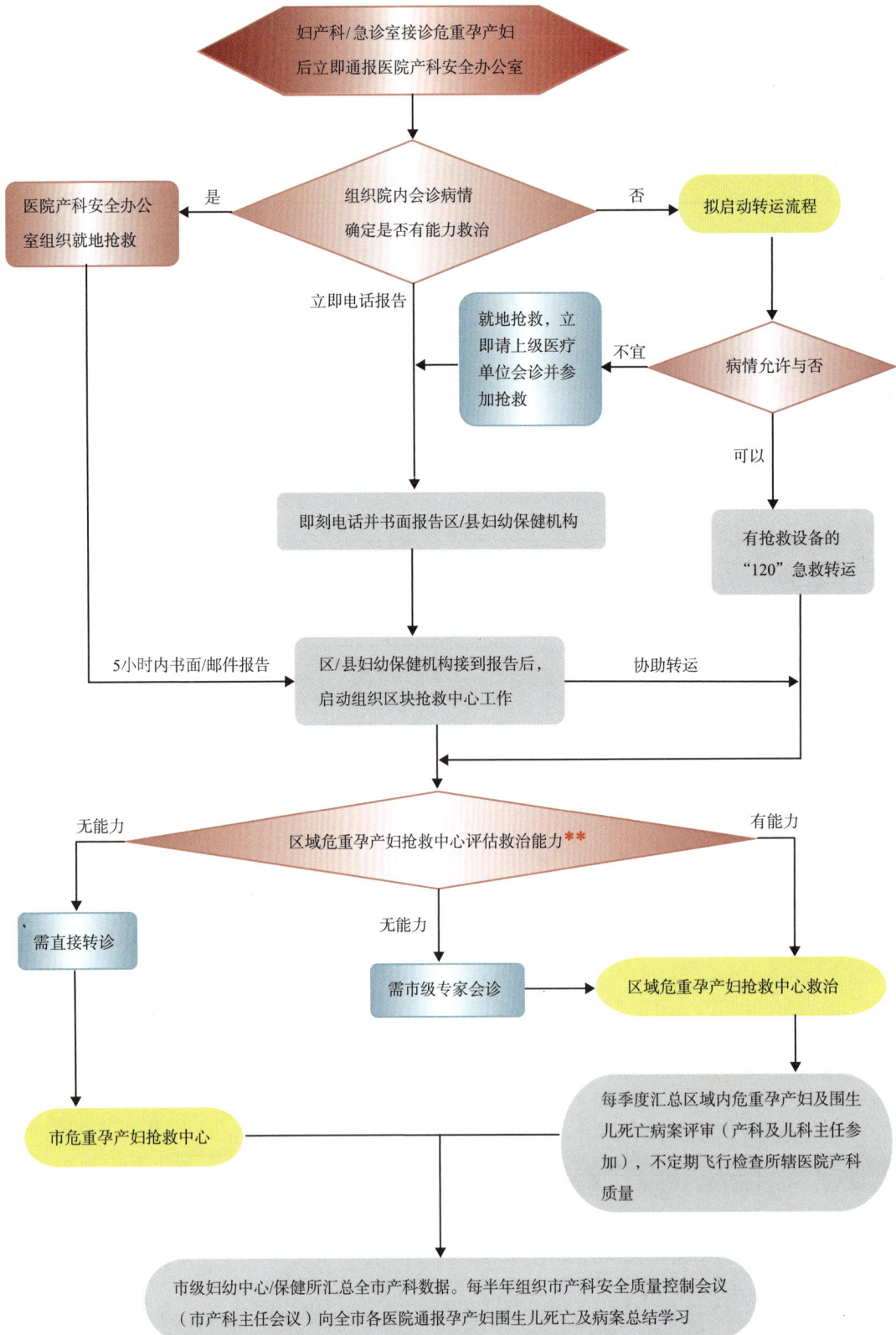

妇产科/急诊室接诊危重孕产妇后立即通报医院产科安全办公室

组织院内会诊病情确定是否有能力救治

是 → 医院产科安全办公室组织就地抢救

否 → 拟启动转运流程

立即电话报告

就地抢救，立即请上级医疗单位会诊并参加抢救

病情允许与否

不宜 → 就地抢救，立即请上级医疗单位会诊并参加抢救

可以

即刻电话并书面报告区/县妇幼保健机构

有抢救设备的"120"急救转运

5小时内书面/邮件报告

区/县妇幼保健机构接到报告后，启动组织区块抢救中心工作

协助转运

区域危重孕产妇抢救中心评估救治能力 **

无能力 → 需直接转诊

无能力 → 需市级专家会诊

有能力 → 区域危重孕产妇抢救中心救治

需直接转诊 → 市危重孕产妇抢救中心

区域危重孕产妇抢救中心救治 → 每季度汇总区域内危重孕产妇及围生儿死亡病案评审（产科及儿科主任参加），不定期飞行检查所辖医院产科质量

市级妇幼中心/保健所汇总全市产科数据。每半年组织市产科安全质量控制会议（市产科主任会议）向全市各医院通报孕产妇围生儿死亡及病案总结学习

*　**产科危重孕产妇救治质量控制管理流程**　根据上海市危重孕产妇救治经验总结。

****区域危重孕产妇抢救中心评估救治能力**　该项工作由区/县妇幼保健机构完成，由它通过评估确定区域内哪些机构可以承担危重孕产妇抢救工作。区/县妇幼保健机构对整个区域产科的质量控制管理负责，其构成及职责如下：

流程图中的妇幼保健机构是指政府主导下的市级或区、县级卫生行政部门的妇幼保健机构，如×××区妇幼保健所（保健站），××市妇幼保健所/保健中心。该医疗行政机构必须能够协调所辖区域的医疗资源对危重孕产妇和危重围生儿进行最好地救治，并进行产科母婴各种数据汇总、总结、定期检查监督；同时组织区域性的学习、培训及病案讨论等工作，妇幼保健机构能够从政策法规的宏观角度起到对所辖区域的医院在产科质量风险控制管理上进行具体指导作的用；它们还应对所辖区域内的从事孕产妇接诊工作的医疗单位是否能够进行危重孕产妇救治的能力做出评估。

流程图中的危重孕产妇抢救中心是指政府委托的具有救治严重妊娠并发症的孕产妇、早产儿及危重围生儿条件和能力的三甲综合性医院。在这些机构的共同作用下才能建立良好的产科质量管理，严格按照此流程运作有利于使同一地区或城市（不是一个医院）的孕产妇分娩质量同质化，降低该区域的孕产妇和围生儿死亡率。

第 2 章　住院生产期间流程和风险控制

引　言

分娩是一个人类繁衍的生理过程。"十月怀胎，一朝分娩"亘古不变。

分娩是妊娠的终点站，也常是关乎母亲和胎儿两条性命的关键时刻。然而，对于分娩可能发生风险的认知，我们的认识远远不够。

现代医学技术的发展给分娩提供了良好的医疗诊断手段。如超声在产科已得到最为广泛有效的应用；妊娠后期胎儿监护让我们更加了解宫内胎儿的情况；随访、检查、评估等妊娠期管理为顺利抵达分娩终点奠定了基础。尽管绝大多数的孕妇分娩过程是顺利的，但产妇一旦进入产程，每一个过程和环节都需要置于医护人员的严密观察之下。所遵循的基本原则是：少干预，顺其自然。当产程进展出现问题时，检查→分析原因所在→对症处理→再观察→直至分娩完成是必须执行的程序。

在产时或产后可能会瞬间发生意料之外的状况，这时需要产科医生和助产人员处危不惊，思路清晰，当机立断，迅速做出判断和处置，这才有可能化险为夷。分析抢救产妇的病史我们可以看到，成功或失败的根本原因并非是医疗器械或高新技术的应用，而取决于医者对患者最基本的病情掌握程度，如病史的了解程度，症状观察的细致程度，检查的认真和完整程度以及临床思维的路线。如果病史了解不清、症状及检查不细致、临床思维不清晰，则其临床处置的结果与正确的结局会大相径庭，结果相悖。

本章内容一方面是孕产妇正常分娩的评估关键点和产程管理的具体步骤和方法；另一方面列出分娩时及分娩后所遇到各种病理情况应采取的操作性处理预案，还有产科常见的并发症和危重产妇如何处置，都以流程图的形式介绍，目的是帮助和提醒同仁们捋清临床思路，在如临深渊，如履薄冰之时，拨云见日，减少不必要的弯路，安全抵达终点。

一、孕产妇分娩4个关键过程评估 *

（一）4个关键点评估总流程

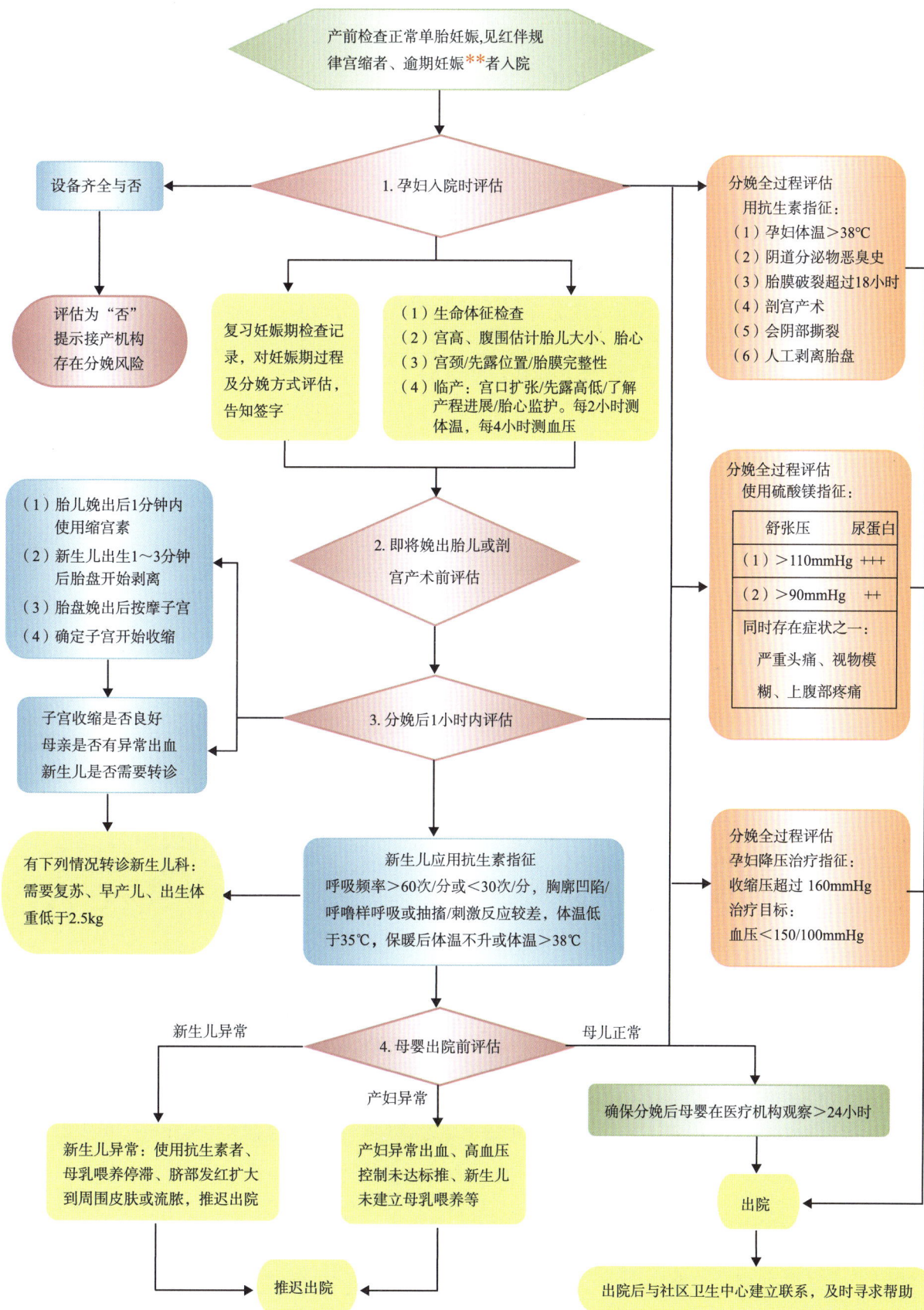

产前检查正常单胎妊娠,见红伴规律宫缩者、逾期妊娠**者入院

设备齐全与否

1. 孕妇入院时评估

分娩全过程评估
用抗生素指征:
（1）孕妇体温>38℃
（2）阴道分泌物恶臭史
（3）胎膜破裂超过18小时
（4）剖宫产术
（5）会阴部撕裂
（6）人工剥离胎盘

评估为"否"提示接产机构存在分娩风险

复习妊娠期检查记录,对妊娠期过程及分娩方式评估,告知签字

（1）生命体征检查
（2）宫高、腹围估计胎儿大小、胎心
（3）宫颈/先露位置/胎膜完整性
（4）临产:宫口扩张/先露高低/了解产程进展/胎心监护。每2小时测体温,每4小时测血压

（1）胎儿娩出后1分钟内使用缩宫素
（2）新生儿出生1～3分钟后胎盘开始剥离
（3）胎盘娩出后按摩子宫
（4）确定子宫开始收缩

2. 即将娩出胎儿或剖宫产术前评估

分娩全过程评估
使用硫酸镁指征:

	舒张压	尿蛋白
（1）	>110mmHg	+++
（2）	>90mmHg	++

同时存在症状之一:
严重头痛、视物模糊、上腹部疼痛

子宫收缩是否良好母亲是否有异常出血新生儿是否需要转诊

3. 分娩后1小时内评估

有下列情况转诊新生儿科:需要复苏、早产儿、出生体重低于2.5kg

新生儿应用抗生素指征
呼吸频率>60次/分或<30次/分,胸廓凹陷/呼噜样呼吸或抽搐/刺激反应较差,体温低于35℃,保暖后体温不升或体温>38℃

分娩全过程评估
孕妇降压治疗指征:
收缩压超过160mmHg
治疗目标:
血压<150/100mmHg

新生儿异常

4. 母婴出院前评估

母儿正常

产妇异常

新生儿异常:使用抗生素者、母乳喂养停滞、脐部发红扩大到周围皮肤或流脓,推迟出院

产妇异常出血、高血压控制未达标推、新生儿未建立母乳喂养等

确保分娩后母婴在医疗机构观察>24小时

出院

推迟出院

出院后与社区卫生中心建立联系,及时寻求帮助

*孕产妇分娩 4 个关键过程评估　关于此评估，WHO 官网已正式发布过文件，即分娩安全核查表（参见下一流程）。该核查表是 WHO 组织产科专家基于循证医学证据，对多个经济发展水平不同的国家分娩的母婴死亡率数据和分娩关键操作步骤分析后做出的规定，认为助产人员在正常接产工作流程中有 4 个关键时刻必须进行母 - 胎 - 婴评估。这 4 个关键点在流程图中分别用 1、2、3、4，共 4 个菱形评估判断框来标记，各时间点分别是指如下具体时段。

1. 孕妇入院进入产房分娩前。

2. 即将分娩或剖宫产术前。

3. 婴儿出生后 1 小时内。

4. 母婴出院前。

这 4 个关键时间点是助产者正常工作流程中应该而且是最方便进行检查评估的时间，也是预防分娩并发症的最佳时机。WHO 专家要求医护人员在接产过程中的每一关键时间点对接产对象进行充分评估后再进入下一个操作流程，目的是使医护人员在产前产后与孕产妇有良好的沟通，仔细核对接产设施和接产的每一步骤，及时评估母婴有无异常情况等，目的是确保孕妇分娩的安全和母婴安全，并将这种必须的安全和质量延伸至出院后。使母婴出院后仍能享受到在院分娩期间的服务所赋予的知识。如核查表中规定：助产人员应确认母婴产后已经在分娩机构住院满 24 小时；还规定如存在子宫仍有异常出血、母亲高血压没有控制好、甚至没有建立良好的母乳喂养习惯等情况时需要推迟出院等。

**逾期妊娠　指正常月经周期者妊娠超预产期 1 周。

（二）足月孕妇临产入院评估流程（第1个关键点）*

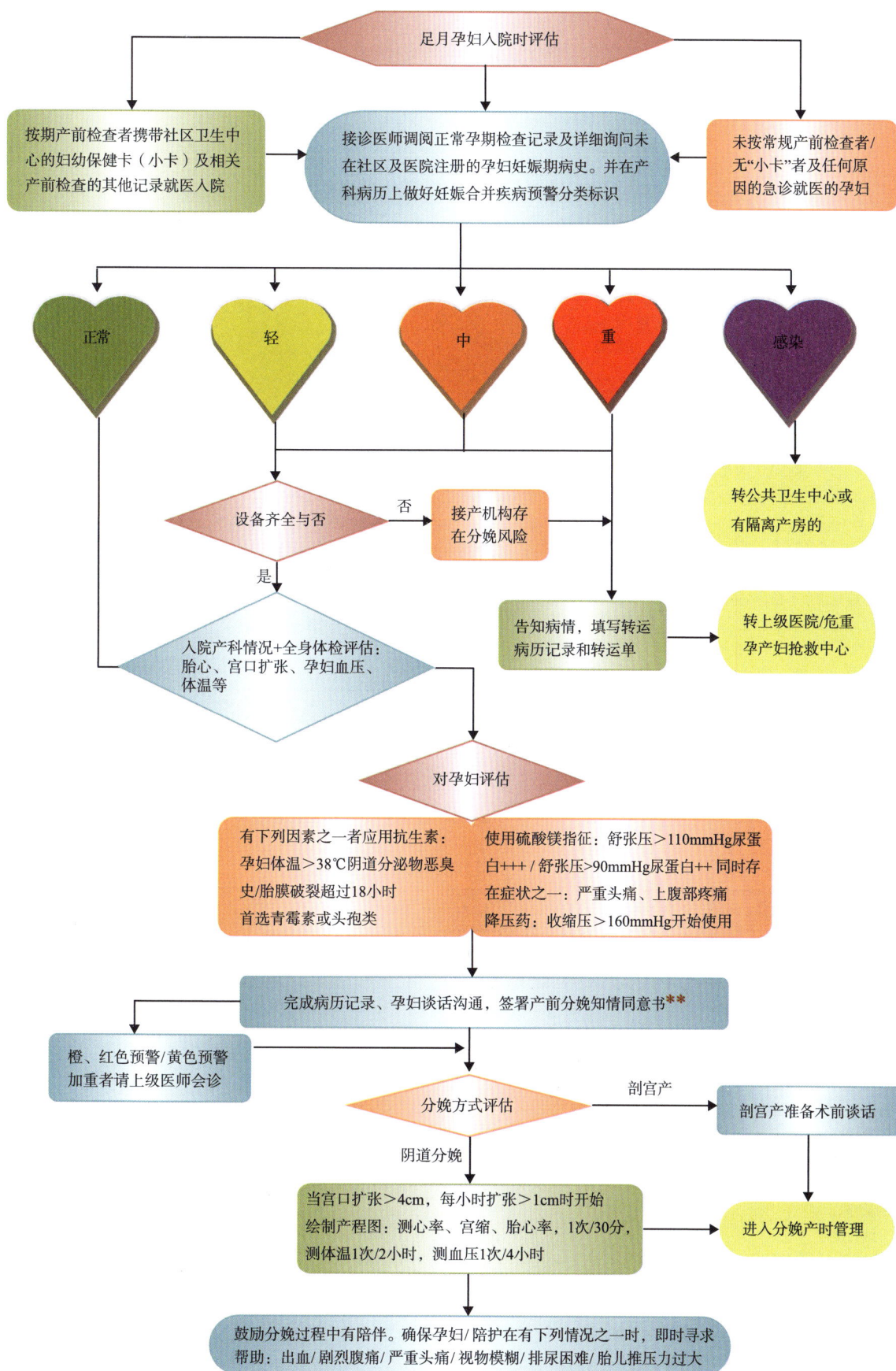

足月孕妇入院时评估

按期产前检查者携带社区卫生中心的妇幼保健卡（小卡）及相关产前检查的其他记录就医入院

接诊医师调阅正常孕期检查记录及详细询问未在社区及医院注册的孕妇妊娠期病史。并在产科病历上做好妊娠合并疾病预警分类标识

未按常规产前检查者/无"小卡"者及任何原因的急诊就医的孕妇

正常　　轻　　中　　重　　感染

转公共卫生中心或有隔离产房的

设备齐全与否　　否　　接产机构存在分娩风险

是

入院产科情况+全身体检评估：胎心、宫口扩张、孕妇血压、体温等

告知病情，填写转运病历记录和转运单

转上级医院/危重孕产妇抢救中心

对孕妇评估

有下列因素之一者应用抗生素：孕妇体温＞38℃阴道分泌物恶臭史/胎膜破裂超过18小时首选青霉素或头孢类

使用硫酸镁指征：舒张压＞110mmHg尿蛋白+++ / 舒张压＞90mmHg尿蛋白++ 同时存在症状之一：严重头痛、上腹部疼痛降压药：收缩压＞160mmHg开始使用

完成病历记录、孕妇谈话沟通，签署产前分娩知情同意书**

橙、红色预警/黄色预警加重者请上级医师会诊

分娩方式评估　　剖宫产　　剖宫产准备术前谈话

阴道分娩

当宫口扩张＞4cm，每小时扩张＞1cm时开始绘制产程图：测心率、宫缩、胎心率，1次/30分，测体温1次/2小时，测血压1次/4小时

进入分娩产时管理

鼓励分娩过程中有陪伴。确保孕妇/陪护在有下列情况之一时，即时寻求帮助：出血/剧烈腹痛/严重头痛/视物模糊/排尿困难/胎儿推压力过大

* 足月孕妇临产入院评估流程 即第 1 个关键点的评估。注意足月妊娠孕妇的入院指征是阴道见红 / 规律腹痛 / 羊膜破裂（破水）；具体评估内容见表 2-1。

表 2-1 孕妇入院时评估

母亲是否需要转诊
□ 否，检查自己的医疗设施标准
□ 是
开始绘制产程图 宫口扩张 > 4cm，每小时扩张 > 1cm 时开始绘制产程图
□ 否，每 30 分钟：测心率、宫缩、胎心率
□ 是，每 2 小时：测体温，每 4 小时：测血压
孕妇是否需要开始使用抗生素？
□ 否
□ 是，使用
入院前询问过敏史，有下列情况之一者开始使用抗生素
①孕妇体温 > 38℃。②阴道分泌物恶臭。③胎膜破裂超过 18 小时
使用硫酸镁和加压治疗？
□ 否
□ 是，使用硫酸镁
□ 是，使用降压药。治疗目标：血压 < 150/100mmHg
有下列情况之一者，孕妇开始使用硫酸镁
1. 舒张压 > 110mmHg 和尿蛋白 +++
2. 舒张压 > 90mmHg，尿蛋白 ++，同时存在下列之一：严重头痛、视物模糊、上腹部疼痛
3. 孕妇收缩压超过 160mmHg 时，开始使用降压药物
□ 保证每次阴道检查清洁双手并戴无菌手套
□ 鼓励分娩过程中有陪伴陪护
□ 确保孕妇或其陪护能够在分娩期即时寻求帮助
有下列情况之一者，即时求助医疗人员
①出血。②剧烈腹痛。③严重头痛或视物模糊。④排尿困难。⑤胎儿推压力过大

** 签署产前分娩知情同意书 注意即使是绿色标识的正常分娩，也要对孕妇进行告知并签署知情同意书（表 2-2）。对黄色、橙色及红色标识的产妇除分娩可能出现的产科情况外，还应该根据孕妇合并的疾病告知该疾病和分娩过程的相互关系，比如第二产程中会加重心脏负担，增高血压等。

表 2-2 阴道分娩知情同意书

孕妇姓名＿＿＿＿＿年龄＿＿＿＿＿床号＿＿＿＿＿科室＿＿＿＿＿住院号＿＿＿＿＿　诊　断：＿＿＿＿＿＿＿孕周
妊娠期检查：次数＿＿＿＿＿，建卡：有□ 无□ 风险管理分类：绿、黄、橙、红
目前状况：待产□ 已临产□ 宫口扩张＿＿＿＿＿先露高位＿＿＿＿＿胎方位＿＿＿＿＿
1. 这是有关阴道分娩告知书 目的是告诉您有关医师建议您阴道分娩的相关事宜。请您仔细阅读提出与本次方案有关的任何疑问，你有权知道阴道分娩存在的风险，预期的结果或对人体的影响，在充分了解后决定是否同意进行该方案。除出现危及生命的紧急情况外，在没有给予您知情并获得您签署的书面同意书之前，医师不能建议实施阴道分娩，在实施前的任何时间，您都有权接受或拒绝本治疗方案。
2. 阴道分娩 包括自然分娩，会阴切开助产，产钳助产，吸引器助产，臀位助产。
3. 阴道分娩的优点 符合女性生殖生理的自然规律。有利于孕产妇产后恢复和新生儿的生长发育。
4. 在产程过程中可能需要的治疗措施 缩宫素静脉滴注，哌替啶（杜冷丁）、地西泮（安定）人工破膜，阴道用药促宫颈成熟，徒手转胎头。若发生此项情况，医师不再告知谈话签字。
5. 阴道分娩潜在风险 分娩过程是一个复杂的，动态的变化过程，经常会出现正常与异常情况的相互转化和交叉。分娩前、分娩时及分娩后孕产妇和胎儿、新生儿可能会瞬间出现变化，发生意外情况。此种情况下，医师在情形允许的情况下，将随时与产妇或家属协商，更改分娩方式和相关的治疗。
6. 阴道分娩并发症
（1）羊水栓塞，羊水栓塞发生率为 1/20 000，死亡率 70% ~ 80%，严重危及母儿生命。
（2）产后大出血，分娩过程中会发生软产道撕裂出血，因为胎盘粘连，胎盘植入，部分胎盘前置，胎盘残留，子宫收缩乏力而出血，严重时需要切除子宫，严重的大出血会危及产妇生命。
（3）产后感染，严重的产后感染可危及产妇生命。
（4）血栓形成，血栓性疾病可突发病并且危及生命。

（5）胎儿宫内缺氧，新生儿窒息，新生儿吸入性肺炎，新生儿湿肺，呼吸窘迫综合征，新生儿颅内出血甚至死亡。

（6）肩难产，造成臂丛神经损伤和残疾，锁骨骨折，新生儿头皮水肿和血肿。

（7）新生儿脑瘫 80% 以上与分娩无关，而与先天畸形，宫内感染及不明原因所致，目前尚无有效的产前检查和诊断方法。

（8）胎儿宫内窘迫，大多数可通过胎儿监护和羊水性状发现并给予处理，但部分胎儿宫内窘迫不能发现。

（9）产程进展中出现胎儿窘迫，头盆不称，产程停滞而需要更改分娩方式，剖宫产或会阴切开，产钳助产，胎吸助产。

（10）产后产妇可能会发生尿潴留，会阴伤口感染及耻骨联合分离。

（11）在临产过程当中，可能会发生胎儿脐带脱垂，导致胎儿窘迫甚至死亡。

（12）阴道分娩时可能会造成肛门括约肌损伤，以及阴道直肠瘘，大便失禁。

（13）其他情况。

7. 孕妇知情选择

（1）我理解，根据我个人的情况，我可能会出现以下特殊并发症和风险，一旦发生上述风险和意外，医师会采取积极的应对措施。

（2）我的医师已经告知我分娩过程中及产前，可能发生的并发症和风险，并且解答了相关的问题。

（3）我同意在分娩过程中医师采用干预措施，包括缩宫素静脉滴注，阴道检查，人工破膜，哌替啶（杜冷丁）和地西泮（安定）的应用，宫颈封闭及徒手转胎头等。

（4）我同意医师在分娩过程中进行必要的助产措施：产钳术，胎头吸引术，臀位助产术。

（5）我同意在分娩过程中，根据会阴条件进行必要的会阴侧切术和会阴切开术。

（6）我同意徒手剥离胎盘术和清宫术。

（7）我理解，分娩是一个复杂的过程，阴道试产失败应行剖宫产术终止妊娠。

（8）我理解，在分娩过程中胎儿面临的风险及窒息，同意医师对新生儿进行抢救，同意必要时转入儿科治疗。

（9）我同意，在分娩过程中，医师可以根据我的病情对预定的方式做出调整。我理解我的分娩过程需要多位医师共同进行，我并没有得到 100% 成功的许诺。

（10）我授权医师对胎盘和脐带进行医疗处置。

（11）我授权医师对死婴进行医疗处置。

患 者 签 名＿＿＿＿＿＿＿＿　　　　　签名日期　＿＿＿＿＿年＿＿＿＿＿月＿＿＿＿日

患者配偶签名＿＿＿＿＿＿＿＿　　　　　签名日期　＿＿＿＿＿年＿＿＿＿＿月＿＿＿＿日

身 份 证 号＿＿＿＿＿＿＿＿　　　　　联系电话＿＿＿＿＿＿＿＿＿＿＿＿＿＿＿＿＿

如患者无法签署知情同意书，请其授权亲属签名：

授权亲属签名＿＿＿＿＿＿＿＿　与患者关系＿＿＿＿＿＿＿　签名日期　＿＿＿＿＿年＿＿＿＿＿月＿＿＿＿日

身 份 证 号＿＿＿＿＿＿＿＿＿＿＿＿＿＿　　　　联系电话＿＿＿＿＿＿＿＿＿＿＿＿＿＿＿＿＿

8. 医师陈述

我已经详细地告知孕妇分娩过程中及产前，产后可能发生的并发症和风险，可能存在的其他治疗方法，并且解答了患者关于分娩的相关问题，孕妇和其家属表示理解无异议。

9. 医师签名＿＿＿＿＿＿＿＿　　　　　签名日期　＿＿＿＿＿年＿＿＿＿＿月＿＿＿＿日

（三）胎儿娩出／剖宫产手术前后评估流程（第2、3个关键点）*

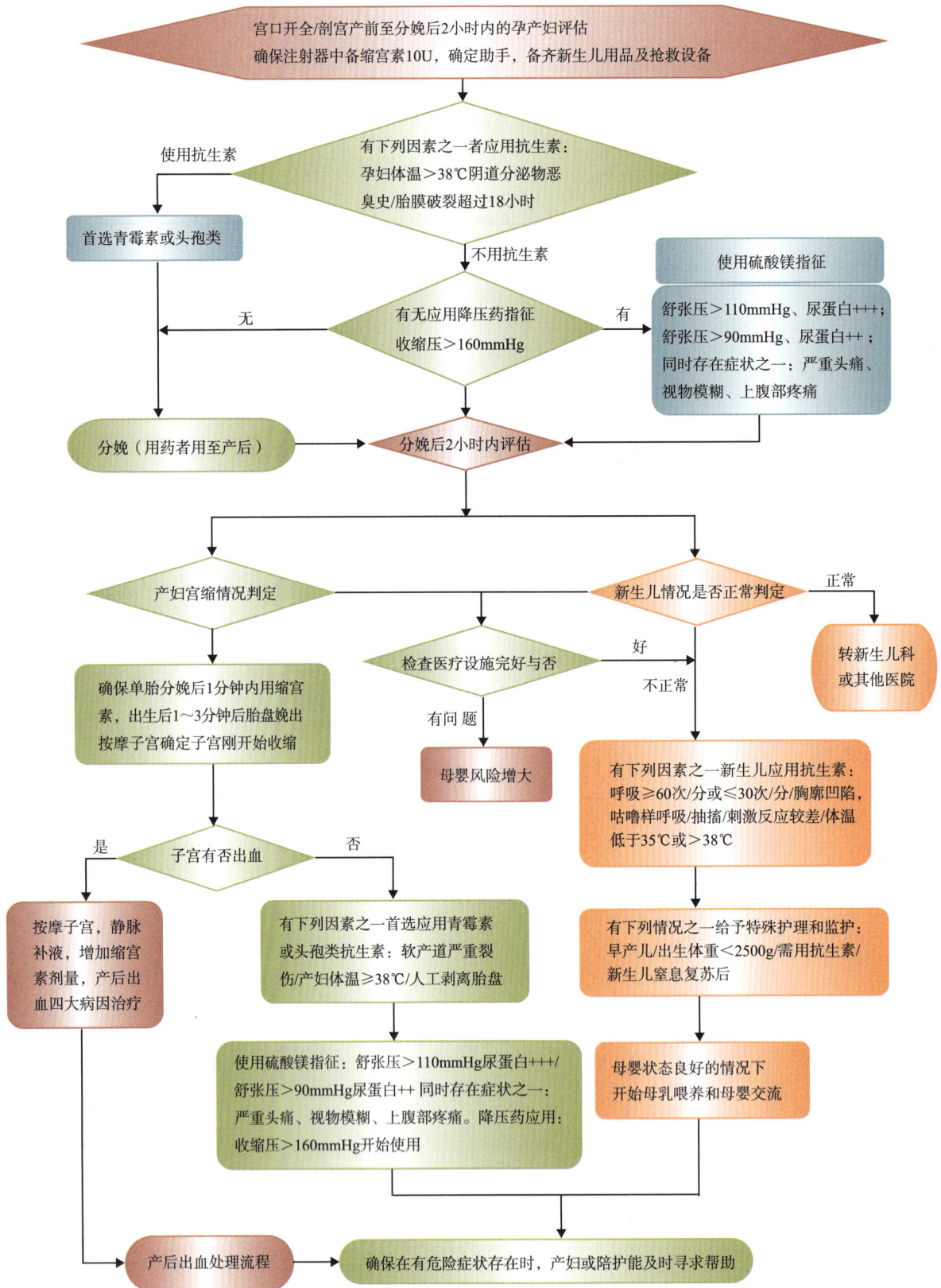

宫口开全/剖宫产前至分娩后2小时内的孕产妇评估
确保注射器中备缩宫素10U，确定助手，备齐新生儿用品及抢救设备

有下列因素之一者应用抗生素：
孕妇体温＞38℃阴道分泌物恶臭史/胎膜破裂超过18小时

使用抗生素

首选青霉素或头孢类

不用抗生素

使用硫酸镁指征

有无应用降压药指征
收缩压＞160mmHg

无

有

舒张压＞110mmHg、尿蛋白＋＋＋；
舒张压＞90mmHg、尿蛋白＋＋；
同时存在症状之一：严重头痛、视物模糊、上腹部疼痛

分娩（用药者用至产后）

分娩后2小时内评估

产妇宫缩情况判定

新生儿情况是否正常判定

正常

转新生儿科或其他医院

检查医疗设施完好与否

好

不正常

确保单胎分娩后1分钟内用缩宫素，出生后1～3分钟后胎盘娩出
按摩子宫确定子宫刚开始收缩

有问题

母婴风险增大

有下列因素之一新生儿应用抗生素：
呼吸≥60次/分或≤30次/分/胸廓凹陷，咕噜样呼吸/抽搐/刺激反应较差/体温低于35℃或＞38℃

是

子宫有否出血

否

按摩子宫，静脉补液，增加缩宫素剂量，产后出血四大病因治疗

有下列因素之一首选应用青霉素或头孢类抗生素：软产道严重裂伤/产妇体温≥38℃/人工剥离胎盘

有下列情况之一给予特殊护理和监护：
早产儿/出生体重＜2500g/需用抗生素/新生儿窒息复苏后

使用硫酸镁指征：舒张压＞110mmHg尿蛋白＋＋＋/舒张压＞90mmHg尿蛋白＋＋ 同时存在症状之一：
严重头痛、视物模糊、上腹部疼痛。降压药应用：
收缩压＞160mmHg开始使用

母婴状态良好的情况下开始母乳喂养和母婴交流

产后出血处理流程

确保在有危险症状存在时，产妇或陪护能及时寻求帮助

*胎儿娩出/剖宫产手术前后评估流程　即第 2、3 个关键点评估。具体评估内容见表 2-3，表 2-4。

表 2-3　即将娩出胎儿或剖宫产术前评估

孕妇是否需要开始使用抗生素
　□ 否
　□ 是，使用
　入院前询问过敏史，有下列情况之一者开始使用抗生素：①孕妇体温 > 38℃。②阴道分泌物恶臭。③胎膜破裂超过 18 小时

使用硫酸镁和加压治疗
　□ 否
　□ 是，使用硫酸镁
　□ 是，使用降压药。治疗目标：血压 < 150/100mmHg
　有下列情况之一者，孕妇开始使用硫酸镁：①舒张压 > 110mmHg 和尿蛋白 +++。②舒张压 > 90mmHg，尿蛋白 ++，同时存在下列之一：
　　严重头痛、视物模糊、上腹部疼痛。③孕妇收缩压超过 160mmHg 时，开始使用降压药物

确保分娩必需的床旁用品
　母亲用品
　□ 无菌手套
　□ 酒精洗手或肥皂和清洁水
　□ 注射器中备缩宫素 10U
　胎儿娩出后，即时给予母亲护理。确保单胎分娩（非多胎分娩）时：①出生后 1 分钟内使用缩宫素。②出生 1～3 分钟后胎盘开始娩出
　　③胎盘娩出后按摩子宫。④确定子宫开始收缩
　新生儿用品
　□ 清洁毛巾
　□ 断脐无菌剪刀
　□ 吸引装置
　□ 储氧袋和吸氧面罩
　　在胎儿出生后，及时给予新生儿护理：①清洁新生儿，进行必要保暖。②若无自主呼吸，适当刺激和清洁呼吸道。③若仍无自主呼吸：钳夹
　　和断脐。如有需要，再次清洁气道气囊，面罩通气，寻求帮助
　□ 确定助手，以便必要时寻求帮助

表 2-4　出生后不久（1 小时内）评估

母亲是否有异常出血？
　□ 否
　□ 是，寻求帮助
　若存在异常出血：①按摩子宫。②考虑增加缩宫素的剂量。③开始静脉补液和进行必要保暖。④病因治疗：宫缩乏力、胎盘滞留、阴道撕裂、
　　子宫破裂

母亲是否需要开始
　使用抗生素？
　□ 否
　□ 是，使用
　入院前询问过敏史，母亲有 3/4 会阴部撕裂，预防性使用抗生素；人工剥离胎盘或母亲体温 > 38℃ 并有下列情况之一者开始使用抗生素：
　　①寒战。②阴道分泌物恶臭史
　使用硫酸镁和降压治疗？
　□ 否
　□ 是，使用硫酸镁
　□ 是，使用降压药。治疗目标：血压 < 150/100mmHg
　有下列情况之一者，母亲开始使用硫酸镁：①舒张压 > 110mmHg 和尿蛋白 +++。②舒张压 > 90mmHg，尿蛋白 ++。③同时存在下列之一：
　　严重头痛、视物模糊、上腹部疼痛，母亲收缩压超过 160mmHg 时，开始使用降压药物

新生儿是否需要
　转诊？
　□ 否，检查自己的医疗设施标准
　□ 是，转诊
　使用抗生素？
　□ 否
　□ 是，使用
　如果母亲需要使用抗生素治疗分娩期间的感染，应同时给予新生儿抗生素治疗；有下列情况之一者，新生儿应使用抗生素：①呼吸频率 >
　　60 次 / 分或 < 30 次 / 分。②胸廓凹陷，咕噜样呼吸或抽搐。③刺激反应较差。④体温低于 35℃ 保暖后体温不升或体温 > 38℃
　特殊护理和监护？
　□ 否
　□ 是，使用
　有下列情况之一者，及时给予特殊护理和监护：①超过 1 个月的早产儿。②出生体重低于 2.5kg。③需要使用抗生素。④需要复苏
　　□ 开始母乳喂养和母婴交流（在母婴状态良好的情况下）
　　□ 确保在有危险症状存在时，母亲或陪护能够及时寻求帮助

（四）分娩后母婴出院前评估流程（第4个关键点）*

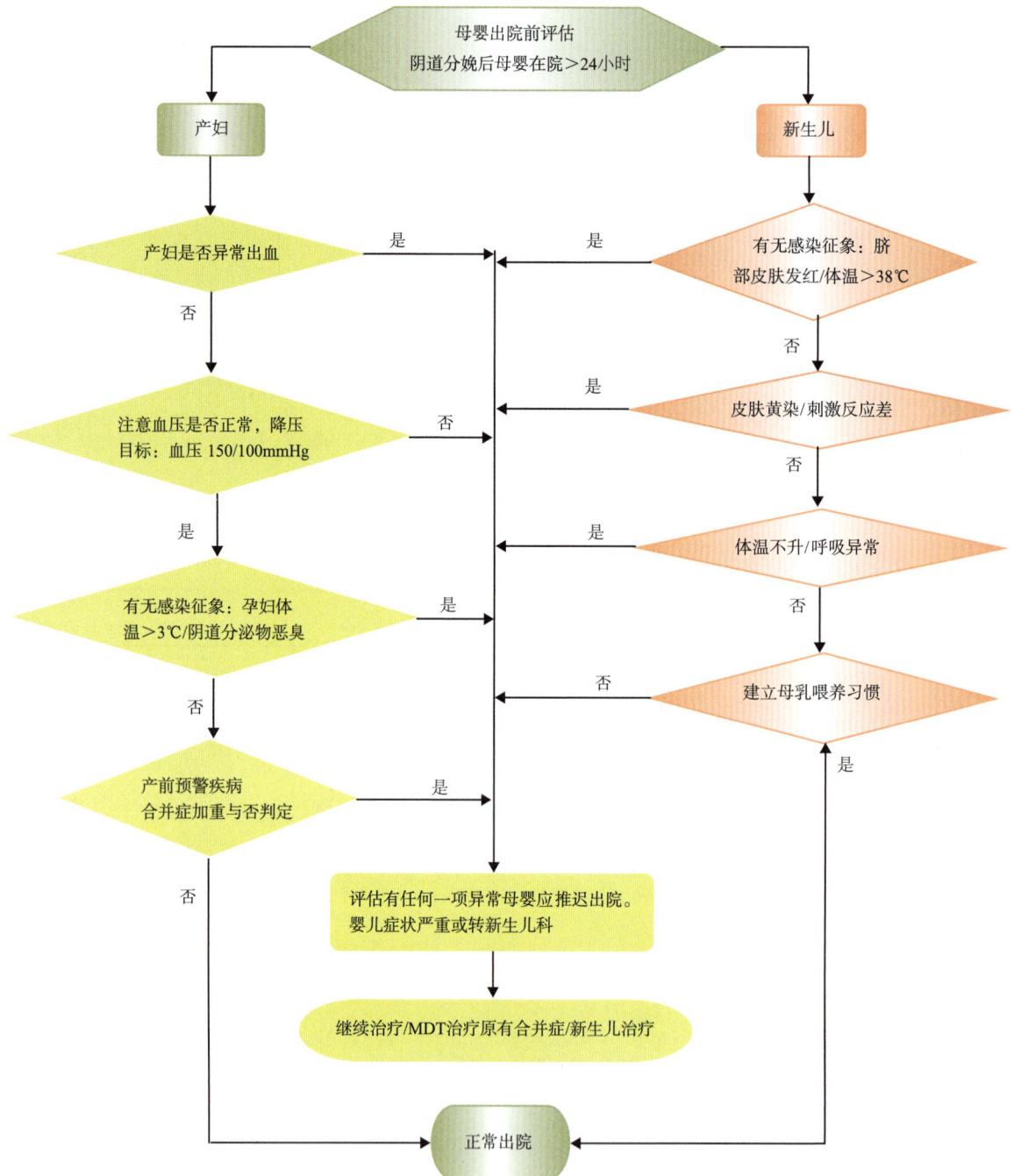

```
                        ┌─────────────────────────┐
                        │      母婴出院前评估        │
                        │  阴道分娩后母婴在院＞24小时  │
                        └─────────────────────────┘
              │                                          │
         ┌─────────┐                                ┌─────────┐
         │  产妇    │                                │  新生儿  │
         └─────────┘                                └─────────┘
              │                                          │
      ◇ 产妇是否异常出血 ◇ ──是──→           ←──是── ◇ 有无感染征象：脐部皮肤发红/体温＞38℃ ◇
              │否                                        │否
      ◇ 注意血压是否正常，降压        ←──是── ◇ 皮肤黄染/刺激反应差 ◇
        目标：血压 150/100mmHg ◇ ──否──→           │否
              │是                        ←──是── ◇ 体温不升/呼吸异常 ◇
      ◇ 有无感染征象：孕妇体温＞3℃/阴道分泌物恶臭 ◇ ──是──→  │否
              │否                        ←──否── ◇ 建立母乳喂养习惯 ◇
      ◇ 产前预警疾病合并症加重与否判定 ◇ ──是──→        │是
              │否
                        ┌─────────────────────────────┐
                        │ 评估有任何一项异常母婴应推迟出院。   │
                        │ 婴儿症状严重或转新生儿科            │
                        └─────────────────────────────┘
                                      │
                        ┌─────────────────────────────┐
                        │ 继续治疗/MDT治疗原有合并症/新生儿治疗 │
                        └─────────────────────────────┘

                        ┌─────────────┐
                        │   正常出院    │
                        └─────────────┘
```

* 分娩后母婴出院前评估流程　即第 4 个关键点的评估。具体评估内容见表 2-5。

表 2-5　分娩后母婴出院前评估

□ 确保分娩后母婴在医疗机构观察时间超过 24 小时

母亲是否需要开始使用抗生素

□否

□是，使用

入院前询问过敏史，有下列情况之一者开始使用抗生素：①母亲体温＞ 38℃。②阴道分泌物恶臭

母亲血压是否正常

□否

□是，开始治疗并推迟出院

有下列情况之一者，母亲开始使用硫酸镁：①舒张压＞ 110mmHg 和尿蛋白 +++。②舒张压＞ 90mmHg，尿蛋白 ++。③同时存在下列之一：

严重头痛、视物模糊、上腹部疼痛，母亲收缩压超过 160mmHg 时，开始使用降压药物

治疗目标：血压＜ 150/100mmHg

新生儿是否需要开始抗生素治疗

□ 否

□ 是，使用抗生素并推迟出院，给予特殊护理

有下列情况之一者，新生儿应使用抗生素：①呼吸频率＞ 60 次 / 分 或 ＜ 30 次 / 分。②胸廓凹陷，咕噜样呼吸或抽搐。③刺激反应较差体温低

于 35℃保暖后体温不升或体温＞ 38℃。④良好的母乳喂养停滞。⑤脐部发红扩大到周围皮肤或流脓

新生儿喂养是否良好

□ 否，建立良好的母乳喂养习惯并推迟出院

□ 是

□ 与母亲讨论和推荐家庭计划

□ 安排随访，确保出院后，出现危险症状时母亲或陪护能够及时寻求帮助

母婴危险症状

母亲存在下列情况之一：①出血。②严重腹痛。③呼吸困难。④发热或寒战。⑤膀胱排空困难。⑥上腹部疼痛

新生儿存在下列情况之一：①拒食或喂养困难。②发热。③异常感冒。④良好的喂养停滞。⑤日常活动减少。⑥全身皮肤发黄

二、产时各产程管理流程 *

（一）孕妇分娩在院的人文关怀

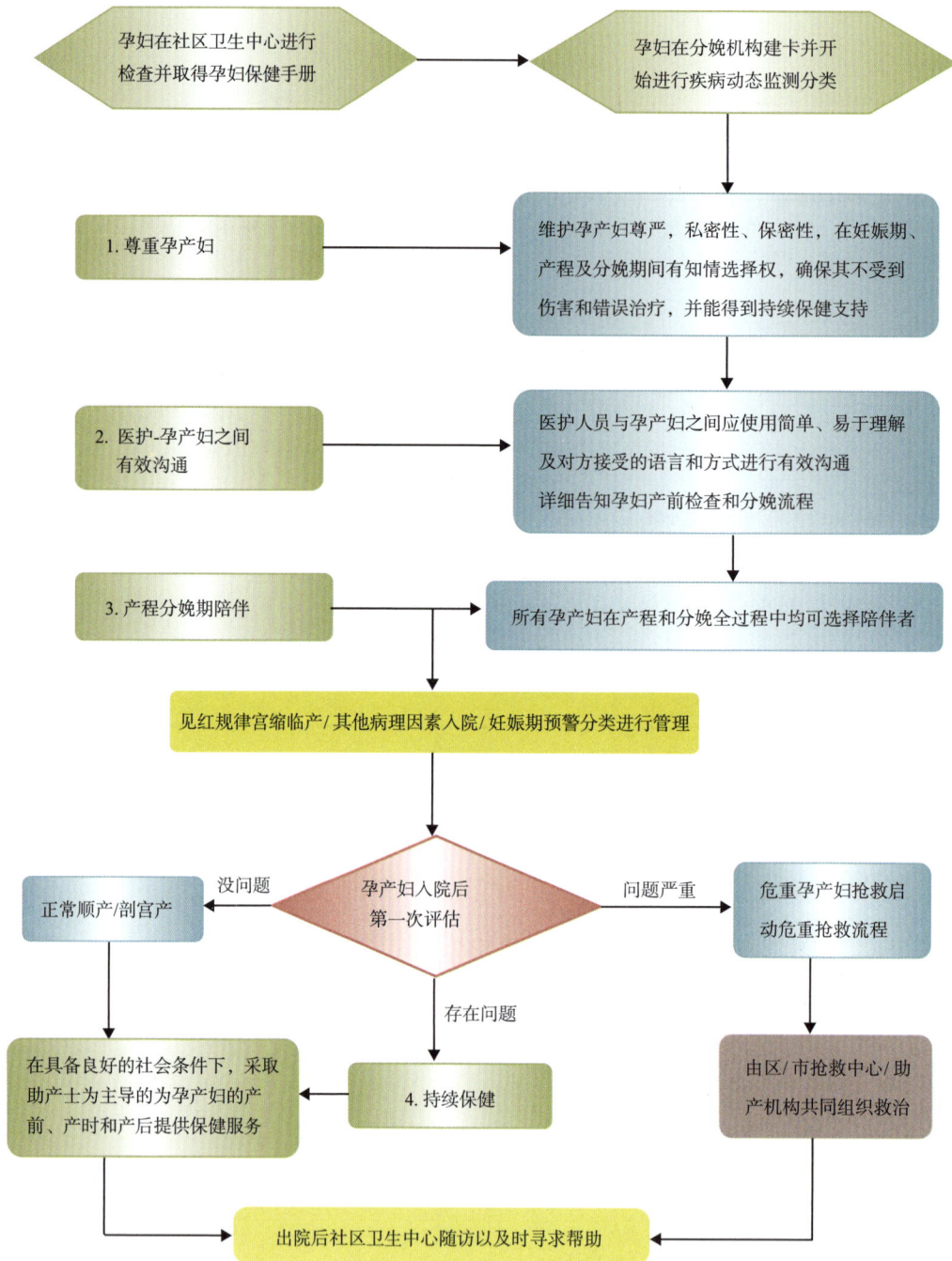

```
孕妇在社区卫生中心进行          孕妇在分娩机构建卡并开
检查并取得孕妇保健手册    →    始进行疾病动态监测分类
```

| 1. 尊重孕产妇 | → | 维护孕产妇尊严，私密性、保密性，在妊娠期、产程及分娩期间有知情选择权，确保其不受到伤害和错误治疗，并能得到持续保健支持 |

| 2. 医护-孕产妇之间有效沟通 | → | 医护人员与孕产妇之间应使用简单、易于理解及对方接受的语言和方式进行有效沟通 详细告知孕妇产前检查和分娩流程 |

| 3. 产程分娩期陪伴 | → | 所有孕产妇在产程和分娩全过程中均可选择陪伴者 |

见红规律宫缩临产/其他病理因素入院/妊娠期预警分类进行管理

孕产妇入院后第一次评估
- 没问题 → 正常顺产/剖宫产
- 存在问题 → 4. 持续保健
- 问题严重 → 危重孕产妇抢救启动危重抢救流程

在具备良好的社会条件下，采取助产士为主导的为孕产妇的产前、产时和产后提供保健服务

由区/市抢救中心/助产机构共同组织救治

出院后社区卫生中心随访以及时寻求帮助

＊产时各产程管理流程 2015 年 12 月 8 日 WHO 官网正式发布了分娩安全核查表（参见上一流程孕产妇分娩 4 个关键过程评估），该表当时经多个国家的多家医院试行；2018 年 WHO 又发布了《产时管理改进分娩体验》的推荐建议，将安全核查更细化至产科分娩的三个产程，具体指导医护人员在产程各个环节、时段推荐或不推荐做什么（归纳为 5W2H：WHEN、WHERE、WHAT、WHICH、HOW、

HOW MUCH），指明在特定条件下推荐或仅限于严格设计的研究中推荐做什么。这些是在对全世界各不同地区（主要是欧美国家）产科实践做出总结的基础上做出的推荐，对正常分娩具有重要的指导意义，不仅充分体现了对孕产妇最高境界的人文关怀，又考虑到不同地区不同环境下都能具有很好的临床操作性，指导医护人员注意工作细节，同时还考虑到临床研究的必要性和可行性。

　　如《产时管理改进分娩体验》推荐建议中要求对孕产妇进行持续保健，即"在具备良好的社会条件下，采取助产士为主导的为孕产妇的产前、产时和产后提供保健服务"。但该文件中推荐建议的第 37 项说：对持续性硬膜外麻醉镇痛的孕妇可在"有足够资源的特定条件下，延长第二产程观察时间，推迟 1～2 小时，待孕妇恢复向下用力知觉后，再开始用力。"这里我们特别说明一下：该推荐建议的很多项目与我国医护人员和孕产妇的"习惯"操作和观念存在许多不同，比如鼓励孕妇自由体位分娩，包括直立体位等。我们相信 WHO 之所以推荐建议，是因为有大量数据支持"分娩原本就是一个生理过程"的理念，强调不要过多地干预分娩生理过程这一产科的基本理念和要求。然而在我国尚未有大数据确定分娩时第二产程的时间，临床上长期以来仍采用 2 小时第二产程控制，还有超过 2 小时异常围生儿率增加的数据报告，因此对 WHO 的该建议不应该成为无故拖延第二产程的理由，我国的第二产程时间的确定有待于自己的大数据分析结果。根据孕妇分娩时的具体情况准确地做出母婴安全的判断，这仍然是决定能否顺利完成阴道分娩这一生理过程的关键。

　　为更好理解执行 WHO 发布的《产时管理改进分娩体验》所推荐的建议（共 56 条），我们首先应该明确产时流程 WHO 给出的意见分为 4 类：即推荐、不推荐、特定条件下推荐，仅限于严格设计的研究中推荐。后续流程图就是以推荐内容和不推荐内容为主结合国内状况而设计的。图中我们用了颜色标识以便一目了然，绿色 为 WHO 推荐的建议，橙色 为不推荐的建议。所标识的数字即为 56 条建议中所推荐的或不推荐的意见相对应的序号。

（二）第一产程产时管理流程

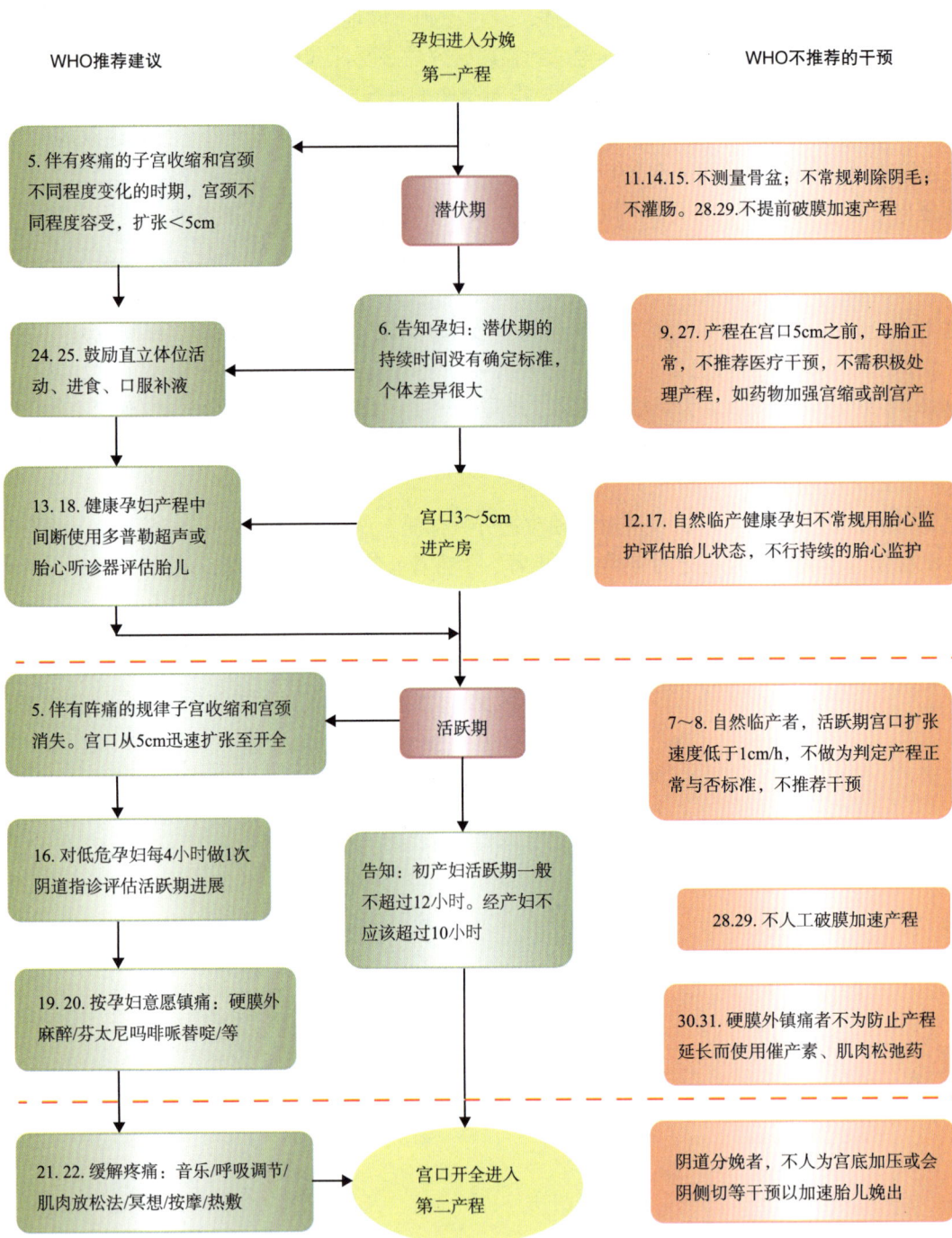

WHO推荐建议　　　　　　　　　　　孕妇进入分娩第一产程　　　　　　　　WHO不推荐的干预

潜伏期

5. 伴有疼痛的子宫收缩和宫颈不同程度变化的时期，宫颈不同程度容受，扩张<5cm

11.14.15. 不测量骨盆；不常规剃除阴毛；不灌肠。28.29.不提前破膜加速产程

6. 告知孕妇：潜伏期的持续时间没有确定标准，个体差异很大

24.25. 鼓励直立体位活动、进食、口服补液

9.27. 产程在宫口5cm之前，母胎正常，不推荐医疗干预，不需积极处理产程，如药物加强宫缩或剖宫产

13.18. 健康孕妇产程中间断使用多普勒超声或胎心听诊器评估胎儿

宫口3～5cm进产房

12.17. 自然临产健康孕妇不常规用胎心监护评估胎儿状态，不行持续的胎心监护

活跃期

5. 伴有阵痛的规律子宫收缩和宫颈消失。宫口从5cm迅速扩张至开全

7～8. 自然临产者，活跃期宫口扩张速度低于1cm/h，不做为判定产程正常与否标准，不推荐干预

16. 对低危孕妇每4小时做1次阴道指诊评估活跃期进展

告知：初产妇活跃期一般不超过12小时。经产妇不应该超过10小时

28.29. 不人工破膜加速产程

19.20. 按孕妇意愿镇痛：硬膜外麻醉/芬太尼吗啡哌替啶/等

30.31. 硬膜外镇痛者不为防止产程延长而使用催产素、肌肉松弛药

21.22. 缓解疼痛：音乐/呼吸调节/肌肉放松法/冥想/按摩/热敷

宫口开全进入第二产程

阴道分娩者，不人为宫底加压或会阴侧切等干预以加速胎儿娩出

（三）第二产程产时管理流程

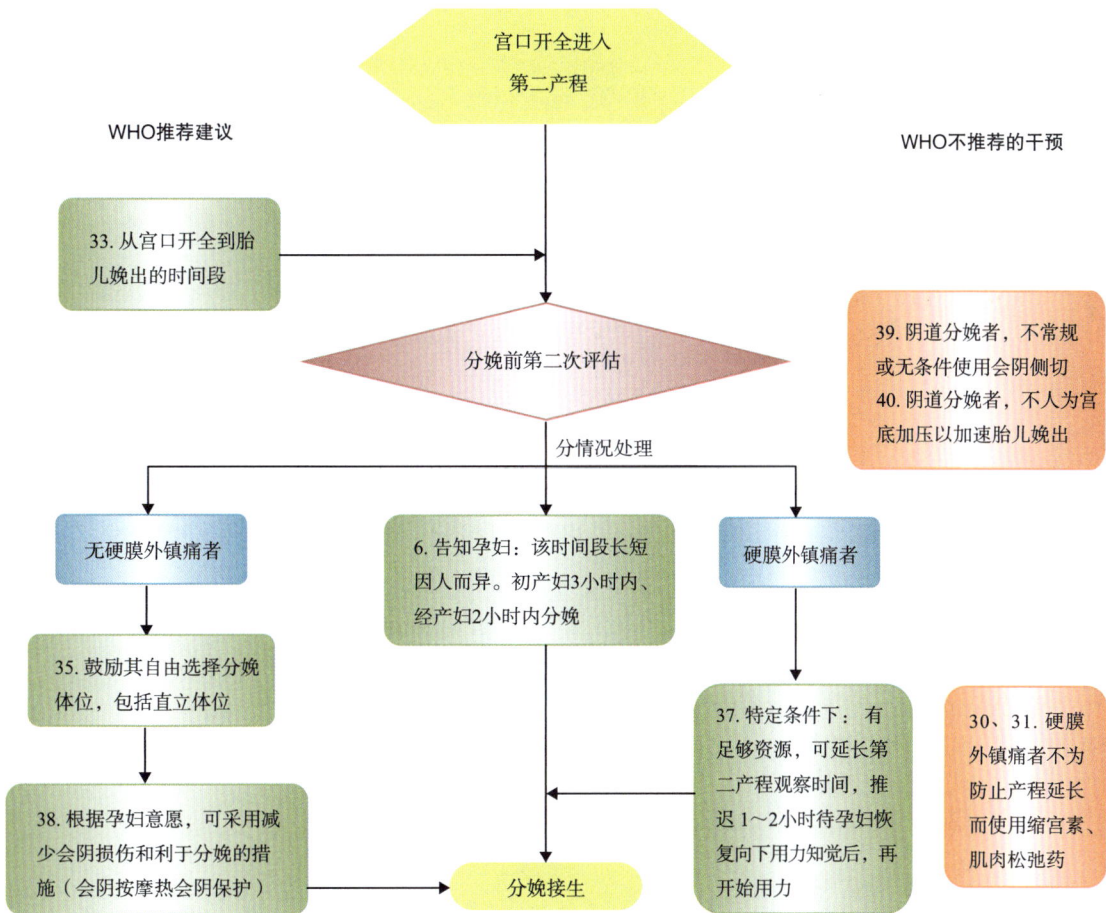

```
                          宫口开全进入
                          第二产程

WHO推荐建议                                              WHO不推荐的干预

33. 从宫口开全到胎
儿娩出的时间段                                    39. 阴道分娩者, 不常规
                                                或无条件使用会阴侧切
                    分娩前第二次评估               40. 阴道分娩者, 不人为宫
                                                底加压以加速胎儿娩出
                         分情况处理

无硬膜外镇痛者      6. 告知孕妇: 该时间段长短      硬膜外镇痛者
                 因人而异。初产妇3小时内、
                 经产妇2小时内分娩

35. 鼓励其自由选择分娩                          37. 特定条件下: 有      30、31. 硬膜
体位, 包括直立体位                              足够资源, 可延长第      外镇痛者不为
                                            二产程观察时间, 推      防止产程延长
                                            迟1~2小时待孕妇恢      而使用缩宫素、
38. 根据孕妇意愿, 可采用减                       复向下用力知觉后, 再     肌肉松弛药
少会阴损伤和利于分娩的措                          开始用力
施（会阴按摩热会阴保护）          分娩接生
```

（四）第三产程产时管理流程

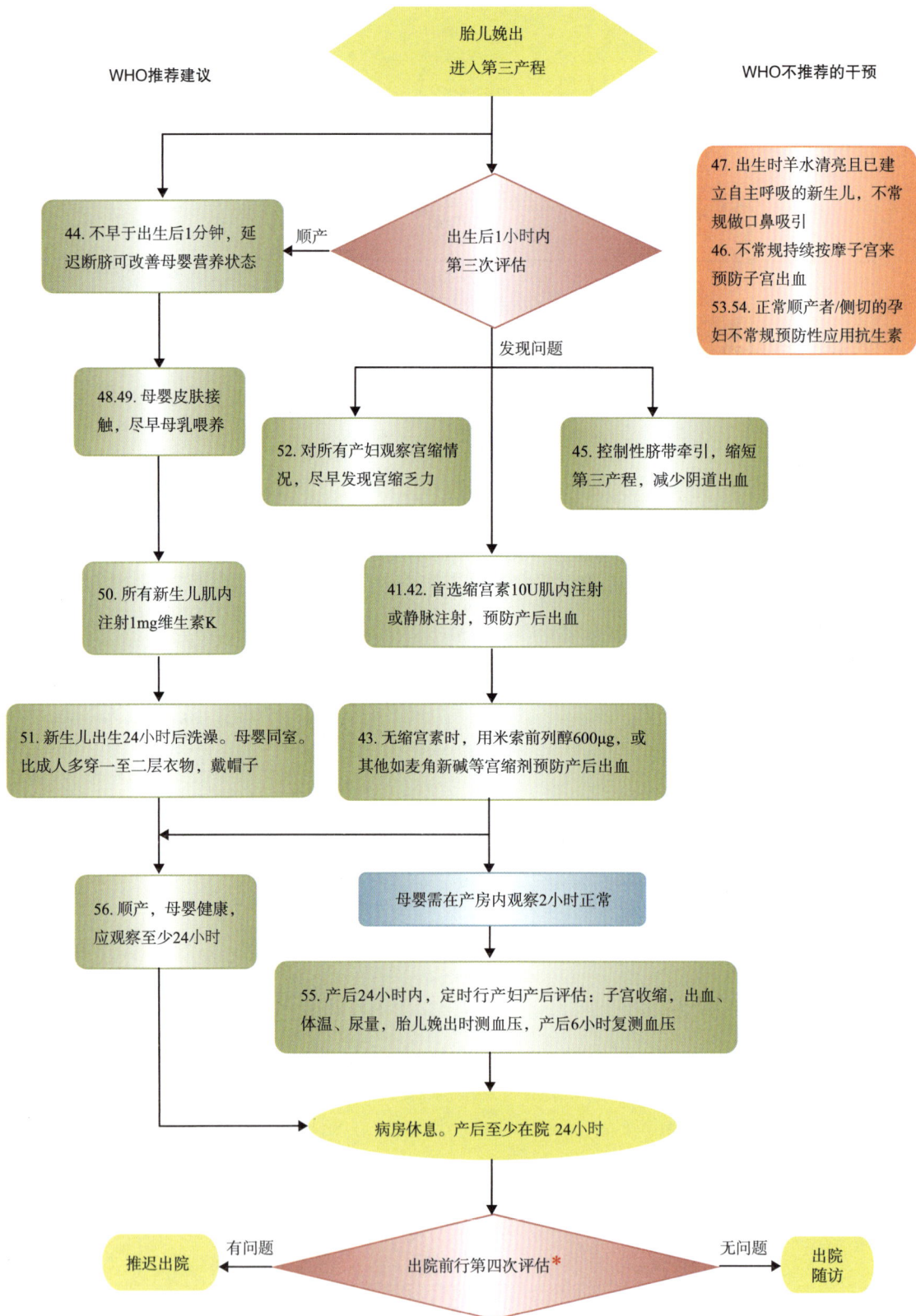

胎儿娩出
进入第三产程

WHO推荐建议

WHO不推荐的干预

出生后1小时内
第三次评估

47. 出生时羊水清亮且已建立自主呼吸的新生儿，不常规做口鼻吸引
46. 不常规持续按摩子宫来预防子宫出血
53.54. 正常顺产者/侧切的孕妇不常规预防性应用抗生素

44. 不早于出生后1分钟，延迟断脐可改善母婴营养状态

顺产

48.49. 母婴皮肤接触，尽早母乳喂养

发现问题

52. 对所有产妇观察宫缩情况，尽早发现宫缩乏力

45. 控制性脐带牵引，缩短第三产程，减少阴道出血

50. 所有新生儿肌内注射1mg维生素K

41.42. 首选缩宫素10U肌内注射或静脉注射，预防产后出血

51. 新生儿出生24小时后洗澡。母婴同室。比成人多穿一至二层衣物，戴帽子

43. 无缩宫素时，用米索前列醇600μg，或其他如麦角新碱等宫缩剂预防产后出血

56. 顺产，母婴健康，应观察至少24小时

母婴需在产房内观察2小时正常

55. 产后24小时内，定时行产妇产后评估：子宫收缩，出血、体温、尿量，胎儿娩出时测血压，产后6小时复测血压

病房休息。产后至少在院24小时

推迟出院

有问题

出院前行第四次评估*

无问题

出院随访

　　*出院前行第四次评估　见本章流程"一、孕产妇分娩4个关键过程评估（四）分娩后母婴出院前评估流程"的表2-5。

三、急产处理流程

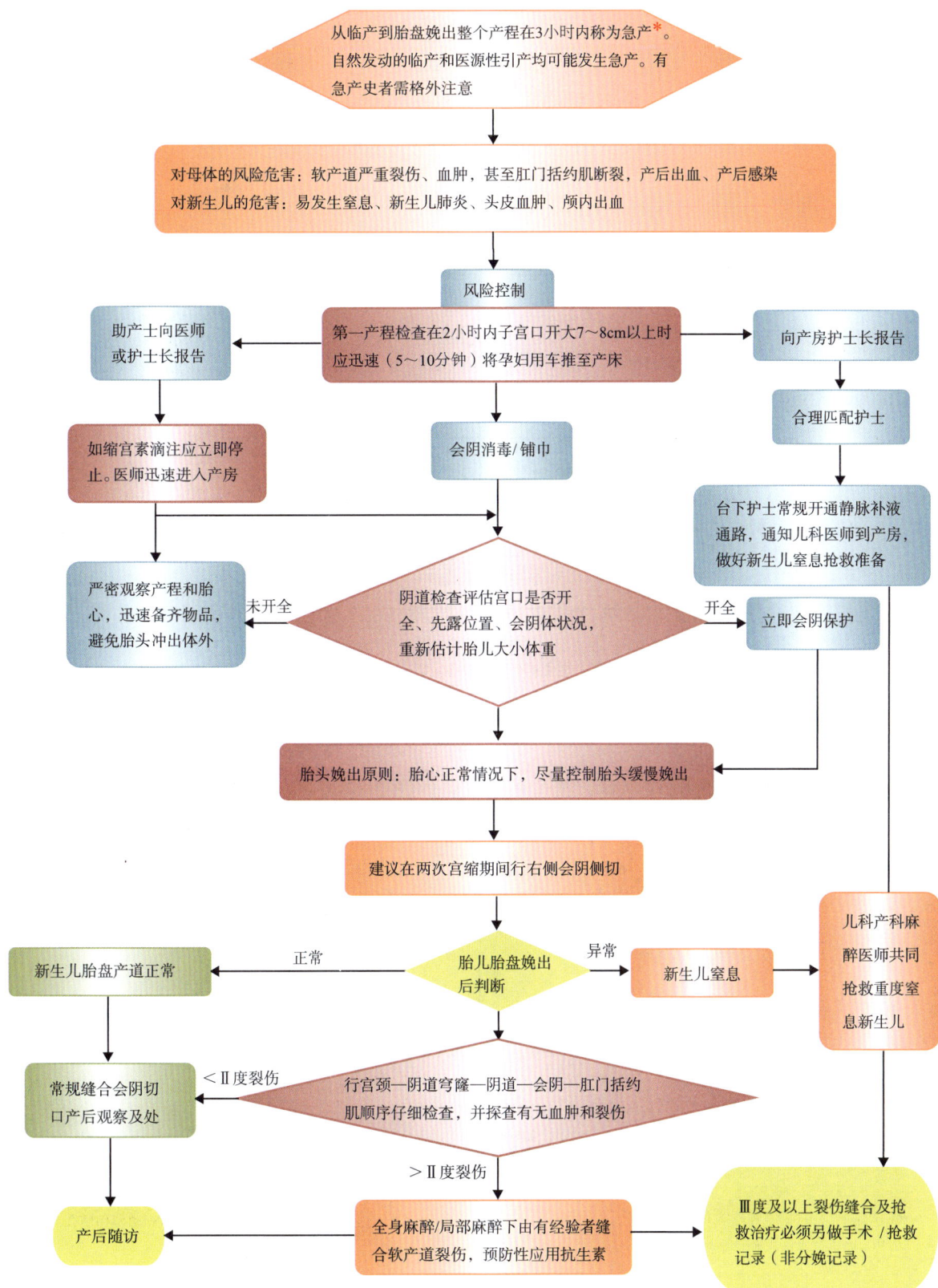

从临产到胎盘娩出整个产程在3小时内称为急产*。自然发动的临产和医源性引产均可能发生急产。有急产史者需格外注意

对母体的风险危害：软产道严重裂伤、血肿，甚至肛门括约肌断裂，产后出血、产后感染
对新生儿的危害：易发生窒息、新生儿肺炎、头皮血肿、颅内出血

风险控制

第一产程检查在2小时内子宫口开大7～8cm以上时应迅速（5～10分钟）将孕妇用车推至产床

助产士向医师或护士长报告

向产房护士长报告

如缩宫素滴注应立即停止。医师迅速进入产房

会阴消毒/铺巾

合理匹配护士

台下护士常规开通静脉补液通路，通知儿科医师到产房，做好新生儿窒息抢救准备

严密观察产程和胎心，迅速备齐物品，避免胎头冲出体外

未开全 ← 阴道检查评估宫口是否开全、先露位置、会阴体状况，重新估计胎儿大小体重 → 开全 立即会阴保护

胎头娩出原则：胎心正常情况下，尽量控制胎头缓慢娩出

建议在两次宫缩期间行右侧会阴侧切

新生儿胎盘产道正常 ← 正常 — 胎儿胎盘娩出后判断 — 异常 → 新生儿窒息 → 儿科产科麻醉医师共同抢救重度窒息新生儿

常规缝合会阴切口产后观察及处 ← <Ⅱ度裂伤 — 行宫颈—阴道穹窿—阴道—会阴—肛门括约肌顺序仔细检查，并探查有无血肿和裂伤

>Ⅱ度裂伤

产后随访 ← 全身麻醉/局部麻醉下由有经验者缝合软产道裂伤，预防性应用抗生素 → Ⅲ度及以上裂伤缝合及抢救治疗必须另做手术／抢救记录（非分娩记录）

*急产 发生急产的产妇更需进行4个分娩关键过程的评估和产时管理，以便将急产对母婴风险降至最低。

四、巨大儿诊断及处理流程

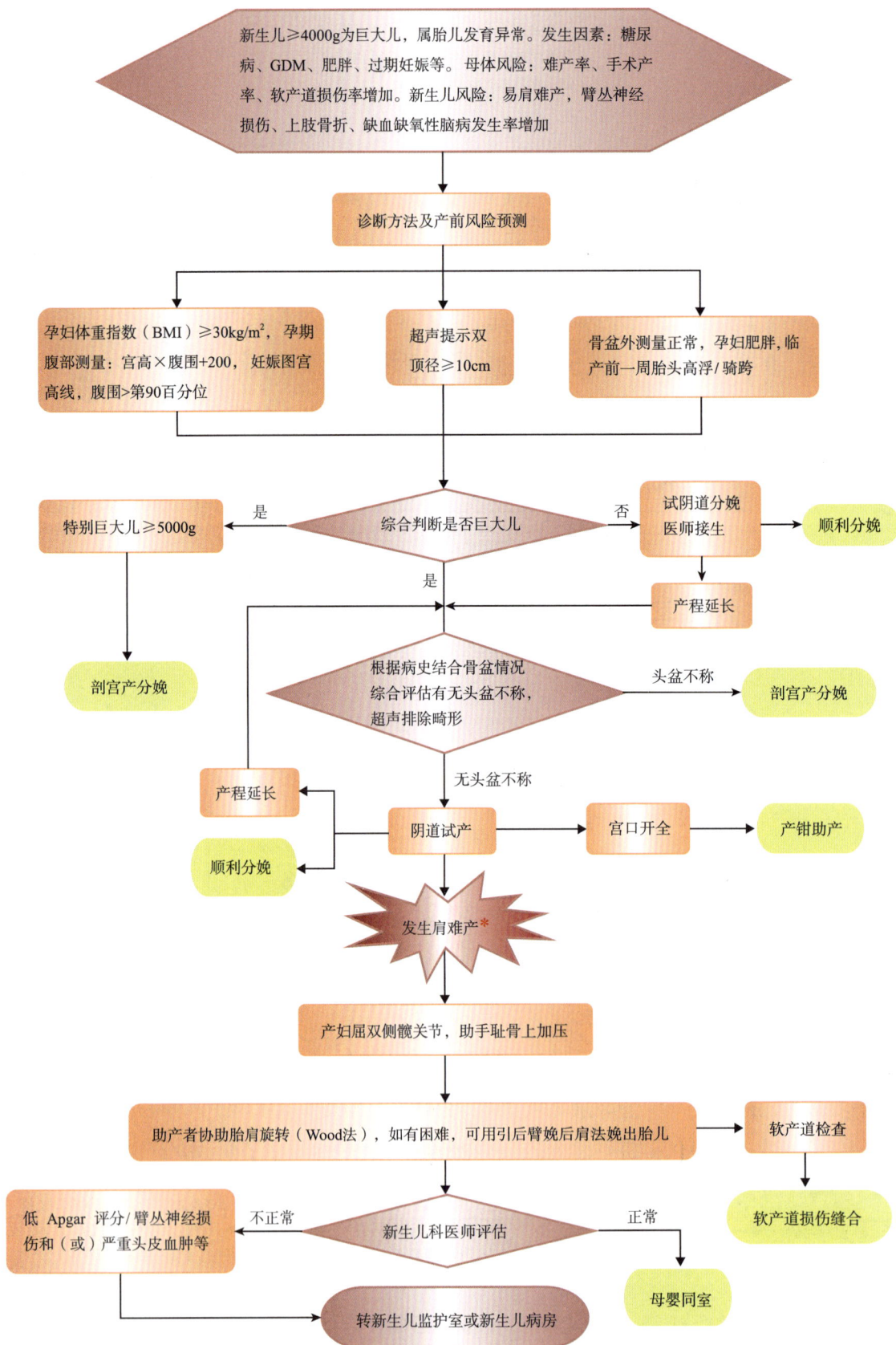

新生儿≥4000g为巨大儿，属胎儿发育异常。发生因素：糖尿病、GDM、肥胖、过期妊娠等。母体风险：难产率、手术产率、软产道损伤率增加。新生儿风险：易肩难产，臂丛神经损伤、上肢骨折、缺血缺氧性脑病发生率增加

诊断方法及产前风险预测

孕妇体重指数（BMI）≥30kg/m²，孕期腹部测量：宫高×腹围+200，妊娠图宫高线，腹围>第90百分位

超声提示双顶径≥10cm

骨盆外测量正常，孕妇肥胖，临产前一周胎头高浮/骑跨

综合判断是否巨大儿

特别巨大儿≥5000g ← 是

否 → 试阴道分娩医师接生 → 顺利分娩

产程延长

剖宫产分娩

是

根据病史结合骨盆情况综合评估有无头盆不称，超声排除畸形

头盆不称 → 剖宫产分娩

无头盆不称

产程延长

顺利分娩

阴道试产 → 宫口开全 → 产钳助产

发生肩难产*

产妇屈双侧髋关节，助手耻骨上加压

助产者协助胎肩旋转（Wood法），如有困难，可用引后臂娩后肩法娩出胎儿 → 软产道检查

软产道损伤缝合

新生儿科医师评估

不正常 → 低 Apgar 评分/臂丛神经损伤和（或）严重头皮血肿等

正常 → 母婴同室

转新生儿监护室或新生儿病房

---

*肩难产　胎头娩出后 1 分钟内未娩出胎肩。

五、脐带脱垂的处理流程

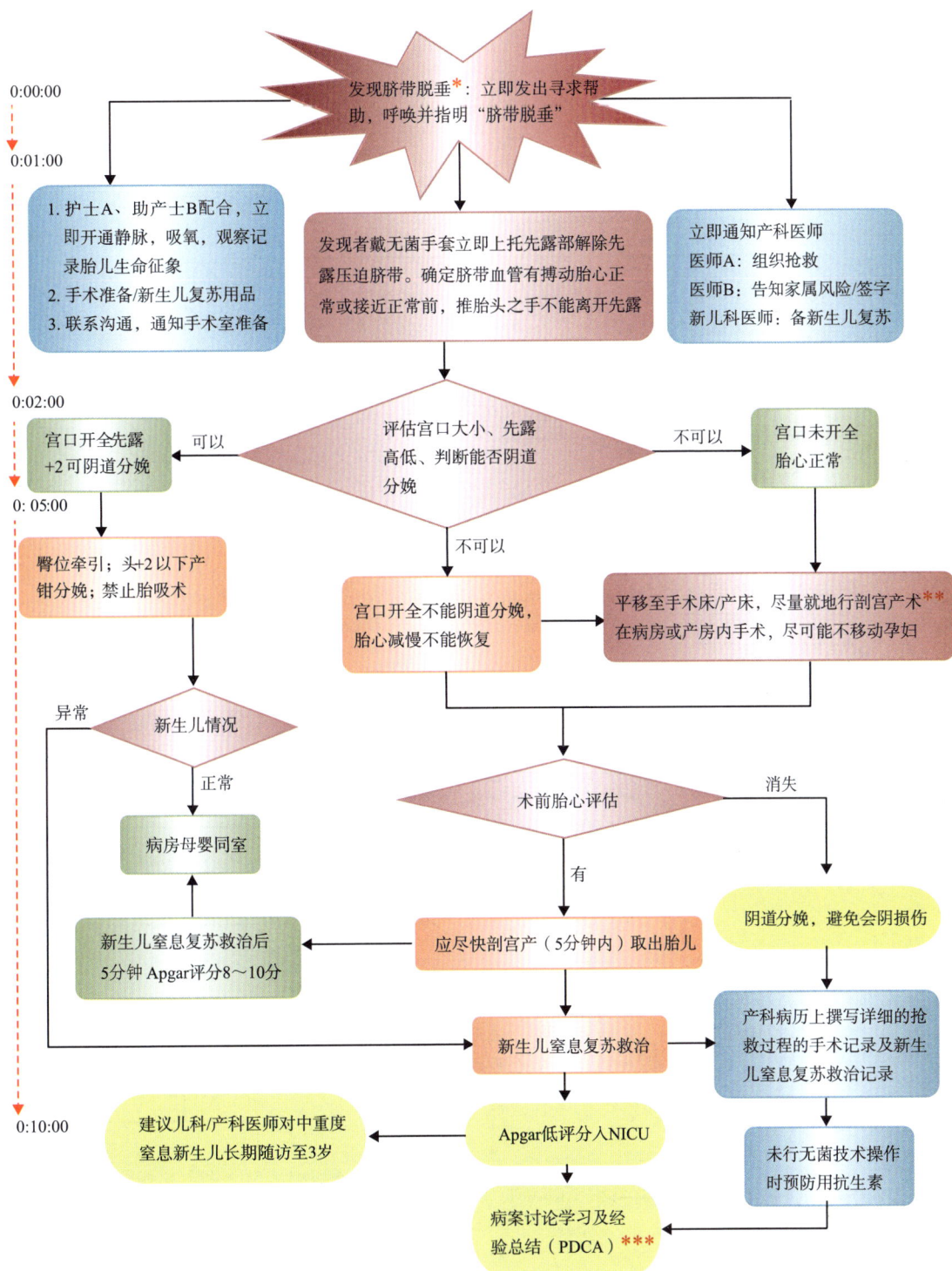

0:00:00

发现脐带脱垂*：立即发出寻求帮助，呼唤并指明"脐带脱垂"

0:01:00

1. 护士A、助产士B配合，立即开通静脉，吸氧，观察记录胎儿生命征象
2. 手术准备/新生儿复苏用品
3. 联系沟通，通知手术室准备

发现者戴无菌手套立即上托先露部解除先露压迫脐带。确定脐带血管有搏动胎心正常或接近正常前，推胎头之手不能离开先露

立即通知产科医师
医师A：组织抢救
医师B：告知家属风险/签字
新儿科医师：备新生儿复苏

0:02:00

宫口开全先露+2可阴道分娩 ← 可以 ← 评估宫口大小、先露高低、判断能否阴道分娩 → 不可以 → 宫口未开全胎心正常

0:05:00

臀位牵引；头+2以下产钳分娩；禁止胎吸术

不可以

宫口开全不能阴道分娩，胎心减慢不能恢复

平移至手术床/产床，尽量就地行剖宫产术** 在病房或产房内手术，尽可能不移动孕妇

异常 ← 新生儿情况

正常

病房母婴同室

术前胎心评估 → 消失

有

新生儿窒息复苏救治后5分钟Apgar评分8~10分

应尽快剖宫产（5分钟内）取出胎儿

阴道分娩，避免会阴损伤

新生儿窒息复苏救治 → 产科病历上撰写详细的抢救过程的手术记录及新生儿窒息复苏救治记录

0:10:00

建议儿科/产科医师对中重度窒息新生儿长期随访至3岁

Apgar低评分入NICU

未行无菌技术操作时预防用抗生素

病案讨论学习及经验总结（PDCA）***

　　* 发现脐带脱垂　产程中突然胎心不好，阴道检查发现阴道脐带脱垂或在胎头侧旁有脐带隐形脱垂，应按流程图指示路径处理。

　　** 尽量就地行剖宫产术　指必要时在产床上进行手术救治。

　　***PDCA　指各行业中目前应用很广的一种有效管理模式，是 Plan，Do，Check，Action，4 个英文字母的首字母缩写，代表计划、执行、检查、再行动的循环管理。任何一次抢救后都应该进行经验教训的讨论总结，这是降低风险的有效方法。

六、糖尿病合并妊娠/GDM 分娩及产后处理流程

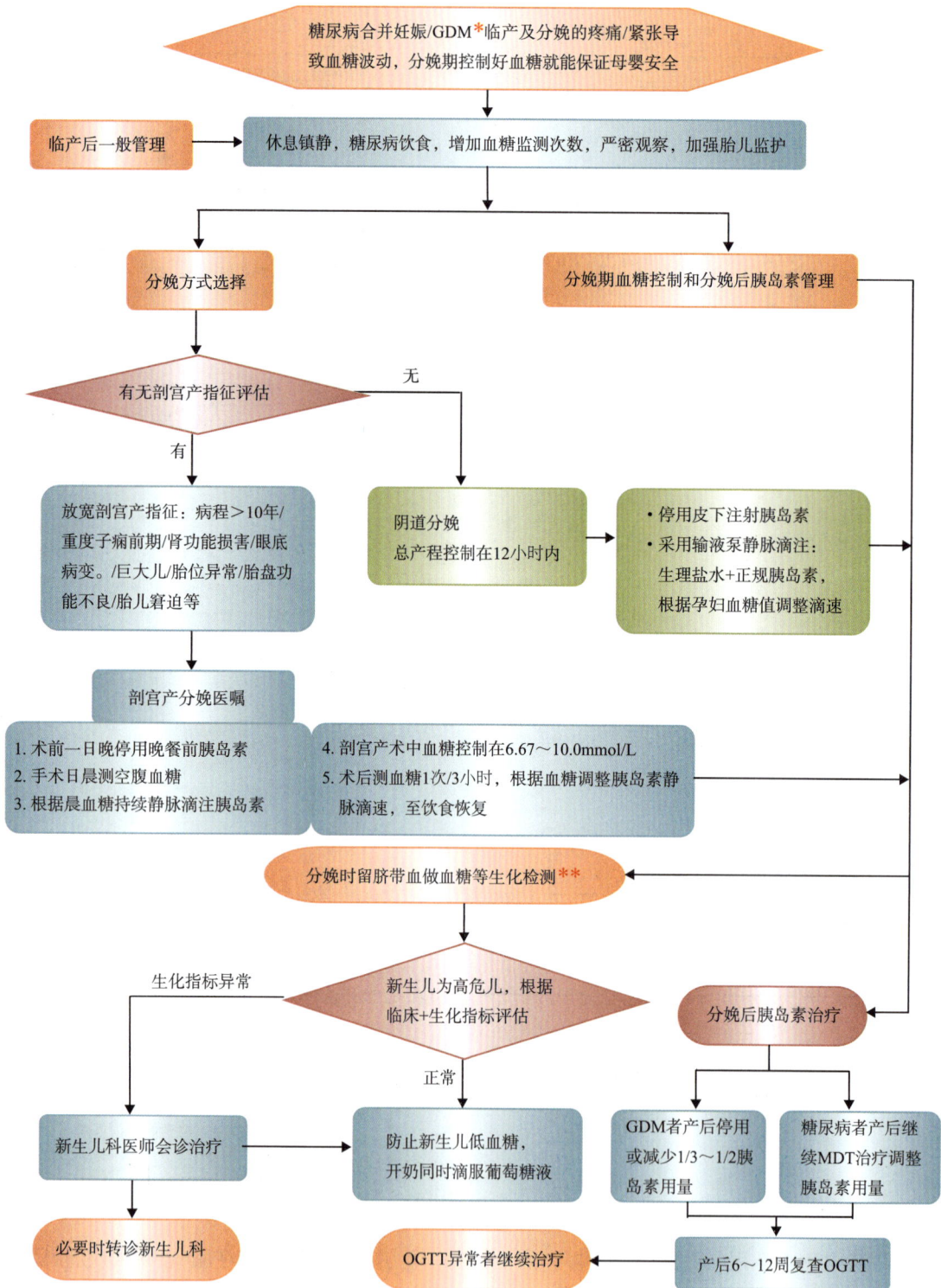

糖尿病合并妊娠/GDM*临产及分娩的疼痛/紧张导致血糖波动，分娩期控制好血糖就能保证母婴安全

临产后一般管理 → 休息镇静，糖尿病饮食，增加血糖监测次数，严密观察，加强胎儿监护

分娩方式选择　　　　　　　　　　　　分娩期血糖控制和分娩后胰岛素管理

有无剖宫产指征评估　　　　　无

有

放宽剖宫产指征：病程＞10年/重度子痫前期/肾功能损害/眼底病变。/巨大儿/胎位异常/胎盘功能不良/胎儿窘迫等

阴道分娩
总产程控制在12小时内

- 停用皮下注射胰岛素
- 采用输液泵静脉滴注：生理盐水+正规胰岛素，根据孕妇血糖值调整滴速

剖宫产分娩医嘱

1. 术前一日晚停用晚餐前胰岛素
2. 手术日晨测空腹血糖
3. 根据晨血糖持续静脉滴注胰岛素

4. 剖宫产术中血糖控制在6.67~10.0mmol/L
5. 术后测血糖1次/3小时，根据血糖调整胰岛素静脉滴速，至饮食恢复

分娩时留脐带血做血糖等生化检测**

生化指标异常　　　　新生儿为高危儿，根据临床+生化指标评估

正常

分娩后胰岛素治疗

新生儿科医师会诊治疗 → 防止新生儿低血糖，开奶同时滴服葡萄糖液

GDM者产后停用或减少1/3~1/2胰岛素用量

糖尿病者产后继续MDT治疗调整胰岛素用量

必要时转诊新生儿科

OGTT异常者继续治疗 ← 产后6~12周复查OGTT

---

*GDM　妊娠期糖尿病。

**分娩时留脐带血做血糖等生化检测　脐带血检测内容包括血糖、胰岛素、胆红素、血细胞比容、血红蛋白、血钙、磷、镁。

七、产后出血处理流程

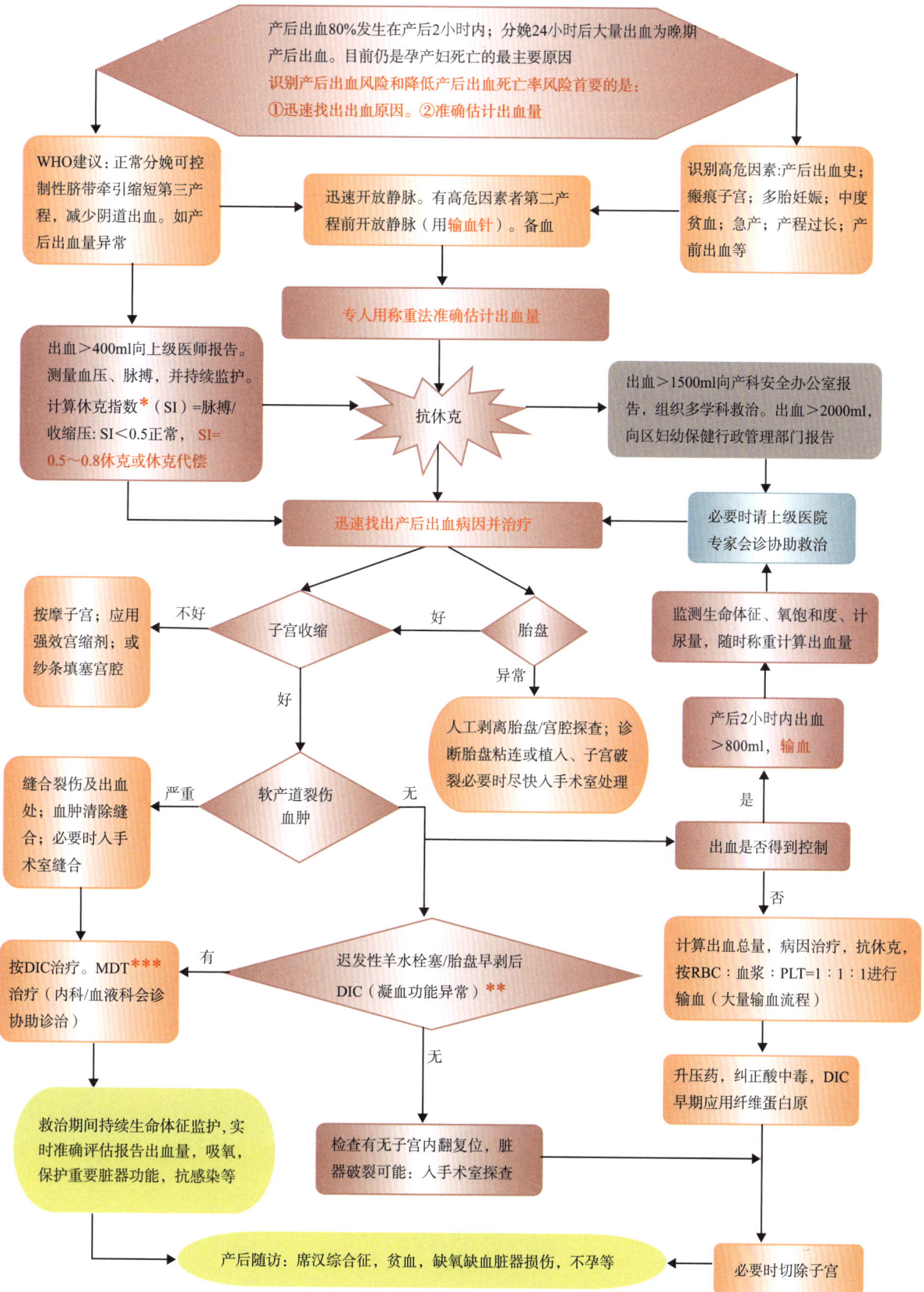

产后出血80%发生在产后2小时内；分娩24小时后大量出血为晚期产后出血。目前仍是孕产妇死亡的最主要原因
识别产后出血风险和降低产后出血死亡率风险首要的是：
①迅速找出出血原因。②准确估计出血量

WHO建议：正常分娩可控制性脐带牵引缩短第三产程，减少阴道出血。如产后出血量异常

识别高危因素：产后出血史；瘢痕子宫；多胎妊娠；中度贫血；急产；产程过长；产前出血等

迅速开放静脉。有高危因素者第二产程前开放静脉（用输血针）。备血

专人用称重法准确估计出血量

出血>400ml向上级医师报告。测量血压、脉搏，并持续监护。计算休克指数*（SI）=脉搏/收缩压：SI<0.5正常，SI=0.5～0.8休克或休克代偿

抗休克

出血>1500ml向产科安全办公室报告，组织多学科救治。出血>2000ml，向区妇幼保健行政管理部门报告

迅速找出产后出血病因并治疗

必要时请上级医院专家会诊协助救治

按摩子宫；应用强效宫缩剂；或纱条填塞宫腔

子宫收缩 —— 不好 / 好

胎盘 —— 异常

监测生命体征、氧饱和度、计尿量，随时称重计算出血量

人工剥离胎盘/宫腔探查；诊断胎盘粘连或植入、子宫破裂必要时尽快入手术室处理

产后2小时内出血>800ml，输血

缝合裂伤及出血处；血肿清除缝合；必要时入手术室缝合

软产道裂伤血肿 —— 严重 / 无

出血是否得到控制 —— 是 / 否

按DIC治疗。MDT***治疗（内科/血液科会诊协助诊治）

迟发性羊水栓塞/胎盘早剥后DIC（凝血功能异常）** —— 有 / 无

计算出血总量，病因治疗，抗休克，按RBC：血浆：PLT=1：1：1进行输血（大量输血流程）

升压药，纠正酸中毒，DIC早期应用纤维蛋白原

救治期间持续生命体征监护，实时准确评估报告出血量，吸氧，保护重要脏器功能，抗感染等

检查有无子宫内翻复位，脏器破裂可能：入手术室探查

产后随访：席汉综合征，贫血，缺氧缺血脏器损伤，不孕等

必要时切除子宫

* 休克指数（SI）　休克指数（Shock index，SI）＝脉搏／收缩压，是判定休克轻重的重要指标。判定标准如下：

SI＞0.5：正常，尚无休克。

SI＝1：提示失血量占全身血容量 20%～30%，发生休克。

SI＝1.5～2.0，提示失血量占全身血容量 30%～50%，休克进展。

SI＞2.0，提示失血量占全身血容量 50% 以上，严重休克。

目前，产后出血仍是孕产妇 4 大死亡病因之首。从发生出血到处置结果过程中，出血量的计算和估计十分重要。往往低估出血量，是延误抢救流程启动而酿成严重结局的原因。称重法＋休克指数可以比较准确估计出血量及时启动抢救流程。

**DIC（凝血功能异常）　DIC 为弥散性血管内凝血的英文缩写，指自发性、多部位出血，有不能用原发病解释的顽固休克或微循环衰竭，微血管栓塞，早期即出现肾、肺、脑等器官功能不全。主要实验室诊断指标包括两方面：一是反映凝血因子消耗的证据，包括凝血酶原时间（PT）、部分激活的凝血活酶时间（APTT）、纤维蛋白原浓度及血小板计数异常；二是反映纤溶系统活化的证据，包括纤维蛋白原／纤维蛋白降解产物（FDP）、D- 二聚体、血浆鱼精蛋白副凝固试验（3P 试验）异常。此外，近年来发现部分分子标志物，如 TAT 有早期诊断意义（具体参见本章"十一、产科相关疾病合并 DIC 诊治流程"）。

***MDT　多学科综合治疗。

八、子痫救治流程

（一）子痫一般救治流程

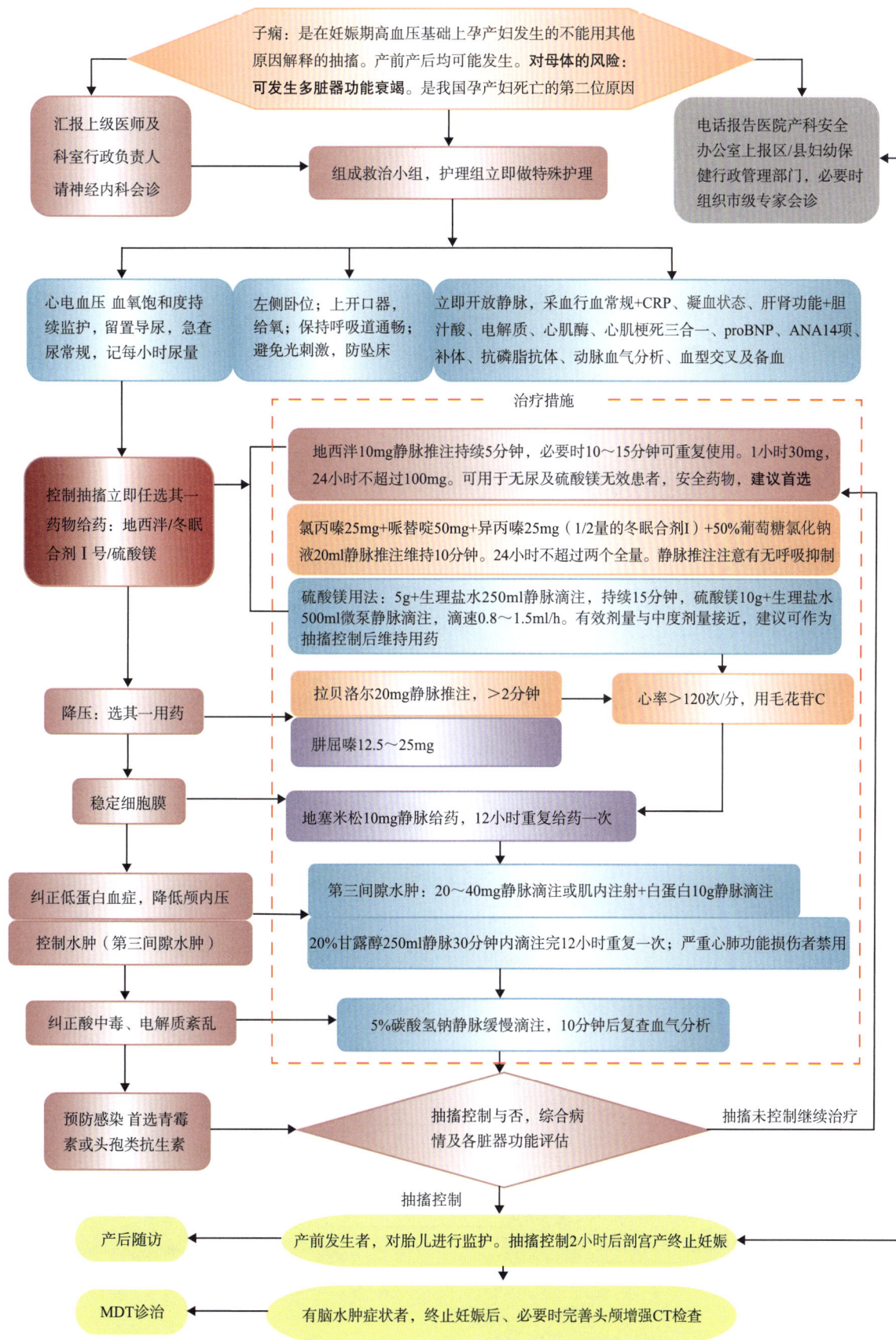

子痫：是在妊娠期高血压基础上孕产妇发生的不能用其他原因解释的抽搐。产前产后均可能发生。**对母体的风险：可发生多脏器功能衰竭**。是我国孕产妇死亡的第二位原因

汇报上级医师及科室行政负责人请神经内科会诊

组成救治小组，护理组立即做特殊护理

电话报告医院产科安全办公室上报区/县妇幼保健行政管理部门，必要时组织市级专家会诊

心电血压 血氧饱和度持续监护，留置导尿，急查尿常规，记每小时尿量

左侧卧位；上开口器；给氧；保持呼吸道通畅；避免光刺激，防坠床

立即开放静脉，采血行血常规+CRP、凝血状态、肝肾功能+胆汁酸、电解质、心肌酶、心肌梗死三合一、proBNP、ANA14项、补体、抗磷脂抗体、动脉血气分析、血型交叉及备血

治疗措施

控制抽搐立即任选其一药物给药：地西泮/冬眠合剂Ⅰ号/硫酸镁

地西泮10mg静脉推注持续5分钟，必要时10～15分钟可重复使用。1小时30mg，24小时不超过100mg。可用于无尿及硫酸镁无效患者，安全药物，**建议首选**

氯丙嗪25mg+哌替啶50mg+异丙嗪25mg（1/2量的冬眠合剂I）+50%葡萄糖氯化钠液20ml静脉推注维持10分钟。24小时不超过两个全量。静脉推注注意有无呼吸抑制

硫酸镁用法：5g+生理盐水250ml静脉滴注，持续15分钟，硫酸镁10g+生理盐水500ml微泵静脉滴注，滴速0.8～1.5ml/h。有效剂量与中度剂量接近，建议可作为抽搐控制后维持用药

降压：选其一用药

拉贝洛尔20mg静脉推注，>2分钟

心率>120次/分，用毛花苷C

肼屈嗪12.5～25mg

稳定细胞膜

地塞米松10mg静脉给药，12小时重复给药一次

纠正低蛋白血症，降低颅内压

控制水肿（第三间隙水肿）

第三间隙水肿：20～40mg静脉滴注或肌内注射+白蛋白10g静脉滴注

20%甘露醇250ml静脉30分钟内滴注完12小时重复一次；严重心肺功能损伤者禁用

纠正酸中毒、电解质紊乱

5%碳酸氢钠静脉缓慢滴注，10分钟后复查血气分析

预防感染 首选青霉素或头孢类抗生素

抽搐控制与否，综合病情及各脏器功能评估

抽搐未控制继续治疗

抽搐控制

产后随访

产前发生者，对胎儿进行监护。抽搐控制2小时后剖宫产终止妊娠

MDT诊治

有脑水肿症状者，终止妊娠后，必要时完善头颅增强CT检查

（二）子痫产科处理及并发症处理流程

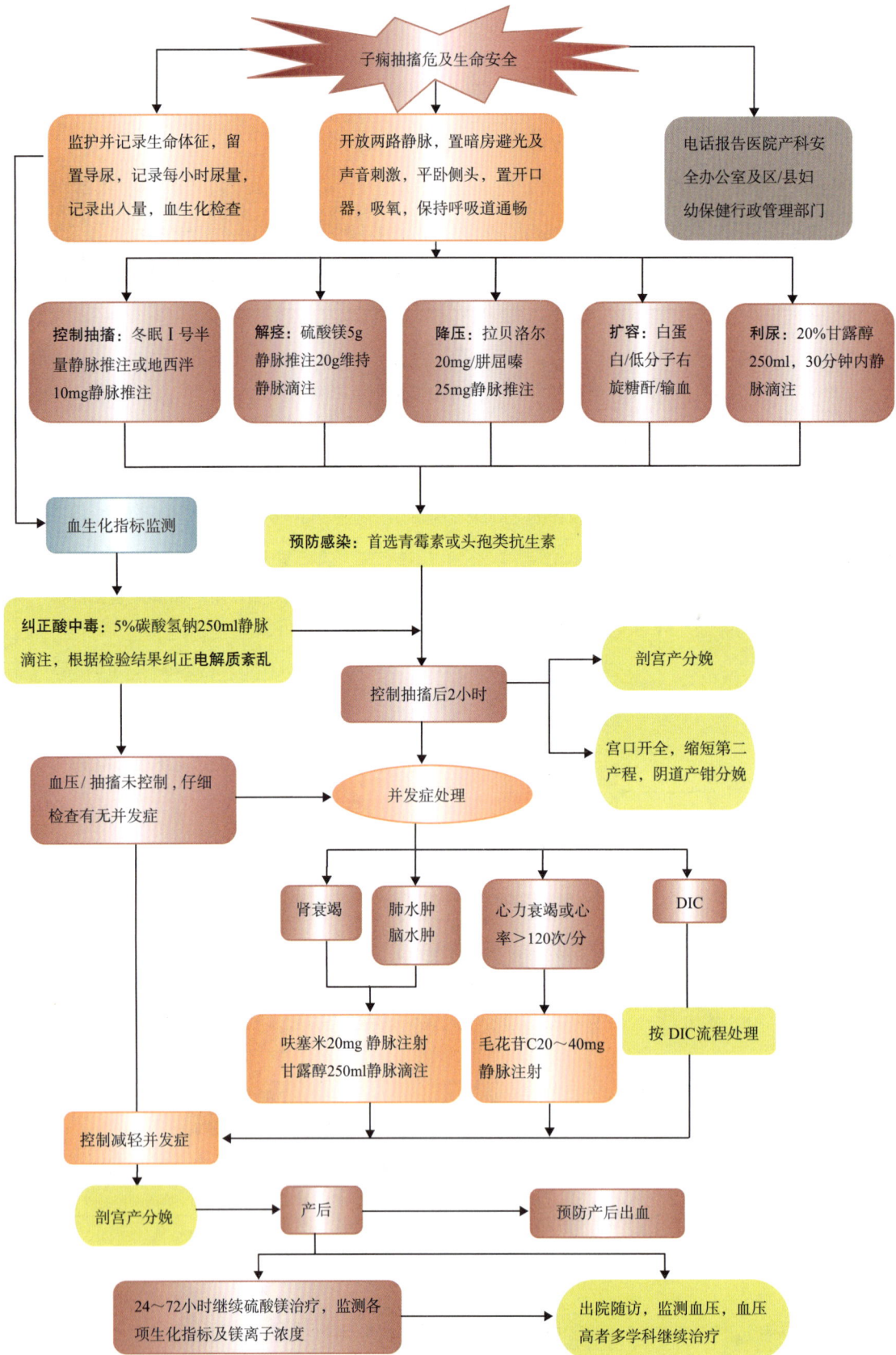

子痫抽搐危及生命安全

监护并记录生命体征，留置导尿，记录每小时尿量，记录出入量，血生化检查

开放两路静脉，置暗房避光及声音刺激，平卧侧头，置开口器，吸氧，保持呼吸道通畅

电话报告医院产科安全办公室及区/县妇幼保健行政管理部门

控制抽搐： 冬眠Ⅰ号半量静脉推注或地西泮10mg静脉推注

解痉： 硫酸镁5g静脉推注20g维持静脉滴注

降压： 拉贝洛尔20mg/肼屈嗪25mg静脉推注

扩容： 白蛋白/低分子右旋糖酐/输血

利尿： 20%甘露醇250ml，30分钟内静脉滴注

血生化指标监测

预防感染： 首选青霉素或头孢类抗生素

纠正酸中毒： 5%碳酸氢钠250ml静脉滴注，根据检验结果纠正**电解质紊乱**

控制抽搐后2小时

剖宫产分娩

宫口开全，缩短第二产程，阴道产钳分娩

血压/抽搐未控制，仔细检查有无并发症

并发症处理

肾衰竭

肺水肿脑水肿

心力衰竭或心率＞120次/分

DIC

呋塞米20mg静脉注射甘露醇250ml静脉滴注

毛花苷C20～40mg静脉注射

按DIC流程处理

控制减轻并发症

剖宫产分娩

产后

预防产后出血

24～72小时继续硫酸镁治疗，监测各项生化指标及镁离子浓度

出院随访，监测血压，血压高者多学科继续治疗

九、前置胎盘诊治流程

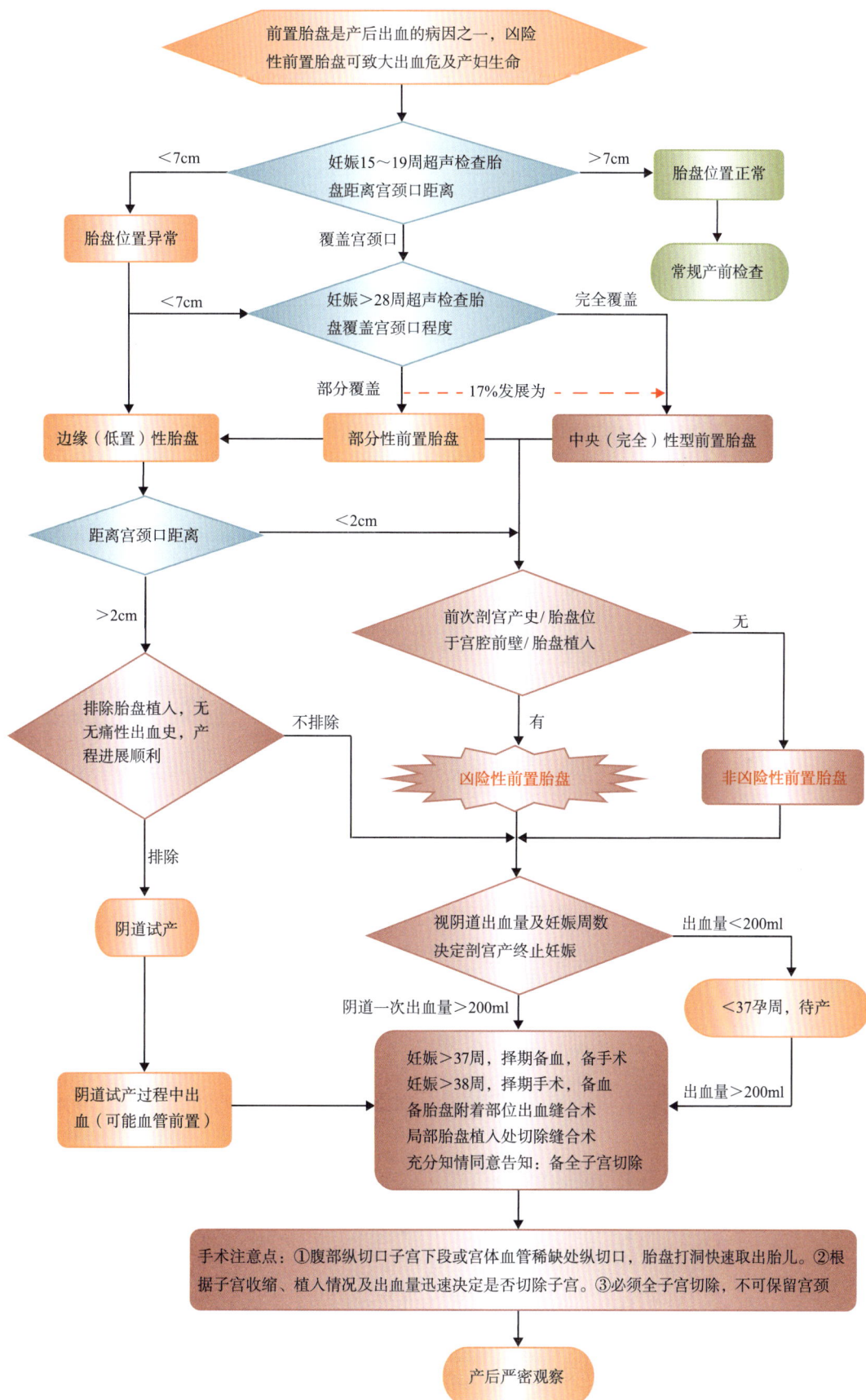

前置胎盘是产后出血的病因之一，凶险性前置胎盘可致大出血危及产妇生命

妊娠15～19周超声检查胎盘距离宫颈口距离

＜7cm → 胎盘位置异常

＞7cm → 胎盘位置正常 → 常规产前检查

覆盖宫颈口

妊娠＞28周超声检查胎盘覆盖宫颈口程度

＜7cm

部分覆盖 ---- 17%发展为 ----→ 完全覆盖

边缘（低置）性胎盘 ← 部分性前置胎盘 → 中央（完全）性型前置胎盘

距离宫颈口距离

＜2cm →

＞2cm

排除胎盘植入，无无痛性出血史，产程进展顺利

前次剖宫产史/胎盘位于宫腔前壁/胎盘植入

无 → 非凶险性前置胎盘

不排除

有 → 凶险性前置胎盘

排除

阴道试产

视阴道出血量及妊娠周数决定剖宫产终止妊娠

出血量＜200ml → ＜37孕周，待产

阴道一次出血量＞200ml

出血量＞200ml

阴道试产过程中出血（可能血管前置）

妊娠＞37周，择期备血，备手术
妊娠＞38周，择期手术，备血
备胎盘附着部位出血缝合术
局部胎盘植入处切除缝合术
充分知情同意告知：备全子宫切除

手术注意点：①腹部纵切口子宫下段或宫体血管稀缺处纵切口，胎盘打洞快速取出胎儿。②根据子宫收缩、植入情况及出血量迅速决定是否切除子宫。③必须全子宫切除，不可保留宫颈

产后严密观察

十、胎盘早剥诊治流程

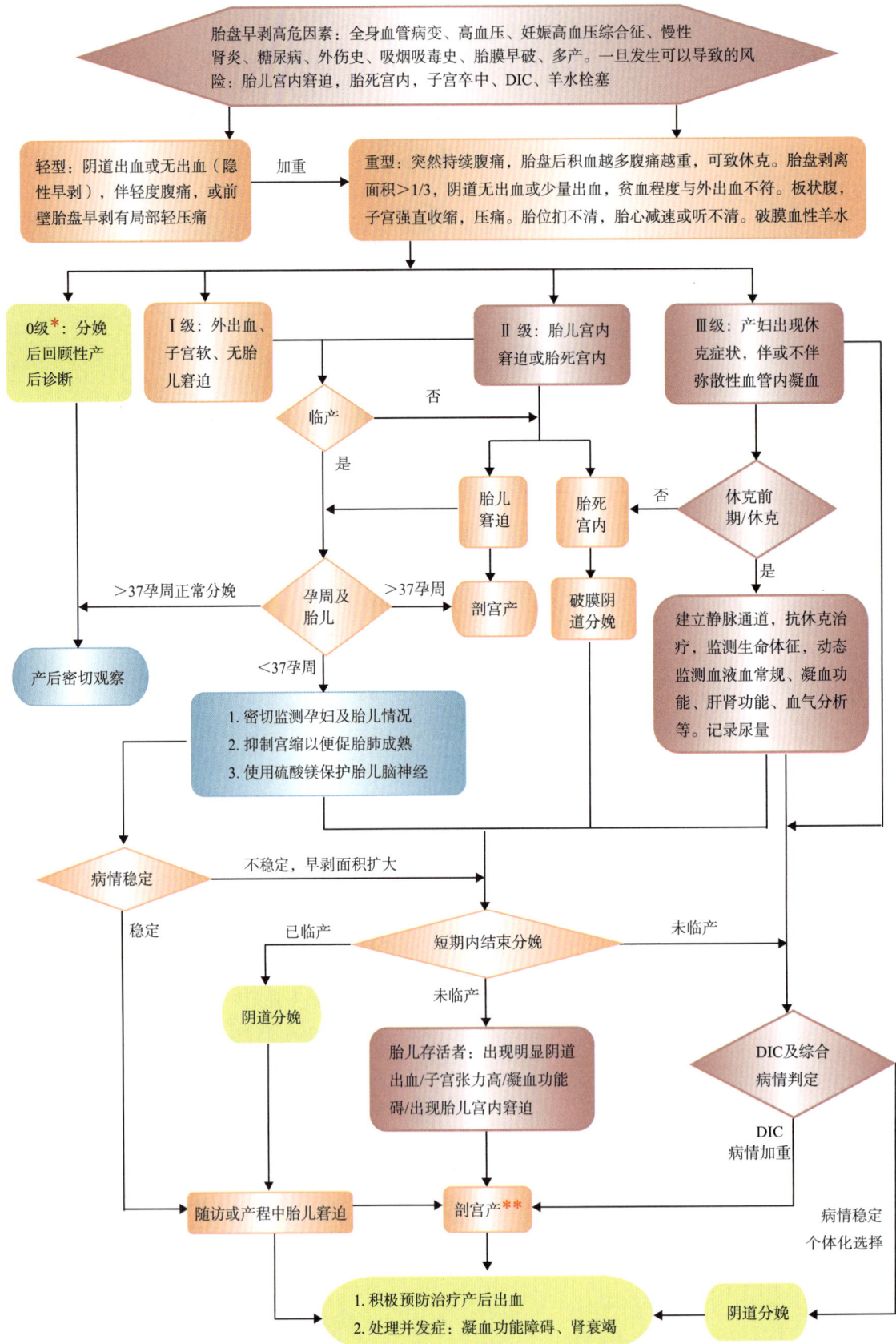

胎盘早剥高危因素：全身血管病变、高血压、妊娠高血压综合征、慢性肾炎、糖尿病、外伤史、吸烟吸毒史、胎膜早破、多产。一旦发生可以导致的风险：胎儿宫内窘迫，胎死宫内，子宫卒中、DIC、羊水栓塞

轻型： 阴道出血或无出血（隐性早剥），伴轻度腹痛，或前壁胎盘早剥有局部轻压痛

加重

重型： 突然持续腹痛，胎盘后积血越多腹痛越重，可致休克。胎盘剥离面积＞1/3，阴道无出血或少量出血，贫血程度与外出血不符。板状腹，子宫强直收缩，压痛。胎位扪不清，胎心减速或听不清。破膜血性羊水

0级 *：分娩后回顾性产后诊断

Ⅰ级：外出血、子宫软、无胎儿窘迫

Ⅱ级：胎儿宫内窘迫或胎死宫内

Ⅲ级：产妇出现休克症状，伴或不伴弥散性血管内凝血

临产 — 否

是

胎儿窘迫

胎死宫内

休克前期/休克 — 否

是

＞37孕周正常分娩

孕周及胎儿 — ＞37孕周 — 剖宫产

破膜阴道分娩

建立静脉通道，抗休克治疗，监测生命体征，动态监测血液血常规、凝血功能、肝肾功能、血气分析等。记录尿量

产后密切观察

＜37孕周

1. 密切监测孕妇及胎儿情况
2. 抑制宫缩以便促胎肺成熟
3. 使用硫酸镁保护胎儿脑神经

病情稳定 — 不稳定，早剥面积扩大

稳定

已临产

短期内结束分娩 — 未临产

阴道分娩

未临产

胎儿存活者：出现明显阴道出血/子宫张力高/凝血功能碍/出现胎儿宫内窘迫

DIC及综合病情判定

DIC病情加重

病情稳定个体化选择

随访或产程中胎儿窘迫

剖宫产 **

阴道分娩

1. 积极预防治疗产后出血
2. 处理并发症：凝血功能障碍、肾衰竭

*0 级　此处指胎盘早剥的 Page 分级，共分为 0～Ⅲ级。具体标准见表 2-6。

表 2-6　胎盘早剥的 Page 分级

分级	标　准
0 级	分娩后回顾性产后诊断
Ⅰ级	外出血、子宫软、无胎儿窘迫
Ⅱ级	胎儿宫内窘迫或胎死宫内
Ⅲ级	产妇出现休克症状，伴或不伴弥散性血管内凝血

** 剖宫产　若大范围子宫卒中，有出血，宜切除子宫；若小范围子宫卒中，且无出血可保留子宫。

十一、产科相关疾病合并 DIC 诊治流程

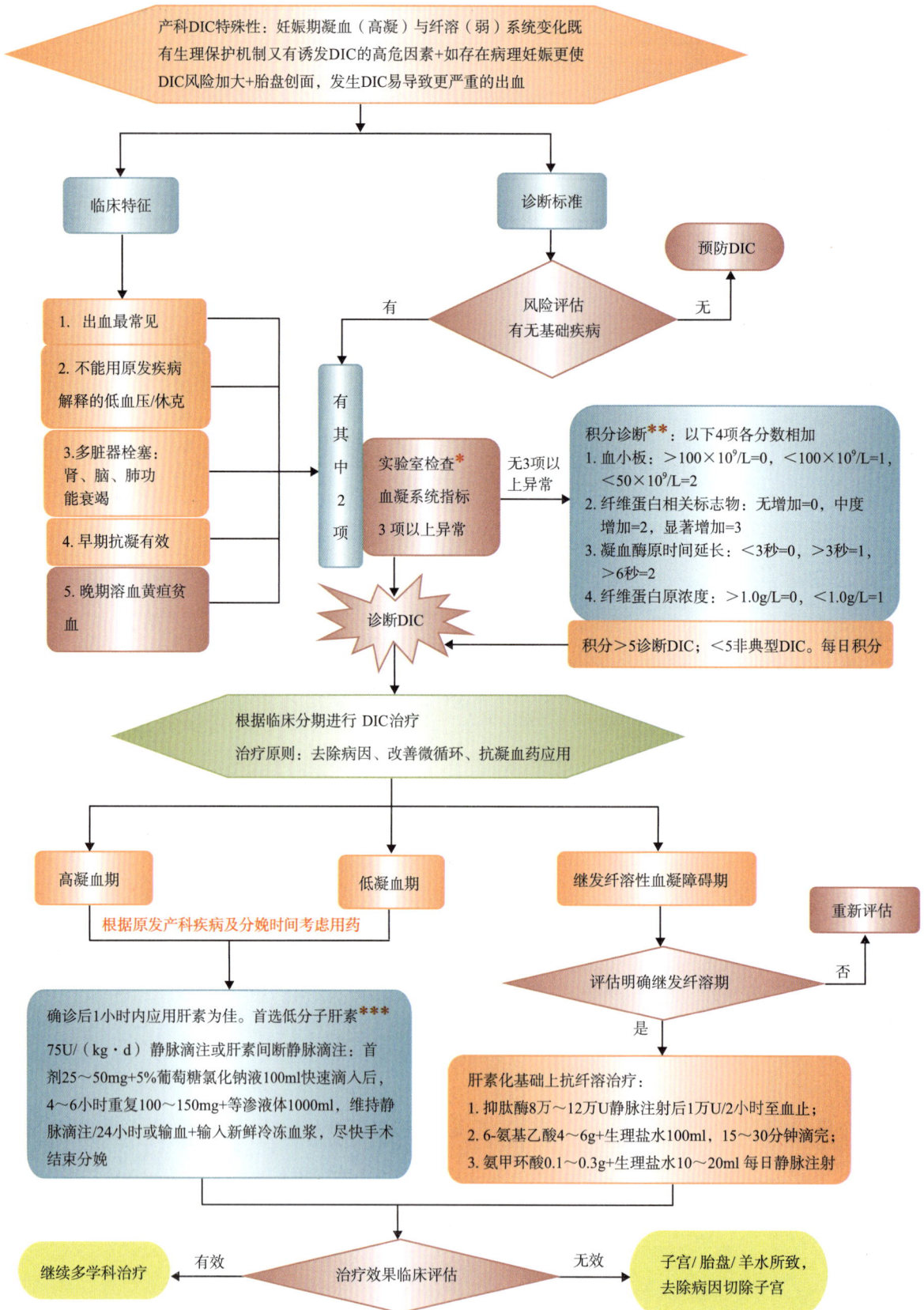

产科DIC特殊性：妊娠期凝血（高凝）与纤溶（弱）系统变化既有生理保护机制又有诱发DIC的高危因素+如存在病理妊娠更使DIC风险加大+胎盘创面，发生DIC易导致更严重的出血

临床特征

诊断标准

预防DIC

风险评估
有无基础疾病

有

无

1. 出血最常见

2. 不能用原发疾病解释的低血压/休克

3. 多脏器栓塞：肾、脑、肺功能衰竭

4. 早期抗凝有效

5. 晚期溶血黄疸贫血

有其中2项

实验室检查*
血凝系统指标3项以上异常

无3项以上异常

积分诊断**：以下4项各分数相加
1. 血小板：$>100\times10^9/L=0$，$<100\times10^9/L=1$，$<50\times10^9/L=2$
2. 纤维蛋白相关标志物：无增加=0，中度增加=2，显著增加=3
3. 凝血酶原时间延长：<3秒=0，>3秒=1，>6秒=2
4. 纤维蛋白原浓度：$>1.0g/L=0$，$<1.0g/L=1$

诊断DIC

积分>5诊断DIC；<5非典型DIC。每日积分

根据临床分期进行 DIC治疗

治疗原则：去除病因、改善微循环、抗凝血药应用

高凝血期

低凝血期

继发纤溶性血凝障碍期

重新评估

根据原发产科疾病及分娩时间考虑用药

评估明确继发纤溶期

否

是

确诊后1小时内应用肝素为佳。首选低分子肝素***

$75U/（kg\cdot d）$静脉滴注或肝素间断静脉滴注：首剂$25\sim50mg+5\%$葡萄糖氯化钠液100ml快速滴入后，$4\sim6$小时重复$100\sim150mg+$等渗液体1000ml，维持静脉滴注/24小时或输血+输入新鲜冷冻血浆，尽快手术结束分娩

肝素化基础上抗纤溶治疗：
1. 抑肽酶8万～12万U静脉注射后1万U/2小时至血止；
2. 6-氨基乙酸$4\sim6g+$生理盐水100ml，$15\sim30$分钟滴完；
3. 氨甲环酸$0.1\sim0.3g+$生理盐水$10\sim20ml$每日静脉注射

继续多学科治疗

有效

治疗效果临床评估

无效

子宫/胎盘/羊水所致，去除病因除子宫

* 实验室检查　以下相关的血凝系统指标中如有 3 项以上异常即可诊断 DIC。

1. 血小板＜ 100×10^9/L。

2. 血浆纤维蛋白原＜ 1.5g/L。

3. 3P 试验阳性 /FDP ＞ 20mg/L 或 D- 二聚体升高或阳性。

4. PT 缩短或延长＞ 3 秒或动态变化。

5. 纤溶酶原含量及活性降低。

6. AT- Ⅲ含量及活性降低。

7. 血浆 FⅧ : C 活性＜ 50%。

** 积分诊断　指中国弥散性血管内凝血诊断积分系统（CDSS），具体使用见表 2-7。

表 2-7　中国弥散性血管内凝血（DIC）诊断积分系统（CDSS）

积分项	分　数
有导致的原发病	2
临床表现	
不能用原发病解释的严重或多发出血倾向	1
不能用原发病解释的微循环障碍或休克	1
广泛性皮肤、黏膜栓塞，灶性缺血性坏死、脱落及溃疡形成，不明原因的肺、肾、脑等器官功能衰竭	1
实验室指标	
血小板计数（非恶性血液病）	
≥ 100×10^9/L	0
＜（80 ～ 100）× 10^9/L	1
＜ 80×10^9/L	2
24 小时内下降≥ 50%	1
D 二聚体	
＜ 5mg/L	0
＜ 5 ～ 9mg/L	2
≥ 9mg/L	3
PT 或 APTT 延长	
PT 延长＜ 3 秒且 APTT 延长＜ 10 秒	0
PT 延长≥ 3 秒或 APTT 延长＜ 10 秒	1
PT 延长≥ 6 秒	2
纤维蛋白原	
≥ 1.0g/L	0
＜ 1.0g/L	1

注：非恶性血液病每日计分 1 次，＞ 7 分可诊断为 DIC；PT，凝血酶原时间；APTT，部分激活的凝血酶原时间。此表摘自中华医学杂志 2017 年 5 月 38 卷《中国弥散性血管内凝血诊断中国专家共识》

*** 首选低分子肝素　注意在应用肝素时的禁忌证和监测指标，具体如下。

1. 禁忌证　①有出血倾向的肝病。②高血压脑病。③溃疡病、结核空洞出血。④术后短期内有大的创面止血不完善时。⑤分娩胎盘娩出后及术后 1 小时内及手术前 2 小时。⑥有明显出血及出血性疾病。

2. 监测指标　在使用肝素治疗过程中，需随时监测凝血功能指标，常用以下项目。

（1）筛选试验：PLT（血小板）一般 100×10^9/L 或呈进行性下降，PT、ATPP 缩短或延长或呈动态性变化。FIB（血浆纤维蛋白原）＜ 1.5g/L 或＞ 4g/L，或呈进行性下降。

（2）确诊试验：FDP（纤维蛋白降解产物）测定、3P（血浆鱼精蛋白副凝试验）测定、AT- Ⅲ（凝血酶Ⅲ）测定、PLG（纤溶酶原）测定、Ⅷ因子（凝血因子Ⅷ）测定：C/vWF : Ag（凝血因子 C 和凝血因子 vWF : Ag）、F1+2（凝血酶原片段）、TAT（抗凝血酶复合体）等。

（3）使用肝素的不良反应：主要是出血，24 小时用量应＜ 200mg。如果过量可用鱼精蛋白静脉滴注，1mg 鱼精蛋白可以对抗 1mg 肝素。

十二、瘢痕子宫分娩风险控制流程

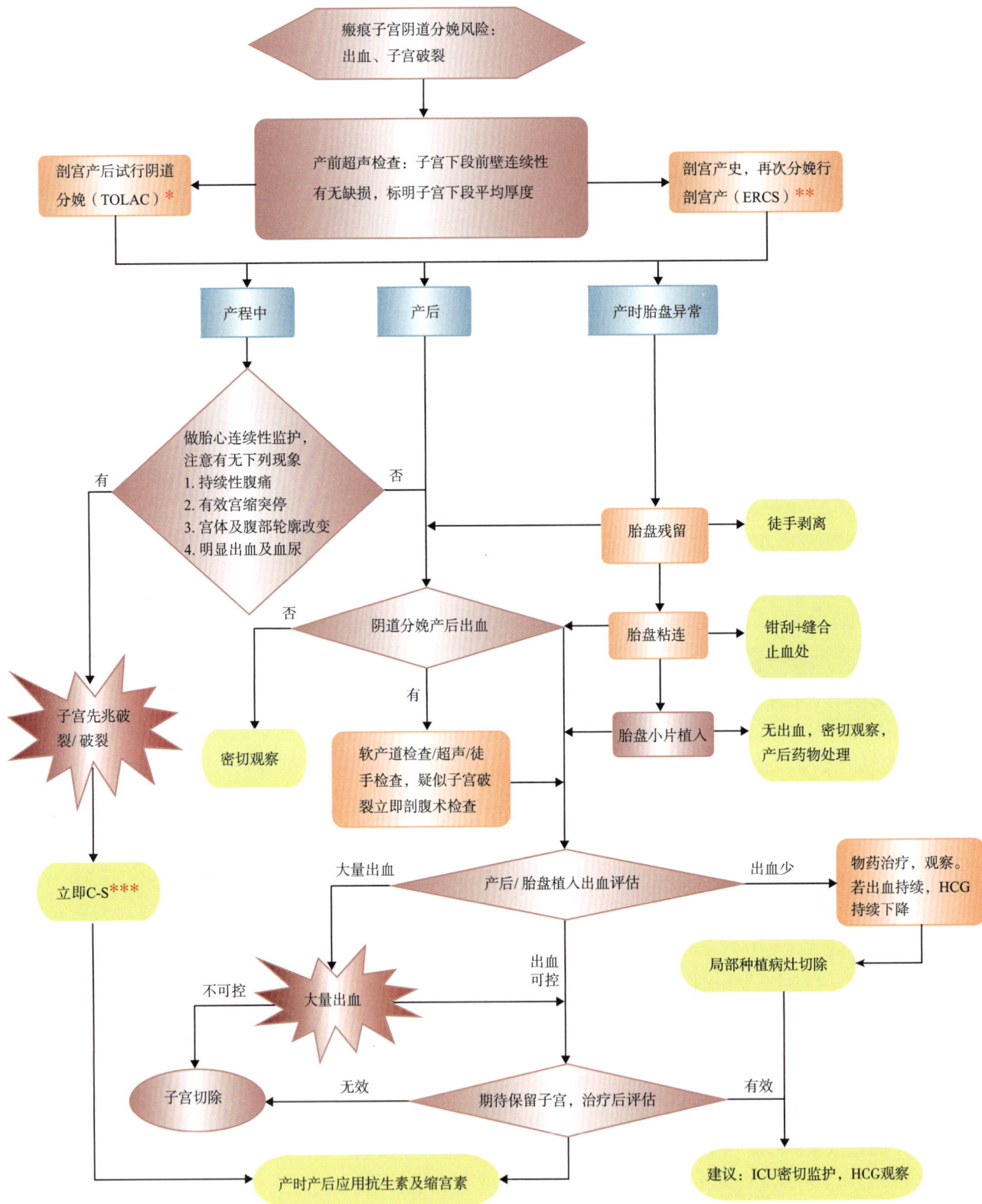

瘢痕子宫阴道分娩风险:
出血、子宫破裂

产前超声检查:子宫下段前壁连续性
有无缺损,标明子宫下段平均厚度

剖宫产后试行阴道
分娩(TOLAC)*

剖宫产史,再次分娩行
剖宫产(ERCS)**

产程中　　产后　　产时胎盘异常

做胎心连续性监护,
注意有无下列现象
1. 持续性腹痛
2. 有效宫缩突停
3. 宫体及腹部轮廓改变
4. 明显出血及血尿

有　　否

胎盘残留　→　徒手剥离

子宫先兆破
裂/破裂

阴道分娩产后出血

否　　有

密切观察

软产道检查/超声/徒
手检查,疑似子宫破
裂立即剖腹术检查

胎盘粘连　→　钳刮+缝合
止血处

胎盘小片植入　→　无出血,密切观察,
产后药物处理

立即C-S***

大量出血

产后/胎盘植入出血评估

出血少　→　物药治疗,观察。
若出血持续,HCG
持续下降

出血
可控

不可控

大量出血

局部种植病灶切除

子宫切除　←　无效　　期待保留子宫,治疗后评估　　有效

产时产后应用抗生素及缩宫素

建议:ICU密切监护,HCG观察

*TOLAC　Trial of Labor After Cesaren 的缩写,有剖宫产史,再次分娩做阴道试产。

**ERCS　Elective Repeat Cesaren Section 的缩写,指过去有过一次以上剖宫产史,本次分娩再行剖宫产。

***C-S　Cesaren Section,剖宫产。

十三、子宫破裂抢救流程

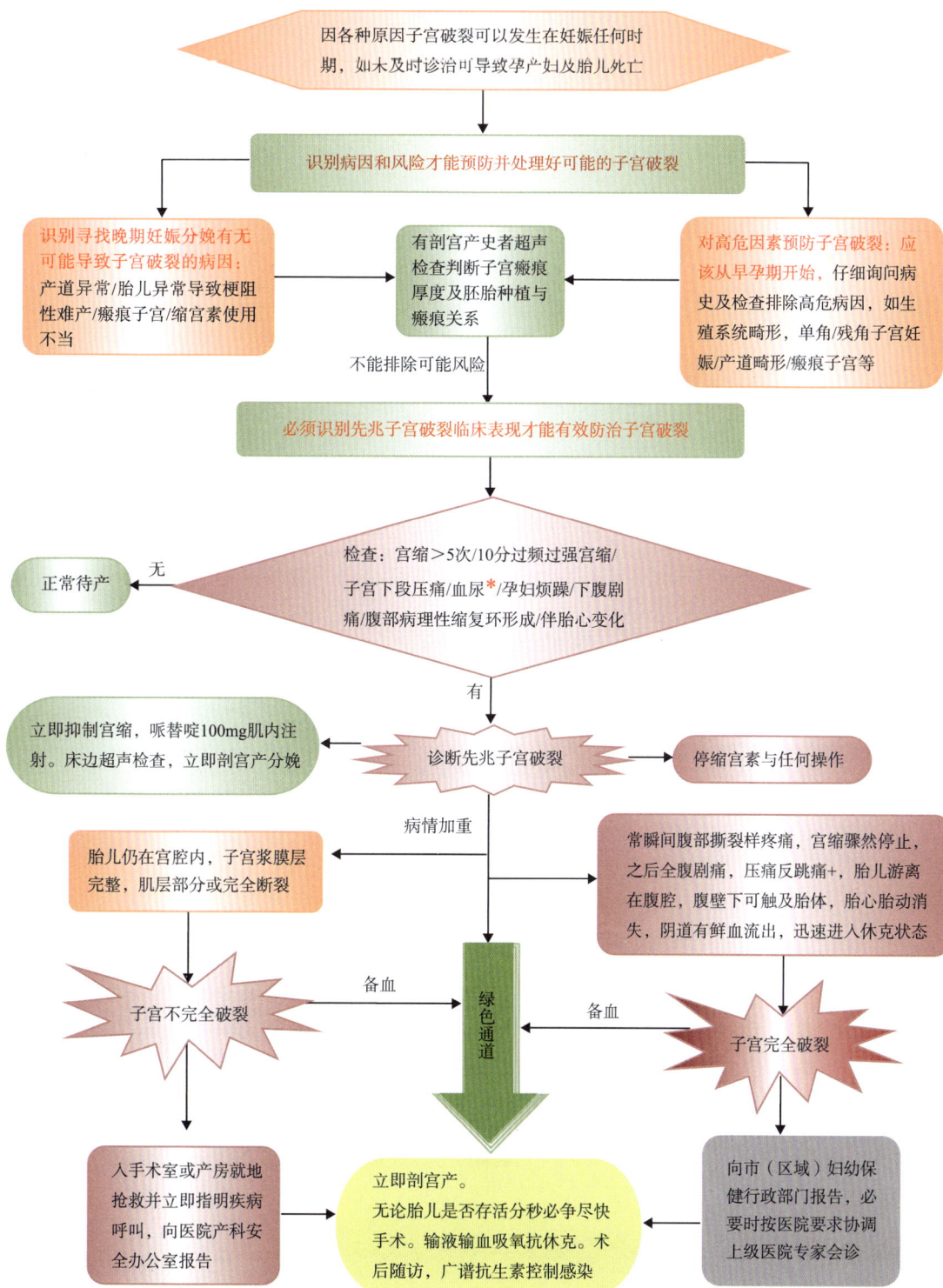

因各种原因子宫破裂可以发生在妊娠任何时期，如未及时诊治可导致孕产妇及胎儿死亡

识别病因和风险才能预防并处理好可能的子宫破裂

识别寻找晚期妊娠分娩有无可能导致子宫破裂的病因：产道异常/胎儿异常导致梗阻性难产/瘢痕子宫/缩宫素使用不当

有剖宫产史者超声检查判断子宫瘢痕厚度及胚胎种植与瘢痕关系

对高危因素预防子宫破裂：应该从早孕期开始，仔细询问病史及检查排除高危病因，如生殖系统畸形，单角/残角子宫妊娠/产道畸形/瘢痕子宫等

不能排除可能风险

必须识别先兆子宫破裂临床表现才能有效防治子宫破裂

检查：宫缩 > 5次/10分过频过强宫缩/子宫下段压痛/血尿*/孕妇烦躁/下腹剧痛/腹部病理性缩复环形成/伴胎心变化

正常待产　无

有

立即抑制宫缩，哌替啶100mg肌内注射。床边超声检查，立即剖宫产分娩

诊断先兆子宫破裂

停缩宫素与任何操作

病情加重

胎儿仍在宫腔内，子宫浆膜层完整，肌层部分或完全断裂

常瞬间腹部撕裂样疼痛，宫缩骤然停止，之后全腹剧痛，压痛反跳痛+胎儿游离在腹腔，腹壁下可触及胎体，胎心胎动消失，阴道有鲜血流出，迅速进入休克状态

子宫不完全破裂

备血

绿色通道

备血

子宫完全破裂

入手术室或产房就地抢救并立即指明疾病呼叫，向医院产科安全办公室报告

立即剖宫产。无论胎儿是否存活分秒必争尽快手术。输液输血吸氧抗休克。术后随访，广谱抗生素控制感染

向市（区域）妇幼保健行政部门报告，必要时按医院要求协调上级医院专家会诊

* **血尿** 指镜下及眼观血尿。

十四、引产和催产治疗中缩宫素正确使用流程

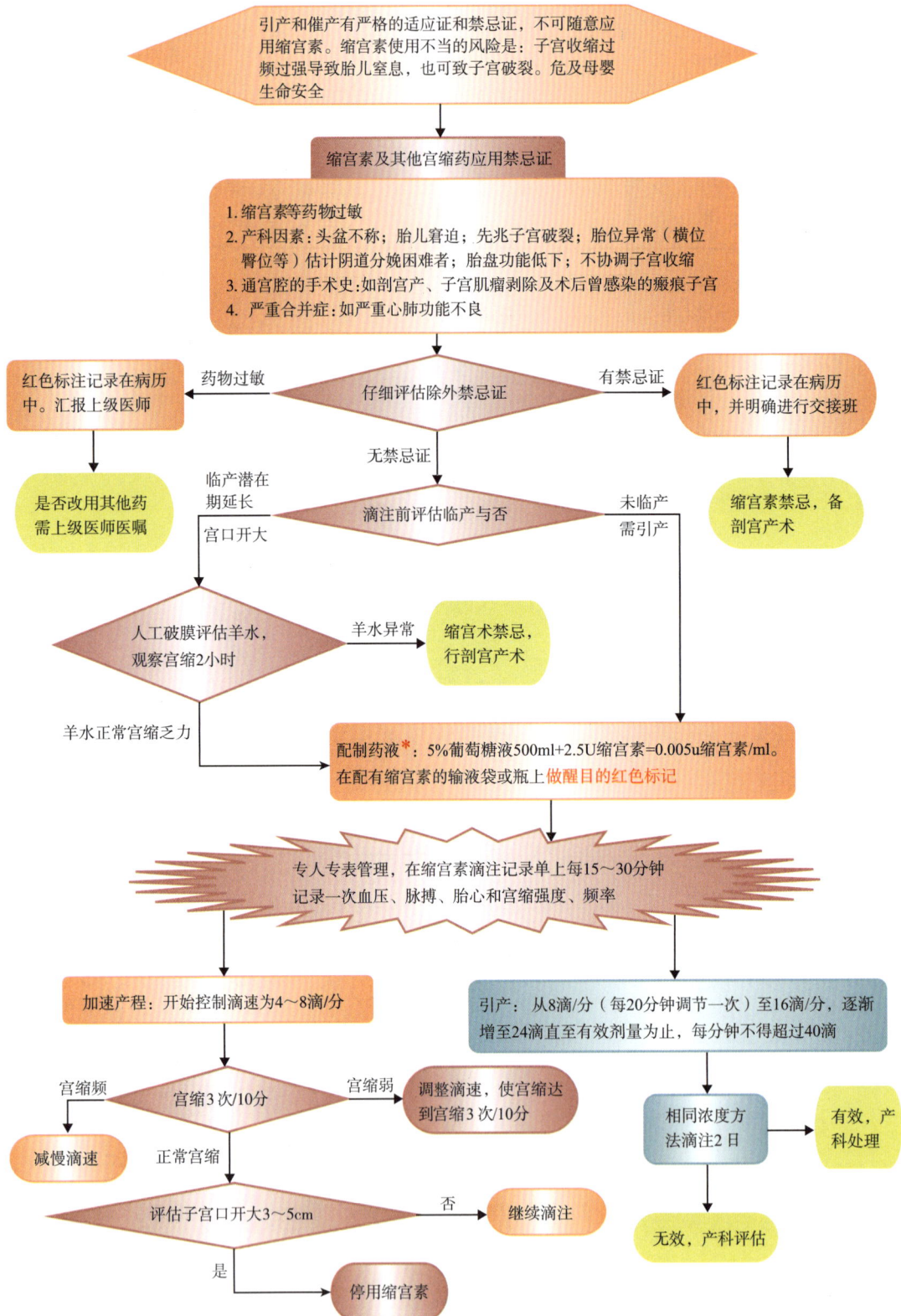

引产和催产有严格的适应证和禁忌证，不可随意应用缩宫素。缩宫素使用不当的风险是：子宫收缩过频过强导致胎儿窒息，也可致子宫破裂。危及母婴生命安全

缩宫素及其他宫缩药应用禁忌证

1. 缩宫素等药物过敏
2. 产科因素：头盆不称；胎儿窘迫；先兆子宫破裂；胎位异常（横位臀位等）估计阴道分娩困难者；胎盘功能低下；不协调子宫收缩
3. 通宫腔的手术史：如剖宫产、子宫肌瘤剥除及术后曾感染的瘢痕子宫
4. 严重合并症：如严重心肺功能不良

仔细评估除外禁忌证

药物过敏 → 红色标注记录在病历中。汇报上级医师 → 是否改用其他药需上级医师医嘱

有禁忌证 → 红色标注记录在病历中，并明确进行交接班 → 缩宫素禁忌，备剖宫产术

无禁忌证 → 滴注前评估临产与否

临产潜在期延长 / 宫口开大 → 人工破膜评估羊水，观察宫缩2小时

未临产需引产 → 配制药液*：5%葡萄糖液500ml+2.5U缩宫素=0.005u缩宫素/ml。在配有缩宫素的输液袋或瓶上做醒目的红色标记

羊水异常 → 缩宫术禁忌，行剖宫产术

羊水正常宫缩乏力 → 配制药液*

专人专表管理，在缩宫素滴注记录单上每15～30分钟记录一次血压、脉搏、胎心和宫缩强度、频率

加速产程：开始控制滴速为4～8滴/分

引产：从8滴/分（每20分钟调节一次）至16滴/分，逐渐增至24滴直至有效剂量为止，每分钟不得超过40滴

宫缩3次/10分
- 宫缩频 → 减慢滴速
- 宫缩弱 → 调整滴速，使宫缩达到宫缩3次/10分
- 正常宫缩 → 评估子宫口开大3～5cm
  - 否 → 继续滴注
  - 是 → 停用缩宫素

相同浓度方法滴注2日
- 有效，产科处理
- 无效，产科评估

＊配置药液　每种输液器每毫升滴数不同，配制前应该计算所用静脉输液器每毫升的滴数。如现使用的一次性静脉输液器 20 滴 =1ml。

十五、羊水栓塞救治流程

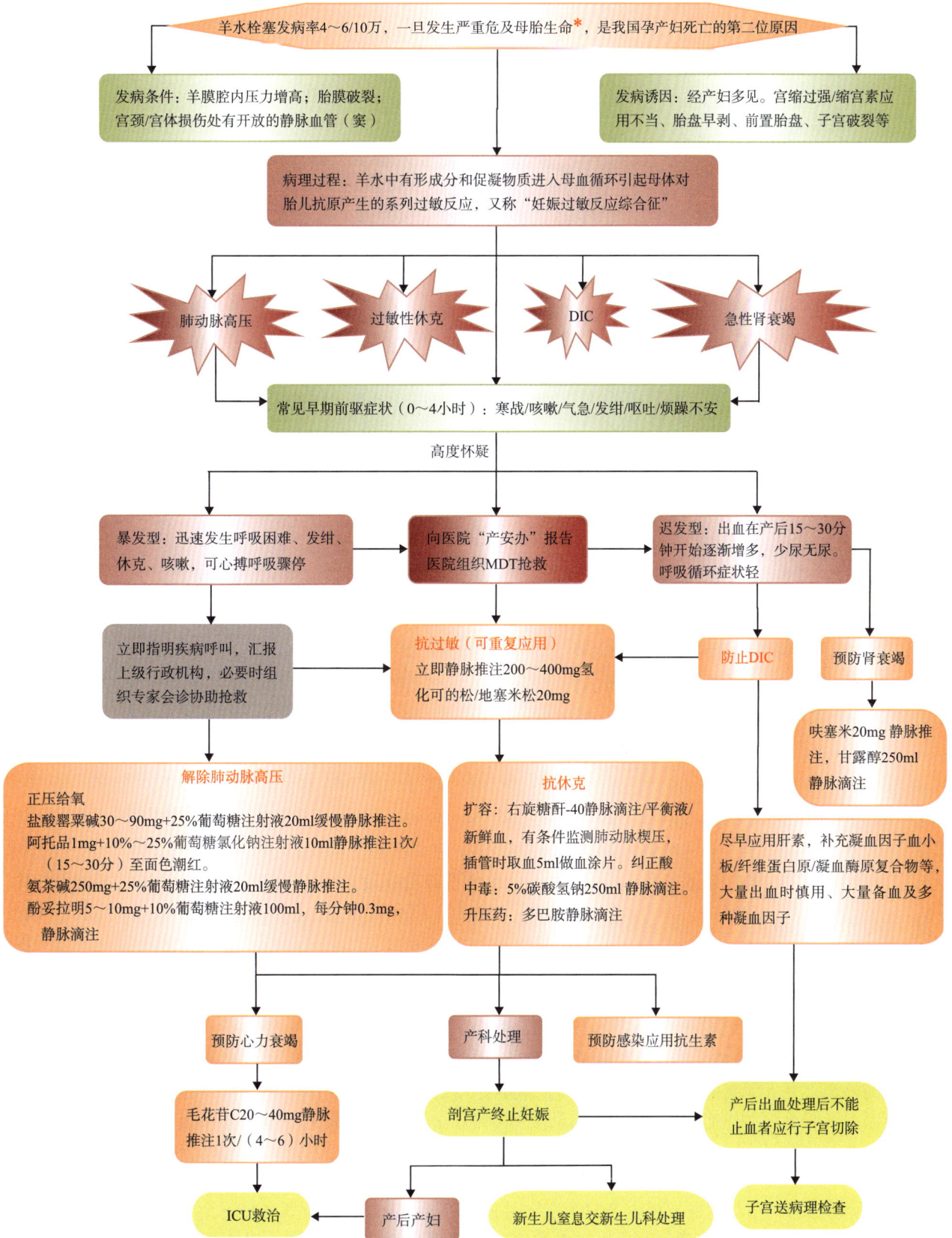

羊水栓塞发病率4~6/10万，一旦发生严重危及母胎生命*，是我国孕产妇死亡的第二位原因

发病条件：羊膜腔内压力增高；胎膜破裂；宫颈/宫体损伤处有开放的静脉血管（窦）

发病诱因：经产妇多见。宫缩过强/缩宫素应用不当、胎盘早剥、前置胎盘、子宫破裂等

病理过程：羊水中有形成分和促凝物质进入母血循环引起母体对胎儿抗原产生的系列过敏反应，又称"妊娠过敏反应综合征"

肺动脉高压   过敏性休克   DIC   急性肾衰竭

常见早期前驱症状（0~4小时）：寒战/咳嗽/气急/发绀/呕吐/烦躁不安

高度怀疑

暴发型：迅速发生呼吸困难、发绀、休克、咳嗽，可心搏呼吸骤停

向医院"产安办"报告医院组织MDT抢救

迟发型：出血在产后15~30分钟开始逐渐增多，少尿无尿。呼吸循环症状轻

立即指明疾病呼叫，汇报上级行政机构，必要时组织专家会诊协助抢救

抗过敏（可重复应用）立即静脉推注200~400mg氢化可的松/地塞米松20mg

防止DIC

预防肾衰竭

呋塞米20mg 静脉推注，甘露醇250ml 静脉滴注

解除肺动脉高压

正压给氧
盐酸罂粟碱30~90mg+25%葡萄糖注射液20ml缓慢静脉推注。
阿托品1mg+10%~25%葡萄糖氯化钠注射液10ml静脉推注1次/（15~30分）至面色潮红。
氨茶碱250mg+25%葡萄糖注射液20ml缓慢静脉推注。
酚妥拉明5~10mg+10%葡萄糖注射液100ml，每分钟0.3mg，静脉滴注

抗休克

扩容：右旋糖酐-40静脉滴注/平衡液/新鲜血，有条件监测肺动脉楔压，插管时取血5ml做血涂片。纠正酸中毒：5%碳酸氢钠250ml 静脉滴注。
升压药：多巴胺静脉滴注

尽早应用肝素，补充凝血因子血小板/纤维蛋白原/凝血酶原复合物等，大量出血时慎用、大量备血及多种凝血因子

预防心力衰竭

产科处理

预防感染应用抗生素

毛花苷C20~40mg静脉推注1次/（4~6）小时

剖宫产终止妊娠

产后出血处理后不能止血者应行子宫切除

ICU救治

产后产妇

新生儿窒息交新生儿科处理

子宫送病理检查

* 一旦发生严重危及母胎生命 若孕妇发生死亡，应争取做尸体解剖。

十六、出血性休克的输血流程 *

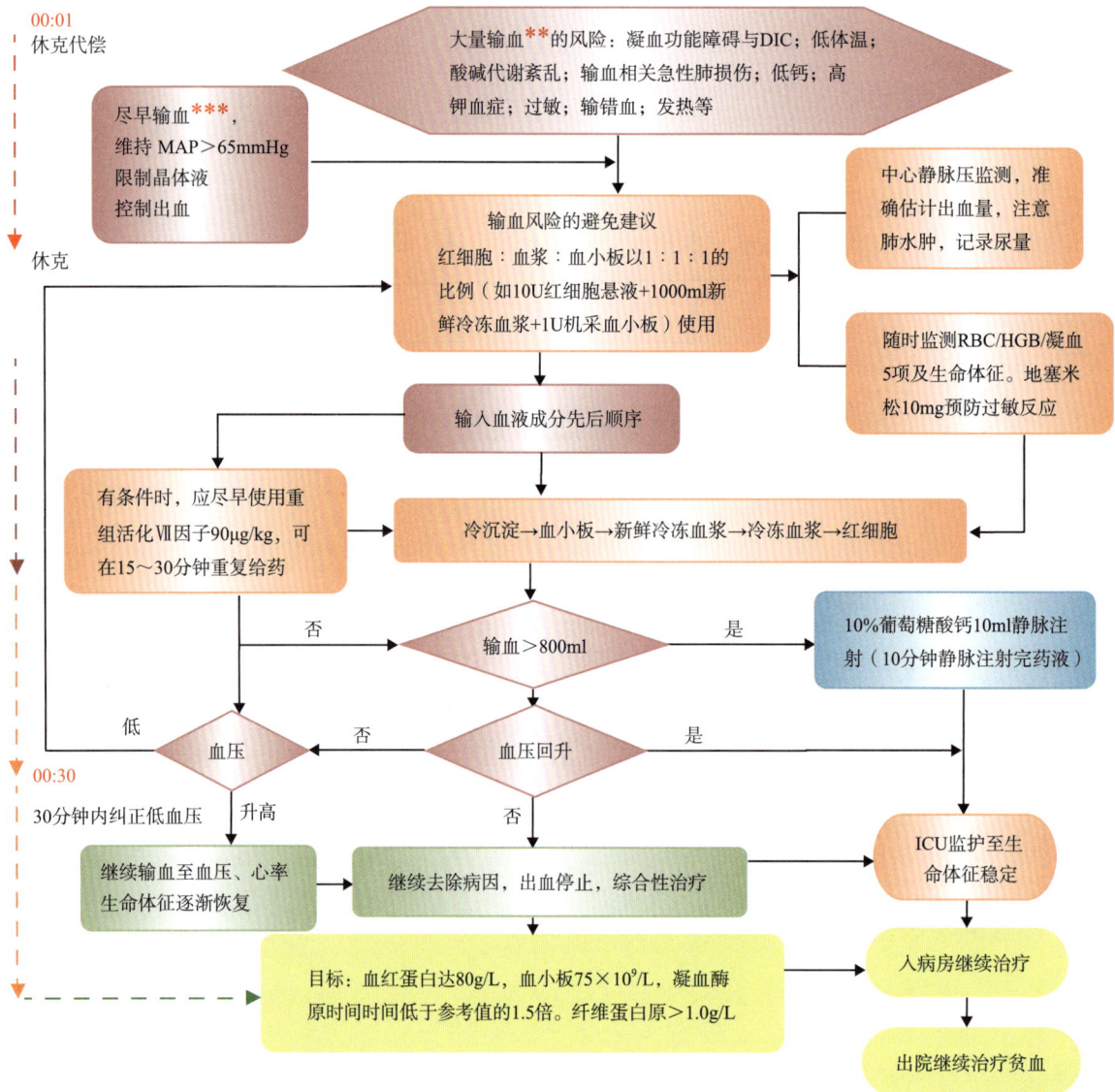

00:01
休克代偿

大量输血**的风险：凝血功能障碍与DIC；低体温；酸碱代谢紊乱；输血相关急性肺损伤；低钙；高钾血症；过敏；输错血；发热等

尽早输血***，维持 MAP>65mmHg 限制晶体液 控制出血

输血风险的避免建议
红细胞：血浆：血小板以1：1：1的比例（如10U红细胞悬液+1000ml新鲜冷冻血浆+1U机采血小板）使用

中心静脉压监测，准确估计出血量，注意肺水肿，记录尿量

随时监测RBC/HGB/凝血5项及生命体征。地塞米松10mg预防过敏反应

休克

输入血液成分先后顺序

有条件时，应尽早使用重组活化Ⅶ因子90μg/kg，可在15～30分钟重复给药

冷沉淀→血小板→新鲜冷冻血浆→冷冻血浆→红细胞

否 ← 输血>800ml → 是 → 10%葡萄糖酸钙10ml静脉注射（10分钟静脉注射完药液）

低 ← 血压 | 否 ← 血压回升 → 是

00:30
30分钟内纠正低血压
升高

继续输血至血压、心率生命体征逐渐恢复

继续去除病因，出血停止，综合性治疗

否

ICU监护至生命体征稳定

目标：血红蛋白达80g/L，血小板75×10⁹/L，凝血酶原时间时间低于参考值的1.5倍。纤维蛋白原>1.0g/L

入病房继续治疗

出院继续治疗贫血

---

* 出血性休克的输血流程　该流程针对产科的出血性休克制定，主要指产后出血及异位妊娠出血性休克，其特点：①急性大出血，出血前患者机体基本正常，因此代偿能力强。②患者会突然从代偿迅速转变为失代偿。③这种急性大量出血也大量消耗凝血因子容易发生继发性 DIC。④对 RH（－）者在分娩前应通知输血科按城市救助流程备血源。

** 大量输血　所谓大量输血其定义为成人患者在 24 小时内输注红细胞悬液≥ 18U（1U 红细胞悬液为 200ml 全血制备）或 24 小时内输注红细胞悬液≥ 0.3U/kg。

日前临床上并无统一的产科大量输血的实施方案，按照国内外常用的推荐方案，建议红细胞：血浆：血小板以 1：1：1 的比例（如 10U 红细胞悬液 +1000ml 新鲜冷冻血浆 +1U 机采血小板）输注。条件允许，可以考虑及早应用 rF Ⅶ α，但不推荐常规应用，应用剂量为 90μg/kg，可在 15 ～ 30 分钟重复给药。

*** 尽早输血　尽早用血要根据 WHO 紧急用血申请进行分类：异常紧急情况要求备血在 10 ～ 15 分钟到位；非常紧急情况要求备血在 1 小时内到位；紧急情况要求备血在 3 小时内到位。目的是将平均动脉压（MAP）维持在 ≥ 65mmHg 水平。

十七、新生儿出生评估复苏流程

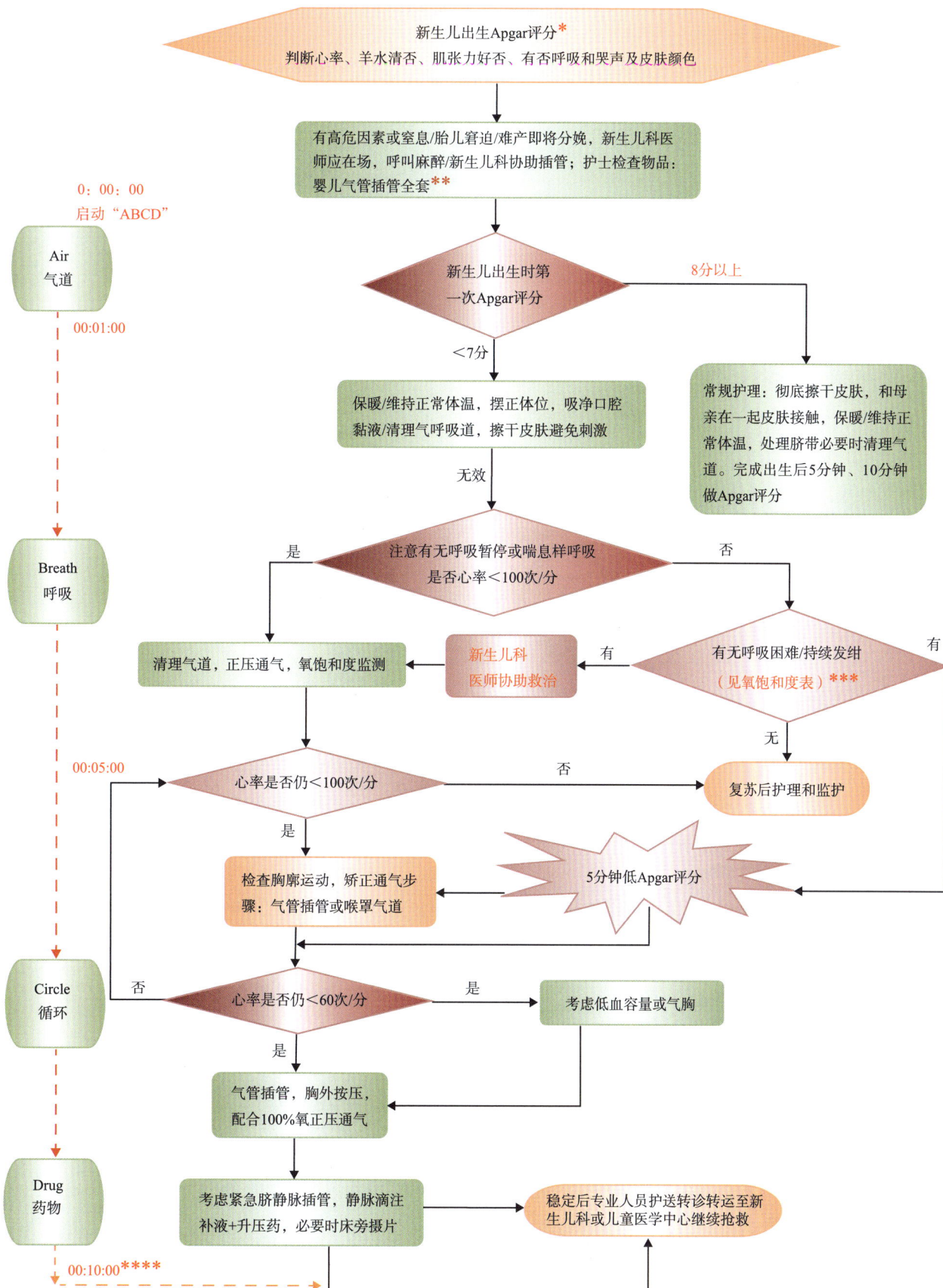

新生儿出生Apgar评分*
判断心率、羊水清否、肌张力好否、有否呼吸和哭声及皮肤颜色

有高危因素或窒息/胎儿窘迫/难产即将分娩，新生儿科医师应在场，呼叫麻醉/新生儿科协助插管；护士检查物品：婴儿气管插管全套**

0：00：00
启动"ABCD"

Air 气道

00:01:00

新生儿出生时第一次Apgar评分

8分以上

<7分

保暖/维持正常体温，摆正体位，吸净口腔黏液/清理气呼吸道，擦干皮肤避免刺激

常规护理：彻底擦干皮肤，和母亲在一起皮肤接触，保暖/维持正常体温，处理脐带必要时清理气道。完成出生后5分钟、10分钟做Apgar评分

无效

Breath 呼吸

注意有无呼吸暂停或喘息样呼吸 是否心率<100次/分

是　　　否

清理气道，正压通气，氧饱和度监测 ← 新生儿科医师协助救治 ← 有

有无呼吸困难/持续发绀（见氧饱和度表）***

有

无

00:05:00

心率是否仍<100次/分　　否 → 复苏后护理和监护

是

检查胸廓运动，矫正通气步骤：气管插管或喉罩气道

5分钟低Apgar评分

Circle 循环

心率是否仍<60次/分　　是 → 考虑低血容量或气胸

否

是

气管插管，胸外按压，配合100%氧正压通气

Drug 药物

考虑紧急脐静脉插管，静脉滴注补液+升压药，必要时床旁摄片

稳定后专业人员护送转诊转运至新生儿科或儿童医学中心继续抢救

00:10:00**

*Apgar 评分　指新生儿出生时的 Apgar 评分，具体标准见表 2-8。

表 2-8　Apgar 评分▲

体征	评 分		
	0	1	2
皮肤	苍白，发绀	淡红，四肢发绀	红润
心率	无	<100 次 / 分	>100 次 / 分
呼吸	无	慢或不规律	良好
肌张力	软瘫	四肢稍屈曲	四肢活动好
反射	苍白	差	良好，哭声好

▲出生后 1、5、10 分钟进行评分。8 ～ 10 分正常，4 ～ 7 分轻度窒息，1 ～ 3 分重度窒息

**婴儿气管插管全套　包括脉氧仪、喉镜及导管、吸痰管、胎粪吸引管、球囊面罩、吸引球及新生儿喉罩等物品（图 2-1A ～ G ）。

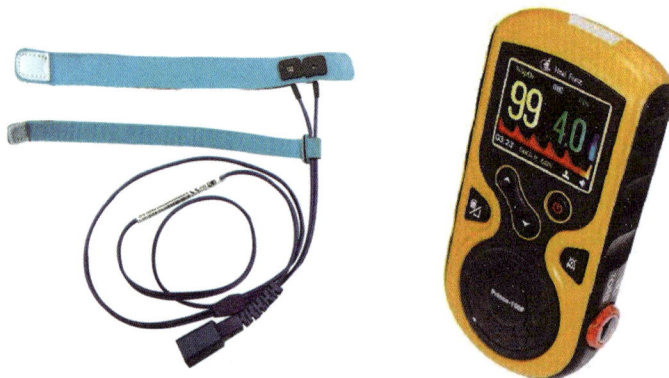

A. 脉氧仪

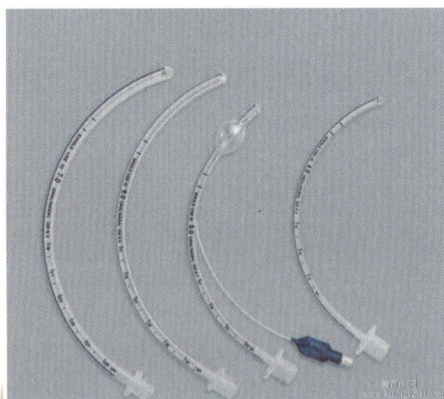

B. 喉镜及导管

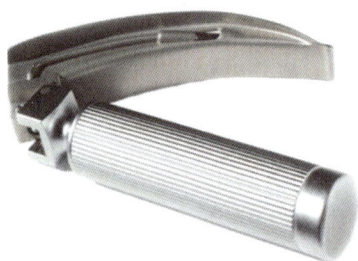

C. 吸痰管

D. 胎粪吸引管

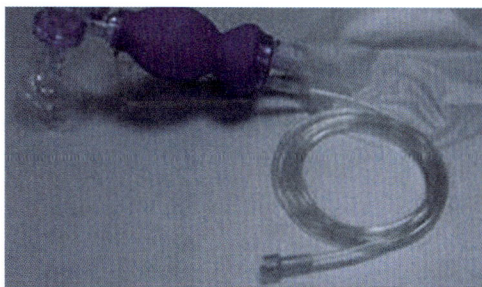
E. 球囊面罩

F. 吸引球

G.新生儿喉罩

图 2-1　婴儿气管插管全套仪器

*** 有无呼吸困难 / 持续发绀　多在导管前测定氧饱和度来判断，具体见氧饱和度表（表2-9）。

表 2-9　出生后导管前目标氧饱和度

出生后时间（分钟）	氧饱和度
1	0.60 ～ 0.65
2	0.65 ～ 0.70
3	0.70 ～ 0.75
4	0.75 ～ 0.80
5	0.80 ～ 0.85
10	0.85 ～ 0.90

****00：10：00　新生儿的 ABCD（见流程中英文标注）是评估复苏的 4 步工作，一般要求在 10 分钟内完成。

十八、危重孕产妇院内救治流程

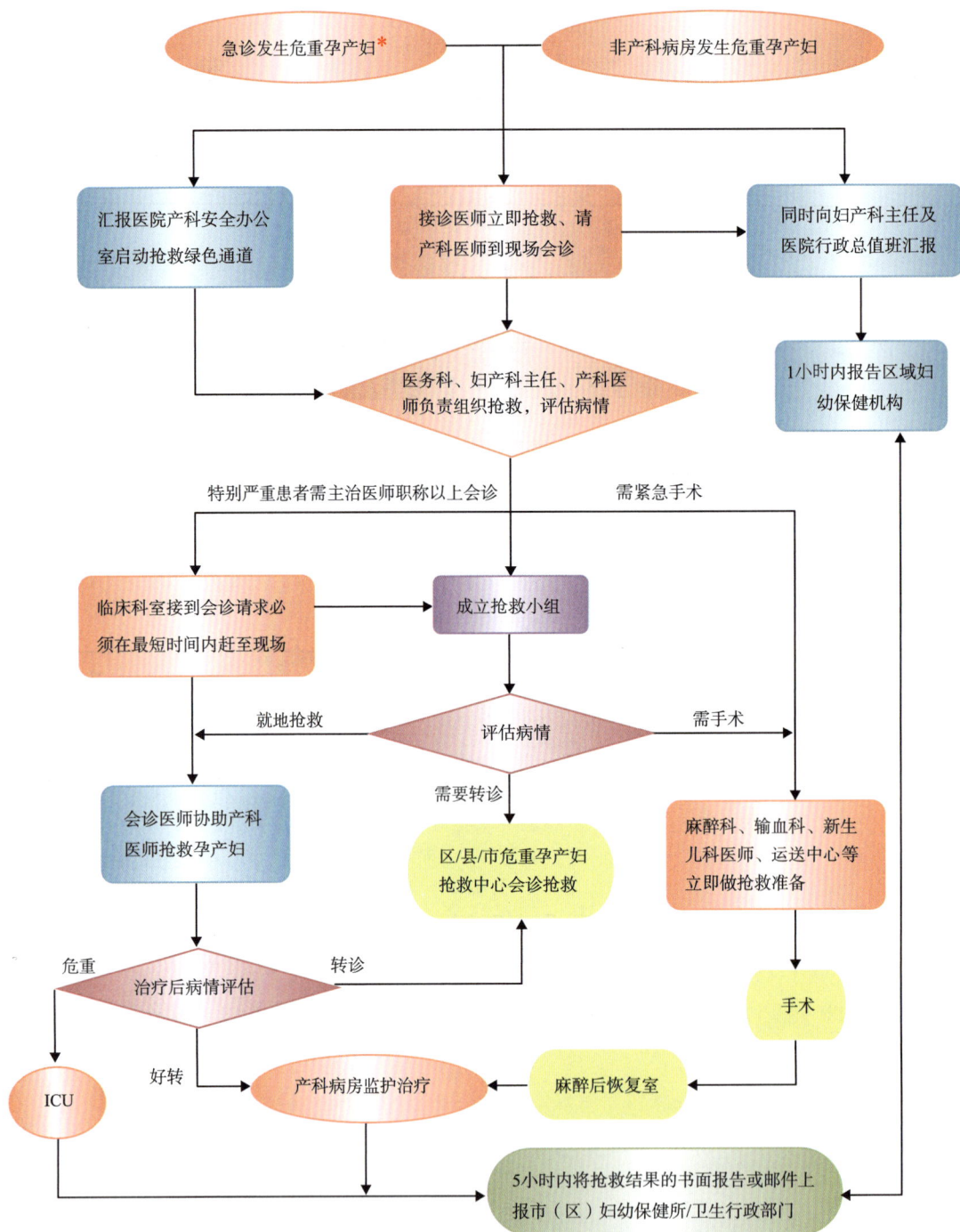

```
┌─────────────────────┐      ┌─────────────────────┐
│   急诊发生危重孕产妇*  │      │ 非产科病房发生危重孕产妇 │
└─────────────────────┘      └─────────────────────┘

┌──────────────┐   ┌──────────────┐   ┌──────────────┐
│ 汇报医院产科安全办公 │   │ 接诊医师立即抢救、请 │   │ 同时向妇产科主任及 │
│ 室启动抢救绿色通道  │   │ 产科医师到现场会诊 │   │ 医院行政总值班汇报 │
└──────────────┘   └──────────────┘   └──────────────┘

                   ◇ 医务科、妇产科主任、产科医  ◇   ┌──────────────┐
                     师负责组织抢救，评估病情        │ 1小时内报告区域妇 │
                                                │ 幼保健机构     │
                                                └──────────────┘

特别严重患者需主治医师职称以上会诊              需紧急手术

┌──────────────┐   ┌──────────┐
│ 临床科室接到会诊请求必 │──▶│ 成立抢救小组 │
│ 须在最短时间内赶至现场 │   └──────────┘
└──────────────┘

         就地抢救   ◇ 评估病情 ◇   需手术

┌──────────────┐   需要转诊       ┌──────────────┐
│ 会诊医师协助产科   │   ┌──────────┐  │ 麻醉科、输血科、新生 │
│ 医师抢救孕产妇    │   │区/县/市危重孕产妇│ │ 儿科医师、运送中心等 │
└──────────────┘   │抢救中心会诊抢救 │ │ 立即做抢救准备    │
                  └──────────┘  └──────────────┘

  危重 ◇ 治疗后病情评估 ◇ 转诊              ┌──────┐
                                        │ 手术  │
                                        └──────┘
┌────┐  好转  ┌──────────────┐  ┌──────────┐
│ ICU │──────▶│ 产科病房监护治疗  │◀─│ 麻醉后恢复室 │
└────┘       └──────────────┘  └──────────┘

              ┌──────────────────────────┐
              │ 5小时内将抢救结果的书面报告或邮件上 │
              │ 报市（区）妇幼保健所/卫生行政部门  │
              └──────────────────────────┘
```

* 急诊发生危重孕产妇　危重孕产妇是指在妊娠期、分娩及产后 42 天内患有任何一种按 WHO 定义威胁其生命的病情并存活的产妇，具体诊治见表 2-10。

表 2-10　WHO 危重孕产妇判定标准 ▲

临床标准	
发绀	中度或重度昏迷
心搏骤停	子痫抽搐
呼吸频率 >40 次 / 分或 <6 次 / 分	脑卒中
休克	全身抽搐持续状态
少尿或无尿	子痫前期患者发生黄疸
凝血障碍	
实验室检查	
持续 60 分钟氧饱和度＜ 90%	pH ＜ 7.1
PaO_2/FiO_2 ＜ 200mmHg	乳酸盐＞ 5mmol/L（＞ 45mg/dl）
肌酐≥ 300μmol/L 或≥ 1.5mg/dl	
胆红素≥ 100μmol/L 或≥ 6.0 mg/dl	
疾病管理标准	
持续使用血管活性药物	与麻醉无关的气管插管及机械通气
感染或大出血后的子宫切除	针对急性肾衰竭的血液透析
输红细胞悬液≥ 5 单位或全血≥ 1000ml	心肺复苏（CPR）

▲ WHO 危重孕产妇判定标准，2018 年版

十九、危重孕产妇上报转会诊工作流程

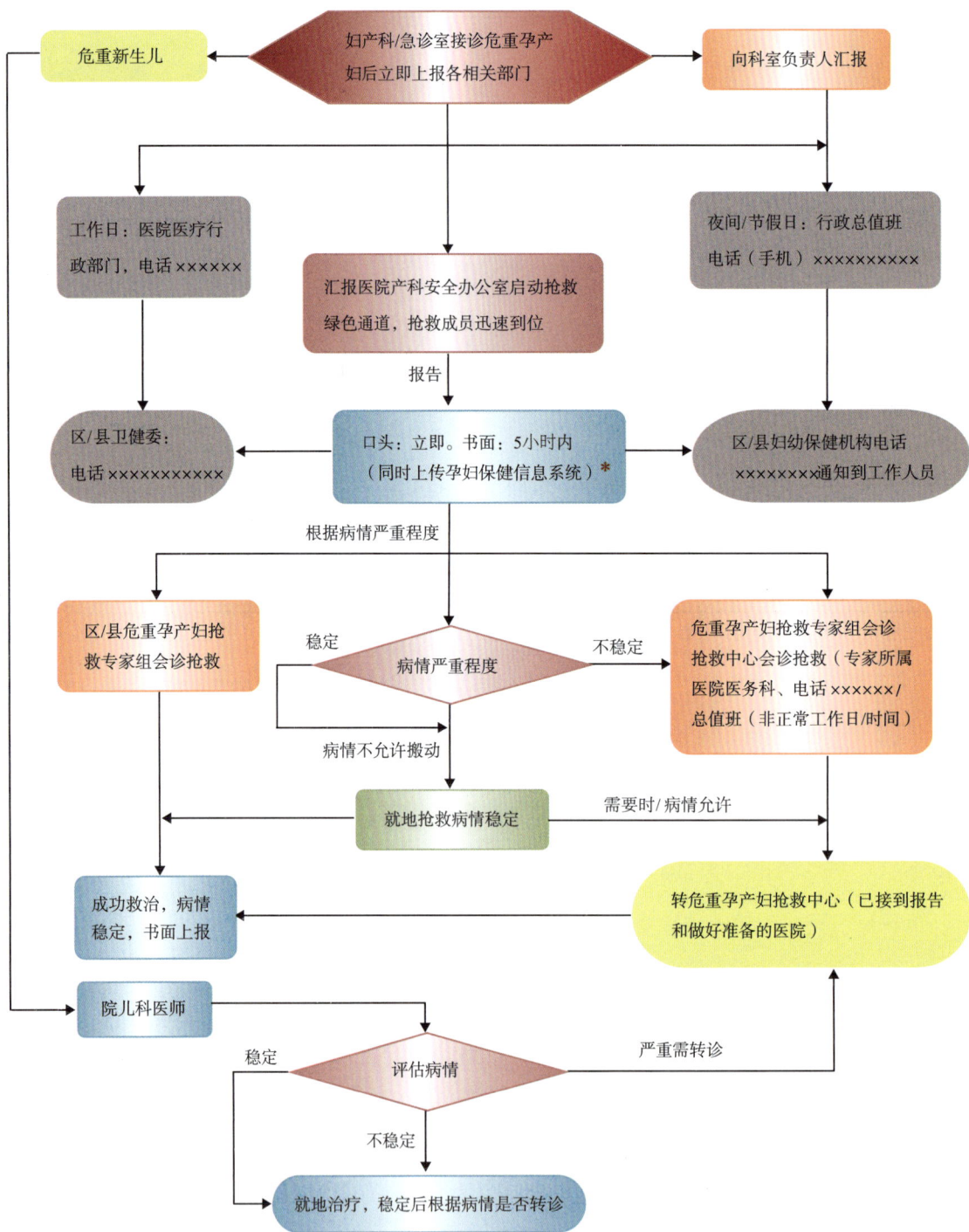

```
                    ┌─────────────────────────┐
  ┌──────────┐      │ 妇产科/急诊室接诊危重孕产 │      ┌──────────────┐
  │ 危重新生儿 │◄────┤ 妇后立即上报各相关部门    ├─────►│ 向科室负责人汇报 │
  └──────────┘      └─────────────────────────┘      └──────────────┘
```

工作日：医院医疗行政部门，电话×××××	汇报医院产科安全办公室启动抢救绿色通道，抢救成员迅速到位	夜间/节假日：行政总值班电话（手机）××××××××

报告

区/县卫健委：电话××××××××	口头：立即。书面：5小时内（同时上传孕妇保健信息系统）*	区/县妇幼保健机构电话×××××××通知到工作人员

根据病情严重程度

区/县危重孕产妇抢救专家组会诊抢救	病情严重程度	危重孕产妇抢救专家组会诊抢救中心会诊抢救（专家所属医院医务科、电话×××××/总值班（非正常工作日/时间）

稳定　　　不稳定

病情不允许搬动

就地抢救病情稳定　　　需要时/病情允许

成功救治，病情稳定，书面上报

转危重孕产妇抢救中心（已接到报告和做好准备的医院）

院儿科医师

稳定　　评估病情　　严重需转诊

不稳定

就地治疗，稳定后根据病情是否转诊

＊书面：5 小时内（同时上传孕妇保健信息系统）　　下面列出的是上海市参考 WHO 制定并现在执行的书面上报表格（表 2-11）。

表 2-11　上海市危重孕产妇抢救个案表

（发生后 4 小时之内完成书面上报）

发生单位 _____　发生时间 _____　年 _____ 月 _____ 日 _____ 时 _____ 分

患者姓名 _____　年龄 _____ 岁 _____　孕周 _____ 周　　住院号 _____

户籍： _____　本市居住地址 _____　电话 _____　来沪年限 ___ 年

病情摘要： _____

患者姓名 _____　年龄 _____　丈夫姓名 _____　联系方式 _____

生育史：末次妊娠终止时间、方式。 _____　本次妊娠　　LMP _____　EDC _____

产前检查：建册单位 _____ 、建册孕周 _____ ，产前检查共 _____ 次，末次产检时间、地点、具体情况如何？

孕期异常情况。

入院时情况：包括原因、病程、检查等。入院时间应该具体到几时几分

抢救经过：内容详细，抢救时间节点要清楚。注明产科主任、医务科到场时间。如有输血应注明备血时间、量、开始输血的时间，病程中有阶段性总结：如总出血量或输血量，输血种类、出入量等。

目前诊断：

目前情况：生命体征情况等

填报单位： _____

填写者： _____

填写日期： _____ 年 _____ 月 _____ 日 _____ 时 _____ 分

第3章 新生儿疾病筛查和接种疫苗的流程及风险控制

引 言

根据《中华人民共和国母婴保健实施办法》和卫生健康委员会《新生儿疾病筛查管理办法》，在新生儿期应对严重危害新生儿健康的先天性、遗传性疾病施行专项检查，以达到早期诊断、早期干预的目的。这样做的结果可以明显降低和防止人口残疾率，提高出生人口的素质。

目前，我国临床上已经根据各医院自身条件开展了一系列早期比较容易判定且对儿童智力和体格发育有较大影响的严重疾病筛查工作，其中相对比较成熟的项目有新生儿遗传代谢病、新生儿听力障碍、新生儿先天性心脏病筛查。新生儿遗传代谢病的筛查包括苯丙酮尿症、先天性甲状腺功能低下、G6PD 脱氢酶缺乏症、肾上腺皮质增生症等疾病的诊断，这些疾病的早期发现能够为今后该儿童疾病的治疗提供很大的方便和就诊指导。新生儿听力障碍筛查所发现的这种出生缺陷，其发病率为 0.1% ～ 0.3%，虽然还不算太高，但经过监护病房抢救的该缺陷的发病率则可高达 2% ～ 4%，这些孩子出生后可能出现语言发育落后、社会适应能力低下等问题，严重者可成为"聋哑儿"。然而这种听力障碍若早期发现并进行及时干预，大部分患儿的语言和智力发育可以接近正常水平并使家庭负担大大减轻，患儿的生活质量也会远远优于晚治疗或不治疗的患儿。此外，还有新生儿先天性心脏病（先心病）的筛查，一般每 120 个婴儿中可能有 1 例，发病率占存活婴儿的 0.4% ～ 0.8%。如未经治疗约 34% 可在出生后 1 个月内死亡，是一种严重危害 5 岁以内儿童健康的疾病。大家知道这种一出生就具有的心血管结构异常，除了少数患儿可随发育自愈外，绝大多数都会影响患儿心脏功能，他们常常在婴幼儿期就死于各种并发症，如肺炎、感染性心内膜炎、缺氧、心力衰竭、休克等。目前医学技术不断进步，我们很多医院都已经能开展高难度的心脏手术了，这种疾病的及早发现及早干预可为这些患儿带来健康生存的希望。

本章中我们重点介绍上述新生儿疾病的筛选步骤及要求，同时介绍有关新生儿预防接种的工作流程，用来帮助相关人员较好地进行新生儿疾病筛查和疫苗接种的管理工作。

一、新生儿足底血遗传代谢疾病筛查工作流程

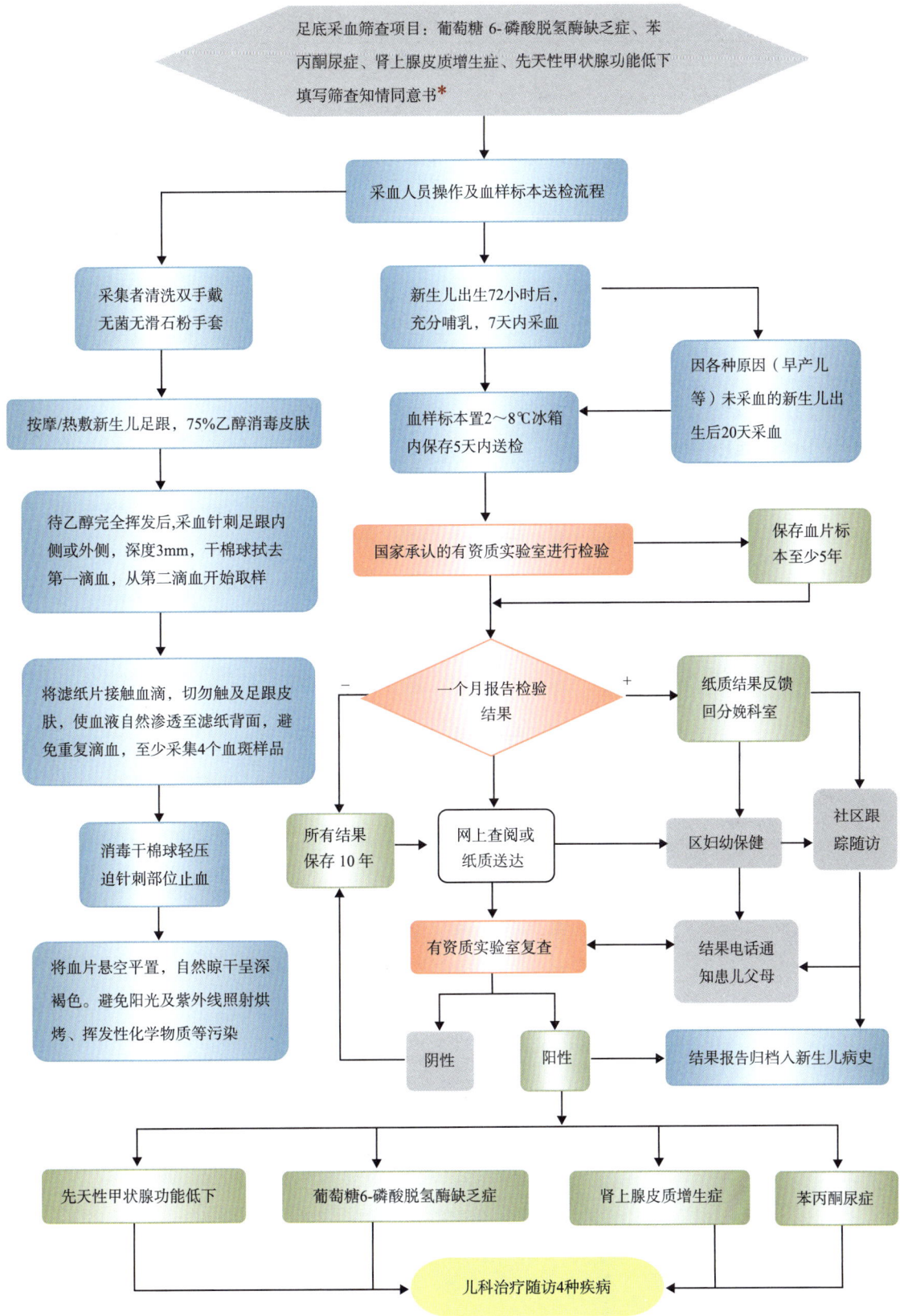

足底采血筛查项目：葡萄糖 6-磷酸脱氢酶缺乏症、苯丙酮尿症、肾上腺皮质增生症、先天性甲状腺功能低下填写筛查知情同意书*

采血人员操作及血样标本送检流程

采集者清洗双手戴无菌无滑石粉手套

按摩/热敷新生儿足跟，75%乙醇消毒皮肤

待乙醇完全挥发后，采血针刺足跟内侧或外侧，深度3mm，干棉球拭去第一滴血，从第二滴血开始取样

将滤纸片接触血滴，切勿触及足跟皮肤，使血液自然渗透至滤纸背面，避免重复滴血，至少采集4个血斑样品

消毒干棉球轻压迫针刺部位止血

将血片悬空平置，自然晾干呈深褐色。避免阳光及紫外线照射烘烤、挥发性化学物质等污染

新生儿出生72小时后，充分哺乳，7天内采血

因各种原因（早产儿等）未采血的新生儿出生后20天采血

血样标本置2～8℃冰箱内保存5天内送检

国家承认的有资质实验室进行检验

保存血片标本至少5年

一个月报告检验结果

纸质结果反馈回分娩科室

所有结果保存 10 年

网上查阅或纸质送达

区妇幼保健

社区跟踪随访

有资质实验室复查

结果电话通知患儿父母

阴性

阳性

结果报告归档入新生儿病史

先天性甲状腺功能低下

葡萄糖6-磷酸脱氢酶缺乏症

肾上腺皮质增生症

苯丙酮尿症

儿科治疗随访4种疾病

* 填写筛查知情同意书　新生儿遗传代谢病筛查知情同意书见表 3-1。

表 3-1　新生儿遗传代谢病筛查知情同意书

母亲姓名_____新生儿性别_____出生日期_____住院号_____

根据《中华人民共和国母婴保健实施办法》，原国家卫生部《新生儿疾病筛查管理办法》在新生儿期对**严重危害新生儿健康的先天性、遗传性疾病施行的专项检查**，以达到早期诊断、早期治疗的目的。对防止残疾、提高出生人口素质有着重大意义。根据自愿原则可以选择进行筛查与否。**但我们建议每位新生儿都应该被进行筛查检查，以便早期发现并早期干预这些影响或危害新生儿健康的先天遗传代谢病。**

新生儿遗传代谢病

是影响儿童智力和体格发育的严重疾病，若及早诊断和治疗，患儿的身心发育大多可达到正常同龄儿童的水平。目前已经开展筛查的遗传代谢病为：**苯丙酮尿症、先天性甲状腺功能低下、G6PD 脱氢酶缺乏症、肾上腺皮质增生症**。筛查检查的方法是：①新生儿出生 3 天并充分哺乳后进行足底采血。②若筛查结果异常，筛查中心将尽快通知您孩子做确诊检查。③无论应用何种筛查方法，由于个体的生理差别和其他因素，个别患者可能呈假阳性。即使通过筛查，也需要定期进行儿童保健检查。④筛查收取一定的费用：_____元，由**病人自行支付**。

知情选择

我已被告知疾病可能导致的不良后果，充分了解该检查的性质、目的、风险性和必要性，对其中的疑问已经得到医师的解答。

（1）我同意接受新生儿疾病筛查。

（2）我不同意接受新生儿疾病筛查。

监护人签名_____　　签名日期_____年_____月_____日

医（护）人员陈述

我已经告知监护人该新生儿将要进行遗传代谢病筛查的性质、目的、风险性、必要性、费用，并且解答了关于此次检查的相关问题。

医（护）人员签名_____　　签名日期_____年_____月_____日

二、新生儿听力筛查工作流程

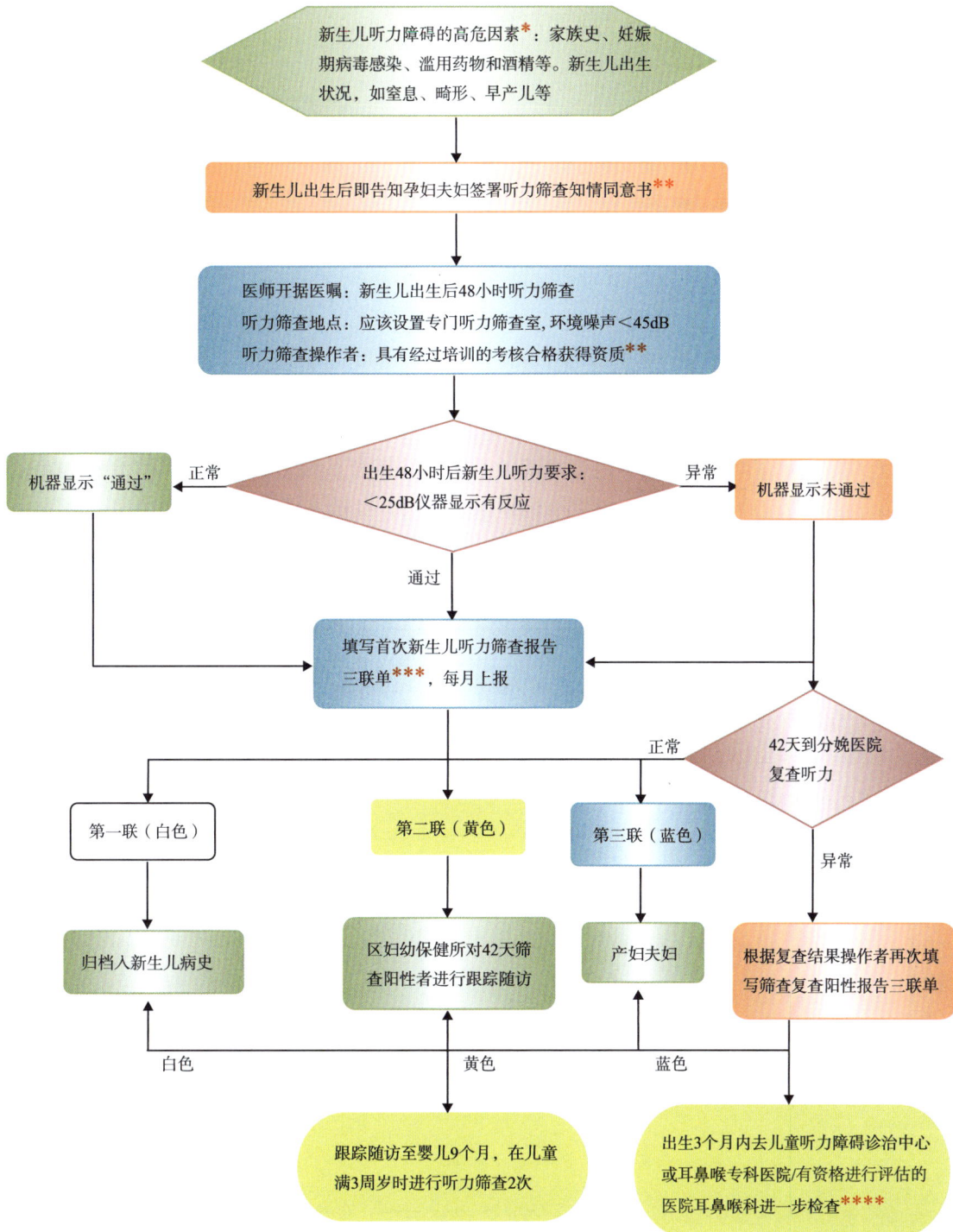

新生儿听力障碍的高危因素*：家族史、妊娠期病毒感染、滥用药物和酒精等。新生儿出生状况，如窒息、畸形、早产儿等

↓

新生儿出生后即告知孕妇夫妇签署听力筛查知情同意书**

↓

医师开据医嘱：新生儿出生后48小时听力筛查
听力筛查地点：应该设置专门听力筛查室，环境噪声<45dB
听力筛查操作者：具有经过培训的考核合格获得资质**

↓

出生48小时后新生儿听力要求：<25dB仪器显示有反应

正常 → 机器显示"通过"

异常 → 机器显示未通过

通过 → 填写首次新生儿听力筛查报告三联单***，每月上报

机器显示未通过 → 42天到分娩医院复查听力

正常 → 填写首次新生儿听力筛查报告三联单

第一联（白色）

第二联（黄色）

第三联（蓝色）

42天到分娩医院复查听力 异常 → 根据复查结果操作者再次填写筛查复查阳性报告三联单

第一联（白色）→ 归档入新生儿病史

第二联（黄色）→ 区妇幼保健所对42天筛查阳性者进行跟踪随访

第三联（蓝色）→ 产妇夫妇

白色 → 归档入新生儿病史

黄色 → 跟踪随访至婴儿9个月，在儿童满3周岁时进行听力筛查2次

蓝色 → 出生3个月内去儿童听力障碍诊治中心或耳鼻喉专科医院/有资格进行评估的医院耳鼻喉科进一步检查****

* 新生儿听力障碍的高危因素 相关高危因素摘自国家文件《新生儿疾病筛查技术规范》。

1. NICU 住院超过 5 天。

2. 儿童期永久性听力障碍家族史。

3. 巨细胞病毒、风疹病毒、疱疹病毒等宫内感染。

4. 颅面形态畸形。

5. 毒素或细菌性脑膜炎。

6. 高胆红素血症达到换血要求。

7. 出生体重低于 1500g。

8. 新生儿窒息 1 分钟 0～4 分或 5 分钟 0～6 分。

9. 早产儿呼吸窘迫综合征。

10. 体外膜氧。

11. 机械通气超过 48 小时。

12. 母亲妊娠期使用耳毒性药物或襻利尿药或滥用药物和酒精。

13. 临床上存在或怀疑与听力障碍有关的综合征或遗传病。

** 签署听力筛查知情同意书 / 具有经过培训的考核合格获得资质 卫生行政部门指定（如上海市由市妇幼中心指定）有听力筛查资质的单位进行操作人员培训，合格后才有资质从事该项筛查工作。与孕妇夫妇签署的听力筛查知情同意书见表 3-2。

表 3-2 新生儿听力筛查知情同意书

母亲姓名＿＿＿＿＿＿＿＿ 新生儿性别＿＿＿＿＿ 出生日期＿＿＿＿＿＿ 住院号＿＿＿＿＿＿＿＿

根据《中华人民共和国母婴保健实施办法》，原国家卫生部《新生儿疾病筛查管理办法》在新生儿期对严重危害新生儿健康的先天性、遗传性疾病施行的专项检查，以达到早期诊断、早期治疗的目的。对防止残疾、提高出生人口素质有着重大意义。《上海市母婴保健条例》第三十五条明确规定"本市实行新生儿疾病筛查制度"。

新生儿听力筛查

技术是一项客观、敏感的无创伤性检查，目前主要采用的技术有耳声发射和自动听性脑干反应等技术。筛查结果分为通过和不通过两种，筛查结果不通过者，应在 42 天内到筛查机构进行复筛，未通过复筛的婴儿需在 3 个月龄内到省级卫生行政部门指定的听力障碍诊治机构进一步确诊。

筛查费用 40 元 / 每位新生儿，由新生儿监护人自行支付。

知情选择

我已被告知疾病可能导致的不良后果，充分了解该检查的性质、目的、风险性和必要性，对其中的疑问已经得到医师的解答。

（1）我同意接受新生儿听力筛查。

（2）我不同意接受新生儿听力筛查。

监护人签名＿＿＿＿＿＿＿＿＿＿ 签名日期＿＿＿＿＿＿年＿＿＿月＿＿＿日

医（护）人员陈述

我已经告知监护人该新生儿将要进行听力筛查的性质、目的、风险性、必要性、费用，并且解答了关于此次检查的相关问题。

医（护）人员签名＿＿＿＿＿＿＿＿ 签名日期＿＿＿＿＿＿年＿＿＿月＿＿＿日

***填写筛查复查阳性报告三联单 新生儿听力筛查报告三联单见表3-3（来自上海市）。

表3-3 新生儿听力筛查报告

编号：00000001

母亲姓名： 住院号： 联系电话：
婴儿姓名： 性别： 出生时间： 年 月 日
产后休假地址： 市 区 路（街道） 号 室
筛查结果：
该婴儿与 年 月 日在本院接受听力耳声发射检查。结果如下：
1.右耳：a.通过 b.未通过
左耳：a.通过 b.未通过
2.有一项未通过者，请于 年 月 日上（下）午到本院进行复查。
检查者（签名）：＿＿＿＿＿＿ 检查医院：＿＿＿＿＿＿＿ （盖章）＿＿＿＿＿
医师签字：＿＿＿＿＿＿
＿＿＿＿年＿＿＿＿月＿＿＿＿日
附：耳声发射检查按报告单（原件）

第一联 医院归入病案室

注：此报告一式三联，由省、市卫生健康委员会统一印制。
第一联：医院归入病案室；第二联：交所在妇幼保健所；第三联：婴儿家长留存

编号：00000001

母亲姓名： 住院号： 联系电话：
婴儿姓名： 性别： 出生时间： 年 月 日
产后休假地址： 市 区 路（街道） 号 室
筛查结果：
该婴儿与 年 月 日在本院接受听力耳声发射检查。结果如下：
1.右耳：a.通过 b.未通过
左耳：a.通过 b.未通过
2.有一项未通过者，请于 年 月 日上（下）午到本院进行复查。
检查者（签名）：＿＿＿＿＿＿ 检查医院：＿＿＿＿＿＿＿ （盖章）＿＿＿＿＿
医师签字：＿＿＿＿＿＿
＿＿＿＿年＿＿＿＿月＿＿＿＿日
附：耳声发射检查按报告单（原件）

第二联 交所在妇幼保健所

注：此报告一式三联，由省、市卫生健康委员会统一印制。
第一联：医院归入病案室；第二联：交所在妇幼保健所；第三联：婴儿家长留存

编号：00000001

母亲姓名： 住院号： 联系电话：
婴儿姓名： 性别： 出生时间： 年 月 日
产后休假地址： 市 区 路（街道） 号 室
筛查结果：
该婴儿与 年 月 日在本院接受听力耳声发射检查。结果如下：
1.右耳：a.通过 b.未通过
左耳：a.通过 b.未通过
2.有一项未通过者，请于 年 月 日上（下）午到本院进行复查。
检查者（签名）：＿＿＿＿＿＿ 检查医院：＿＿＿＿＿＿＿ （盖章）＿＿＿＿＿
医师签字：＿＿＿＿＿＿
＿＿＿＿年＿＿＿＿月＿＿＿＿日
附：耳声发射检查按报告单（原件）

第三联 婴儿家长留存

注：此报告一式三联，由省、市卫生健康委员会统一印制。
第一联：医院归入病案室；第二联：交所在妇幼保健所；第三联：婴儿家长留存

****出生 3 个月内去儿童听力障碍诊治中心或耳鼻喉专科医院 / 有评估资格的医院耳鼻喉科进一步检查　一般产后 42 天未通过复筛的婴儿需在 3 月龄内到省级卫生行政部门指定的听力障碍诊治机构进一步确诊，其复查通知单见表 3-4（以上海市新生儿筛查通知为例），并填写新生儿听力筛查报表（表 3-5）。

表 3-4　上海市新生儿听力筛查复查通知

上海市新生儿听力筛查复查通知

编号：

_____先生 / 女士

您的孩子在出生 42 天，经过听力筛查测试未通过，为了进一步确定您的孩子听力是否存在问题，请您带孩子到上海市儿童听力障碍诊治中心进行复查。时间：每周一至周五全天。

上海市儿童听力障碍诊治中心具体地址：

上海儿童医学中心：浦东新区东方路 1678 号，耳鼻咽喉科门诊 35626161-6026

复旦大学附属儿科医院：闵行区万源路 399 号，耳鼻咽喉头颈外科门诊 021-64931722

新华医院：杨浦区控江路 1655 号，耳鼻咽喉头颈外科 021-25076895

上海市儿童医院：普陀区泸定路 355 号，耳鼻咽喉科门诊 52976155 听力室

请填写您的家庭地址：　　　　区　　　　路（新村、小区）　　　　号　　　　室

联系电话：

填表单位（盖章）：

年　　　月　　　日

表 3-5　新生儿听力初筛未通过者筛查报表

×××市 / 区新生儿听力筛查报表

_____医院　　　　　出生年月_____年_____月_____填报人_____

一、新生儿听力筛查情况统计

活产数	初筛数	阳性数	复查数	复查阳性数	备注

二、新生儿听力筛查（42 天复查）未通过者登记表

编号	母亲姓名	婴儿出生日期	户籍		产后居住地址	联系电话	42 天复查结果		转诊日期	婴儿姓名	性别	备注
			本市	外省	母亲身份证地址		左耳	右耳				
1												
2												
3												

三、新生儿听力筛查（生后初筛）未通过者登记

编号	母亲姓名	婴儿出生日期	户籍		产后居住地址	联系电话	初筛结果		42 天复查日期	复查结果		血注（未复查原因）
			本市	外省			左耳	右耳		左耳	右耳	
1												
2												
3												
4												

三、新生儿先天性心脏病筛查工作流程

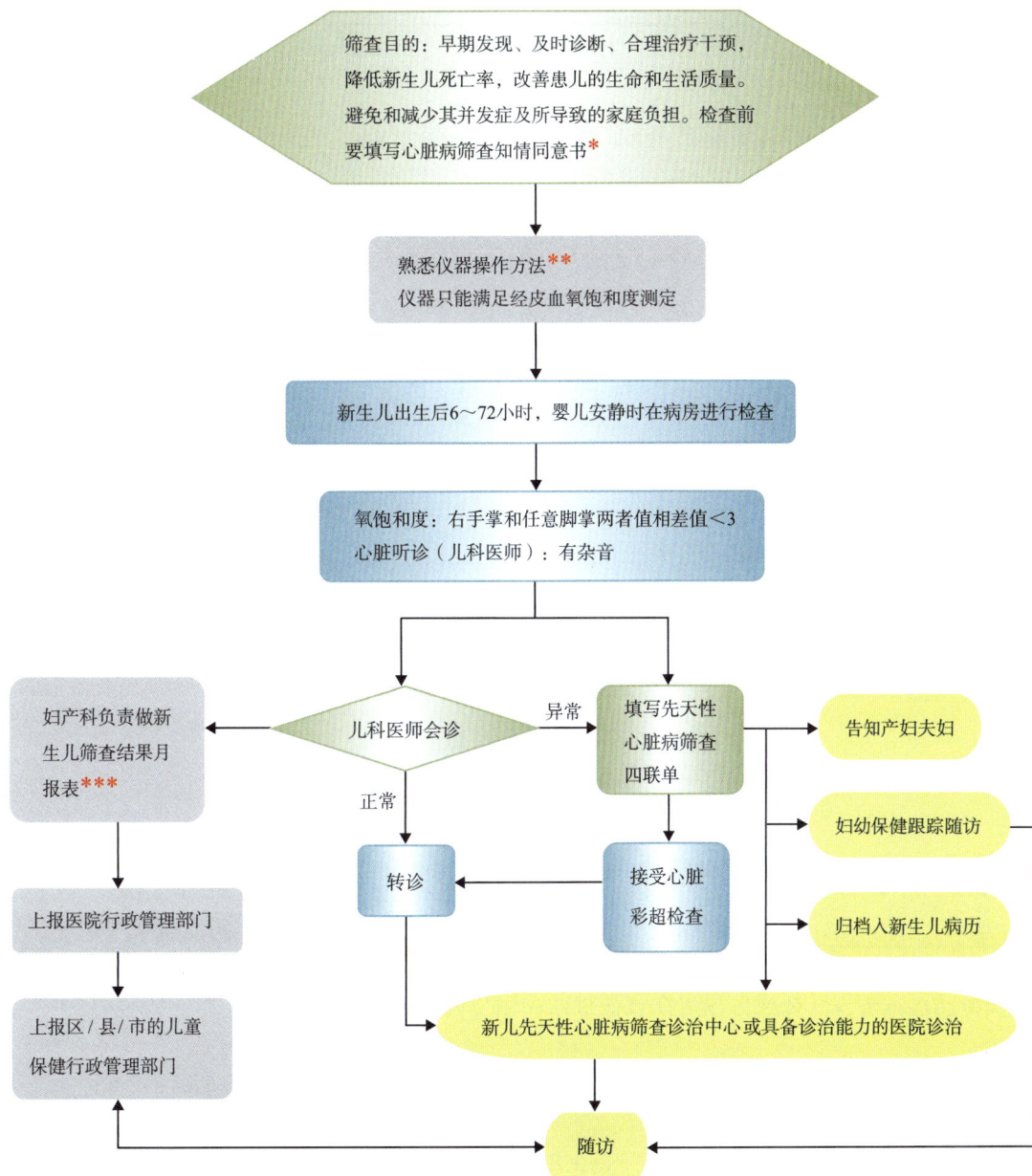

筛查目的：早期发现、及时诊断、合理治疗干预，降低新生儿死亡率，改善患儿的生命和生活质量。避免和减少其并发症及所导致的家庭负担。检查前要填写心脏病筛查知情同意书*

熟悉仪器操作方法**
仪器只能满足经皮血氧饱和度测定

新生儿出生后6～72小时，婴儿安静时在病房进行检查

氧饱和度：右手掌和任意脚掌两者值相差值＜3
心脏听诊（儿科医师）：有杂音

妇产科负责做新生儿筛查结果月报表***

上报医院行政管理部门

上报区/县/市的儿童保健行政管理部门

儿科医师会诊 —— 异常 → 填写先天性心脏病筛查四联单

正常

转诊

接受心脏彩超检查

告知产妇夫妇

妇幼保健跟踪随访

归档入新生儿病历

新儿先天性心脏病筛查诊治中心或具备诊治能力的医院诊治

随访

* 填写心脏病筛查知情同意书　心脏病筛查知情同意书见表3-6。

表3-6　新生儿先天性心脏病筛查知情同意书

新生儿姓名＿＿＿＿＿＿　　　　性别＿＿＿＿　　　出生日期＿＿＿＿＿＿＿　　　　住院病历号＿＿＿＿＿＿＿

新生儿先天性心脏病筛查

是新生儿时期对先天性心脏病实施的专项检查。新生儿出生后6～72小时，采用简单易行、无创伤性的两项指标进行筛查，即心脏杂音听诊和经皮血氧饱和度测定。筛查结果分为阳性和阴性两种。筛查阳性者，应当及时转诊市级新生儿先天性心脏病筛查诊治中心接受心脏彩超检查，确诊为先天性心脏病的患儿应当及时接受进一步的评估和治疗。由于疾病的复杂性和筛查技术的限制，少部分孩子可能出现筛查结果假阴性的情况（即患有先天性心脏病但筛查结果阴性），因此建议所有筛查阴性者，在出生后42天至小儿出生医院进行复查。

知情选择

（1）我已充分了解了该项筛查的性质、目的、必要性、风险性和费用，理解筛查存在假阳性和假阴性的结果，对其中的疑问已经得到医务人员的解答。

我同意我监护的孩子接受新生儿先天性心脏病筛查。

　　　　　　　　　　监护人（签名）：＿＿＿＿＿＿＿＿＿　　　　　日期：＿＿＿＿＿＿＿年＿＿＿＿月＿＿＿＿日

　　　　　　　　　　身份证号码（母亲）：＿＿＿＿＿＿＿＿＿　　　电话：＿＿＿＿＿＿＿＿＿＿

　　　　　　　　　　通讯地址：＿＿＿＿＿＿＿＿＿＿＿＿＿＿＿

（2）我不同意我监护的孩子接受新生儿先天性心脏病筛查，我已被告知延误诊断先天性心脏病可能导致的不良后果。

　　　　　　　　　　监护人（签名）：＿＿＿＿＿＿＿＿＿　　　　　日期：＿＿＿＿＿＿＿年＿＿＿＿月＿＿＿＿日

筛查技术人员陈述

我已告知上述新生儿监护人先天性心脏病筛查的性质、目的、必要性、风险性和费用，并且解答了相关问题。

　　　　　　　　　　筛查技术人员（签名）：＿＿＿＿＿＿＿＿＿　　日期＿＿＿＿＿＿＿年＿＿＿＿月＿＿＿＿日

** 熟悉仪器操作方法　仪器操作方法具体见所使用仪器的操作说明。

*** 妇产科负责做新生儿筛查结果月报表　新生儿心脏病筛查结果的相关报表如下（表3-7～表3-9）。

表3-7　新生儿6小时内死亡报表

助产医疗机构名称	家长拒绝	6小时内转诊	6小时内死于先天性心脏病	6小时内死于其他疾病	其他
××医院					

备注：同一名儿童可能会出现报表交叉现象，如家长拒绝，6小时内死亡，请按照最重的一种填写，如死亡

即：同一名儿童，只能在该表中出现一次，不能重复统计

每月8日前将上月的统计情况记录在该表中，并报告到省、市、区妇幼保健所。电子邮箱 xxxxxxxx@xxx.com。

单位负责人：＿＿＿＿＿＿＿　　　填表人：＿＿＿＿＿＿＿　　　联系电话：＿＿＿＿＿＿＿　　　填报日期：＿＿＿＿＿＿＿

表 3-8　新生儿先天性心脏病筛查情况月报表（助产医疗机构填写）

填报单位名称（盖章）：＿＿＿＿＿＿＿＿＿＿＿＿

截止日期：＿＿＿＿＿年

助产医疗机构名称	出生新生儿数（人）	筛查例数（人）	筛查率（%）	筛查阳性例数（人）	筛查阳性率（%）
1	2	3	4	5	6
××市××医院					

单位负责人：＿＿＿＿＿＿　填表人：＿＿＿＿＿＿　联系电话：＿＿＿＿＿＿　填报日期：＿＿＿＿年＿＿＿月＿＿＿日

填表说明　①填报单位：助产医疗机构。②填报内容：本助产医疗机构出生的新生儿先天性心脏病筛查情况，根据各机构新生儿登记本记录填写。③报送时间：每月 8 日前将上月的统计情况记录在该表中，并报告到省、市、区妇幼保健所。

电子邮箱 xxxxxxxx@xxx.com

（1）筛查率 = 实际筛查的新生儿人数 / 出生人数 ×100%；第 4 栏 = 第 3 栏 / 第 2 栏。

（2）筛查阳性率 = 筛查阳性的新生儿人数 / 实际筛查的新生儿数 ×100%；第 6 栏 = 第 5 栏 / 第 3 栏。

表 3-9　新生儿先天性心脏病筛查阳性个案登记表（助产医疗机构）

填报单位名称：＿＿＿＿＿＿＿＿＿＿＿＿＿＿　　　　起始日期：＿＿＿＿＿＿＿＿＿＿

负责人 / 联络员：陈××　　　　　　　　　　　　截止日期：＿＿＿＿＿＿＿＿＿＿

助产医疗机构		序号	四联单编号	新生儿姓名	性别	出生日期	出生证编号	母亲姓名	母亲身份证号	筛查日期	筛查报告		居住地		联系电话
区县	名称										心脏杂音	经皮血氧饱和度（%）	区县	地址	
1	2	3	4	5	6	7	8	9	10	11	12	13	14	15	16
××	××医院														
××	××医院														

填表说明：①填报单位：助产医疗机构。②填报对象：本助产医疗机构先天性心脏病筛查阳性的新生儿。③报送时间：每月 8 日前将上月的登记表 1 和四联单第三联（纸质版），报给省、市、区妇幼保健所。电子邮箱 xxxxxxxx@xxx.com。④报送形式：登记表报送电子版。⑤具体说明：所有栏目不得空项；日期格式举例 "20160715"

第 3 栏，序号为本机构筛查阳性新生儿的顺序号

第 4 栏，四联单编号为四联单左上角印刷的 7 位数字

第 12 栏，心脏杂音可填写 1 ～ 6 级

第 13 栏，经皮血氧饱和度填写数字

第 14 ～ 16 栏，填写准确，方便随访时参考

四、新生儿预防接种工作流程

（一）正常产前检查孕妇新生儿预防接种流程

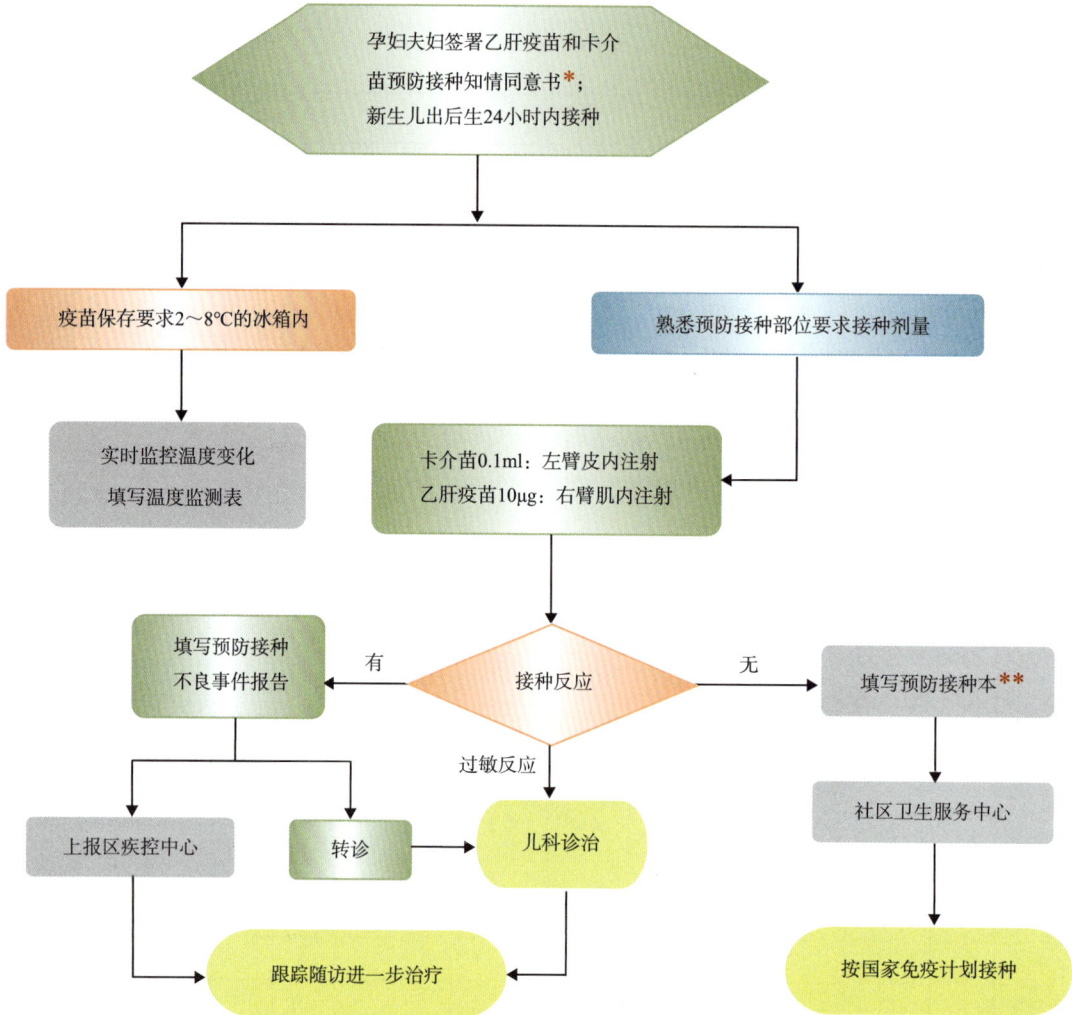

孕妇夫妇签署乙肝疫苗和卡介苗预防接种知情同意书*；
新生儿出生后生24小时内接种

疫苗保存要求2～8℃的冰箱内

熟悉预防接种部位要求接种剂量

实时监控温度变化
填写温度监测表

卡介苗0.1ml：左臂皮内注射
乙肝疫苗10μg：右臂肌内注射

填写预防接种
不良事件报告

有

接种反应

无

填写预防接种本**

过敏反应

社区卫生服务中心

上报区疾控中心

转诊

儿科诊治

按国家免疫计划接种

跟踪随访进一步治疗

＊孕妇夫妇签署乙肝疫苗和卡介苗预防接种知情同意书　乙肝疫苗和卡介苗预防接种知情同意书见表 3-10，表 3-11。

表 3-10　乙肝疫苗接种知情同意书

【疾病简介】　乙型病毒性肝炎（以下简称"乙肝"）由乙肝病毒引起，主要通过母婴、血液（体液）和生活密切接触传播。感染乙肝病毒后可成为乙肝病毒携带者，部分人可转化为慢性乙肝患者，少部分人发展为肝硬化和肝癌接种乙肝疫苗是预防乙肝的有效手段。

【推荐受种者】　新生儿及无乙肝疫苗接种史及感染史者。

【接种原则】　根据《中华人民共和国传染病防治法》和《疫苗流通和预防接种管理条例》，本疫苗属于第一类疫苗，市民如无禁忌证，应当接种本疫苗。本市同时提供免费和自费的乙肝疫苗，后者由市民自愿自费接种可供选择的乙肝疫苗产品情况详见接种单位的《预防接种产品公示》，如果产品有变化将及时更新公示。

【接种程序】　接种 3 剂，第 0、1 和 6 个月各接种 1 剂。早产儿等异常情况下接种 4 剂，既 0、1、2、7 个月各接种 1 剂（见说明书）。

【不良反应】　个别人可有注射局部疼痛、红肿或中低度发热，一般不需特殊处理，可自行缓解。必要时应及时与接种单位联系，由后者给予处置指导。

【乙肝疫苗的禁忌证】　①已知对该疫苗的任何成分过敏者。如对酵母成分过敏者。②患急性传染病或先天性免疫缺陷者或正在用免疫制剂治疗者或急慢性严重疾病者。③体重＜ 2000g 者（母亲未做检测的新生儿，体重＜ 2000g 者）。④发热（耳温＞ 37.5℃，腋温＞ 37℃）。⑤既往出生过免疫缺陷病患儿者。⑥新生儿 APGAR 评分＜ 7 分者暂缓接种。

【注意事项】　接种后应在接种单位的留观区域留观 30 分钟。本疫苗不能预防除乙肝病毒以外的病原体导致的感染；受种者在接种时如正处于乙肝潜伏期，本疫苗在这种情况下可能不能预防乙肝感染。到目前为止，任何疫苗的保护效果都不能达到 100%。少数人接种后未产生保护力，或者仍然发病，与疫苗本身特性和受种者个人体质有关。如需了解更多信息，请查看疫苗说明书。若本知情同意书的内容与说明书发生冲突的，以说明书为准。

接种前受种方应告知及医生应询问下列健康状况：①是否发热？②是否有发热以外的其他不适症状？③是否以往接种本疫苗后有不适？④是否处于疾病的急性发作期？

阅读者签名＿＿＿＿＿＿　日期＿＿＿＿＿＿

表 3-11　卡介苗（结核疫苗）接种知情同意书

【疾病简介】　结核病是由结核分枝杆菌引起的传染病，主要由肺结核排菌病人咳嗽、打喷嚏等通过飞沫排出结核菌。易感人群吸入带有结核菌的飞沫就可感染结核。缺乏对结核病特异性免疫力的儿童一旦感染结核，结核菌可经血循环播散至全身。人体各组织器官均可感染，发生结核病变，其中结核性脑膜炎、粟粒型肺结核是儿童结核中常见的、也是儿童致死或残留明显后遗症的严重类型。卡介苗是一种能预防儿童结核性脑膜炎和粟粒型肺结核的疫苗。

【推荐受种者】　新生儿及未接种过卡介苗的人群。

【接种原则】　根据《中华人民共和国传染病防治法》和《疫苗流通和预防接种管理条例》本疫苗属于第一类疫苗，市民如无禁忌证，应当接种本疫苗。本市提供免费的卡介苗，目前无自费的卡介苗。可供选择的卡介苗产品情况详接种单位的《预防接种产品公示》，如果产品有变化将及时更新公示。

【接种程序】　出生后第 1 个月内接种 1 剂。

【不良反应】　接种 2 周左右，局部可出现红肿浸润，若随后化脓，可形成小溃疡；小溃疡可用碘伏涂抹预防感染，8 ～ 12 周后结痂痊愈。少数受种者可出现局部淋巴结肿，极少数出现局部淋巴结化脓、溃疡。极为罕见反应有诱发瘢痕疙瘩、银屑病、过敏性紫癜，免疫缺陷患者有可能发生卡介苗病。必要时应及时与接种单位联系，由后者给予处置指导。

【卡介苗的禁忌证】　结核病、急性传染病、肾炎、心脏病、湿疹、免疫缺陷症、使用免疫抑制剂或其他皮肤病者；早产儿体重＜ 2.5kg、APGAR 评分＜ 8 分者暂缓接种。

【注意事项】　接种后应在接种单位的留观区域留观 30 分钟。未接种人群中，≤ 3 个月龄者可直接接种，＞ 3 个月龄者须先做结核菌素试验，阴性者方可接种。≥ 4 岁人群不再接种卡介苗。到目前为止，任何疫苗的保护效果都不能达到 100%。少数人接种后未产生保护力，或者仍然发病，与疫苗本身特性和受种者个人体质有关。如需了解更多信息，请查看疫苗说明书。若本知情同意书的内容与说明书发生冲突的，以说明书为准。

接种前受种方应告知及医师应询问下列健康状况　①是否发热？②是否有发热以外的其他不适症状？③是否处于疾病的急性发作期？

阅读者签名＿＿＿＿＿＿　日期＿＿＿＿＿＿

＊＊填写预防接种本　主要指预防接种月报表，具体见表 3-12。

表 3-12　×年×月疫苗使用月报表

单位：支

疫苗名称			乙肝			结核（卡介苗）		
上年积存数								
本月领疫苗情况	本月领疫苗数							
	批号	批号 A						
		批号 B						
	有效期	有效期 A						
		有效期 B						
	生产厂家							
疫苗使用情况	本月用疫苗数							
	本月报废数							
	报废原因							
	小　计							
本月退出数								
本月积存数								
本月接种人次数								
下月预算数（领疫苗数）								
备　注								

注：①每月 3 日前和接种率月报表同时上报；②真实、完整填写疫苗批号及有效期；③疫苗提前领取或数字改动等情况，可在备注中说明

填报人：＿＿＿＿＿＿＿＿＿＿＿＿＿

填报日期：＿＿＿＿＿＿年＿＿＿＿月＿＿＿＿日

填表单位盖章＿＿＿＿＿＿＿＿＿＿＿＿＿

（二）母亲乙肝病毒携带者及未检测者的婴儿乙肝疫苗接种流程

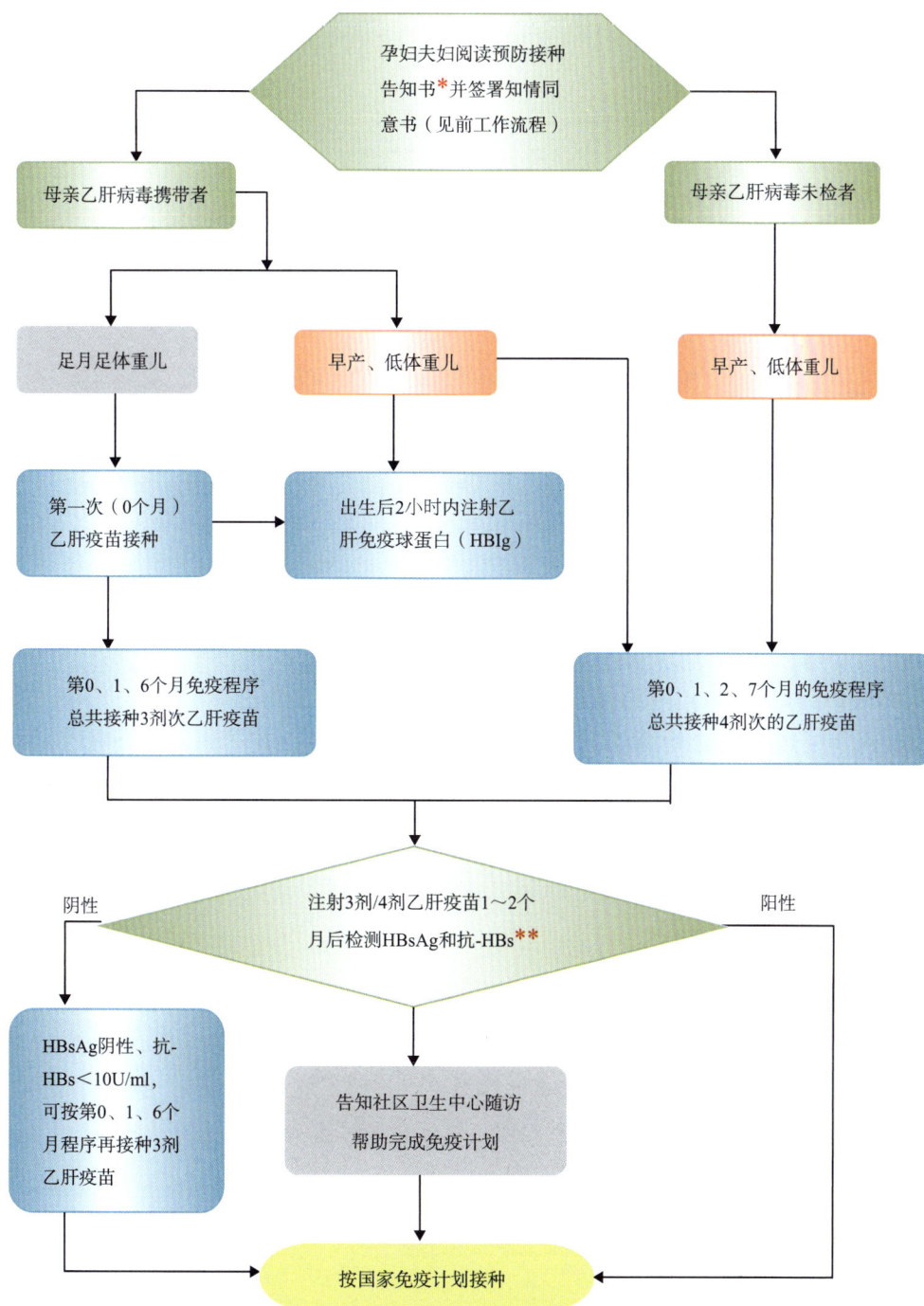

```
                         ┌─────────────────────┐
                         │ 孕妇夫妇阅读预防接种  │
                         │ 告知书*并签署知情同   │
                         │ 意书（见前工作流程）  │
                         └─────────────────────┘
          ┌──────────────────┐              ┌──────────────────┐
          │ 母亲乙肝病毒携带者 │              │ 母亲乙肝病毒未检者 │
          └──────────────────┘              └──────────────────┘
       ┌──────────┐    ┌──────────────┐      ┌──────────────┐
       │ 足月足体重儿│    │ 早产、低体重儿 │      │ 早产、低体重儿 │
       └──────────┘    └──────────────┘      └──────────────┘
   ┌──────────────┐  ┌──────────────────┐
   │ 第一次（0个月） │  │ 出生后2小时内注射乙 │
   │ 乙肝疫苗接种    │  │ 肝免疫球蛋白（HBIg）│
   └──────────────┘  └──────────────────┘
   ┌──────────────────┐      ┌──────────────────────┐
   │ 第0、1、6个月免疫程序│      │ 第0、1、2、7个月的免疫程序 │
   │ 总共接种3剂次乙肝疫苗 │      │ 总共接种4剂次的乙肝疫苗   │
   └──────────────────┘      └──────────────────────┘
```

阴性　　　　　　注射3剂/4剂乙肝疫苗1～2个月后检测HBsAg和抗-HBs**　　　　　阳性

```
   ┌──────────────────┐
   │ HBsAg阴性、抗-      │       ┌──────────────────┐
   │ HBs＜10U/ml，       │       │ 告知社区卫生中心随访 │
   │ 可按第0、1、6个     │       │ 帮助完成免疫计划    │
   │ 月程序再接种3剂     │       └──────────────────┘
   │ 乙肝疫苗            │
   └──────────────────┘
```

按国家免疫计划接种

* 孕妇夫妇阅读预防接种告知书　主要指对乙肝病毒携带者或从未检测过乙肝病毒孕妇的告知，具体告知书见表 3-13。

表 3-13　新生儿乙肝疫苗接种告家长书

亲爱的家长：

为了科学预防乙型病毒性肝炎，更好地保护您的孩子，请您仔细阅读下述建议：

情　形	建　议	备注
足月足体重且母亲 HBsAg 阳性	1. 注射乙肝免疫球蛋白（HBIg）	
	2. 第 3 剂乙肝疫苗 1～2 个月后检测 HBsAg 和抗 -HBs。若 HBsAg 阴性、抗 -HBs ＜ 10mU/ml，请告知社区接种门诊	参见注 1
早产儿、低体重且母亲 HBsAg 阳性	1. 注射乙肝免疫球蛋白（HBIg）	
	2. 按"第 0、1、2、7 个月"的免疫程序总共接种 4 剂次的乙肝疫苗	参见注 2
	3. 第 4 剂乙肝疫苗 1～2 个月后检测 HBsAg 和抗 -HBs。若 HBsAg 阴性、抗 -HBs ＜ 10mU/ml，请告知社区接种门诊	参见注 1
早产儿、低体重且母亲 HBsAg 未测	按"0、1、2、7 个月"的免疫程序总共接种 4 剂次的乙肝疫苗	参见注 2

注：1. 区县级、市级医院一般均可检测 HBsAg 和抗 -HBs。若完成乙肝疫苗接种程序后，HBsAg 阴性、抗 -HBs ＜ 10mU/ml，可按 0、1、6 个月程序再接种 3 剂乙肝疫苗

　　2. 满月后请携医学资料（出院记录等），以便社区接种门诊安排后续接种

　　3. "0、1、6 个月"免疫程序，除上表中接种 4 剂次的特殊情况，一般均采用该程序

　　4. 以上接种建议根据《上海市预防接种工作规范（2017 年版）》整理

您的孩子属于以上第____种情况

- -

上述乙肝疫苗接种告知如已阅知，请您在下方签字：

新生儿姓名：_____　家长（监护人）签名：_____　签名日期：_____年_____月_____日

以上内容已告知家长

告知人签名：_____　　　　　　　　　告知日期：_____年_____月_____日

** 检测 HBsAg 和抗 -HBs　HBsAg，为乙型肝炎表面抗原；抗 -HBs，为乙型肝炎表面抗体。

生殖中心流程和风险控制

不孕症（infertility）是指一对配偶性生活正常，没有避孕一年及以上没有怀孕。通常不孕意指女性，不育意指男性。不孕不育在育龄期夫妇中的发病率占10%～15%，是男女性生殖健康范畴中的常见问题，随着生存环境和生活方式的改变，不孕不育症的发病呈上升趋势，从20世纪70年代发病率的1%～2%到如今，增长了近10倍左右。

不孕不育的患者一般就诊的专业医疗单位称为生殖中心。这些生殖中心或属于医院妇产科的专门科室，或是相对独立的医疗机构。患者前来主要解决的问题可归纳为下面三个方面，生殖中心的各项工作围绕这些问题展开。

1. 探明不孕不育的原因，获得怀孕问题的相关咨询。

2. 对造成不孕不育的相关疾病进行治疗和管理。

3. 人工辅助生殖，即运用相关技术帮助生育，包括人工授精和体外受精及其衍生技术。

随着我国人民生活水平的提高和生育国策的改变，为满足不孕不育患者生育健康下一代的强烈愿望，各地纷纷建立起新的生殖中心。截至2017年，我国共有450余个生殖中心、20余家人类精子库机构，其中获得试管婴儿执照的医院有300余家，主要分布在经济相对发达的广东、江苏、山东等地域。按照规划，2020年华东地区的辅助生殖中心将占全国规划的30%以上。这么多生殖中心如雨后春笋般出现，急需强化相关工作的规范化管理及专业人员岗位职能的培训，以控制不孕不育诊治和辅助生育过程中所面临的各类风险。

本篇列出有关生殖中心3方面工作的相关流程共27项，主要以江苏省人民医院生殖中心为模版，根据他们20年来的临床实践，专门为控制这些风险而制订的行之有效的流程，希望能为同行们提供切实的参考。

第4章 不孕不育诊治流程和风险控制

引 言

    不孕不育是一个涉及多学科的疑难杂症，在不孕不育中，女性因素占50%，男性因素占30%～40%，不明原因的不孕不育占10%～20%。

    不孕不育症的病因复杂，按照我国的专家共识，不孕不育症的病因分为男性不孕、女性不孕和不明原因不孕几类，其中女性不孕又分为排卵障碍和盆腔因素两种。其中女性不孕最多，约占50%；男性不育占30%～40%；不明原因不孕占10%～20%。世界卫生组织认为不孕不育症的病因主要与环境污染、人们生活节奏加快、心理压力加大、生殖内分泌疾病增多、生育年龄推后等因素有关。加之生殖中心的人员构成复杂，有临床妇科和男科医师、胚胎师、检验师、护理人员及各类保障人员，这个集体需要高度专业化的管理制度和流程协调，才能保证生殖中心不孕不育症诊治的工作质量。

    目前，我国不孕不育症的临床诊治水平各地发展很不平衡，尚缺乏统一的行业管理和监督，从业人员知识结构也不全面，社会人群又缺少科学普及教育，所以不同生殖中心诊疗状况差异较大。本章针对不孕不育就诊患者的病因初筛列出流程，对其诊断路径做了规范，大大节约了诊疗资源，减少了患者夫妇的负担。所提供的诊疗工作流程适合广大从事不孕不育临床工作的妇产科学和生殖医学各级专业医务人员学习和实践，以帮助进一步提高我国不孕不育症诊疗的专业水平。

一、生殖中心的基本功能单元导图

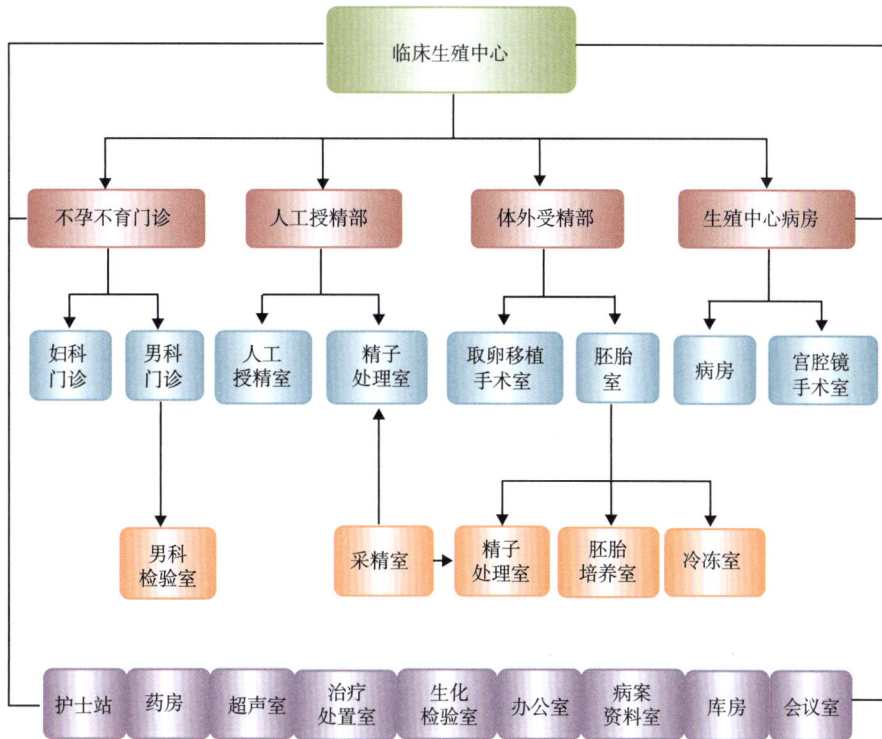

二、不孕患者生殖门诊接待流程

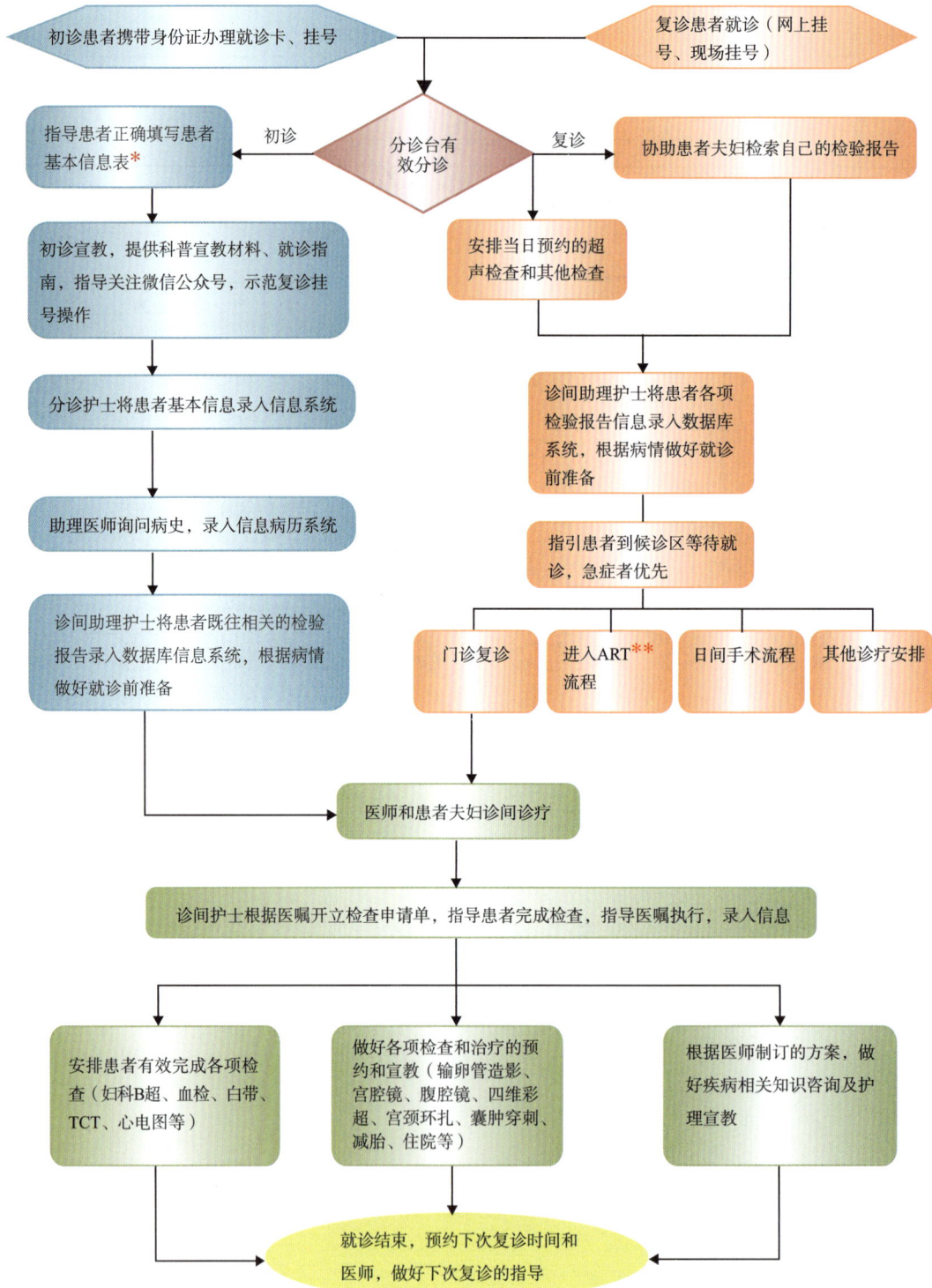

初诊患者携带身份证办理就诊卡、挂号

复诊患者就诊（网上挂号、现场挂号）

分诊台有效分诊

初诊 → 指导患者正确填写患者基本信息表*

复诊 → 协助患者夫妇检索自己的检验报告

指导患者正确填写患者基本信息表*

初诊宣教，提供科普宣教材料、就诊指南，指导关注微信公众号，示范复诊挂号操作

分诊护士将患者基本信息录入信息系统

助理医师询问病史，录入信息病历系统

诊间助理护士将患者既往相关的检验报告录入数据库信息系统，根据病情做好就诊前准备

安排当日预约的超声检查和其他检查

诊间助理护士将患者各项检验报告信息录入数据库系统，根据病情做好就诊前准备

指引患者到候诊区等待就诊，急症者优先

门诊复诊 ｜ 进入ART**流程 ｜ 日间手术流程 ｜ 其他诊疗安排

医师和患者夫妇诊间诊疗

诊间护士根据医嘱开立检查申请单，指导患者完成检查，指导医嘱执行，录入信息

安排患者有效完成各项检查（妇科B超、血检、白带、TCT、心电图等）

做好各项检查和治疗的预约和宣教（输卵管造影、宫腔镜、腹腔镜、四维彩超、宫颈环扎、囊肿穿刺、减胎、住院等）

根据医师制订的方案，做好疾病相关知识咨询及护理宣教

就诊结束，预约下次复诊时间和医师，做好下次复诊的指导

* 填写患者基本信息表　不孕患者初诊评估及基本信息表见表 4-1。

表 4-1　不孕不育患者初诊信息填写表

姓　　名：_____ 出生日期_____年_____月____日　性别　　男　　女　　年龄_____岁

身份证号：_____　文化程度：小学　　中学　　大学　　硕士以上

家庭住址：_____省_____市_____区_____

民　　族：_____职业：_____电话：_____

婚姻状况：已婚　　未婚　　再婚　　子女_____个　　性生活平均频次_____次/月

一般情况：身高_____cm　体重_____kg　　BMI（kg/m²）=

　　　　　T：_____℃　　P：_____次/分　BP：　／　　mmHg

既往史：肝　炎　□有　□无　　结　核　□有　□无　　肾　病　□有　□无

　　　　高血压　□有　□无　　糖尿病　□有　□无　　腮腺炎　□有　□无

　　　　尿道炎　□有　□无　　盆腔炎　□有　□无　　阑尾炎　□有　□无

　　　　手术史：_____ □无

　　　　其　他：_____

月经史：初潮____岁　　月经周期____天　　　月经持续时间　□2　□3　□4　□5　□>6天

　　　　痛经　□有　□无　　　　　　上次月经_____

生育史：孕____产____足月产____次　　　　□顺产　　　□剖宫产

　　　　末次妊娠时间 _____年_____月　　未避孕_____月

　　　　如何避孕　□避孕环　□避孕套　□安全期　□体外射精　□避孕药

　　　　人工流产_____次，自然流产（胚停_____次）（生化妊娠_____次）共_____次，

　　　　药物流产_____次，引产_____次，早产_____次

个人史：吸烟　□无　　□有_____支/日　　烟龄_____年

　　　　饮酒　□无　□偶有　□有　　咖啡　□有　□偶有　□无

　　　　习惯用药　□有　请列出药名_____ □无

食物药物过敏史：□有_____ □无

遗传病史：父　□无　□有_____

　　　　　母　□无　□有_____

　　　　　亲属　□无　□有_____

家族病史：_____

	父		母
□有	□无	□有	□有
高血压			
糖尿病			
心脏病			
血栓病			

其他家族史：_____

就诊历史：男方是否做过精液检查分析：□是　　　□否

　　　　　女方1年内，下列检查有无：□TCT　　□HPV　　□血常规　　□心电图　　□X线胸片

　　　　　□输血前八项　　□肝功能　　□分泌物检查　　□输卵管造影　　□排卵检测单　　□基础体温

**ART　辅助生殖技术。

三、不孕不育症病因初筛流程

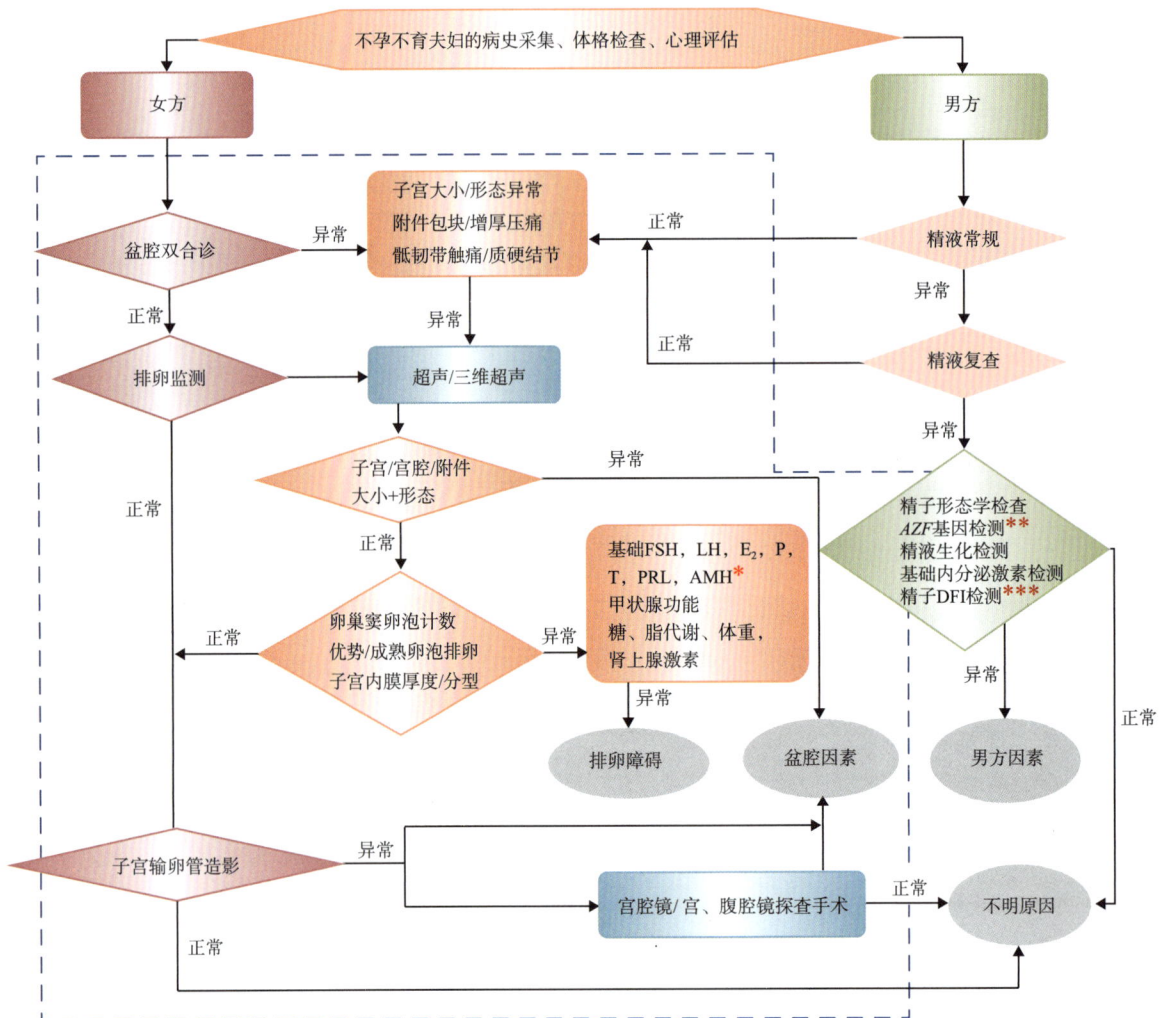

* **基础 FSH，LH，E₂，P，T，PRL，AMH** 指测定各类激素的基础水平。其中 FSH 为卵泡刺激素；LH 为促黄体生成激素；E₂ 为雌二醇；P 为孕酮；T 为睾酮；PRL 为催乳素；AMH 为抗米勒管激素。

****AZF基因检测** AZF 基因是控制精子生成的基因，定位于 Yq11，这些基因或基因簇缺陷可引起无精、少精或精子生成障碍。

*** **精子 DFI 检测** 精子 DNA 完整性检测。

四、不孕患者的助孕治疗及排卵监测流程

该流程主要涉及月经周期中卵泡发育和激素变化的监测，下面我们用说明＋图示的方法进行展示。要求大家熟悉月经周期、排卵过程及其与激素作用的关系。

（一）月经周期及排卵图示

月经失调是育龄期女性常见的现象，它可以是暂时的生理现象，也可以是多种疾病的并发症或某种疾病的结果。月经周期实指排卵周期，月经就是这个周期中子宫内膜受到卵巢激素作用脱落出血的表象，从医学角度讲月经失调的实质就是卵巢排卵障碍。我国女性初潮的年龄 11 ～ 12 岁，在初潮的 1 年中 85% ～ 90% 的月经是无排卵月经。建立起成熟的卵巢排卵周期需要 8 年左右的时间，因此在这期间，卵巢不能每月正常排卵就导致了月经不规律，可以说这是人体的一种生理保护机制。影响月经正常周期的因素非常多，例如体重过轻或过重都会引起月经周期的异常。当不考虑妊娠时，医学上并不进行过多的医疗干预，因为大多数没有器质性病变的月经失调可以通过身体本身自我调节功能得以恢复正常的月经周期，也就是多数月经失调的人可以恢复正常的排卵周期。对考虑妊娠的月经失调者，也可以进行自我监测排卵周期来达到妊娠目的。下面是月经生理排卵周期的过程图示。

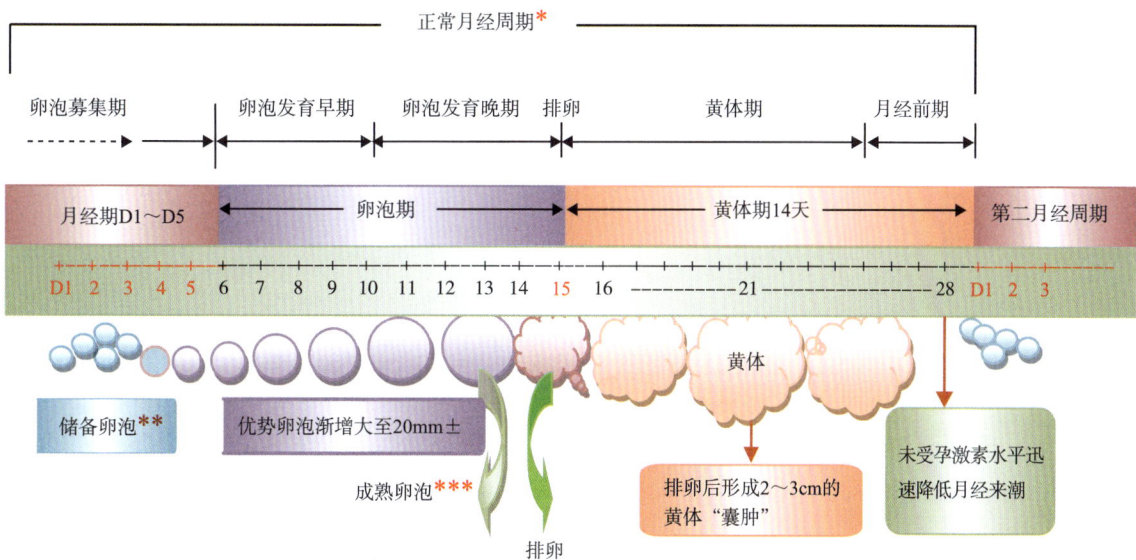

* 正常月经周期　图示以 28 天为一个月经周期，即从月经第一天起经 28 天到下次月经第一天为一个月经周期。

** 储备卵泡　储备的卵泡一般直径 2 ～ 9mm。双侧卵巢在月经周期里需要储备的卵泡相加应＞ 7 枚。

*** 成熟卵泡　排出的成熟卵泡平均直径 18 ～ 20mm。

（二）正常卵泡发育过程和主要激素变化图示

一个原始卵泡到初级卵泡，再发育至成熟的卵泡需要85天左右。从静止的原始卵泡进入到生长发育卵泡的过程称之为卵泡募集。在排卵前的2～3个月卵巢内的卵泡开始要"爬8个台阶"（8个等级）才能达到"顶峰"，成为成熟卵泡。这8个台阶每一步都有体内的各种激素（参与的激素多达十几种）的帮助才能使卵泡成熟，只有成熟的卵泡内的卵母细胞在黄体生成素和促卵泡激素峰值作用下才能从卵泡中排出。这一复杂的过程在下图中可以看到，卵泡募集期到成熟卵泡需要85天左右，一旦选择出优势卵泡，才能继续发育成熟，分泌雌激素。只有排卵后形成黄体才能测到孕激素。而且在排卵后7～10天内体内的雌激素和孕激素水平达到高峰（这称为月经周期中基础激素变化）。可见，女性激素是在卵泡发育、排卵到卵母细胞准备受孕的过程中产生的。没有排卵或排卵障碍，女性激素就会异常或无规律，无排卵就没有黄体形成，意味着体内孕激素水平低下。下面即为卵泡发育及激素变化的图示。

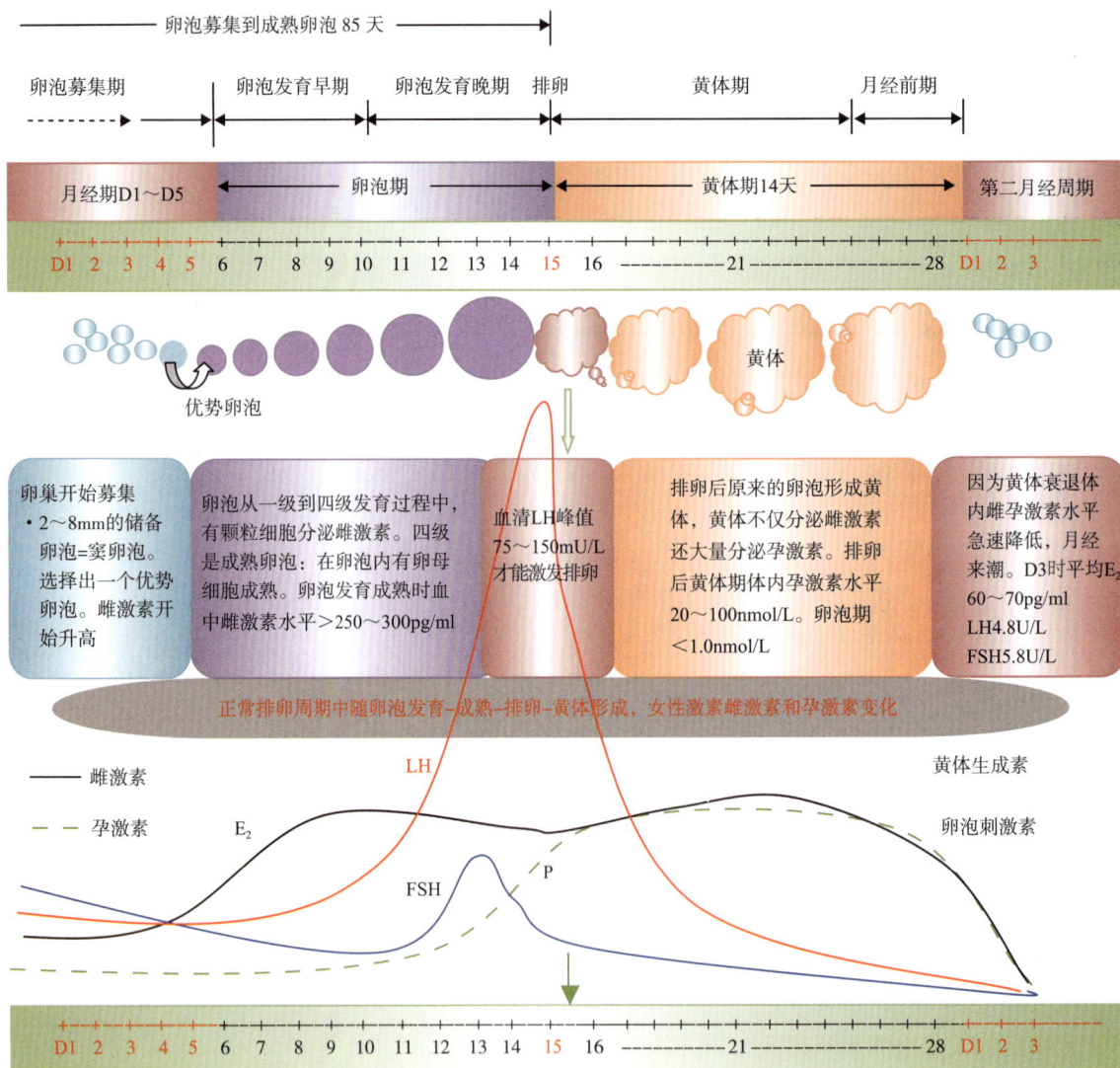

卵泡募集到成熟卵泡85天

| 卵泡募集期 | 卵泡发育早期 | 卵泡发育晚期 | 排卵 | 黄体期 | 月经前期 |

| 月经期D1～D5 | 卵泡期 | | 黄体期14天 | 第二月经周期 |

D1 2 3 4 5 6 7 8 9 10 11 12 13 14 15 16 ————21———— 28 D1 2 3

优势卵泡　　黄体

卵巢开始募集
• 2～8mm的储备卵泡＝窦卵泡。选择出一个优势卵泡。雌激素开始升高

卵泡从一级到四级发育过程中，有颗粒细胞分泌雌激素。四级是成熟卵泡：在卵泡内有卵母细胞成熟。卵泡发育成熟时血中雌激素水平＞250～300pg/ml

血清LH峰值75～150mU/L才能激发排卵

排卵后原来的卵泡形成黄体，黄体不仅分泌雌激素还大量分泌孕激素。排卵后黄体期体内孕激素水平20～100nmol/L。卵泡期＜1.0nmol/L

因为黄体衰退体内雌孕激素水平急速降低，月经来潮。D3时平均E₂ 60～70pg/ml LH4.8U/L FSH5.8U/L

正常排卵周期中随卵泡发育－成熟－排卵－黄体形成，女性激素雌激素和孕激素变化

—— 雌激素　　　　　LH　　　　　　　　　　黄体生成素
---- 孕激素　E₂　　　　　　　　　　　　　卵泡刺激素
　　　　　　　　　FSH　　P

D1 2 3 4 5 6 7 8 9 10 11 12 13 14 15 16 ————21———— 28 D1 2 3

（三）月经周期中的激素变化图示

月经周期中有多种激素参与，其变化情况与子宫内膜改变的图示如下，临床要根据这一变化规律进行监测。

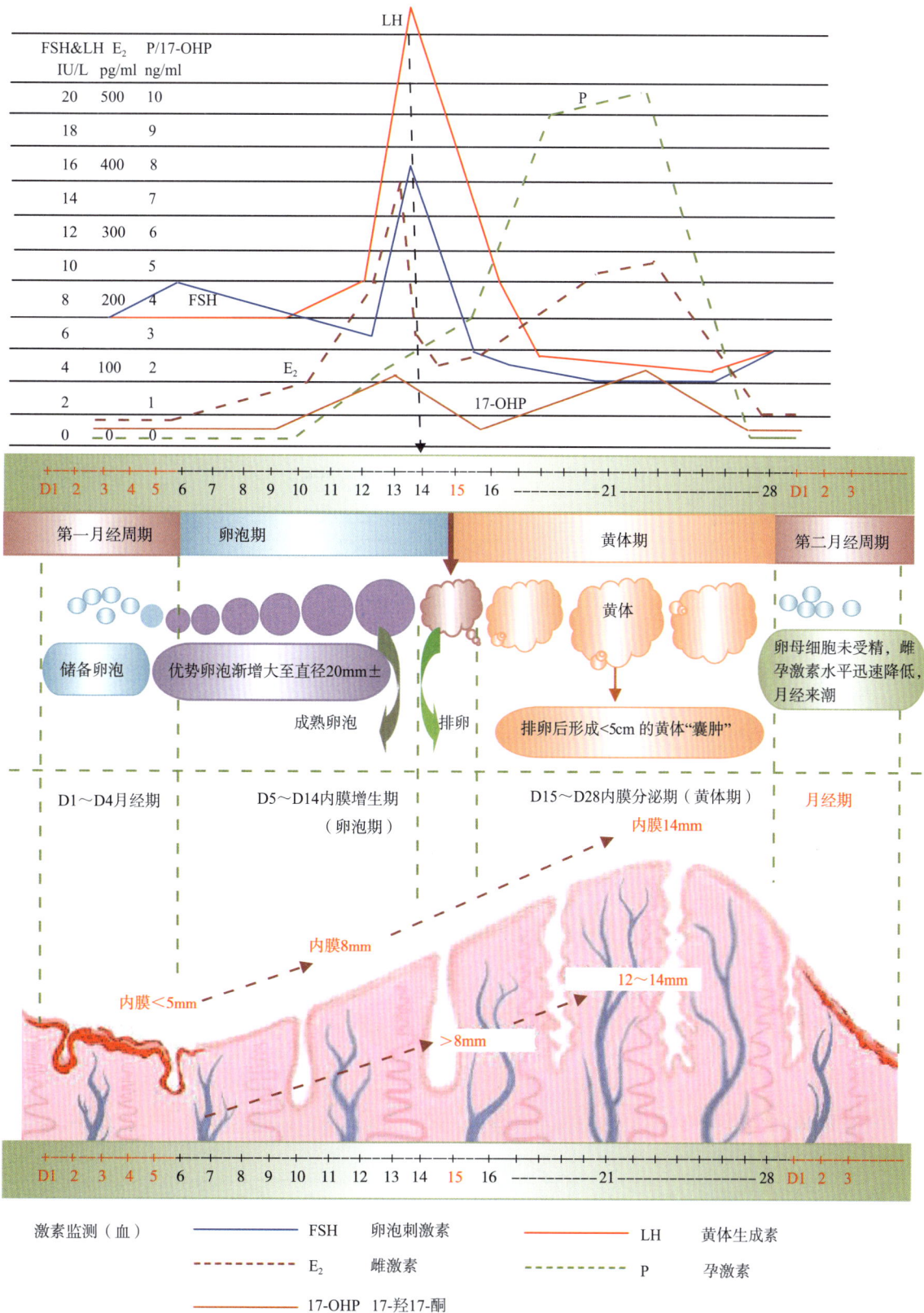

激素监测（血）	FSH	卵泡刺激素	LH	黄体生成素
E₂	雌激素	P	孕激素
17-OHP	17-羟17-酮		

五、不孕患者门诊促排卵周期的排卵监测流程

门诊对排卵障碍的不孕者用促排卵药物对卵巢进行"微刺激"，使少于 2 枚以下的优势卵泡发育至成熟卵泡排卵。用于输卵管通畅的自然受孕或人工授精助孕。常用药物有来曲唑、克罗米芬（C.C.）、FSH/HMG 等，用药中有 3 个重要的处理环节。

1. HCG 扳机　在正常的生理周期中，排卵前自发的内源性 LH 峰具有诱发卵泡成熟、排卵及黄体生成的作用，类似于开枪的扳机作用；而在自然周期或普通促排卵的周期、或者人工授精的促排卵周期中，通过注射 HCG 来模拟 LH 峰的扳机作用，控制排卵和试孕的时间，所以也称其为"扳机"。掌握好扳机时间，可以获得较高的妊娠率。

2. 黄体支持　指黄体期使用黄体酮类药物帮助内膜转化，为 12～14 天，若未孕则停药。

3. 血 HCG 值测定　是指排卵后黄体支持后 12～14 天（D26～D28）检测 HCG 值。

下面显示 4 种常用的药物促排卵过程监测图示。

（一）来曲唑促排卵周期监测 * 图示

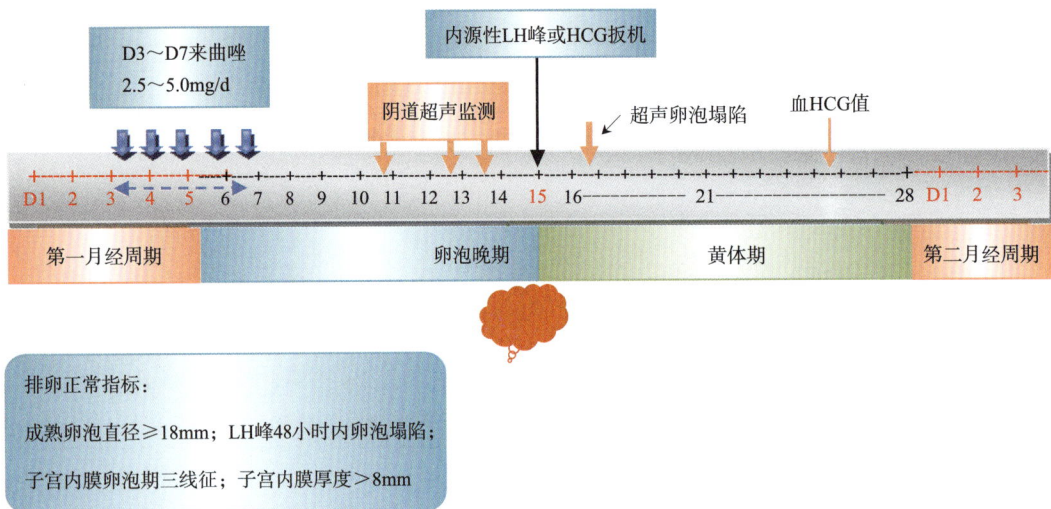

* **排卵周期监测**　排卵监测应在排卵监测报告单上记录，见表 4-2A、B。

（二）克罗米芬（C.C.）促排卵周期监测图示

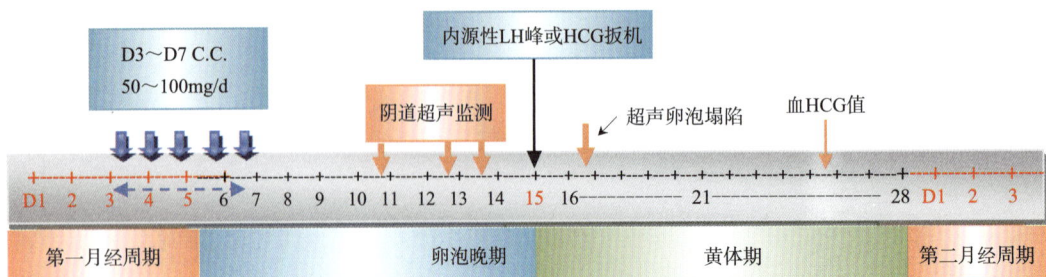

表 4-2A 自然周期▲/微刺激周期排卵监测报告单（供不孕者排卵自我监测）

姓名＿＿＿＿＿＿ 性别＿＿＿＿＿＿ 年龄＿＿＿＿＿＿ 诊断＿＿＿＿＿＿ 门诊号＿＿＿＿＿＿

治疗方案：C.C25mg C.C50mg C.C100mg 来曲唑2.5mm 其他：＿＿＿＿＿＿

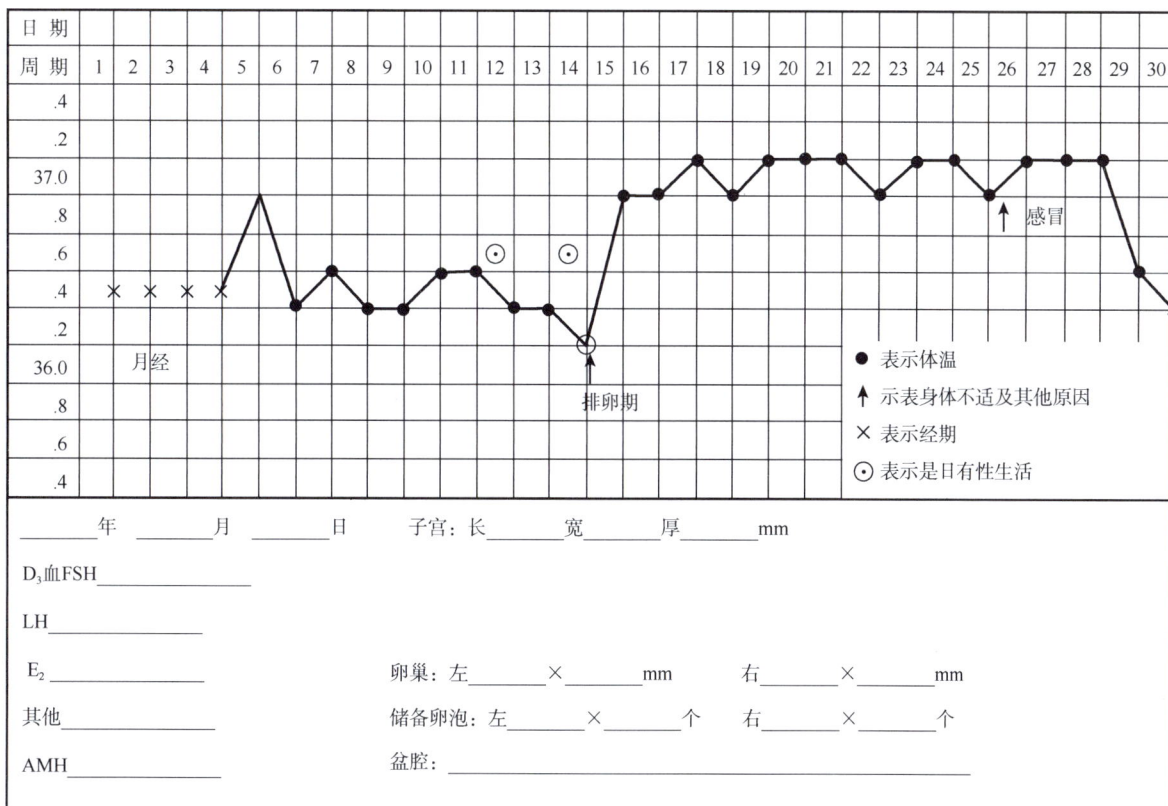

日 期																														
周 期	1	2	3	4	5	6	7	8	9	10	11	12	13	14	15	16	17	18	19	20	21	22	23	24	25	26	27	28	29	30

（体温曲线图）

● 表示体温
↑ 示表身体不适及其他原因
✕ 表示经期
⊙ 表示是日有性生活

月经 感冒 排卵期

＿＿＿＿年 ＿＿＿月 ＿＿＿日 子宫：长＿＿＿宽＿＿＿厚＿＿＿mm

D_3血FSH＿＿＿＿＿＿

LH＿＿＿＿＿＿

E_2＿＿＿＿＿＿ 卵巢：左＿＿＿×＿＿＿mm 右＿＿＿×＿＿＿mm

其他＿＿＿＿＿＿ 储备卵泡：左＿＿＿×＿＿＿个 右＿＿＿×＿＿＿个

AMH＿＿＿＿＿＿ 盆腔：＿＿＿＿＿＿

▲自然周期的自我监测可使用LH试纸、自测量尿LH峰值，在试纸上显示两条红色标识时表示"阳性"，30小时左右将发生排聊

单位：mm

表4-2B 超声卵泡监测▲（超声科医师填写）

＿＿＿＿年 ＿＿＿月

日 期	周 期	内 膜	卵 泡	签 名
			左	
			右	
			左	
			右	
			左	
			右	
			左	
			右	
			左	
			右	
备注：				

▲在卵泡晚期监测

（三）Gns（HMG）* 促排卵周期监测图示

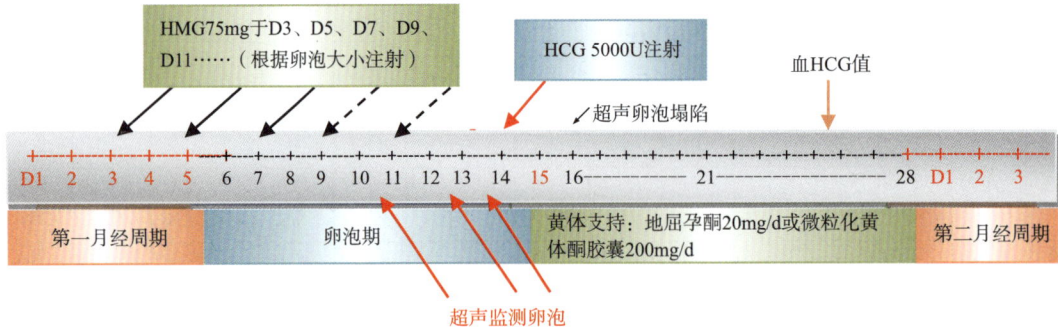

HMG75mg于D3、D5、D7、D9、D11……（根据卵泡大小注射）

HCG 5000U注射

血HCG值

超声卵泡塌陷

D1 2 3 4 5 6 7 8 9 10 11 12 13 14 15 16————21————28 D1 2 3

第一月经周期　卵泡期　黄体支持：地屈孕酮20mg/d或微粒化黄体酮胶囊200mg/d　第二月经周期

超声监测卵泡

* Gns（HMG）　Gns 是常用于排卵障碍人工授精的促性腺激素类药物，分两类，其中一类是尿源性促性腺激素 (FSH/HMG)，另一类是基因重组的促性腺激素。

（四）克罗米芬或来曲唑（C.C./LE）+ Gns 促排卵周期监测图示

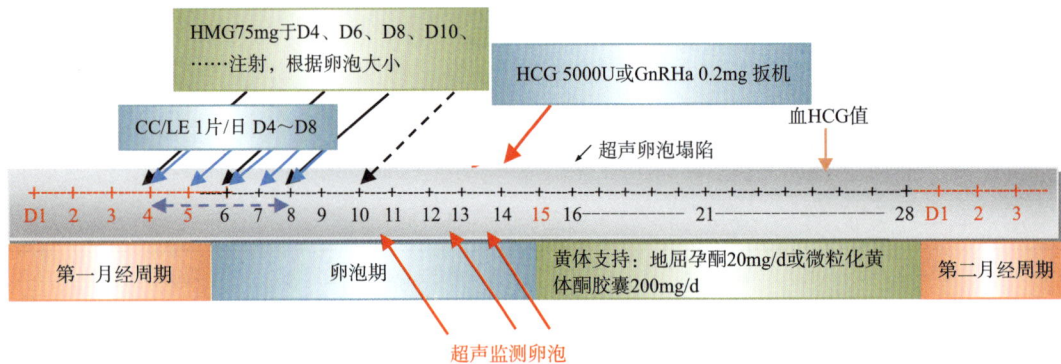

HMG75mg于D4、D6、D8、D10、……注射，根据卵泡大小

HCG 5000U或GnRHa 0.2mg 扳机

CC/LE 1片/日 D4～D8

血HCG值

超声卵泡塌陷

D1 2 3 4 5 6 7 8 9 10 11 12 13 14 15 16————21————28 D1 2 3

第一月经周期　卵泡期　黄体支持：地屈孕酮20mg/d或微粒化黄体酮胶囊200mg/d　第二月经周期

超声监测卵泡

第 5 章　辅助生殖技术的流程和风险控制

引　　言

　　辅助生殖技术包括人工授精、体外受精胚胎移植及其衍生技术，体外受精 - 胚胎移植技术俗称"试管婴儿"。其核心内容是将卵母细胞和（或）精子取出后在体内、外环境进行受精，培养成胚胎后再将胚胎移植回母体子宫内发育成胎儿。这项技术问世 40 多年来已不断成熟并得到普及，生殖医学已经发展成一个庞大的临床学科体系，解决了人类生殖障碍的大多数问题。国际上一些国家通过体外受精技术出生的婴儿已占到出生人口的 3% ～ 4%，而我国每年进行 70 万～ 80 万个体外受精取卵周期。尽管目前行业规范、技术水平、管理系统、服务意识方面都在不断进步，但是在深化管理、规范流程和风险控制方面仍然还存在着一些问题，有很多工作需要去做。

　　由于辅助生殖技术涉及多学科交叉知识，如临床医学、胚胎学、遗传学及分子生物学等；且治疗过程涉及面广，和许多前沿性和专业性强的学科前沿发展紧密相连，因此实施中特别需要医疗流程的、质控管理并加强诊疗规范，用以提高辅助生殖技术使用的标准化管理水平，尽可能防止错误，规避风险，提高效率。

一、诱导排卵的监测流程

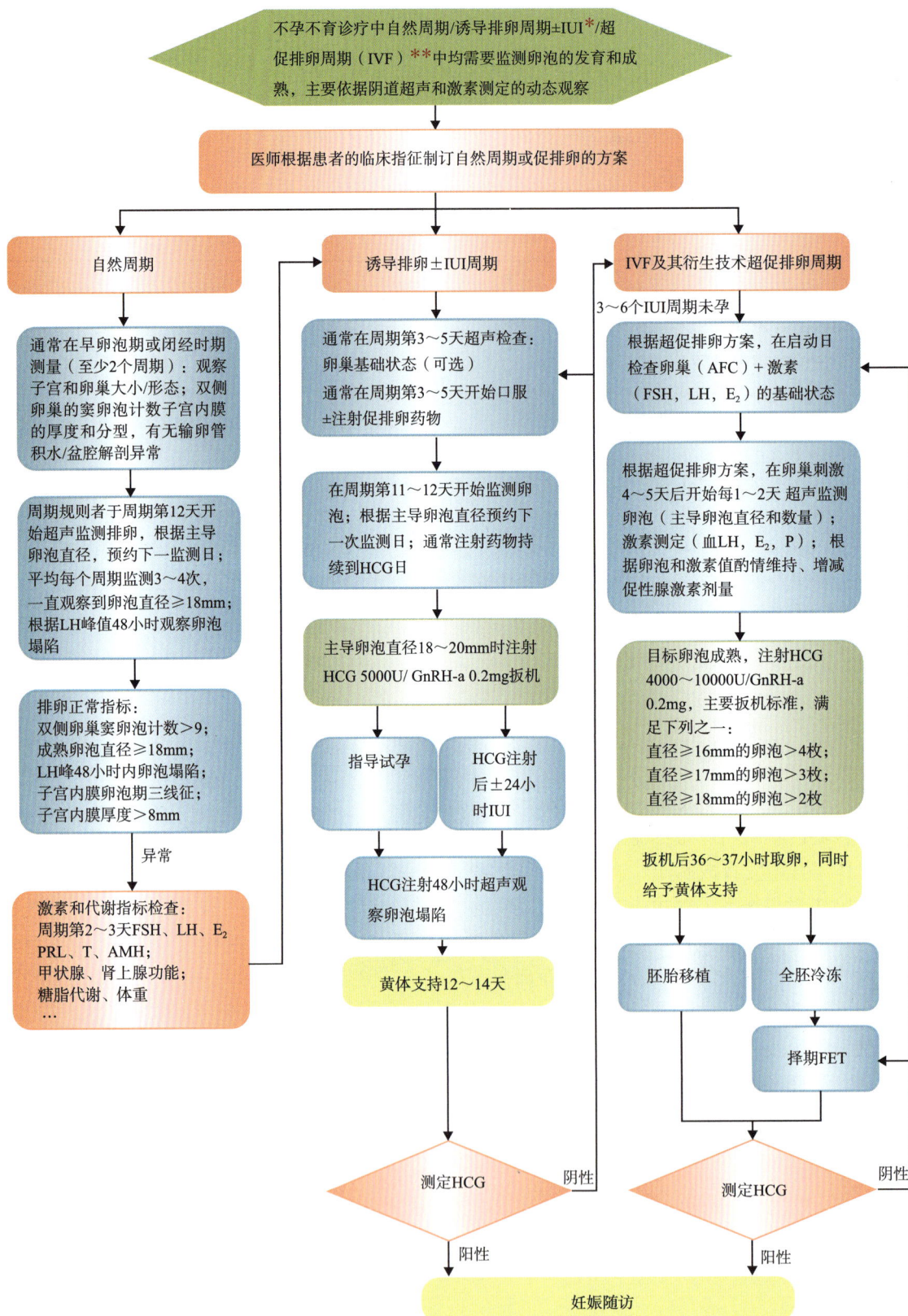

不孕不育诊疗中自然周期/诱导排卵周期±IUI*/超促排卵周期（IVF）**中均需要监测卵泡的发育和成熟，主要依据阴道超声和激素测定的动态观察

医师根据患者的临床指征制订自然周期或促排卵的方案

自然周期

通常在早卵泡期或闭经时期测量（至少2个周期）：观察子宫和卵巢大小/形态；双侧卵巢的窦卵泡计数子宫内膜的厚度和分型，有无输卵管积水/盆腔解剖异常

周期规则者于周期第12天开始超声监测排卵，根据主导卵泡直径，预约下一监测日；平均每个周期监测3～4次，一直观察到卵泡直径≥18mm；根据LH峰值48小时观察卵泡塌陷

排卵正常指标：
双侧卵巢窦卵泡计数>9；
成熟卵泡直径≥18mm；
LH峰48小时内卵泡塌陷；
子宫内膜卵泡期三线征；
子宫内膜厚度>8mm

异常

激素和代谢指标检查：
周期第2～3天FSH、LH、E_2、PRL、T、AMH；
甲状腺、肾上腺功能；
糖脂代谢、体重
…

诱导排卵±IUI周期

通常在周期第3～5天超声检查：卵巢基础状态（可选）
通常在周期第3～5天开始口服±注射促排卵药物

在周期第11～12天开始监测卵泡；根据主导卵泡直径预约下一次监测日；通常注射药物持续到HCG日

主导卵泡直径18～20mm时注射HCG 5000U/ GnRH-a 0.2mg扳机

指导试孕

HCG注射后±24小时IUI

HCG注射48小时超声观察卵泡塌陷

黄体支持12～14天

IVF及其衍生技术超促排卵周期

3～6个IUI周期未孕

根据超促排卵方案，在启动日检查卵巢（AFC）+激素（FSH，LH，E_2）的基础状态

根据超促排卵方案，在卵巢刺激4～5天后开始每1～2天 超声监测卵泡（主导卵泡直径和数量）；激素测定（血LH，E_2，P）；根据卵泡和激素值酌情维持、增减促性腺激素剂量

目标卵泡成熟，注射HCG 4000～10000U/GnRH-a 0.2mg，主要扳机标准，满足下列之一：
直径≥16mm的卵泡>4枚；
直径≥17mm的卵泡>3枚；
直径≥18mm的卵泡>2枚

扳机后36～37小时取卵，同时给予黄体支持

胚胎移植

全胚冷冻

择期FET

测定HCG　阴性

阳性

测定HCG　阴性

阳性

妊娠随访

*IUI　宫腔内人工授精。

**IVF　体外受精。

二、体外受精技术常用促排卵方案及流程

（一）GnRH 激动剂长方案 * 图示

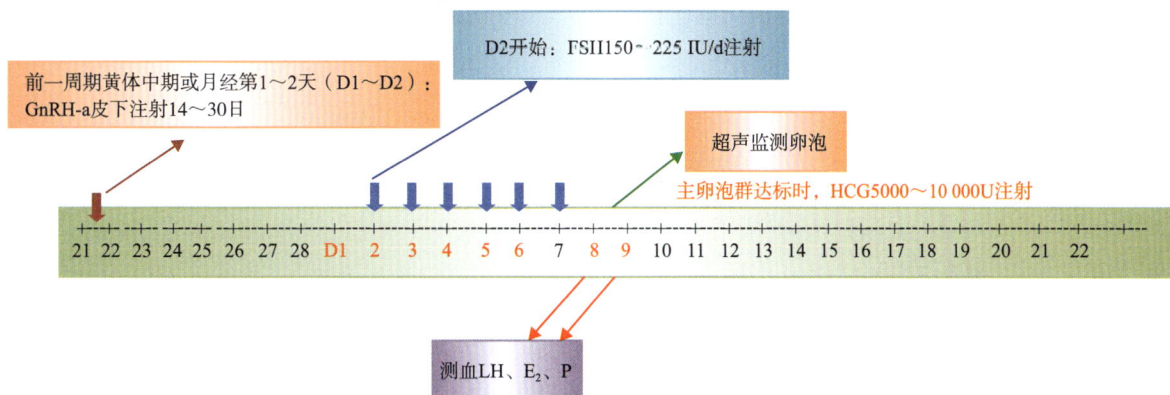

*GnRH 激动剂长方案　用法如下：

1. 前次月经周期黄体中期（月经规律者相当于 D21）至月经第 1 ～ 2 天用长效 GnRH-a 1/2 或 1/3 支（1.25 ～ 1.875mg），或短效 GnRH-a 0.05 ～ 0.1mg/d 皮下注射。

2. 降调节后 14 ～ 30 天达到降调标准：$LH \leqslant 5U/L$，$E_2 \leqslant 50pg/ml$，子宫内膜厚度 ≤ 6mm 后启用 FSH/HMG 促排卵，药物剂量根据患者年龄、体重及卵巢储备选择。

3. 促排卵第 5 天起测定血激素并监测卵泡发育。

4. 主卵泡群＞ 4 枚以上，直径＞ 16 ～ 17mm；或＞ 3 枚以上，直径＞ 17mm；＞ 2 枚以上，直径＞ 18mm；HCG5000 ～ 10 000U 注射扳机。

适用于：

1. 常规 IVF — ET/ICSI 周期。

2. 多囊卵巢综合征（PCOS）。

3. 子宫内膜异位症。

4. 男方因素。

（二）GnRH 激动剂短方案 * 图示

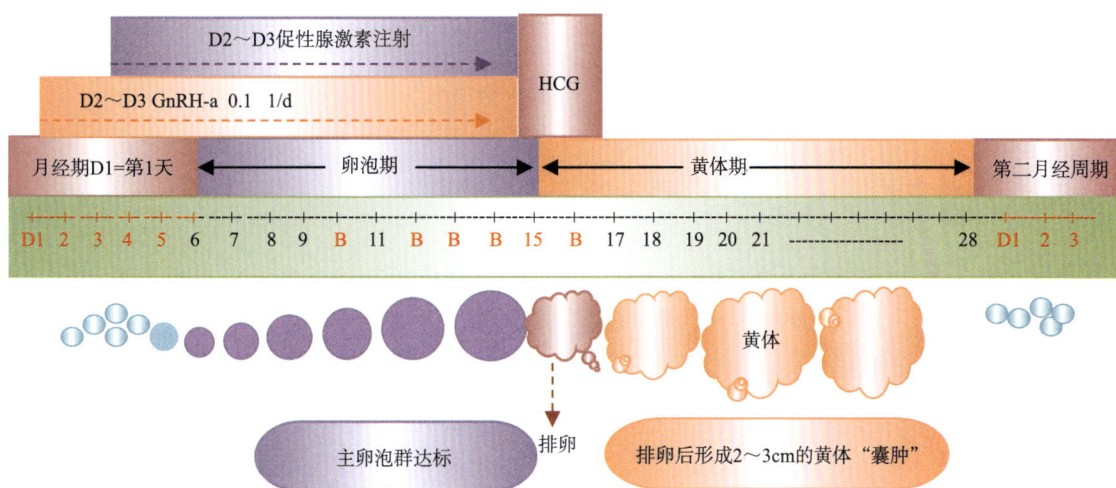

*GnRH 激动剂短方案　用法如下：月经 D2 ～ D3 天用短效 GnRH-a 0.1mg/d 皮下注射 + 促性腺激素（FSH/HMG）注射。余同长方案。

适用于年轻卵巢功能不良者，现已逐渐被拮抗剂方案取代。

（三）促性腺激素释放激素拮抗剂方案 * 图示

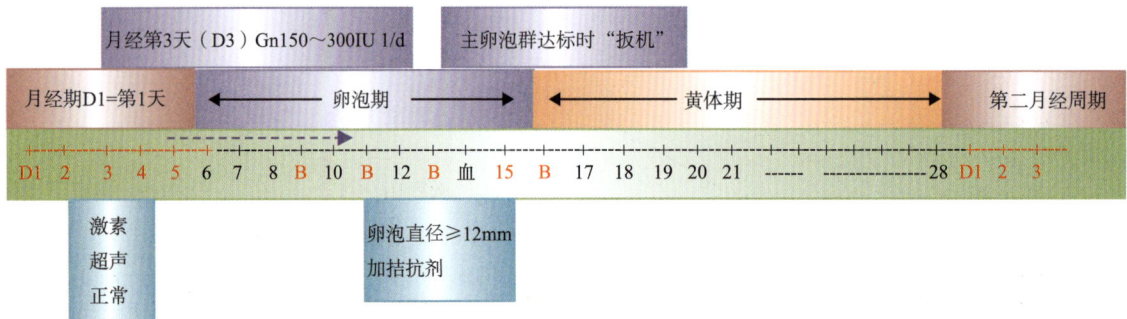

* 促性腺激素释放激素拮抗剂方案　用法如下：

1. 月经第 2～3 天测 FSH、E_2、LH、超声。如为基础状态使用 Gns（150～300U/d）启动。

2. Gns 起始剂量取决于患者年龄、体重、AFC、AMH、基础 FSH，在 Gns 刺激的 4 天后开始监测，根据患者的血清 E_2 和卵泡调整 Gn 的剂量。

3. 添加拮抗剂：灵活方案当主导卵泡直径 ≥ 12mm 时添加拮抗剂直至 HCG 日；固定方案为周期第 6 天添加拮抗剂直至 HCG 日。

4. 当主卵泡群达标，使用 HCG 5000U 或 GnRH-a 0.2mg 扳机。如有 OHSS 风险或拟黄体期再次促排卵，建议用 GnRH-a 扳机。

（四）用于肿瘤患者保存生育力的拮抗剂方案图示

1. 来曲唑 +Gns+ 拮抗剂方案 *

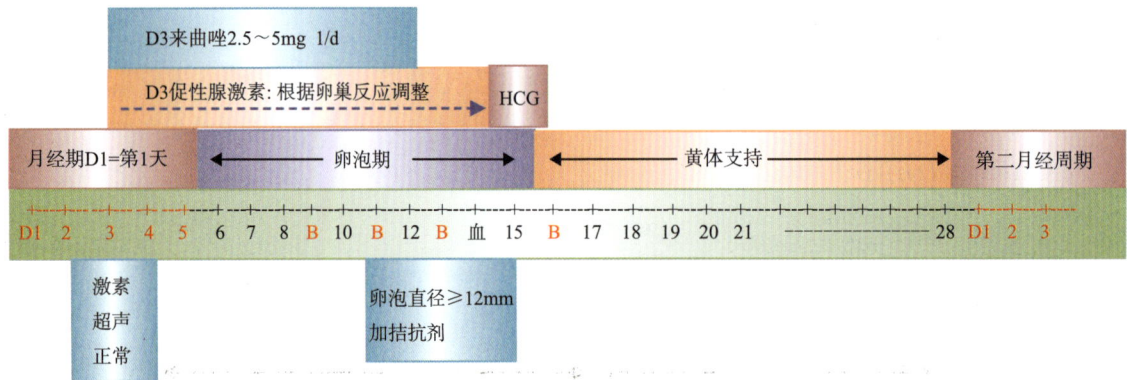

* 来曲唑 +Gns+ 拮抗剂方案　用法如下：适用于对雌激素依赖的肿瘤（子宫内膜肿瘤和雌激素受体阳性的乳腺肿瘤）患者，推荐常规使用来曲唑 +Gns 进行卵巢刺激。

可依据患者的卵巢储备情况使用。

（1）周期第 3～4 天，来曲唑每日 2.5mg 或 5mg 启动，后增加来曲唑至每日 10mg，使雌激素 < 500pg/ml 持续至 HCG 日；FSH+HMG150～300U/d 注射。

（2）添加拮抗剂：当主导卵泡直径 ≥ 12mm 添加拮抗剂。

（3）扳机时机：主卵泡群直径达标时，HCG5000～10 000U 或 GnRH-a 0.2mg，注射扳机。

（4）如果取卵后 E_2 > 500pg/ml，取卵后继续使用来曲唑直至月经来潮或开始化疗。

2. 随时启动的卵巢刺激方案 *

（1）随时开始和中卵泡期刺激方案 **

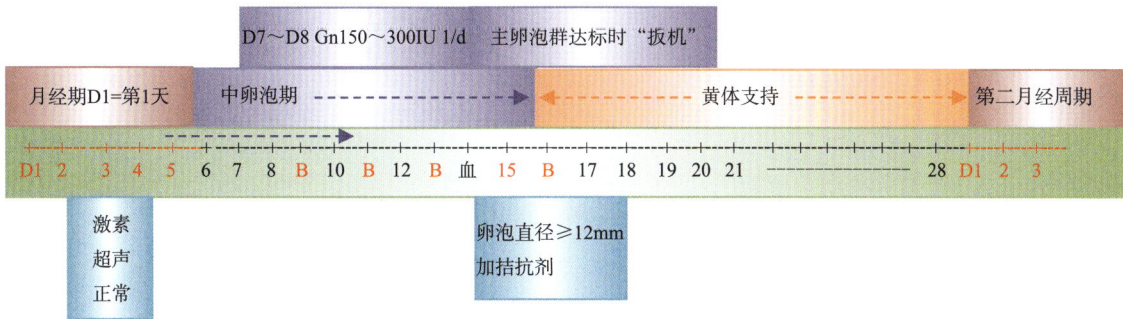

D7～D8 Gn150～300IU 1/d　主卵泡群达标时"扳机"

月经期D1=第1天　中卵泡期 ----→　黄体支持　第二月经周期

D1 2 3 4 5 6 7 8 B 10 B 12 B 血 15 B 17 18 19 20 21 28 D1 2 3

激素 超声 正常

卵泡直径≥12mm 加拮抗剂

* 随时启动的卵巢刺激方案　月经周期中的卵泡期或黄体期用 Gns± 来曲唑促排卵。

** 中卵泡期刺激方案　在自发的 LH 峰前，如果卵泡群直径＜ 12mm，直接开始卵巢刺激，用 Gns± 来曲唑（剂量标准参照上述）。当卵泡群直径＞ 12mm，开始使用拮抗剂直至 HCG 日。

（2）晚卵泡期刺激方案 *

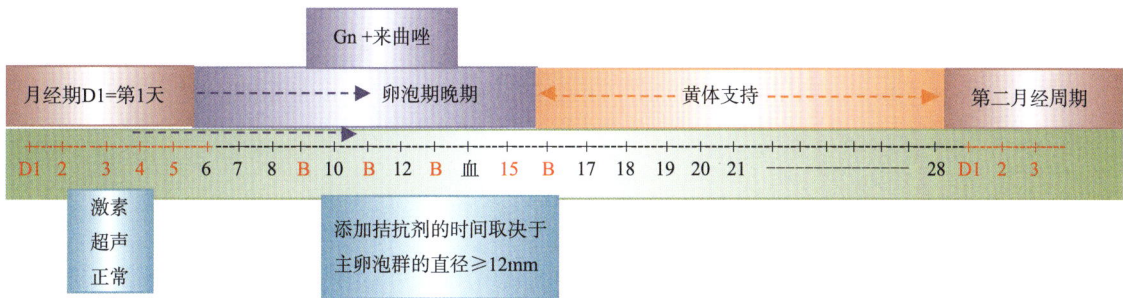

Gn +来曲唑

月经期D1=第1天　卵泡期晚期 ←----→　黄体支持　第二月经周期

D1 2 3 4 5 6 7 8 B 10 B 12 B 血 15 B 17 18 19 20 21 28 D1 2 3

激素 超声 正常

添加拮抗剂的时间取决于 主卵泡群的直径≥12mm

* 晚卵泡期刺激方案　月经周期第 7 天后，卵泡直径＞ 13mm，P ＜ 2.0ng/ml。Gns± 来曲唑（剂量标准参照上述）在主导卵泡的自发 LH 峰后注射，当继后卵泡群直径＞ 12mm 时，添加拮抗剂抑制继发的 LH 峰直至 HCG 日。

（3）黄体期刺激方案 *

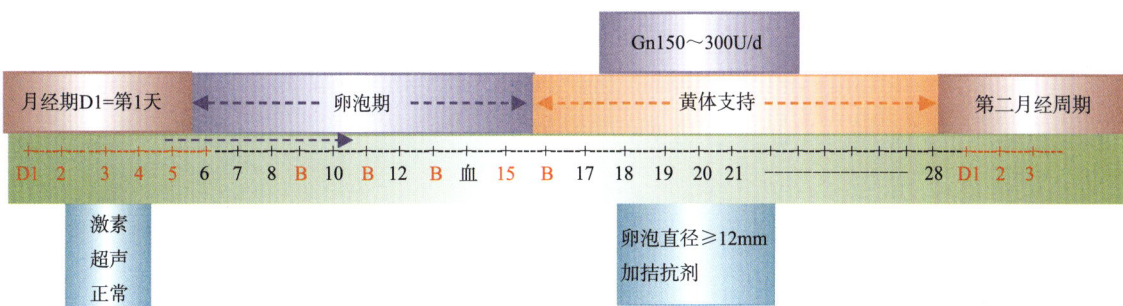

Gn150～300U/d

月经期D1=第1天　卵泡期 ----→　黄体支持　第二月经周期

D1 2 3 4 5 6 7 8 B 10 B 12 B 血 15 B 17 18 19 20 21 28 D1 2 3

激素 超声 正常

卵泡直径≥12mm 加拮抗剂

* 黄体期刺激方案　与常规拮抗剂方案类似，可随时开始卵巢刺激，在主导卵泡直径＞ 12mm 时使用拮抗剂。

（五）克罗米芬（C.C.）刺激促卵泡方案 * 图示

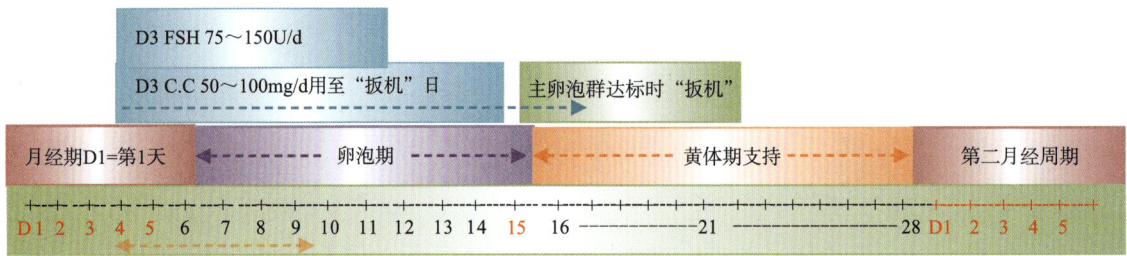

* 克罗米芬（C.C.）刺激促卵泡方案　用法如下：

1. D3：空腹抽血查，FSH ＜ 20U/L，E_2 ＜ 280pmol/ml，经阴道彩色多普勒超声检查提示储备卵泡直径 4～8mm。可以启动促排时用克罗米芬 C.C50～100mg/d+ 重组人促卵泡激素 FSH 50U～150U/d 启动。C.C 用到扳机日，主卵泡群达标基础上扳机。

2. FSH 刺激的第 6 天超声监测，定期查 LH\E_2，根据主卵泡群直径决定扳机时间。若卵泡生长较快或 LH 有上升趋势时可加用吲哚美辛（消炎痛）栓 1 枚，1 次 / 日。

3. 扳机时机是当 4 枚主导卵泡直径达到 16mm，或 3 枚主导卵泡直径达到 17mm 时予以人绒毛膜促性腺素（HCG）扳机。有卵巢过度刺激综合征风险的可以选择 0.2mgGnRH-a 扳机。

三、人工授精工作流程

（一）夫精人工授精的处理流程

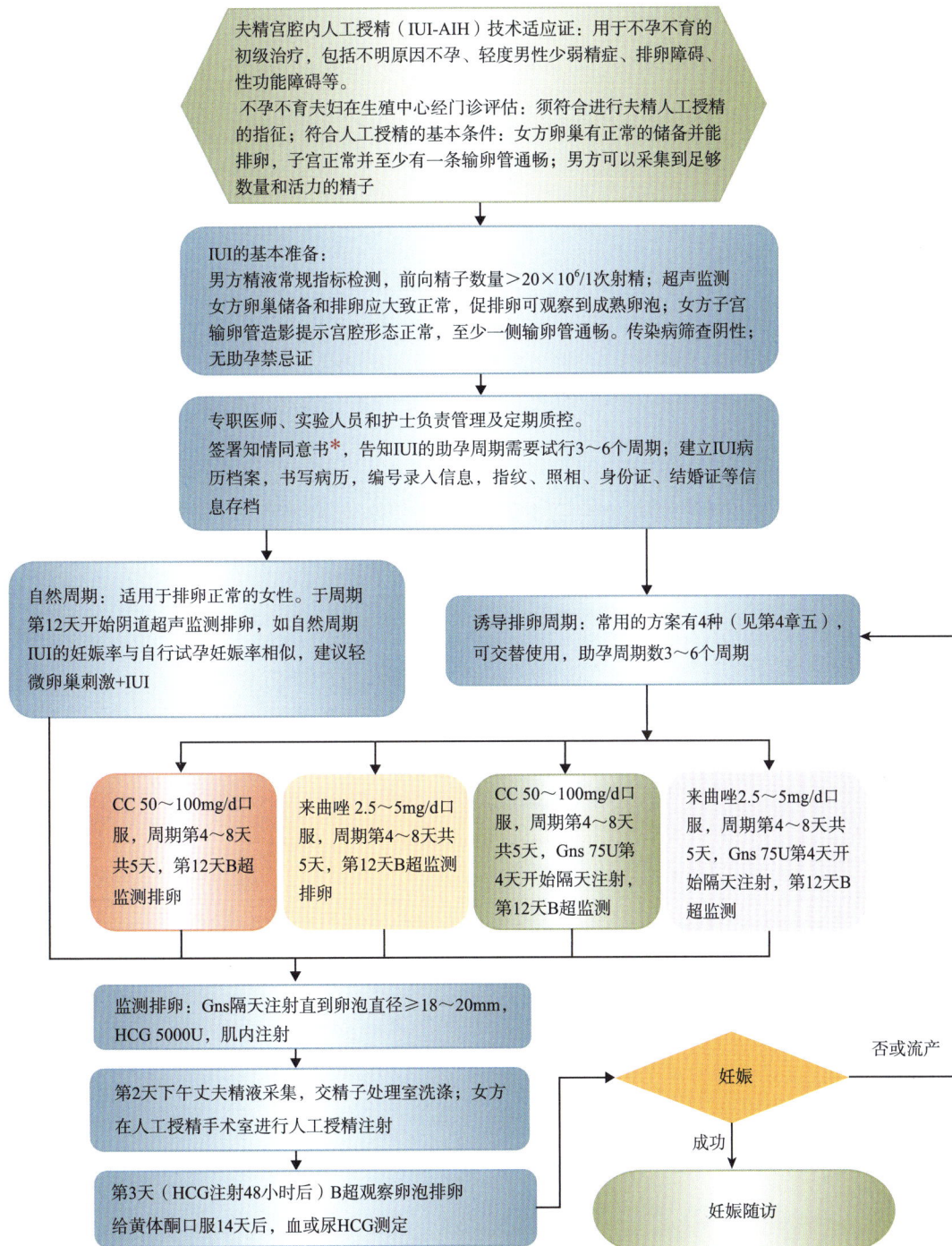

夫精宫腔内人工授精（IUI-AIH）技术适应证：用于不孕不育的初级治疗，包括不明原因不孕、轻度男性少弱精症、排卵障碍、性功能障碍等。
不孕不育夫妇在生殖中心经门诊评估：须符合进行夫精人工授精的指征；符合人工授精的基本条件：女方卵巢有正常的储备并能排卵，子宫正常并至少有一条输卵管通畅；男方可以采集到足够数量和活力的精子

IUI的基本准备：
男方精液常规指标检测，前向精子数量>20×10⁶/1次射精；超声监测女方卵巢储备和排卵应大致正常，促排卵可观察到成熟卵泡；女方子宫输卵管造影提示宫腔形态正常，至少一侧输卵管通畅。传染病筛查阴性；无助孕禁忌证

专职医师、实验人员和护士负责管理及定期质控。
签署知情同意书*，告知IUI的助孕周期需要试行3～6个周期；建立IUI病历档案，书写病历，编号录入信息，指纹、照相、身份证、结婚证等信息存档

自然周期：适用于排卵正常的女性。于周期第12天开始阴道超声监测排卵，如自然周期IUI的妊娠率与自行试孕妊娠率相似，建议轻微卵巢刺激+IUI

诱导排卵周期：常用的方案有4种（见第4章五），可交替使用，助孕周期数3～6个周期

CC 50～100mg/d口服，周期第4～8天共5天，第12天B超监测排卵

来曲唑 2.5～5mg/d口服，周期第4～8天共5天，第12天B超监测排卵

CC 50～100mg/d口服，周期第4～8天共5天，Gns 75U第4天开始隔天注射，第12天B超监测

来曲唑2.5～5mg/d口服，周期第4～8天共5天，Gns 75U第4天开始隔天注射，第12天B超监测

监测排卵：Gns隔天注射直到卵泡直径≥18～20mm，HCG 5000U，肌内注射

第2天下午丈夫精液采集，交精子处理室洗涤；女方在人工授精手术室进行人工授精注射

第3天（HCG注射48小时后）B超观察卵泡排卵给黄体酮口服14天后，血或尿HCG测定

妊娠

否或流产

成功

妊娠随访

*签署知情同意书　人工授精知情同意书见表 5-1

表 5-1　人工授精知情同意书

我们（妇）：＿＿＿＿＿＿＿（夫）：＿＿＿＿＿＿＿要求××××医院/××××临床生殖医学中心为我们提供辅助生育治疗。我们知情并签立如下知情同意书。

1. 为获得良好的排卵按治疗需要我会应用激素类和（或）其他药物。

2. 将下列经过处理的精子放入我的子宫腔：

　　＿＿＿＿＿＿＿我丈夫的精子

　　＿＿＿＿＿＿＿供者的精子

3. 人工授精以后为维持黄体功能，可能会有进一步的治疗。

4. 我们已与＿＿＿＿＿＿医师充分讨论了上述治疗过程，我们也已被口头和书面告知了治疗的过程，并咨询了我将面临的有关治疗的各种问题。

5. 我们明白在治疗过程中有可能发生卵巢无卵泡生长、卵巢过度刺激综合征、感染、卵子早排、子宫痉挛等并发症。

6. 我们同意在诱导排卵周期中，如果在双侧输卵管通畅的情况下，多于 3 个成熟卵泡时，放弃本周期的人工授精和怀孕计划。

7. 我们明白如果怀孕以后，同自然妊娠一样，有发生流产、异位妊娠、早产、多胎妊娠、死胎、胎儿畸形、新生儿畸形的可能。

8. 我们同意如果发生三胎以上妊娠（含三胎）时，按原国家卫生部的相关规定实施减胎术。

9. 我们理解该项技术的妊娠率一般在＿＿＿＿＿＿＿%。

10. 我们理解我应付的治疗费用共计约＿＿＿＿＿＿＿元。

11. 我们同意配合医师对上述治疗的结局进行随访并保证提供固定的电话和其他通讯方式，也得到院方的保密承诺。

我们已阅读并接受此文件的术语，并理解上述的所有问题。

　　　　　　　丈夫（签字）：＿＿＿＿＿＿＿身份证号码：＿＿＿＿＿＿＿＿＿＿＿日期：＿＿＿＿＿＿＿

　　　　　　　妻子（签字）：＿＿＿＿＿＿＿身份证号码：＿＿＿＿＿＿＿＿＿＿＿日期：＿＿＿＿＿＿＿

　　　　　　　结婚证号码：＿＿＿＿＿＿＿＿＿＿＿

　　　　　　　生育证号码：＿＿＿＿＿＿＿＿＿＿＿

　　　　　　　医师（签字）：＿＿＿＿＿＿＿＿＿＿＿日期＿＿＿＿＿＿＿＿＿＿＿

（二）供精人工授精的处理流程

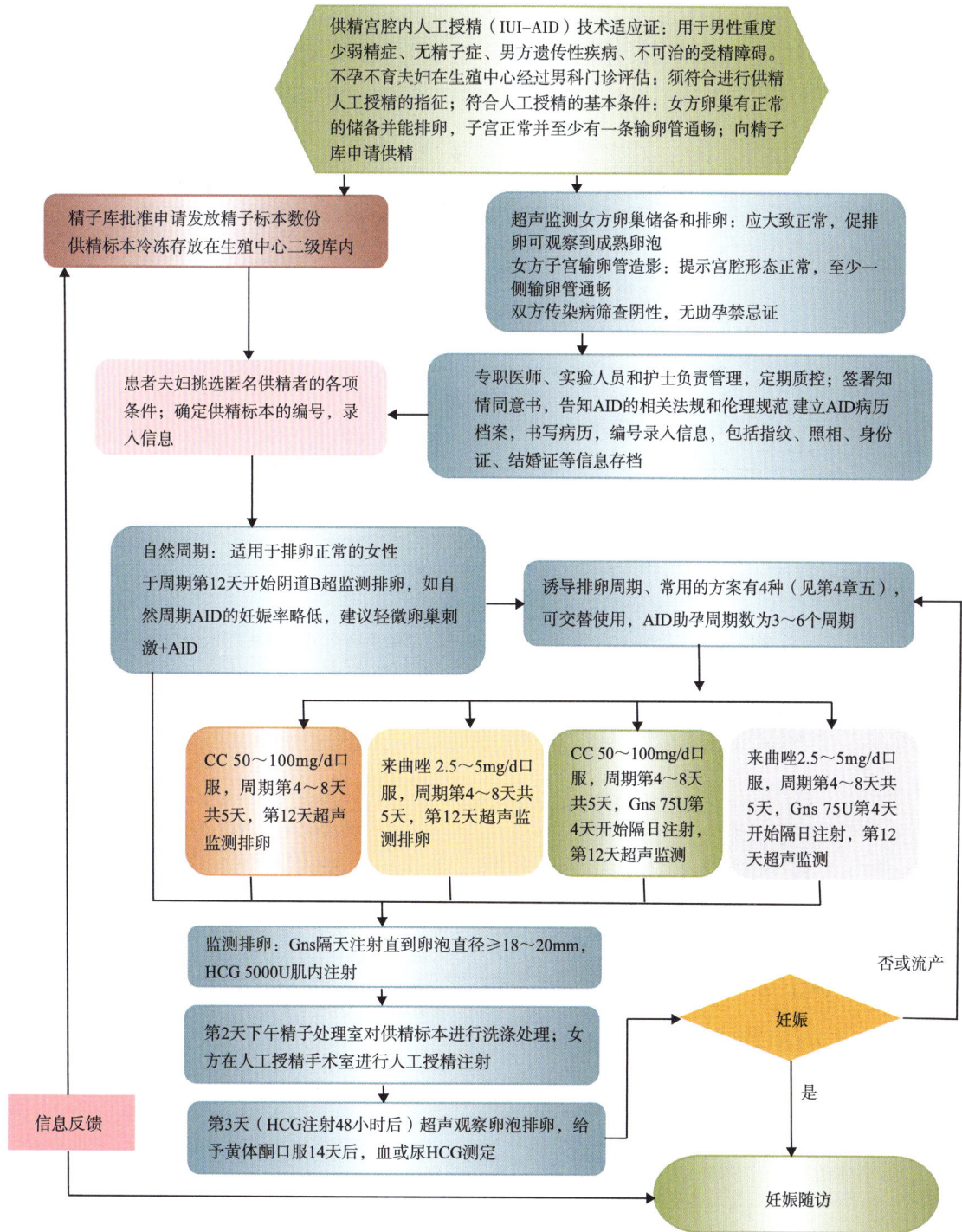

供精宫腔内人工授精（IUI-AID）技术适应证：用于男性重度少弱精症、无精子症、男方遗传性疾病、不可治的受精障碍。不孕不育夫妇在生殖中心经过男科门诊评估；须符合进行供精人工授精的指征；符合人工授精的基本条件：女方卵巢有正常的储备并能排卵，子宫正常并至少有一条输卵管通畅；向精子库申请供精

精子库批准申请发放精子标本数份
供精标本冷冻存放在生殖中心二级库内

超声监测女方卵巢储备和排卵：应大致正常，促排卵可观察到成熟卵泡
女方子宫输卵管造影：提示宫腔形态正常，至少一侧输卵管通畅
双方传染病筛查阴性，无助孕禁忌证

患者夫妇挑选匿名供精者的各项条件；确定供精标本的编号，录入信息

专职医师、实验人员和护士负责管理，定期质控；签署知情同意书，告知AID的相关法规和伦理规范 建立AID病历档案，书写病历，编号录入信息，包括指纹、照相、身份证、结婚证等信息存档

自然周期：适用于排卵正常的女性
于周期第12天开始阴道B超监测排卵，如自然周期AID的妊娠率略低，建议轻微卵巢刺激+AID

诱导排卵周期、常用的方案有4种（见第4章五），可交替使用，AID助孕周期数为3～6个周期

CC 50～100mg/d口服，周期第4～8天共5天，第12天超声监测排卵

来曲唑 2.5～5mg/d口服，周期第4～8天共5天，第12天超声监测排卵

CC 50～100mg/d口服，周期第4～8天共5天，Gns 75U第4天开始隔日注射，第12天超声监测

来曲唑2.5～5mg/d口服，周期第4～8天共5天，Gns 75U第4天开始隔日注射，第12天超声监测

监测排卵：Gns隔天注射直到卵泡直径≥18～20mm，HCG 5000U肌内注射

第2天下午精子处理室对供精标本进行洗涤处理；女方在人工授精手术室进行人工授精注射

第3天（HCG注射48小时后）超声观察卵泡排卵，给予黄体酮口服14天后，血或尿HCG测定

妊娠

否或流产

是

信息反馈

妊娠随访

四、体外受精和胚胎移植（IVF-ET）处理流程

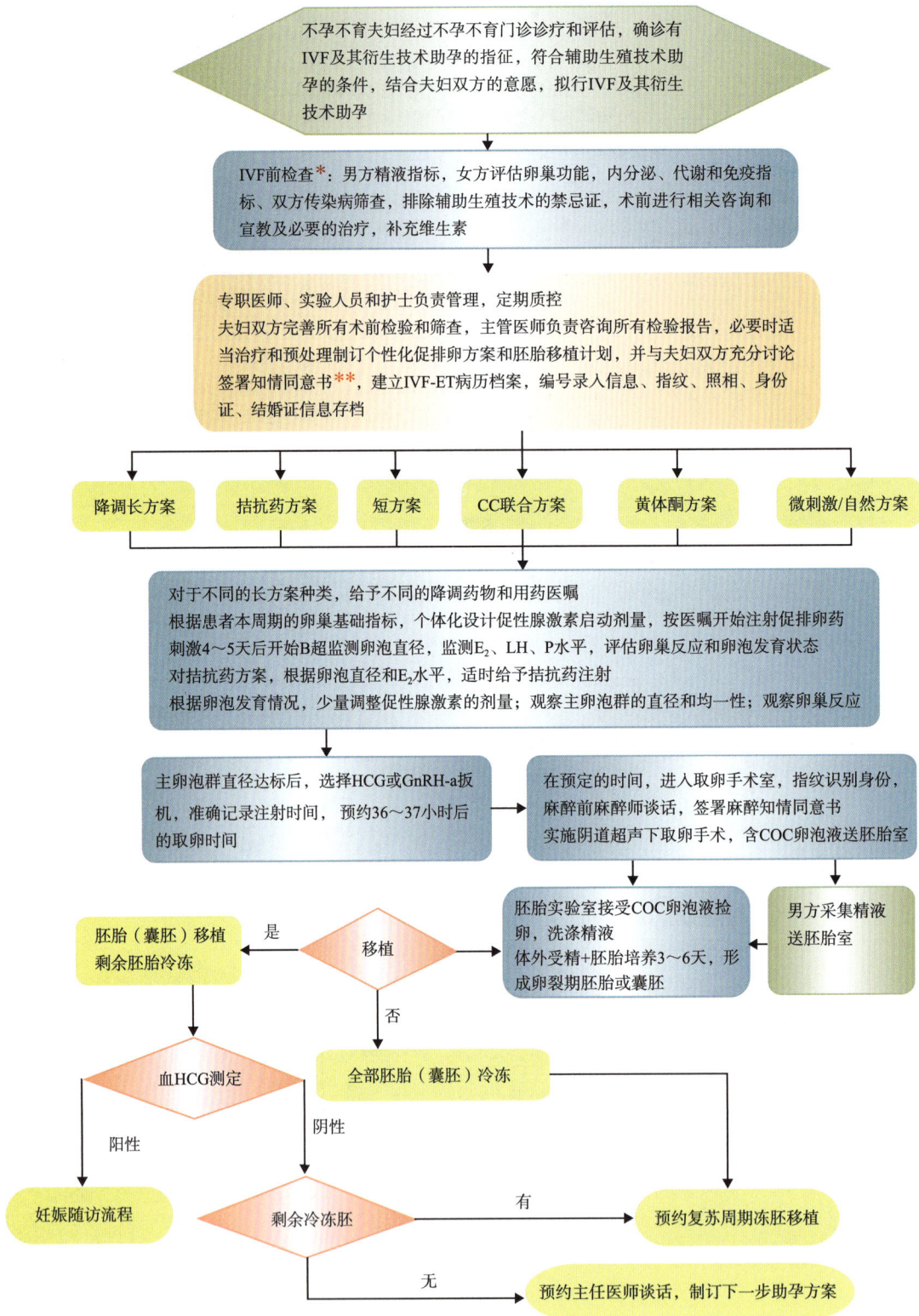

不孕不育夫妇经过不孕不育门诊诊疗和评估，确诊有 IVF及其衍生技术助孕的指征，符合辅助生殖技术助孕的条件，结合夫妇双方的意愿，拟行IVF及其衍生技术助孕

IVF前检查*：男方精液指标，女方评估卵巢功能，内分泌、代谢和免疫指标、双方传染病筛查，排除辅助生殖技术的禁忌证，术前进行相关咨询和宣教及必要的治疗，补充维生素

专职医师、实验人员和护士负责管理，定期质控
夫妇双方完善所有术前检验和筛查，主管医师负责咨询所有检验报告，必要时适当治疗和预处理制订个性化促排卵方案和胚胎移植计划，并与夫妇双方充分讨论签署知情同意书**，建立IVF-ET病历档案，编号录入信息、指纹、照相、身份证、结婚证信息存档

| 降调长方案 | 拮抗药方案 | 短方案 | CC联合方案 | 黄体酮方案 | 微刺激/自然方案 |

对于不同的长方案种类，给予不同的降调药物和用药医嘱
根据患者本周期的卵巢基础指标，个体化设计促性腺激素启动剂量，按医嘱开始注射促排卵药
刺激4～5天后开始B超监测卵泡直径，监测E_2、LH、P水平，评估卵巢反应和卵泡发育状态
对拮抗药方案，根据卵泡直径和E_2水平，适时给予拮抗药注射
根据卵泡发育情况，少量调整促性腺激素的剂量；观察主卵泡群的直径和均一性；观察卵巢反应

主卵泡群直径达标后，选择HCG或GnRH-a扳机，准确记录注射时间，预约36～37小时后的取卵时间

在预定的时间，进入取卵手术室，指纹识别身份，麻醉前麻醉师谈话，签署麻醉知情同意书
实施阴道超声下取卵手术，含COC卵泡液送胚胎室

胚胎实验室接受COC卵泡液捡卵，洗涤精液
体外受精+胚胎培养3～6天，形成卵裂期胚胎或囊胚

男方采集精液送胚胎室

移植

是 → 胚胎（囊胚）移植 剩余胚胎冷冻

否 → 全部胚胎（囊胚）冷冻

血HCG测定

阳性 → 妊娠随访流程

阴性 → 剩余冷冻胚

有 → 预约复苏周期冻胚移植

无 → 预约主任医师谈话，制订下一步助孕方案

*IVF 前检查　所有检查项目详见表 5-2A ～ B，主要为病例检查并和检查时间核对。

表 5-2A　病例检查项目核对

女方检查项目	签名	男方检查项目	签名
D3 性激素检查、AMH（抗米勒管激素）		精液全套	
盆腔超声检查		染色体	
女方全套（IVF-ET 前常规）		精子发生基因（选查）	
染色体		肝功能、肾功能	
输血前八项		血型	
肾功能		体检	
肝功能		性激素测定（选查）	
血常规		睾丸穿刺报告（选查）	
PT、APTT/ 凝血 5 项		输血前 8 项	
血型			
心电图			
白带常规			
宫颈细胞学检查			
甲状腺功能 5 项（FT_3、FT_4、FSH、TGAB、TpoAb）			

表 5-2B　患者超声等检查时项目核对

	检查项目		签名
D7 超声日	男性方体检及化验单所缺项目		
注射 HCG 日	病例是否完整		
	知情同意书是否签字		
	证件是否完整号码是否一致		
	检验单是否缺项		
	门诊病历是否完整		
取卵日	核对同上项目		
	回收医嘱单		
ET 日	再次核对以上项目		

** 签署知情同意书　常用知情同意书有 3 种，分别为体外受精 - 胚胎移植（IVF-ET），卵泡浆内单精子显微注射（ICSI），补救性单精子卵泡浆内注射的知情同意书，分别见表 5-3A ～ C。

表 5-3A 体外受精 - 胚胎移植（IVF-ET）知情同意书

××××××××× 医院生殖医学科 / 生殖中心

病历号＿＿＿＿＿＿＿＿

我们（妇）＿＿＿＿＿＿＿＿（夫）＿＿＿＿＿＿＿＿为合法夫妻，因患不育症授权＿＿＿＿＿＿＿＿医院生殖医学中心诊治，不育病因是＿＿＿。

医师已经向我们介绍了体外受精胚胎移植（IVF-ET）的适应证，如：①女方各种因素导致的配子运输障碍；②排卵障碍；③子宫内膜异位症；④男方少、弱精子症；⑤不明原因的不育；⑥免疫不育。根据我们的病情，医师建议我们采用体外受精 - 胚胎移植治疗。此外，还可选择其他的治疗方法，如＿＿＿＿＿＿＿＿等。

经过慎重考虑，我们自愿选择体外受精 - 胚胎移植。

我们已被告知：体外受精 - 胚胎移植作为一种治疗手段并不能保证妊娠完全成功，根据我们年龄、不育病因等，目前临床妊娠率为＿＿＿＿＿。去年该中心临床妊娠率为＿＿＿＿＿。

医师已经向我们介绍了体外受精 - 胚胎移植的治疗过程，包括术前常规检查，药物诱发排卵，超声监测卵泡发育，超声引导下进行阴道取卵，精液采集与处理，体外受精，胚胎培养，胚胎移植和移植后药物支持黄体，适时验血和超声监测胚胎生长发育情况等。

医师还明确告诉我们：治疗过程中还可能出现下列不良反应及副作用，有时甚至会出现一些严重并发症，并可能导致治疗失败。医师同时也向我们介绍了针对这些副作用所采取的预防及治疗措施。由此可导致治疗费用增加，对此我们表示理解。

1. 方案选择：在 IVF 周期中，我选择自然周期 / 处排卵周期，在促排卵方案中我选择使用国产 / 进口 / 国产 + 进口药物。

2. 卵巢过度刺激：严重者可有恶心、腹痛、腹水、胸腔积液、血液浓缩、少尿，个别极严重者可有血栓形成、肝肾功能损害，甚至危及生命。一旦发生，可以用药物或穿刺引流胸腹水等治疗。

3. 卵巢反应不良：需调整用药剂量，甚至放弃本周期治疗。

4. 对高龄的患者，卵巢的反应性和妊娠率会明显下降，流产率和新生儿的出生缺陷率会增加。

5. 手术并发症：取卵手术中可能发生麻醉意外，其他脏器损伤，腹腔内出血，必要时需手术治疗。取卵、移植手术有可能导致感染，需抗感染治疗。

在胚胎培养和移植过程中，还可能出现以下情况。

1. 卵泡穿刺未取出卵子只能中止治疗；丈夫精液采集失败（包括附睾和睾丸取精），同意 / 不同意改用供精体外受精；同意 / 不同意卵子冷冻。

2. 由于精子卵子本身的异常可能导致受精失败或胚胎停止发育无可移植胚胎。

3. 如培养过程中胚胎质量差，我们同意 / 不同意放弃移植。

4. 由于体外受精 - 胚胎移植，每次移植 2~3 个胚胎，故常发生多胎妊娠，若出现妊娠 2 胎以上，必须进行减胎手术。我们了解胚胎减灭手术有可能发生流产、出血、感染以及一次手术失败需再次减胎。我们也了解目前的医疗水平，医生只能选择外观较小及容易操作部位的胚胎减灭，不能保证继续妊娠的胚胎没有畸形。

我们知道使用这一技术胎儿畸形率的发生与自然受孕没有显著差别，因此不能保证每一个出生的婴儿都是健康的。此外，体外受精 - 胚胎移植术后，妊娠与自然自然妊娠一样，相关的妊娠分娩发病并发症都有可能发生，如流产、葡萄胎等，有时需要手术治疗。

医师已经向我们介绍了完成一个体外受精 - 胚胎移植周期治疗所需要的大致费用。约为＿＿＿＿＿元，且不论治疗成功与否所需费用相同，如在治疗过程中，因各种原因中止治疗时，则收取已经完成的检查及治疗费用。

我们知道对自己的配子和胚胎有自主选择处理方式的权利，但不得买卖，我们有权利在任何时候要求终止实施该技术，而且不会影响生殖中心对我们今后的诊疗。为保证正常妊娠及出生后代的健康，我们将配合生殖中心对我们的妊娠情况及出生的后代进行随访，并向该中心提供详细的通讯地址、电话等个人信息。我们将遵照国家人口和计划生育法规和条例向生殖中心出示夫妻双方的身份证、结婚证和生育证明原件，并交付这三个证件的复印件。

我们确信本次体外受精 - 胚胎移植治疗过程中的精子及卵子均取自我们夫妇，所诞生的婴儿在遗传学及法律上完全归我们夫妇所有。

我们对通过本次体外受精 - 胚胎移植治疗出生的孩子（包括对有出生缺陷的孩子），负有伦理、道德和法律上的权利和义务。他们与自然出生的婴儿一样，享有同等的法律权利和义务，包括后代的继承权、受教育权、赡养父母的义务、父母离异时对孩子监护权等。

我们知道生殖中心对我们在此进行的有关检查及治疗信息保密，如果需要暴露我们的个人资料时，必须征得我们的同意。

我们已经认真阅读并完全理解了体外受精 - 胚胎移植治疗的有关细则和本知情同意书，还就我们关心的问题与医生进行了讨论，并得到了满意的答复，我们自愿选择体外受精 - 胚胎移植作为我们的治疗方式，并签署本知情同意书。

丈夫（签字）：＿＿＿＿＿＿＿＿ 日期：＿＿＿＿＿＿＿＿ 年＿＿＿＿＿＿ 月＿＿＿＿＿＿ 日＿＿＿＿＿＿

妻子（签字）：＿＿＿＿＿＿＿＿ 日期：＿＿＿＿＿＿＿＿ 年＿＿＿＿＿＿ 月＿＿＿＿＿＿ 日＿＿＿＿＿＿

医师（签字）：＿＿＿＿＿＿＿＿ 日期：＿＿＿＿＿＿＿＿ 年＿＿＿＿＿＿ 月＿＿＿＿＿＿ 日＿＿＿＿＿＿

表 5-3B　卵泡浆内单精子显微注射（ICSI）知情同意书

××××××××医院生殖医学科/生殖中心

病历号＿＿＿＿＿＿＿＿

　　我们（妇）＿＿＿＿＿＿＿＿（夫）＿＿＿＿＿＿＿＿为合法夫妻，因患不育症授权＿＿＿＿＿＿＿＿医院生殖医学中心使用辅助生育技术治疗，不育病因是＿＿＿＿＿＿＿＿＿＿＿＿＿＿＿＿＿＿＿＿＿＿＿＿＿＿＿＿＿＿＿＿＿＿＿＿＿＿。

　　医师已经向我们介绍了卵子胞质内单精子显微注射治疗的适应证，如：①严重的少、弱、畸形精子症；②不可逆的梗阻性无精子症；③生精功能障碍（排除遗传缺陷疾病所致）；④体外受精失败（本周期体外受精失败，作为补救方法可选，不建议）；⑤免疫不育；⑥精子顶体异常；⑦需行植入前胚胎遗传学检查者；⑧对于不明原因原发性不孕，多次 IUI 失败者，因受精失败风险增加，可以采用部分卵行 ICSI；⑨冻融卵子和 IVM 的受精方式可以采用 ICSI。

　　根据我们的病情，医师建议我们采用卵泡浆内单精子显微注射的方法治疗。此外，还有其他比较合适的治疗方法可供选择，如供精人工授精等。经过慎重考虑，我们自愿选择卵泡浆内单精子显微注射的治疗方法。

　　医师已告知我们卵泡浆内单精子显微注射作为一种治疗手段并不能保证妊娠完全成功。根据我们的年龄、不育病因等，如果选择该方式，目前的临床妊娠率为＿＿＿＿＿＿＿。该中心去年的临床妊娠率为＿＿＿＿＿＿＿。

　　医师已经向我们介绍了卵泡浆内单精子显微注射的治疗过程，包括术前常规检查，药物诱发排卵，超声监测卵泡发育，超声引导下经阴道取卵，精液采集与处理，显微镜下用显微注射针将单个精子直接注射进卵细胞使之受精，并发育为胚胎，再将胚胎植入子宫腔内。而后以药物支持黄体。适时验血和超声监测胚胎生长及发育情况等。

　　我们还了解到，如果取卵当天未能得到足够的精子行卵泡浆内单精子显微注射，我们同意/不同意使用卫生部批准的精子库提供的匿名冷冻精液进行卵泡浆内单精子显微注射。

　　我们已经知道目前这一技术在大多数情况下是安全的，但与常规体外受精胚胎移植一样，存在发生副反应和并发症的风险，不同的是该技术还存在其他风险，如：显微注射可能对卵子造成不可知的损伤；虽然男性染色体检查正常，但仍可能将我们携带的致病基因通过这一过程传递给下一代。使用这一技术胎儿畸形率的发生同自然受孕没有显著差别，但不能保证每一个出生的试管婴儿都是健康的。

　　我们知道，我们可能在治疗的任何阶段放弃或退出该治疗，而且将不会影响我们在本医疗机构今后的继续治疗。

　　医师已经向我们介绍了完成一个卵胞质内单精子显微注射周期治疗所需要的费用较常规体外受精-胚胎移植大致增加＿＿＿＿＿＿＿元，而且不论治疗成功与否所需费用完全相同。如在治疗过程中因各种原因需终止治疗时，则收取已经完成的检查及治疗费用。

　　我们已认真阅读并完全理解了卵泡浆内单精子显微注射治疗的有关细则和知情同意书的内容，并就我们关心的问题与医师进行了讨论，并得到了满意的答复。我们愿意选择卵胞质内单精子显微注射作为我们的治疗方式，并签署本知情同意书。

丈夫（签字）：＿＿＿＿＿＿＿＿日期：＿＿＿＿＿＿＿＿年＿＿＿＿＿＿＿＿月＿＿＿＿＿＿＿＿日

妻子（签字）：＿＿＿＿＿＿＿＿日期：＿＿＿＿＿＿＿＿年＿＿＿＿＿＿＿＿月＿＿＿＿＿＿＿＿日

医师（签字）：＿＿＿＿＿＿＿＿日期：＿＿＿＿＿＿＿＿年＿＿＿＿＿＿＿＿月＿＿＿＿＿＿＿＿日

注：采用卵泡浆内单精子显微注射的患者，除签署本知情同意书外，还需签署体外受精-胚胎移植知情同意书。

表 5-3C 补救性单精子卵泡浆内注射受精知情同意书

×××××××× 医院生殖医学科 / 生殖中心

病历号_____

告知接受辅助生育技术治疗的患者：

根据现有的国际国内的临床资料，在试管婴儿治疗中，即使在卵子形态和精液指标正常的情况下，体外受精时，也存在着完全不受精或低受精的现象，这是无法预知也难以避免的。为了尽可能避免受精失败的情况，生殖医学科实验室将实施：

1. 体外受精 6 小时后，实验室将对卵子进行观察，如初步判断所有的卵子均未受精则进行补救性单精子注射。

2. 体外受精 6 小时后，对难以确定是否受精的卵子，将继续观察到 10 小时以后，再判断是否行补救性单精子注射。对异常卵子或质量不好的未受精卵子，则不进行补救性单精子注射。

_____

我们被告知：由于卵子个体的差异，不能保证此时段对于受精的判断完全准确。有少数人的卵子，即使进行了补救性单精子注射也无法避免不受精、异常受精以及胚胎发育不良的结局。

我们了解这种治疗方式的利弊，同意根据实验室观察的结果，采用补救性单精子注射的方法，了解并愿意接受上述可能发生的风险，并同意 / 不同意交 ICSI（卵泡浆内单精子注射）费用_____元。

在实验室人员决定行补救性单精子注射时，不再通知我们。对某些特殊情况如低受精率，实验室人员将和我们讨论和商榷征得我们的口头同意后，再行补救性单精子注射，如果没有征得同意或无法及时联系上，将不予施行补救性单精子注射的治疗。

补充说明：无 □

有 □_____。

丈夫（签字）： _____日期：_____年_____月_____日

妻子（签字）： _____日期：_____年_____月_____日

医师（签字）： _____日期：_____年_____月_____日

五、激发排卵（扳机）流程

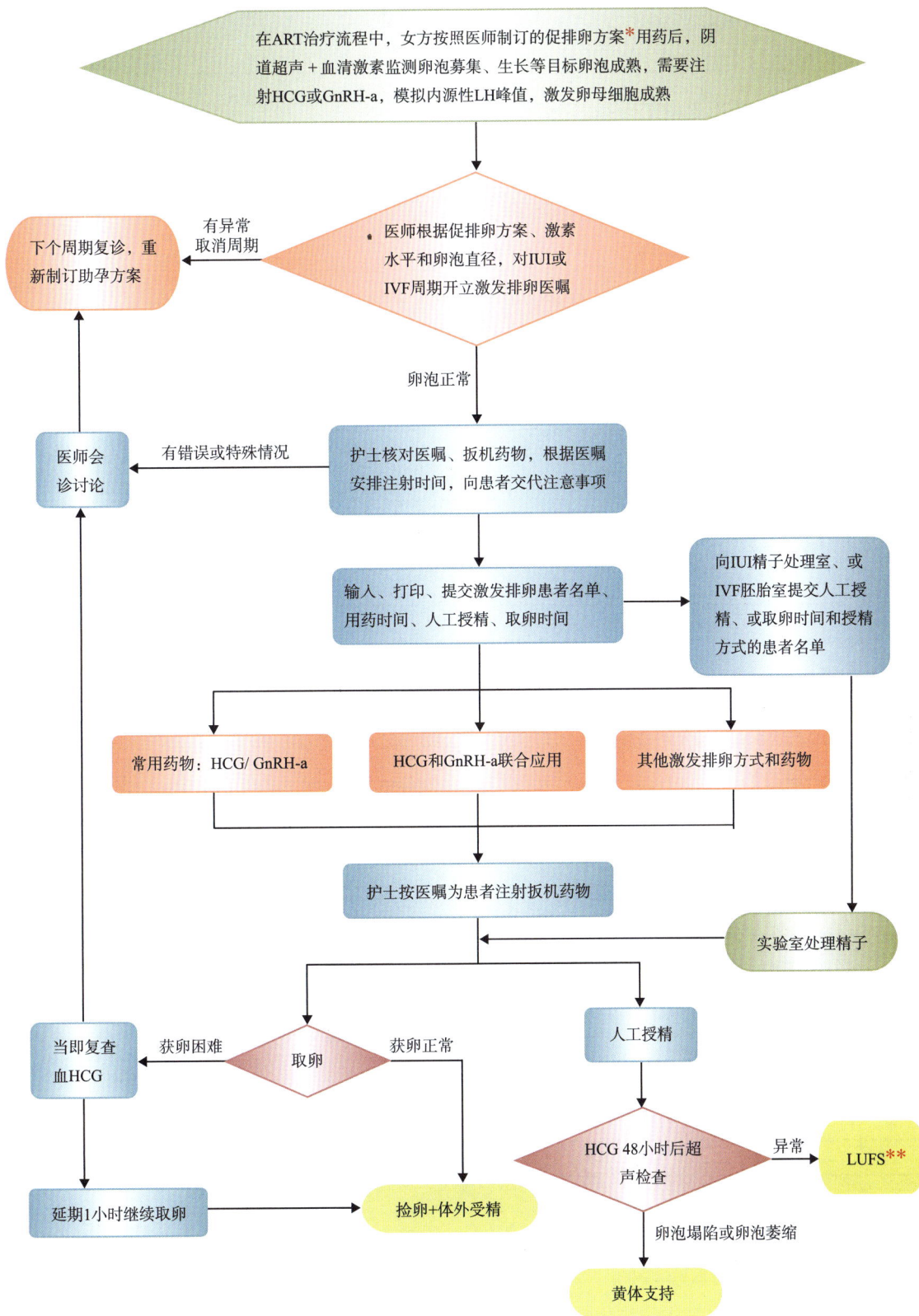

在ART治疗流程中，女方按照医师制订的促排卵方案*用药后，阴道超声＋血清激素监测卵泡募集、生长等目标卵泡成熟，需要注射HCG或GnRH-a，模拟内源性LH峰值，激发卵母细胞成熟

医师根据促排卵方案、激素水平和卵泡直径，对IUI或IVF周期开立激发排卵医嘱

有异常取消周期

下个周期复诊，重新制订助孕方案

卵泡正常

有错误或特殊情况

医师会诊讨论

护士核对医嘱、扳机药物，根据医嘱安排注射时间，向患者交代注意事项

输入、打印、提交激发排卵患者名单、用药时间、人工授精、取卵时间

向IUI精子处理室、或IVF胚胎室提交人工授精、或取卵时间和授精方式的患者名单

常用药物：HCG/ GnRH-a

HCG和GnRH-a联合应用

其他激发排卵方式和药物

护士按医嘱为患者注射扳机药物

实验室处理精子

当即复查血HCG

获卵困难

取卵

获卵正常

人工授精

HCG 48小时后超声检查

异常

LUFS**

延期1小时继续取卵

捡卵＋体外受精

卵泡塌陷或卵泡萎缩

黄体支持

*按照医师制订的促排卵方案　ART 促排卵治疗记录单见表 5-4，护士执行 ART 医嘱治疗单见表 5-5。

表 5-4　**ART 促排卵治疗记录单**

（第　　周期）编号＿＿＿＿＿＿＿＿＿

女方姓名＿＿＿＿＿＿＿＿＿＿＿＿年龄＿＿＿＿＿＿＿＿＿＿；男方姓名＿＿＿＿＿＿＿＿＿年龄＿＿＿＿＿＿

供卵方（如果有）＿＿＿＿＿＿＿＿＿＿＿＿＿＿＿；供精方（如果有）精子库编号＿＿＿＿＿＿＿＿＿＿＿＿

地址＿＿＿

电话号码（女）＿＿＿＿＿＿＿＿＿＿＿　　　（男）＿＿＿＿＿＿＿＿＿＿　　　（H）＿＿＿＿＿＿＿＿＿

治疗适应证＿＿

拟行治疗＿＿＿

卵巢基础状态测定　日期＿＿＿＿＿＿＿＿＿＿＿结果＿＿＿＿＿＿＿＿＿＿＿＿＿＿＿＿＿＿＿＿＿＿＿＿＿

检查日期＿＿＿＿＿＿＿＿＿FSH＿＿＿＿＿＿＿＿＿U/L；LH＿＿＿＿＿＿＿＿＿U/L；E_2＿＿＿＿＿＿pmol/L

宫腔预测量＿＿

周期前用药＿＿

备注＿＿＿

日期	周期	右侧卵泡	左侧卵泡	内膜	药物				E_2	P	签名
	1										
	2										
	3										
	4										
	5										
	6										
	7										
	8										
	9										
	10										
	11										

女方姓名＿＿＿＿＿＿＿＿＿＿男方姓名＿＿＿＿＿＿＿＿＿＿编号＿＿＿＿＿＿＿＿＿＿

日期	周期	右侧卵泡	左侧卵泡	内膜	药物				E_2	P	签名
	9										
	10										
	11										
	12										
	13										
	14										
	15										
	16										
	17										
	18										
	19										

*按照医师制订的促排卵方案　ART 促排卵治疗记录单见表 5-4，护士执行 ART 医嘱治疗单见表 5-5。

表 5-5　护士执行 ART 医嘱治疗单

ART 治疗单（a）

女方姓名：_____　年龄：_____岁　男方姓名：_____　治疗方式：<u>IVF　ICSI　PESA-ICSI　PGD　PGS　IVM</u>

辅助药物：　泼尼松　阿司匹林　罗红霉素　多种维生素　复合维生素_____　预处理用药：_____　其他药物：_____

GnRH-a：_____　医师签名：_____

抽血日期：_____　检查项目：<u>FSH、LH、E_2+ 超声</u>

其他：_____

日期	Gn 天数	剂量	用法	剂量	用法	剂量	用法	剂量	用法	Gn 天数	性激素检查晨空腹 08：30 之前生殖中心抽血
	1									1	
	2									2	
	3									3	
	4									4	
	5									5	
	6									6	
	7									7	
	8									8	
	9									9	
	10									10	
	11									11	
	12									12	
	13									13	

_____扳机日：_____年_____月_____日　药名：_____剂量：_____时间：_____

ART 治疗单（b）

女方姓名：_____　年龄：_____岁　　方　案：_____

辅助药物：泼尼松　阿司匹林　罗红霉素_____　预处理用药：_____

GnRH-a：_____　其他药物：_____

日期	周期	GnRH-a 剂量	注射法	FSH 剂量	注射法	HMG 剂量	注射法	黄体酮 剂量	注射法	HCG 剂量	注射法	其他药物 剂量	注射法	Gn 天数	性激素检查（空腹）晨 08：30 之前生殖中心抽血	注射者
	1													1		
	2													2		
	3													3		
	4													4		
	5													5		
	6													6		
	7													7		
	8													8		
	9													9		
	10													10		
	11													11		
	12													12		
	13													13		

**LUFS　未破裂卵泡黄素化。

六、取卵手术室取卵流程

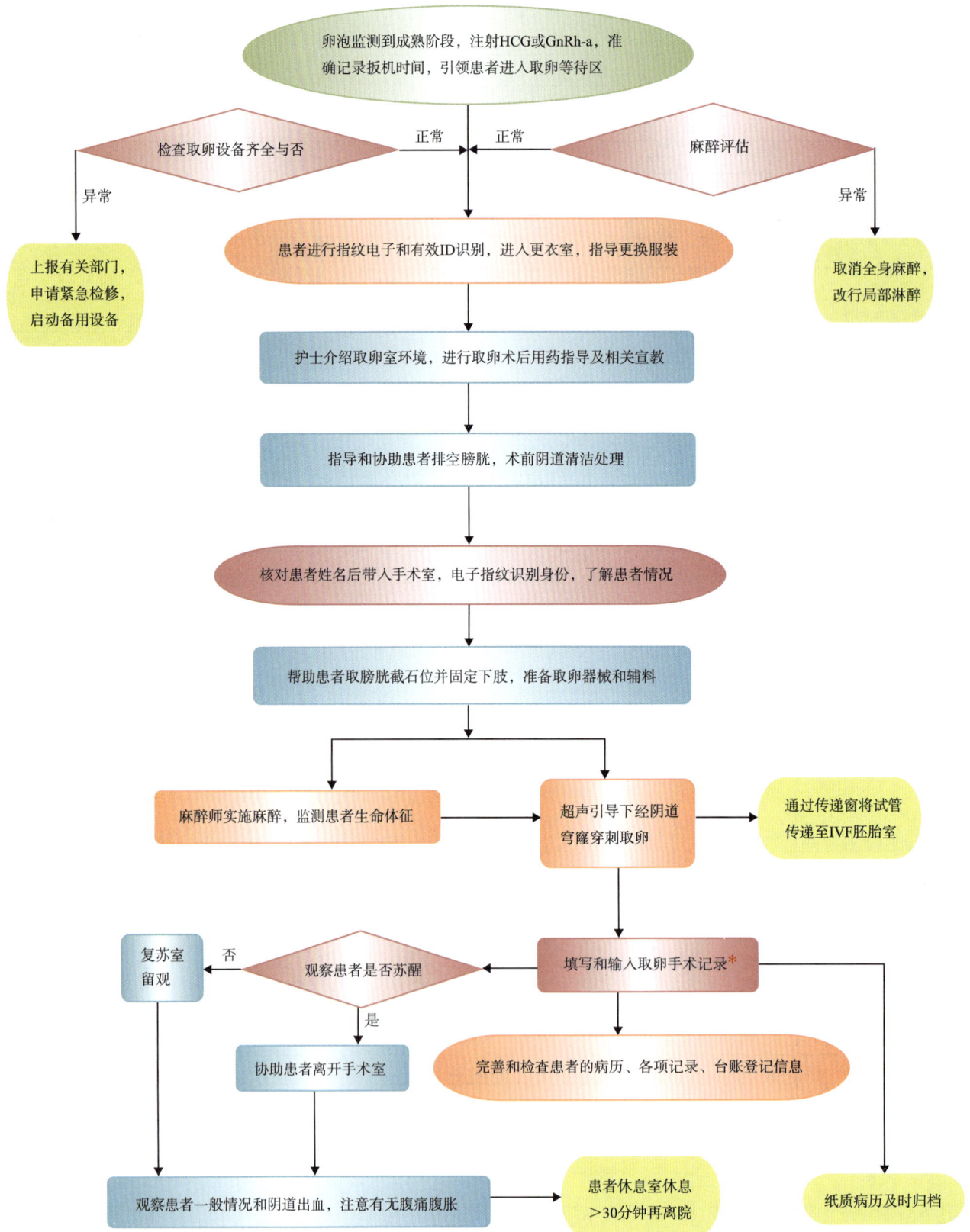

卵泡监测到成熟阶段，注射HCG或GnRh-a，准确记录扳机时间，引领患者进入取卵等待区

检查取卵设备齐全与否 —— 正常 | 正常 —— 麻醉评估

异常 → 上报有关部门，申请紧急检修，启动备用设备

异常 → 取消全身麻醉，改行局部淋醉

患者进行指纹电子和有效ID识别，进入更衣室，指导更换服装

护士介绍取卵室环境，进行取卵术后用药指导及相关宣教

指导和协助患者排空膀胱，术前阴道清洁处理

核对患者姓名后带入手术室，电子指纹识别身份，了解患者情况

帮助患者取膀胱截石位并固定下肢，准备取卵器械和辅料

麻醉师实施麻醉，监测患者生命体征

超声引导下经阴道穹窿穿刺取卵 → 通过传递窗将试管传递至IVF胚胎室

填写和输入取卵手术记录*

观察患者是否苏醒 —— 否 → 复苏室留观

是 → 协助患者离开手术室

完善和检查患者的病历、各项记录、台账登记信息

观察患者一般情况和阴道出血，注意有无腹痛腹胀 → 患者休息室休息>30分钟再离院

纸质病历及时归档

* **取卵手术记录**　取卵手术记录见表 5-6。

表 5-6　取卵手术记录

ART 号：＿＿＿＿＿＿＿＿＿

姓名：＿＿＿＿＿＿＿＿＿

手术时间：＿＿＿＿＿＿年＿＿＿月＿＿＿日

手术者：＿＿＿＿＿＿助手：＿＿＿＿＿技术员：＿＿＿＿＿＿

术前用药：＿＿＿＿＿＿＿＿＿＿＿＿＿＿＿＿＿＿＿＿

麻醉：□是（异丙酚＿＿＿＿＿mg；其他药物：　　　　　　　）□否

右卵巢					左卵巢				
管号	穿刺（个）			获卵（个）	管号	穿刺（个）			获卵（个）
	大	中	小			大	中	小	
1					1				
2					2				
3					3				
4					4				
5					5				
6					6				
7					7				
8					8				
9					9				
10					10				
总计					总计				

取卵过程：□顺利　□不顺利＿＿＿＿＿。取卵针：□单腔　□双腔

获卵数总计：＿＿＿个

出血：　□无　□有　　ml。

穿过子宫肌层：□是　□否

穿刺巧克力囊肿：　左　ml，右　ml。

输卵管积水吸出：左　ml，右　ml。

胚胎全冷冻：　□是　□否　□疑似

备注：＿＿＿＿＿＿＿＿＿＿＿＿＿＿＿＿＿＿＿＿＿

型号 Lot No 粘贴处

手术医师签名：＿＿＿＿＿＿

七、体外受精周期胚胎移植处理流程

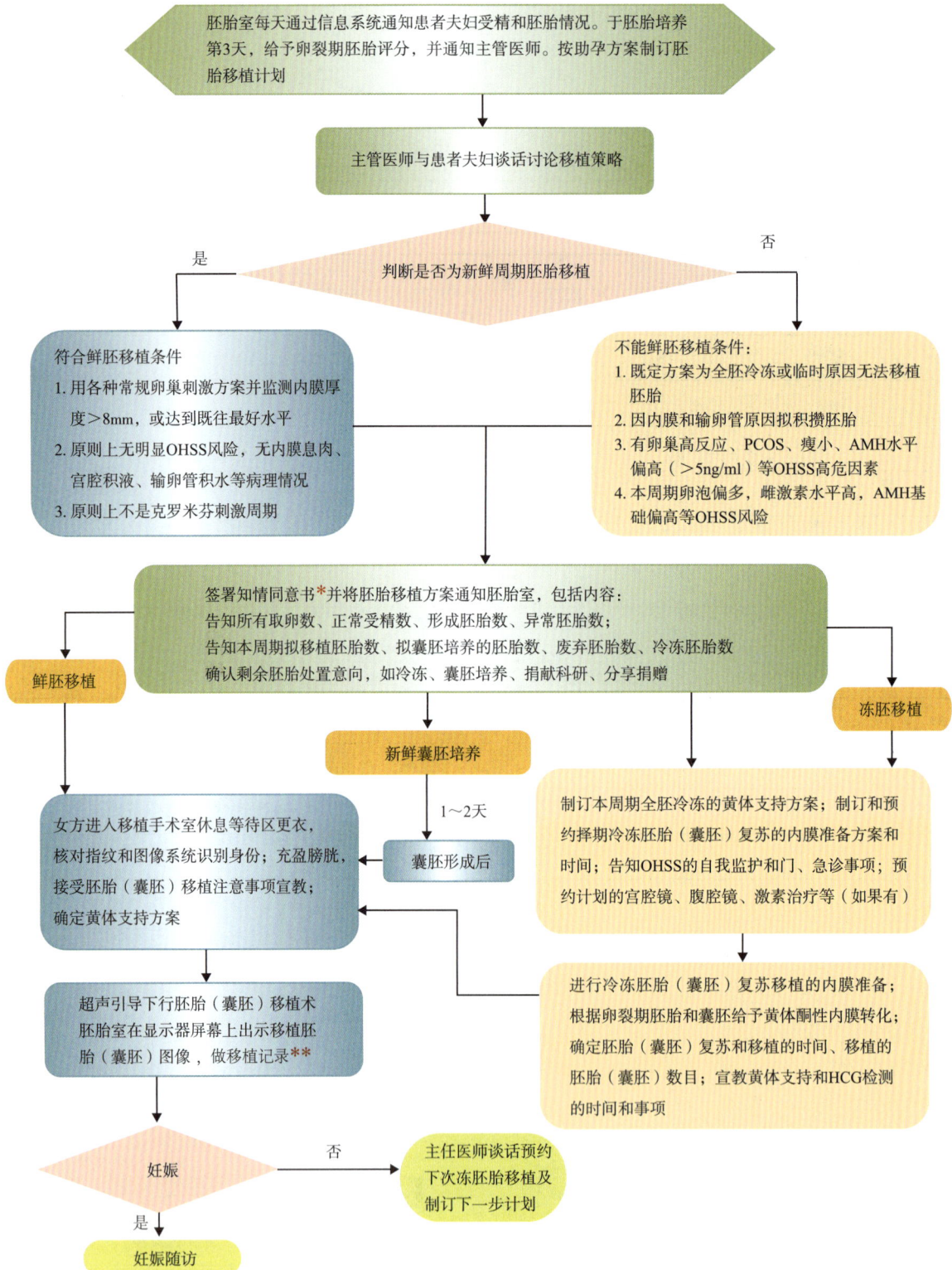

胚胎室每天通过信息系统通知患者夫妇受精和胚胎情况。于胚胎培养第3天，给予卵裂期胚胎评分，并通知主管医师。按助孕方案制订胚胎移植计划

主管医师与患者夫妇谈话讨论移植策略

判断是否为新鲜周期胚胎移植

是

符合鲜胚移植条件
1. 用各种常规卵巢刺激方案并监测内膜厚度＞8mm，或达到既往最好水平
2. 原则上无明显OHSS风险，无内膜息肉、宫腔积液、输卵管积水等病理情况
3. 原则上不是克罗米芬刺激周期

否

不能鲜胚移植条件：
1. 既定方案为全胚冷冻或临时原因无法移植胚胎
2. 因内膜和输卵管原因拟积攒胚胎
3. 有卵巢高反应、PCOS、瘦小、AMH水平偏高（＞5ng/ml）等OHSS高危因素
4. 本周期卵泡偏多，雌激素水平高，AMH基础偏高等OHSS风险

签署知情同意书＊并将胚胎移植方案通知胚胎室，包括内容：
告知所有取卵数、正常受精数、形成胚胎数、异常胚胎数；
告知本周期拟移植胚胎数、拟囊胚培养的胚胎数、废弃胚胎数、冷冻胚胎数
确认剩余胚胎处置意向，如冷冻、囊胚培养、捐献科研、分享捐赠

鲜胚移植

冻胚移植

新鲜囊胚培养

1～2天

囊胚形成后

女方进入移植手术室休息等待区更衣，核对指纹和图像系统识别身份；充盈膀胱，接受胚胎（囊胚）移植注意事项宣教；确定黄体支持方案

制订本周期全胚冷冻的黄体支持方案；制订和预约择期冷冻胚胎（囊胚）复苏的内膜准备方案和时间；告知OHSS的自我监护和门、急诊事项；预约计划的宫腔镜、腹腔镜、激素治疗等（如果有）

超声引导下行胚胎（囊胚）移植术
胚胎室在显示器屏幕上出示移植胚胎（囊胚）图像，做移植记录＊＊

进行冷冻胚胎（囊胚）复苏移植的内膜准备；根据卵裂期胚胎和囊胚给予黄体酮性内膜转化；确定胚胎（囊胚）复苏和移植的时间、移植的胚胎（囊胚）数目；宣教黄体支持和HCG检测的时间和事项

妊娠

否

主任医师谈话预约下次冻胚胎移植及制订下一步计划

是

妊娠随访

* 签署知情同意书　胚胎冷冻、解冻知情同意书见表 5-7。

表 5-7　胚胎冷冻、解冻及移植知情同意书

××××××××× 医院生殖医学科 / 生殖中心

病历号＿＿＿＿＿＿＿＿＿＿

我们（妇）：＿＿＿＿＿＿＿＿（夫）：＿＿＿＿＿＿＿＿＿＿＿在 ×××× 医院生殖医学中心实施了＿＿＿＿＿＿＿＿手术，移植后尚剩余＿＿＿＿＿＿＿＿＿个卵裂期胚胎，＿＿＿＿＿＿＿＿＿＿个囊胚，我们要求生殖中心的工作人员采用低温保存技术保存这些胚胎和囊胚。

我们理解低温保存的目的，是为了在以后的治疗中心周期中不再诱发排卵，仅通过移植复苏胚胎而使我们获得妊娠，这不仅可以节省费用，最大限度利用胚胎，以提高一次促排卵治疗累积妊娠率。

经生殖中心医师介绍，由于胚胎质量不同，耐受冷冻复苏能力也有差别，因此复苏后可能由于胚胎冻伤而没有可移植胚胎，但医院仍会收取冷冻费、保存费及解冻费，对此我们有充分的心理准备，我们了解，目前该中心冷冻胚胎解冻后，移植率为 95%，移植后妊娠率为 60%。

为了防止多胎妊娠，我们了解并同意按原国家卫生部"卫生部辅助生育技术规范"要求，每周期移植胚胎数不得超过两个。我们也知道根据目前医疗水平，不能保证每一个出生的冻融胚胎移植的试管婴儿都是健康的，妊娠后，还有可能发生流产、异位妊娠、早产、胎儿畸形及其他妊娠和分娩并发症。

我们知道胚胎不能无限期保存，本周期冷冻保存费有效期为一年。拟续冻者，自今日起冷冻保存一年后，需来院办理续冻手续，胚胎续冻费＿＿＿＿＿元 / 月 . 逾期 6 个月未交续冻费，视为自动放弃。如果超过有效期，我们自愿选择并同意将胚胎以下其中一种方式交由生殖中心处理：

一、丢弃；　　　　　签名 / 手印＿＿＿＿＿＿＿＿＿＿＿＿＿＿＿＿＿＿＿＿＿＿＿＿＿＿＿＿＿＿＿＿＿＿＿。

二、去标识后作为教学科研用；签名 / 手印＿＿＿＿＿＿＿＿＿＿＿＿＿＿＿＿＿＿＿＿＿＿＿＿＿＿＿＿＿＿＿＿＿。

我们也就关心的问题与医师进行了讨论并得到了满意，答复是在完全知情的情况下，自愿签署本知情同意书。

丈夫（签字）：＿＿＿＿＿＿＿＿＿＿＿　日期：＿＿＿＿＿＿＿＿＿年＿＿＿＿＿＿＿＿月＿＿＿＿＿＿＿＿日

妻子（签字）：＿＿＿＿＿＿＿＿＿＿＿　日期：＿＿＿＿＿＿＿＿＿年＿＿＿＿＿＿＿＿月＿＿＿＿＿＿＿＿日

医师（签字）：＿＿＿＿＿＿＿＿＿＿＿　日期：＿＿＿＿＿＿＿＿＿年＿＿＿＿＿＿＿＿月＿＿＿＿＿＿＿＿日

** 做移植记录　移植记录表有三种，分别是体外受精 - 胚胎移植（IVF-ET）的治疗周期胚胎种植记录单（表 5-8），ART 冷冻胚胎治疗记录单（表 5-9）和囊胚冻胚移植治疗记录单（表 5-10）。

表 5-8 体外受精 - 胚胎移植（IVF-ET）治疗周期胚胎种植记录单

编号：_____

患者姓名：（妻）_____ （夫）_____

日期：_____

植入胚胎质量：（ ）一级，（ ）二级，（ ）三级，（ ）四级，（ ）其他_____

植入胚胎序号：_____

（胚胎照片）

移植后镜检：_____

胚胎操作者签名：_____ 证人签名：_____

胚胎植入时间：_____ 体位：_____ 子宫位置：_____

宫腔深度：_____ 宫颈情况：_____ 超声监测：是 □　否 □

内膜形态：_____ 内膜厚度：_____ 膀胱灌注：是 □　否 □

移植管型号：_____ 移植管容量：_____

移植管过程：容易 □　较容易 □　困难 □。　其他情况说明：_____
_____

黏液：有 □ 无 □　出血：有 □ 无 □　第二次移植：是 □　否 □

术者签名：_____ 助手签名：_____

妊娠随访：妊娠：是 □　否 □　判断依据：移植后_____天，尿 HCG（　），血 HCG（　）

随访者签名：_____ 日期：_____

超声日期：_____（妊娠　天），说明：_____

持续妊娠：是（单胎　双胎　三胎　其他：_____）　否（原因）：_____

随访者签名：_____ 日期：_____

减胎：是 □：胎减（　）胎，剩（　）胎。　否 □

术后胎儿发育：_____

术者签名：_____ 日期：_____ 随访者签名：_____ 日期：_____

分娩：□男，体重：　g □女，体重：　g 分娩地点：_____

表 5-9　ART 冷冻胚胎治疗记录单

女方姓名：_____　年龄：_____　男方姓名：_____　编号：_____　方案：_____

辅助用药：泼尼松　　阿司匹林　　多种维生素　　复合维生素　　其他药物：_____

GnRHa：_____　冷冻时间：_____　签名：_____

日期	周期	剂量	用法	剂量	用法	剂量	用法	剂量	用法	备 注
	1									
	2									
	3									
	4									
	5									
	6									
	7									
	8									
	9									
	10									
	11									
	12									
	13									
	14									
	15									
	16									
	17									
	18									
	19									
	20									
	21									
	22									
	23									
	24									
	25									
	26									
	27									
	28									
	29									
	30									
	31									

注：1. 冻胚移植时间：00：00 AM/PM。

　　2. 冻胚移植地点：××××××××××。

　　3. 核对双方检查项目是否齐全：□ 是　□ 否。

　　4. 移植前身份核对（身份证、结婚证原件）。

表 5-10　囊胚冻胚移植治疗记录单

女方姓名：＿＿＿＿＿＿　年龄：＿＿＿＿＿　男方姓名：＿＿＿＿＿　编号：＿＿＿＿＿＿　方案：＿＿＿＿＿＿

辅助用药：泼尼松　　阿司匹林　　多种维生素　　复合维生素　　其他药物：＿＿＿＿＿＿＿＿＿＿

GnRHa：＿＿＿＿＿＿＿＿＿＿＿　冷冻时间：＿＿＿＿＿＿＿＿＿＿　签名：＿＿＿＿＿＿＿＿＿

日期	周期	剂量	用法	剂量	用法	剂量	用法	剂量	用法	备　注
	1									
	2									
	3									
	4									
	5									
	6									
	7									
	8									
	9									
	10									
	11									
	12									
	13									
	14									
	15									
	16									
	17									
	18									
	19									
	20									
	21									
	22									
	23									
	24									
	25									
	26									
	27									
	28									
	29									
	30									
	31									

注：1. 冻胚移植时间：00：00 AM/PM。

　　2. 冻胚移植地点：××××××××××。

　　3. 核对双方检查项目是否齐全：□ 是　□ 否。

　　4. 移植前身份核对（身份证、结婚证原件）。

八、辅助生殖技术的随访流程

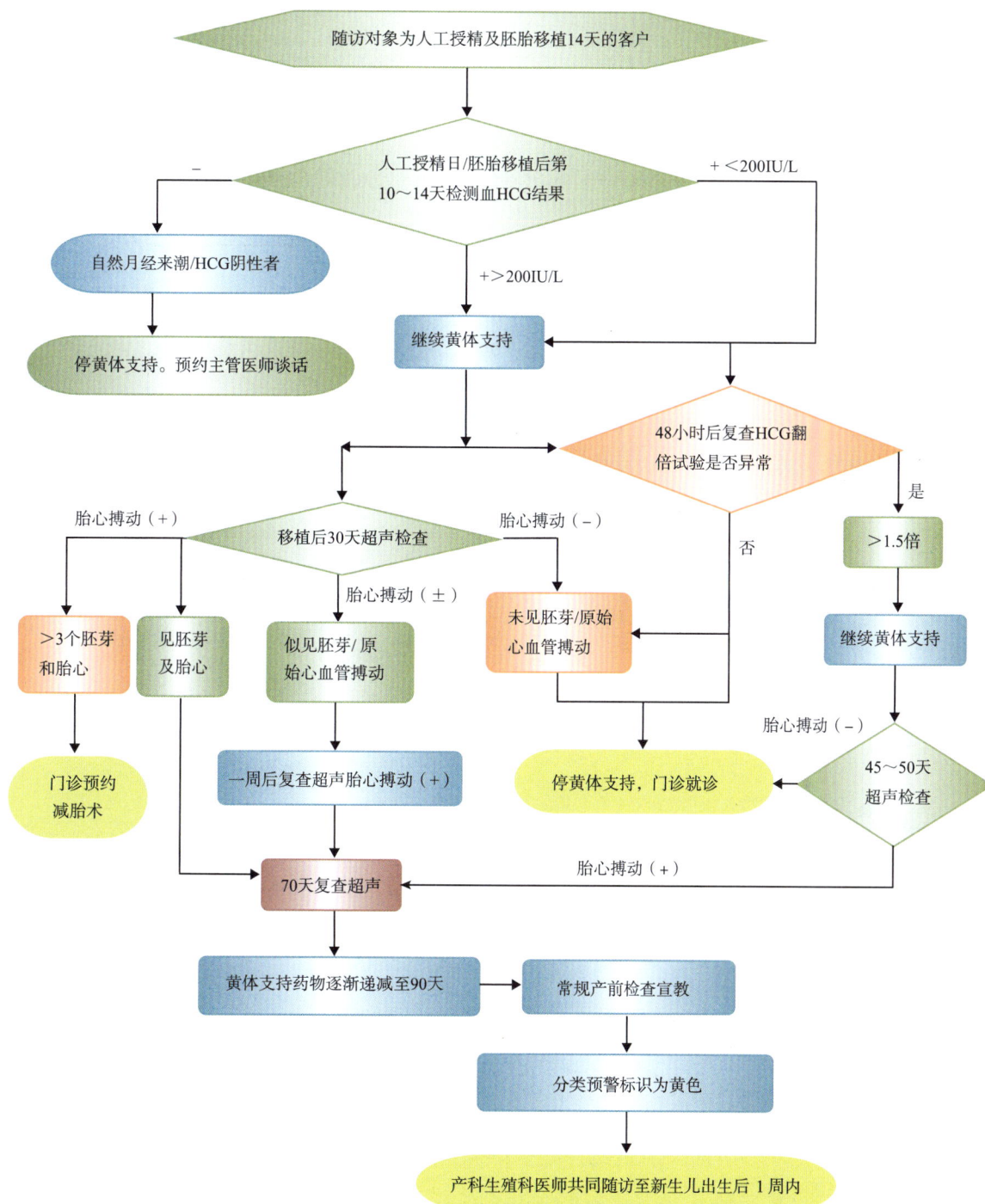

随访对象为人工授精及胚胎移植14天的客户

人工授精日/胚胎移植后第10～14天检测血HCG结果

— → 自然月经来潮/HCG阴性者 → 停黄体支持。预约主管医师谈话

+ ＜200IU/L

+ ＞200IU/L → 继续黄体支持

48小时后复查HCG翻倍试验是否异常

是 → ＞1.5倍 → 继续黄体支持

否

移植后30天超声检查

胎心搏动（+）
- ＞3个胚芽和胎心 → 门诊预约减胎术
- 见胚芽及胎心

胎心搏动（±）
- 似见胚芽/原始心血管搏动 → 一周后复查超声胎心搏动（+）

胎心搏动（—）
- 未见胚芽/原始心血管搏动 → 停黄体支持，门诊就诊

胎心搏动（—）
45～50天超声检查

70天复查超声

胎心搏动（+）

黄体支持药物逐渐递减至90天 → 常规产前检查宣教

分类预警标识为黄色

产科生殖科医师共同随访至新生儿出生后 1 周内

九、生殖中心质量控制体系组成和质量控制流程

（一）生殖中心质量体系构成

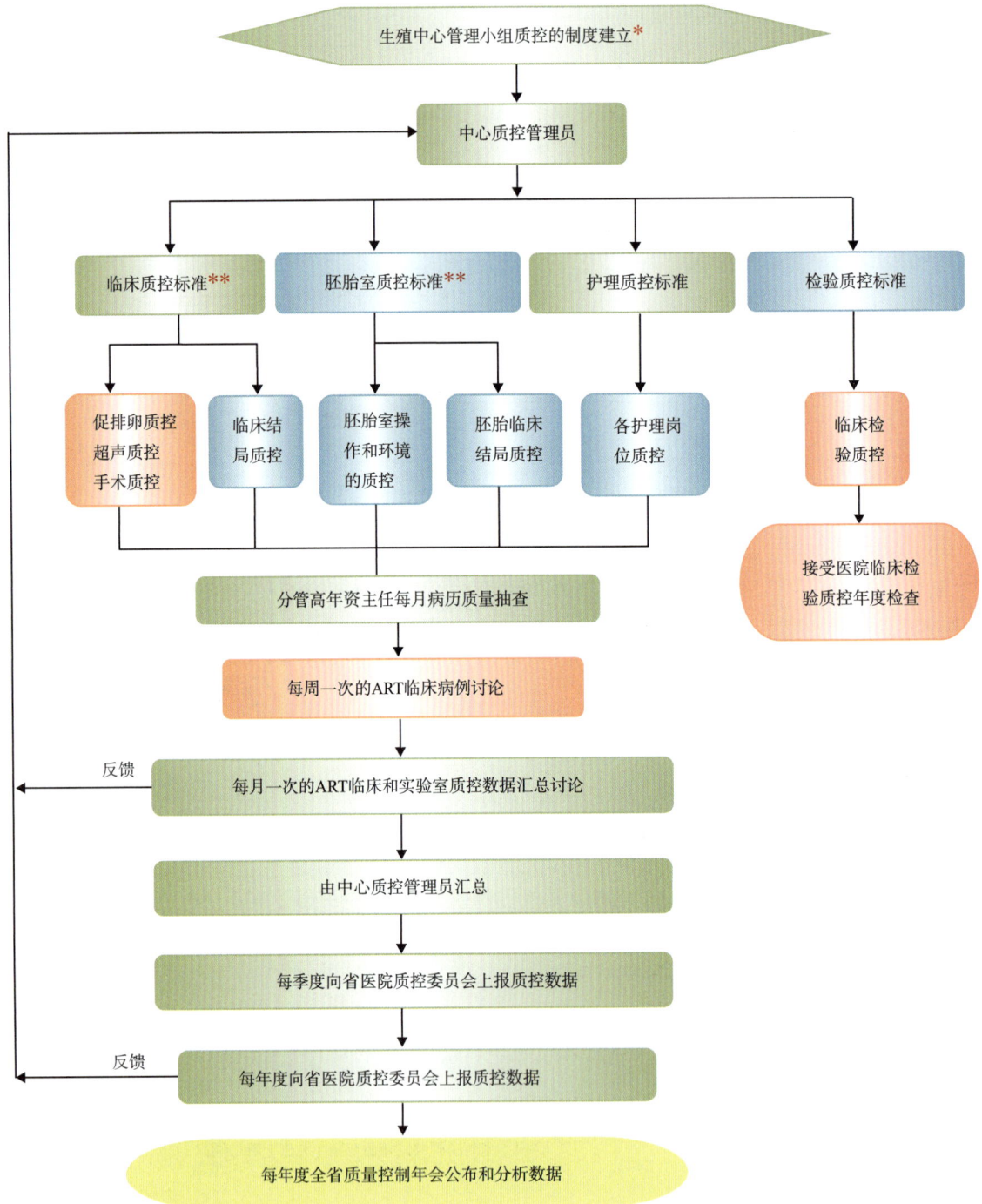

生殖中心管理小组质控的制度建立*

中心质控管理员

临床质控标准**　　胚胎室质控标准**　　护理质控标准　　检验质控标准

促排卵质控超声质控手术质控　　临床结局质控　　胚胎室操作和环境的质控　　胚胎临床结局质控　　各护理岗位质控　　临床检验质控

接受医院临床检验质控年度检查

分管高年资主任每月病历质量抽查

每周一次的ART临床病例讨论

反馈　　每月一次的ART临床和实验室质控数据汇总讨论

由中心质控管理员汇总

每季度向省医院质控委员会上报质控数据

反馈　　每年度向省医院质控委员会上报质控数据

每年度全省质量控制年会公布和分析数据

　　＊生殖中心管理小组质控的制度建立　　以下用江苏省生殖健康与不孕症医疗质控中心工作制度为例（表5-11），各单位可根据自身具体情况加以修订。

表 5-11　生殖中心管理制度示例

江苏省生殖健康与不孕症医疗质控中心工作制度

（2018 年 12 月第 7 次修订）

1. 质控中心人员职责分工

1.1 质控中心主任职责

1.1.1 质控中心主任全面负责生殖健康与不孕症医疗质量控制中心的各项工作，根据国家卫健委和省卫健委颁发的医政管理规范和医疗质量标准制订本专业的医疗质量评价指标和质量信息体系。

1.1.2 建立规范化医疗质量统计分析模式，并选择部分病种建立单病种质控方案；根据本专业特点，组织实施医疗质量分析、评价与控制活动。

1.1.3 在省卫健委的领导下与各地卫生行政部门和医院协调沟通并对本中心所属医院医疗质量情况进行核查。

1.1.4 定期向卫生行政部门报告本专业质控情况、存在问题、对策、意见、建议。

1.2 质控中心副主任职责

1.2.1 在质控中心任领导下，协助主任开展工作。

1.2.2 参与专业质控体系的建立及制订本专业单病种医疗质量规范、质控指标。

1.3 质控中心成员职责

1.3.1 应按时完成主任分派的各项工作任务，配合中心主任获取、汇总质控信息。

1.3.2 参与研究讨论医疗质量统计分析报告，包括月质量分析报告、季度质量分析报告、年度质量分析报告。并负责相应城市及地区质控工作的开展。

1.4 质控中心秘书职责

1.4.1 在质控中心主任领导下，落实本专业医疗质量控制计划；经常督促检查，按时总结汇报。

1.4.2 拟定有关工作计划，经主任、副主任批准后，组织实施。

1.4.3 负责起草工作计划、分析评价报告、工作总结、会议纪要等文件材料。

1.4.4 负责做好省卫计委和省医院协会与质控中心、质控中心主任、副主任及成员之间的工作联系。

1.4.5 负责按月汇总本专业医疗信息报表；按季度上报省医院管理学会，并向有关医院反馈。

2. 会议制度

2.1 质控中心按季度召开中心主任、副主任、秘书及成员会议；分析、评价全省相关医院医疗质量信息；分析、评估本专业医疗质量控制指标及控制策略。

2.2 每半年，省质控中心组织召开一次专家委员会议，分析研究全省质控信息及质评问题。

2.3 质控中心按年度召开全省相关医院生殖健康与不孕症医疗质量控制年会，通报全年度本专业医疗质量控制状况的分析报告，表彰质评优秀单位，明确下一年度质控目标。

3. 信息收集、报告和反馈制度

3.1 质控中心采取医疗信息月报制度。全省各级相关医院应积极协助中心开展医疗质量控制工作，指定专人负责报告本单位医疗质量信息报表；质控中心成员按月收集、汇总全省三级医院医疗信息报表。

3.2 质控中心秘书按季度汇总全省相关医院医疗质量信息月报表，按时上报省医院协会，并同时向各相关医院及各市卫生局反馈。

3.3 各相关医院应于每月 15 日前将本单位医疗质量信息报表，报省质控中心；省质控中心于每季度第一个月 20 号之前，将上一季度的医疗质量信息及分析评价结果上报省医院协会，并向各相关医院反馈。

4. 分析评价制度

4.1 质控中心成员按月收集指定医院医疗信息报表，并对月度汇总表进行初步评估；对医疗信息报表中存在的问题及时向质控中心主任或秘书报告。

4.2 质控中心主任按季度召开质控中心全体成员会议，分析、评价季度报表，分析存在的医疗质量隐患，提出进一步改进建议，形成书面材料。

4.3 医疗质量分析评价结果按季度上报省医院协会，同时向相关医院及各市卫健委反馈。

4.4 质控中心每年组织一次全省县级以上医院生殖健康与不孕症诊治相关科室工作质量考核，并评选优秀，将结果上报省卫计委和省医院协会，并对优秀单位给予表彰。

4.5 质控中心每年要做出全年本省生殖健康与不孕症诊治相关科室医疗质量现状的综合分析报告，针对存在的带有普遍性问题，提出质控对策，向省卫健委和省医院协会报告。

5. 督查制度

5.1 为了保证各医院信息报告的准确性，质控中心经省卫健委和省医院协会授权，将有针对性地、不定期地组织质控中心主任、副主任、秘书或成员进行医疗质量信息抽查。

5.2 质控中心对医院报告的信息报表中的异常现象，将组织观场调查，分析异常原因，协助医院做好进一步的改进工作；调查结束后，写出调查报告。

5.3 调查报告将汇总季度报表一同各三级医院向市卫健委反馈。

6. 培训制度

6.1 凡县以上医院新上任的生殖健康与不孕症诊治相关科室主任应经省生殖健康与不孕症质量控制中心举办的生殖健康与不孕症诊治相关科室主任质量控制培训班培训，并取得培训证书。

6.2 根据卫生行政部门或上级质控中心的要求和全省质量控制的发展，每年举办 1～2 期不同类型的生殖健康与不孕症诊治相关科室临床质量控制培训班（省级及国家级继续教育项目），以利提高临床质量。

6.3 根据实际情况，与省有关质量管理学会联合举办基层生殖健康与不孕症诊治相关科室质控人员业务培训班，提高基层质控员素质。

6.4 随着新技术、新方法的发展，每年举办两期生殖健康与不孕症专业医学新技术培训班，以促进新技术的发展。

7. 研讨、交流制度

7.1 质控中心每年底召开一次全省相关医院生殖健康与不孕症医疗质量控制研讨会，分析本年度及前一年度质控数据，介绍开展医疗质量控制经验，学习医疗卫生有关方针政策、法律、法规、部门规章、规范、常规和标准；研讨、修订本专业医疗质量控制指标体系。

7.2 质控中心积极组织人员参加省卫计委、省医院协会组织的医疗质量控制的学术活动、考察活动等。

8. 资料保管制度

8.1 质控中心指定专人负责资料管理工作。

8.2 资料管理工作包括收集、整理、保管医疗质量控制中心的工作资料。

8.3 质控中心工作资料包括：工作规划、年度计划、工作总结、会议纪要、质控信息月报表、季度汇总表、年度汇总表、分析评价报告及反馈、督查报告等。

8.4 中心资料保管做到保留 15 年备查。

** 临床质控标准 / 胚胎室质控标准　专业质控标准按照国家有关的临床和实验室质控指标的阈值要求进行，具体如下。

1. IUI 临床指标

　　临床妊娠率 > 12% ；

　　流产率 < 15% ；

　　活产率 > 10%。

2. IVF/ICSI 临床指标

　　临床妊娠率 > 35%（35 岁以下），> 25%（38 岁以上）；

　　流产率 < 15% / 移植周期；

　　双胎率 < 28%/ 移植周期；

　　活产率 > 30% / 取卵周期。

3. 实验室指标

　　IVF 的正常受精率 > 60%；

　　ICSI 的正常受精率 > 70%；

　　卵裂率 > 90%；

　　高评分胚胎率 > 40%；

　　冷冻胚胎复苏率 > 90%，

　　OHSS 重度 < 1.4%。

（二）辅助生育技术治疗中身份识别流程

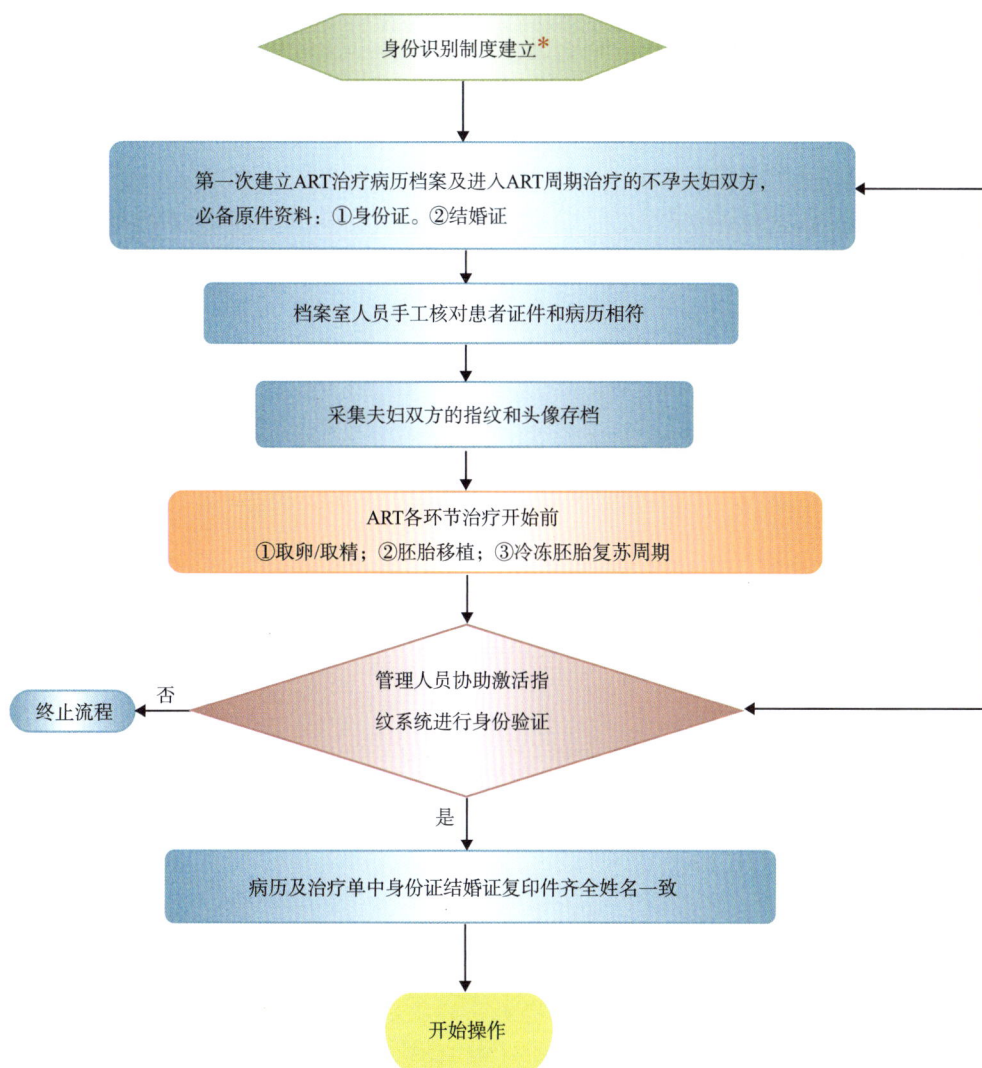

身份识别制度建立*

第一次建立ART治疗病历档案及进入ART周期治疗的不孕夫妇双方，
必备原件资料：①身份证。②结婚证

档案室人员手工核对患者证件和病历相符

采集夫妇双方的指纹和头像存档

ART各环节治疗开始前
①取卵/取精；②胚胎移植；③冷冻胚胎复苏周期

管理人员协助激活指纹系统进行身份验证

否 → 终止流程

是

病历及治疗单中身份证结婚证复印件齐全姓名一致

开始操作

　　* 身份识别制度建立　按照身份识别流程进行，即每一对接受助孕技术的不孕夫妇必须提供本人身份证、结婚证原件。复印件存档。同时采集夫妇双方的指纹和头像存档。身份识别分别在获取配子前、胚胎移植前和冷冻胚胎复苏周期 ET 前进行。均需激活指纹系统实施身份验证。

（三）手术安全核查制度的建立和流程 *

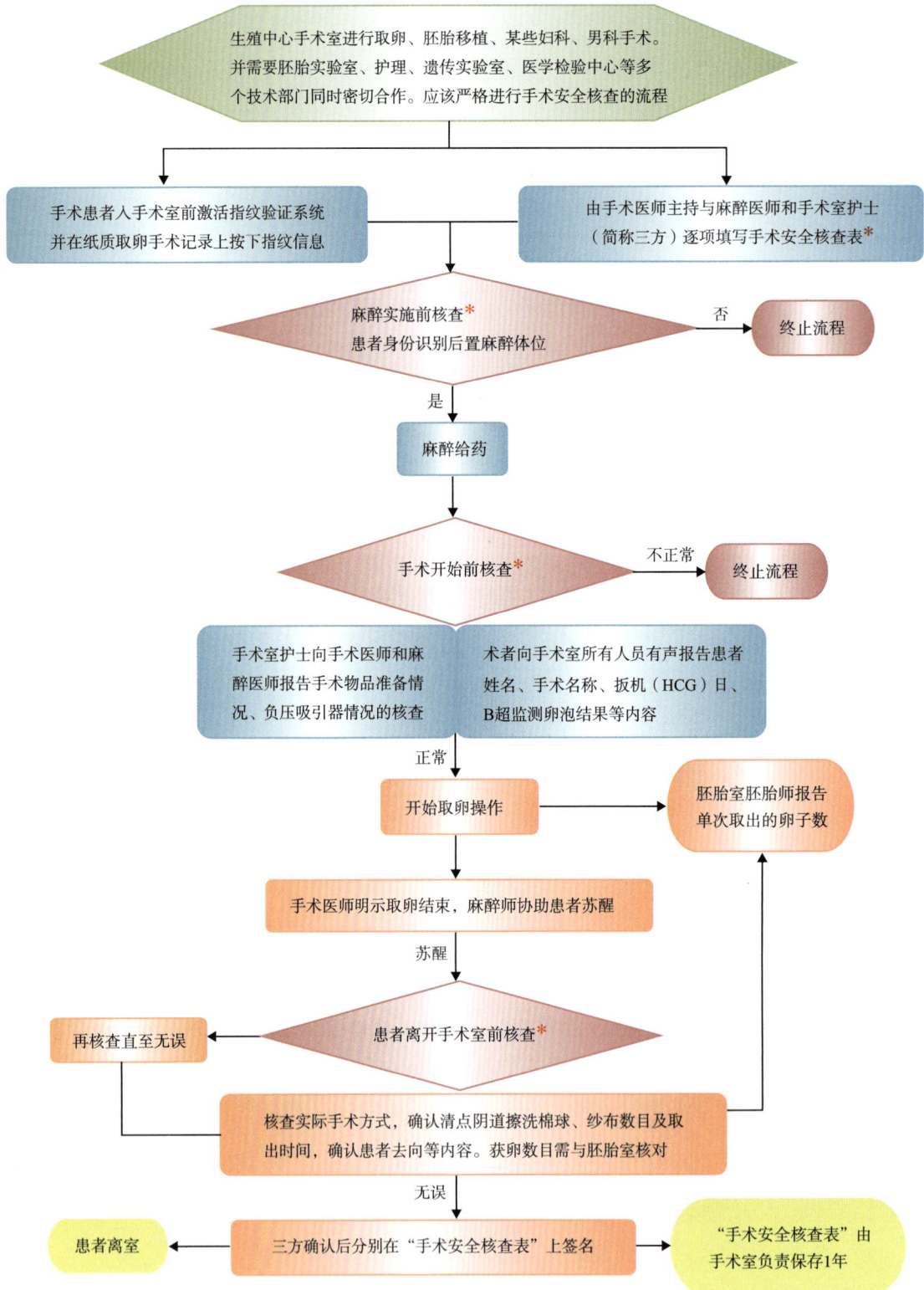

生殖中心手术室进行取卵、胚胎移植、某些妇科、男科手术。并需要胚胎实验室、护理、遗传实验室、医学检验中心等多个技术部门同时密切合作。应该严格进行手术安全核查的流程

手术患者人手术室前激活指纹验证系统并在纸质取卵手术记录上按下指纹信息

由手术医师主持与麻醉医师和手术室护士（简称三方）逐项填写手术安全核查表 *

麻醉实施前核查 *
患者身份识别后置麻醉体位 —— 否 —— 终止流程

是

麻醉给药

手术开始前核查 * —— 不正常 —— 终止流程

手术室护士向手术医师和麻醉医师报告手术物品准备情况、负压吸引器情况的核查

术者向手术室所有人员有声报告患者姓名、手术名称、扳机（HCG）日、B超监测卵泡结果等内容

正常

开始取卵操作 —— 胚胎室胚胎师报告单次取出的卵子数

手术医师明示取卵结束，麻醉师协助患者苏醒

苏醒

患者离开手术室前核查 *

再核查直至无误

核查实际手术方式，确认清点阴道擦洗棉球、纱布数目及取出时间，确认患者去向等内容。获卵数目需与胚胎室核对

无误

患者离室 —— 三方确认后分别在"手术安全核查表"上签名 —— "手术安全核查表"由手术室负责保存1年

* **手术安全核查制度的建立和流程**　麻醉实施前、手术开始前、患者离开手术室前均要进行核查，建立并填写手术安全核查表，三次核查的内容见表 5-12。

表 5-12　生殖中心取卵手术安全核查表

科别：　　　　患者姓名：　　　　性别：　　　　年龄：　　　　病案号：

术者：　　　　麻醉方式：　　　　手术方式：　　　　手术日期：

麻醉实施前		手术开始前		患者离开手术室前	
患者姓名、性别、年龄正确：	是　否	患者姓名、性别、年龄正确：	是　否	患者姓名、性别、年龄正确：	是　否
身份识别（证件、指纹确认）	是　否	身份识别（指纹再次确认）	是　否	实际手术方式确认	是　否
手术方式确认	是　否	手术方式确认	是　否	手术用药、输血核查	是　否
手术部位与标识正确	是　否	手术部位与标识正确	是　否	手术用物清点正确	是　否
手术知情同意	是　否	手术、麻醉风险预警：		手术标本确认	是　否
麻醉知情同意	是　否	手术医师陈述：		皮肤是否完整	是　否
麻醉方式确认	是　否	预计手术时间　小时		患者是否腹痛	是　否
麻醉设备安全检查完成	是　否	预计失血量		是否阴道出血	是　否
皮肤是否完整	是　否	手术关注点		是否阴道内压纱布	是　否
术野皮肤准备正确	是　否	其他		患者去向：	
静脉通道建立完成	是　否	麻醉医师陈述：		恢复室	
患者是否有过敏史	是　否	麻醉关注点		急诊	
抗菌药物皮试结果	是　否	其他		病房	
术前备血	是　否	手术护士陈述：		离院	
其他：		物品灭菌合格		其他：	
		仪器设备			
		术前术中特殊用药情况			
		其他：			
		是否需要相关影像资料：	是　否		

十、生殖中心辅助生殖技术档案管理流程

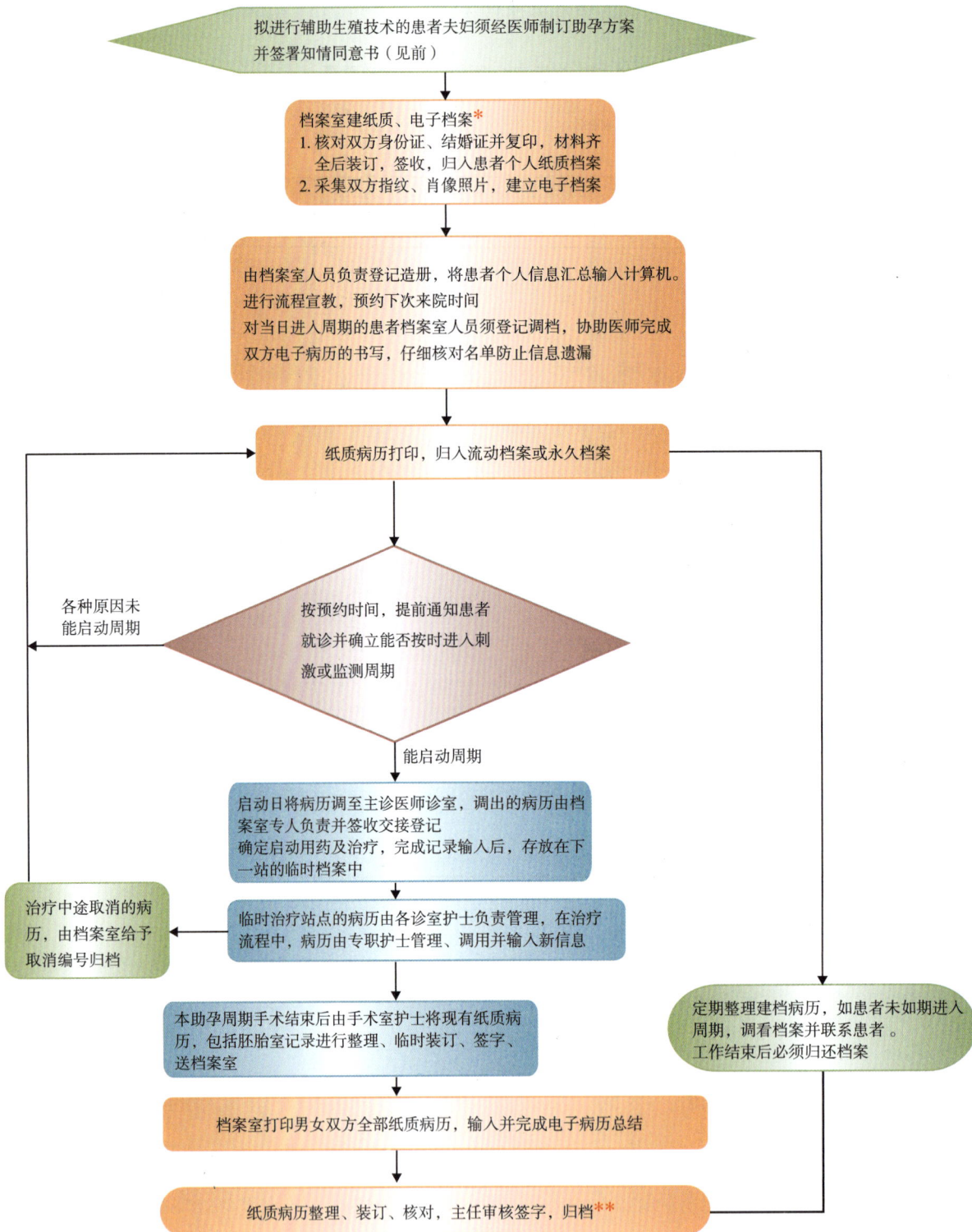

拟进行辅助生殖技术的患者夫妇须经医师制订助孕方案
并签署知情同意书（见前）

档案室建纸质、电子档案*
1. 核对双方身份证、结婚证并复印，材料齐
全后装订，签收，归入患者个人纸质档案
2. 采集双方指纹、肖像照片，建立电子档案

由档案室人员负责登记造册，将患者个人信息汇总输入计算机。
进行流程宣教，预约下次来院时间
对当日进入周期的患者档案室人员须登记调档，协助医师完成
双方电子病历的书写，仔细核对名单防止信息遗漏

纸质病历打印，归入流动档案或永久档案

各种原因未
能启动周期

按预约时间，提前通知患者
就诊并确立能否按时进入刺
激或监测周期

能启动周期

启动日将病历调至主诊医师诊室，调出的病历由档
案室专人负责并签收交接登记
确定启动用药及治疗，完成记录输入后，存放在下
一站的临时档案中

治疗中途取消的病
历，由档案室给予
取消编号归档

临时治疗站点的病历由各诊室护士负责管理，在治疗
流程中，病历由专职护士管理、调用并输入新信息

定期整理建档病历，如患者未如期进入
周期，调看档案并联系患者。
工作结束后必须归还档案

本助孕周期手术结束后由手术室护士将现有纸质病
历，包括胚胎室记录进行整理、临时装订、签字、
送档案室

档案室打印男女双方全部纸质病历，输入并完成电子病历总结

纸质病历整理、装订、核对，主任审核签字，归档**

* 档案室建纸质、电子档案　按照相关档案室管理处理，具体制度如下。

1. 档案室工作人员负责全部病历的质量管理工作，严格遵守《医疗机构病历管理规定》。

2. 病历由档案室集中永久保存。

3. 治疗过程全部结束后病历由档案室人员负责整理、存档，并在档案室保管。

4. 严守病历资料保密制度，尊重在本中心接受辅助生育技术治疗的所有患者的隐私权，并为之严格保密。

5. 病历日常管理制度

（1）由档案室人员负责管理辅助生育病历资料。

（2）使用病历时由档案室人员负责提供和归档。

（3）保持病历整洁有序，做好防火、防潮、防丢失工作。

（4）离开档案室时必须检查好门、窗，加强防范措施。

（5）档案室应保持清洁卫生，通风干燥。

6. 病历借阅制度

（1）严格按照《医疗机构病历管理规定》执行病历的借阅。

（2）病历只限本科医师在本科查阅，不外借。

（3）患者再次治疗或门诊需借阅病历时，由档案室人员负责提供，不得委派患者或患者家属借阅。

（4）借阅病历需在"病历交接本"上签字。

（5）凡借阅病历，不得进行涂改、玷污、丢失。

（6）归还时档案室人员确认病历有无缺损签字后再归档。

7. 病历复印制度

（1）患者需要复印病历，必须本人携带有效身份证、结婚证（如需要复印夫妇双方资料，需出示夫妇双方身份证、结婚证），不得委派其他家属复印。

（2）指纹系统中核对患者指纹。

（3）只提供夫妇双方检验单、女方门诊病历的复印。

（4）患者夫妇有婚姻纠纷时，需携带有关部门文件才能复印。

（5）法院、检察院、公安交警等有关部分因公务需要，需复印病历时应出具单位介绍信和办理人有效证件。

（6）复印完病历整理归档。

** 纸质病历整理、装订、核对，主任审核签字，归档　全套相关病历见表 5-13，包括女方、男方及再次实行辅助生殖技术治疗的病历。对其进行整理、装订、核对，并请主任审核签字归档。

表 5-13　人类辅助生殖病历（全套）

人类辅助生殖病历首页

日　期＿＿＿＿＿＿＿＿＿

病历号＿＿＿＿＿＿＿＿＿

女方姓名：	年龄：　　岁	职业：	文化程度：	民族：
丈夫姓名：	年龄：　　岁	职业：	文化程度：	民族：

联系电话：	身份证（护照）号	女方：
		男方：

通信地址：　　　　　　　　　　　　　　　　　　邮政编码：

主诉：

现病史：

既往病史：肝炎：　□无　□有　　　　　　结核：□无　□有　　　　　　肾病：□无　□有

心血管疾病：□无　□有　　　泌尿系感染：□无　□有　　　性传播疾病史：□无　□有

阑尾炎：　□无　□有　　　　　盆腔炎：□无　□有

手术史：　□无　□有＿＿＿＿＿＿＿＿＿＿＿其他：＿＿＿＿＿＿＿＿＿＿＿＿＿＿

个人史：吸烟：　□无　□有＿＿＿＿支/天，　酗酒：□无　□有　　吸毒：□无　□有

习惯用药：□无　□有＿＿＿＿＿＿＿，药物过敏史：□无　□有＿＿＿＿＿＿＿＿

重大精神刺激史：　□无　□有

健康状况：过去＿＿＿＿现在＿＿＿＿＿＿出生缺陷：□无　□有＿＿＿＿＿＿＿＿＿

月经史：初潮＿＿＿岁，月经周期＿＿＿/＿＿＿，经量：□正常　□多　□少　痛经：□无　□有

婚育史：近亲结婚：□是　□否　再婚：□否　□是　妊娠：□否　□是　末次妊娠时间：　年　　月，

孕　　产，人工流产＿＿＿次，自然流产＿＿＿次，药物流产＿＿＿次，引产次＿＿＿，早产＿＿＿次，

异位妊娠：左＿＿＿次，右＿＿＿次

足月产＿＿＿次，现有子女＿＿＿人，领养子女：□否　□是＿＿＿数量＿＿＿名

家族史：遗传病史：　□无　□有（详述＿＿＿＿＿＿＿＿＿＿＿＿＿＿＿＿＿＿＿），

不孕不育病史：□无　□有（详述＿＿＿＿＿＿＿＿＿＿＿＿＿＿＿＿＿＿）

续表

人类辅助生殖病历（2）

女方姓名＿＿＿＿＿＿＿＿

病　历　号＿＿＿＿＿＿＿＿

体格检查	一般情况：T:　　℃;　　P:　　次 / 分;　　R:　　次 / 分; BP:　　/　　mmHg
	身高:　　cm;　　体重:　　kg;　　BMI:
	营养：□正常　　□异常＿＿＿＿＿
	发育：□正常　　□异常＿＿＿＿＿
	精神：□正常　　□异常＿＿＿＿＿
	毛发：□正常　　□异常＿＿＿＿＿
	皮肤黏膜：□正常　　□异常＿＿＿＿＿
	淋巴结：□正常　　□异常＿＿＿＿＿
	乳房：□正常　　□异常＿＿＿＿＿
	心：□正常　　□异常＿＿＿＿＿
	肺：□正常　　□异常＿＿＿＿＿
	肝：□正常　　□异常＿＿＿＿＿
	脾：□正常　　□异常＿＿＿＿＿
	肾：□正常　　□异常＿＿＿＿＿
	脊柱四肢：□正常　　□异常＿＿＿＿＿
	其他：
妇科检查	外阴：□正常　　□异常＿＿＿＿＿
	阴道：□正常　　□异常＿＿＿＿＿
	宫颈：光滑糜烂纳氏囊肿□正常　　□异常＿＿＿＿＿
	子宫：□前位　　□后位　　□平位　　大小：□正常　　□异常＿＿＿＿＿
	质地：□软　　□中　　□硬　　活动度：□活动　　□受限　　□固定　　压痛：□有　　□无
	附件：左侧：□正常　　□异常＿＿＿＿＿,
	右侧：□正常　　□异常＿＿＿＿＿。
	白带常规：滴虫：□无　　□有　　霉菌：□无　　□有　　清洁度：Ⅰ度、Ⅱ度、Ⅲ度
	其他：

续表

人类辅助生殖病历（3）

女方姓名＿＿＿＿＿＿＿＿

病 历 号＿＿＿＿＿＿＿

助孕前常规检查					
血尿常规 （ 年 月）	血红蛋白	g/L	红细胞计数		10^{12}/L
	白细胞计数	10^9/L	血细胞比容		%
	血小板	10^9/L	红细胞沉降率		mm/h
	尿常规：				
基础内分泌	FSH	mU/ml	E_2	pmol/L	P	nmol/L
	PRL	ng/ml	LH	pg/ml	T	nmol/L
传染病检查 （ 年 月）	HBsAg：		HBsAb：		HCVAb：
	HBeAg：		HBeAb：		HIVAb：
	HBcAg：		HBcAb：		梅毒抗体：
肝功能／肾功能 （ 年 月）	ALT U/L		AST		U/L
	Cr mol/L		Urea		nmol/L
宫颈细胞学检查 （ 年 月）			阴道清洁度 （ 年 月）		
宫、腹腔镜					
超声					
其他					
小结					
诊断	1.		2.		
	3.		4.		
	5.		6.		
诊疗计划					

医师签名：＿＿＿＿＿＿＿＿

＿＿＿＿年＿＿＿月＿＿＿日

续表

人类辅助生殖病历（4）

女方姓名＿＿＿＿＿＿＿＿

病 历 号＿＿＿＿＿＿＿＿

治疗前自然周期排卵监测：

日期	
月经周期	
卵泡直径	
子宫内膜	

病 史 小 结

诊断：＿＿＿＿＿＿＿＿

诊疗计划：

医师签名：＿＿＿＿＿＿＿＿

＿＿＿＿年＿＿＿月＿＿＿日

注：病程记录：要特别注意实施人类辅助生育技术过程中发生的各种操作、手术和实验室操作、知情同意、疑难病历讨论、病情变化和治疗过程等必须要有详细记录，必要时要有专页记录，此外，还应填写男方病历。

续表

人类辅助生殖男方病历（1）

配偶姓名＿＿＿＿＿＿＿＿

病 历 号＿＿＿＿＿＿＿＿

姓名	年龄	职业	文化程度	民族	身份证（护照）号：

通信地址 邮政编码：

联系电话： 初诊时间： 年 月 日

主诉：

现病史：

既往病史：肝炎： □无 □有 结核：□无 □有 肾病疾病：□无 □有

心血管疾病： □无 □有 泌尿系感染：□无 □有 性传播疾病史：□无 □有

阑尾炎： □无 □有 盆腔炎：□无 □有

手术史： □无 □有 其他：

个人史：吸烟 □无 □有＿＿支/天，酗酒：□无 □有 吸毒：□无 □有

习惯用药： □无 □有＿＿，药物过敏史：□无 □有＿＿＿＿＿＿

重大精神刺激史：□无 □有

健康状况：过去＿＿＿＿现在＿＿＿出生缺陷：□无 □有＿＿＿＿＿＿

婚姻史：近亲结婚：□是 □否；再婚：□否 □是

家族史：

遗传病史：□无 □有（详述＿＿＿＿＿＿＿＿＿＿＿＿＿＿＿＿＿＿＿＿），

不孕不育病史：□无 □有（详述＿＿＿＿＿＿＿＿＿＿＿＿＿＿＿＿＿）。

一般体格检查：

身高 cm 体重 kg 血压 / mmHg

指距 cm 上下身比

续表

人类辅助生殖男方病历（2）

配偶姓名_____

病 历 号_____

	生殖系统专科检查
第二性征	胡须：□有　　□无　　喉结：□正常　□异常_____ 阴毛：□正常　□异常_____ 乳房：□正常　□异常_____
生殖系统检查	阴茎长度：　　　　cm 睾丸：体积：　左　　ml　　　　质地：左 □正常　　□异常_____ 　　　　　　　右　　ml　　　　　　　　右 □正常　　□异常_____ 附睾：　左　　□正常　□异常_____ 　　　　右　　□正常　□异常_____ 输精管：左　　□正常　□异常_____ 　　　　右　　□正常　□异常_____ 精索静脉：左　□正常　□异常_____ 　　　　　右　□正常　□异常_____ 前列腺：左　　□正常　□异常_____ 　　　　右　　□正常　□异常_____ 其他：

精液常规分析	日期　　　　年　　　　月　　　　日	禁欲天数　　　　　　日		
	液化时间　　分钟	色	量　ml	黏稠度　　　　　pH
	密度_____×10⁶/ml	存活率　　　%	正常形态　　%	白细胞　　　×10⁶/ml
	活动力 A 级　　%，B 级　　%，C 级　　%，A 级　　%			凝集
	抗精子抗体　　　精浆　　　　　血清			

微生物检查	梅毒螺旋体	人类免疫缺陷病毒	
	淋球菌	支原体	衣原体
遗传学检查	染色体	血型 ABO 血型	RH 因子
生殖激素测定	FSH　　　　　LH　　　　　T　　　　　PRL　　　　　E₂		

诊断：1._____　　　2._____　　　3._____

医师签名：_____

_____年_____月_____日

续表

再次人类辅助生殖病历首页（第　　周期）

日　期＿＿＿＿＿＿＿＿

病历号＿＿＿＿＿＿＿＿

周期号＿＿＿＿＿＿＿＿

女方姓名：		年龄：　　　岁	男方姓名：		年龄：　　　岁
身份证号：女：			男：		
通信地址：					
联系电话：					
主诉：					
补充现病史：					

体格检查	一般情况：体温：　　　℃；P：　　　次／分；R：　　　次／分；BP：　　／　　mmHg 体重：　　kg；　　身高：　　cm；　　BMI：　　kg/m²

妇科检查	外阴：
	阴道：
	宫颈：
	宫体：
	附件：
	其他：

续表

续表

再次人类辅助生殖病历第二页（第　　　周期）

女方姓名＿＿＿＿＿＿＿＿＿＿

病 历 号＿＿＿＿＿＿＿＿＿＿

周 期 号＿＿＿＿＿＿＿＿＿＿

复查 ART 前常规检查

血尿常规 （　　年　　月）	血红蛋白　　　　　　g/L		红细胞计数　　　　　10^{12}/L	
	白细胞计数　　10^9/L		血细胞比容　　　　　%	
	血小板　　　　10^9/L		红细胞沉降率　　　　mm/h	
	尿常规：			
基础内分泌	FSH　　　　mU/ml		E_2　　　　pmol/L	P　　　　nmol/L
	PRL　　　　ng/ml		LH　　　　pg/ml	T　　　　nmol/L
传染病检查 （　　年　　月）	HBsAg：		HBsAb：	HCVAb：
	HBeAg：		HBeAb：	HIVAb：
	HBcAg：		HBcAb：	梅毒抗体：
肝功能 / 肾功能 （　　年　　月）	ALT　　U/L		AST　　　　　　　U/L	
	Cr　　mol/L		Urea　　　　　nmol/L	
宫颈细胞学检查 （　　年　　月）			阴道清洁度 （　　年　　月）	
宫、腹腔镜				
超声				
其他				
小结				
诊断	1.		2.	
	3.		4.	
	5.		6.	
诊疗计划				

医师签名：＿＿＿＿＿＿＿＿＿＿

＿＿＿＿＿年＿＿＿月＿＿＿日

续表

再次人类辅助生殖病历第三页（第　　周期）

女方姓名______________

病 历 号______________

周 期 号______________

男方姓名：	年龄：　　岁	女方姓名：	年龄：　　岁
通信地址：		邮政编码：	
联系电话：			
主诉：			
补充现病史：			
一般体格检查： 体温：　　℃；　　体重：　　kg；血压：　　/　　mmHg			
复查生殖系统专科检查：			

精液常规分析 （　年　月）	液化时间　　分钟	色	量　　ml	黏稠度	pH
	密度______$\times 10^6$/ml	存活率　　%	正常形态　　%	白细胞______$\times 10^9$/ml	
	活动力 A 级　　%，B 级　　%，C 级　　%，D 级　　%				凝集
	抗精子抗体　精浆　　血清				
传染病检查 （　年　月）	HBsAg：	HBsAb：	HCVAb：		
	HBeAg：	HBeAb：	HIVAb：		
	HBcAg：	HBcAb：	梅毒抗体：		
其他检查 （　年　月）					
诊断	1.______________　2.______________　3.______________ 医师签名：______________ ______年_____月_____日				

十一、人工授精病案管理 *

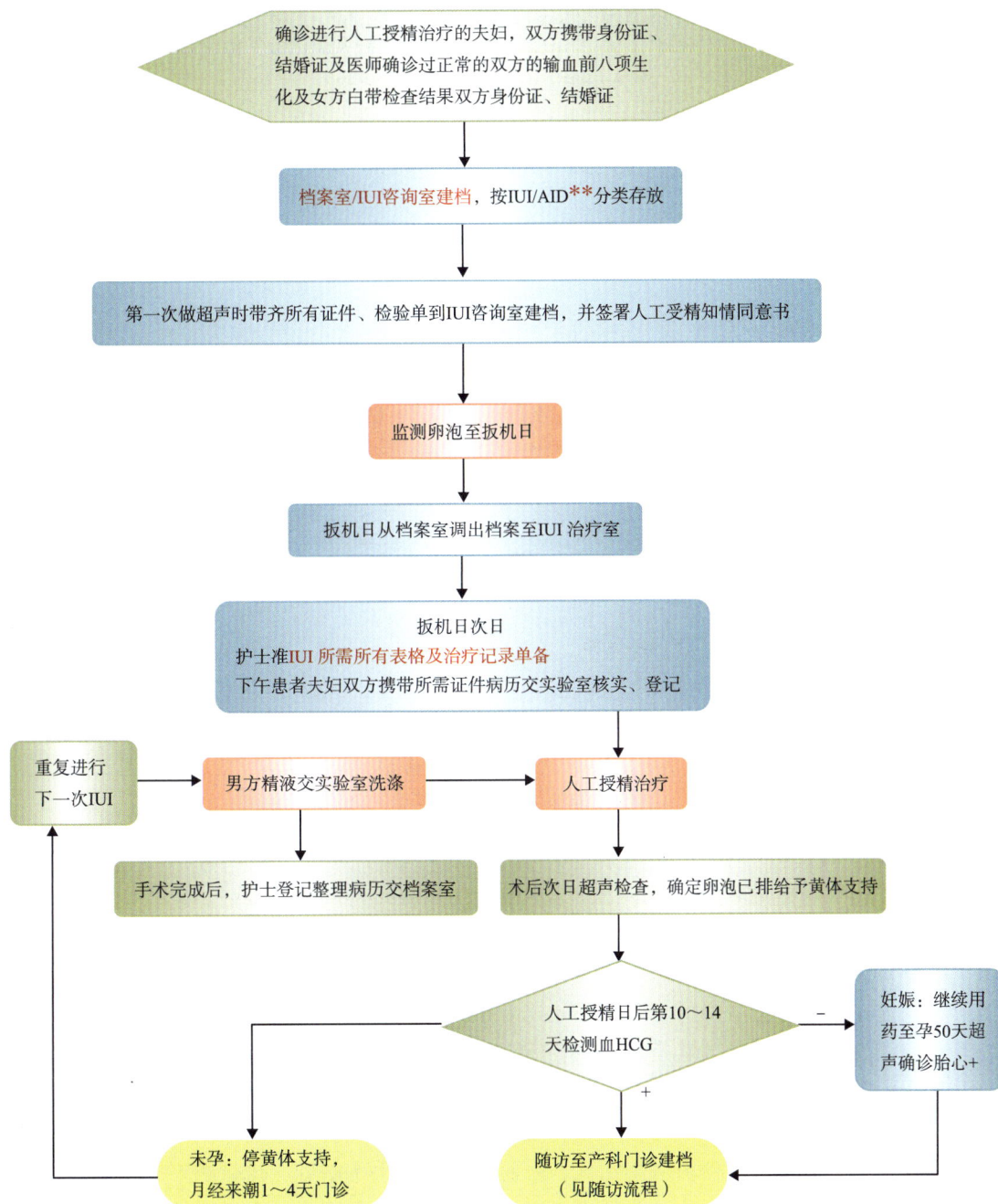

确诊进行人工授精治疗的夫妇，双方携带身份证、结婚证及医师确诊过正常的双方的输血前八项生化及女方白带检查结果双方身份证、结婚证

↓

档案室/IUI咨询室建档，按IUI/AID**分类存放

↓

第一次做超声时带齐所有证件、检验单到IUI咨询室建档，并签署人工受精知情同意书

↓

监测卵泡至扳机日

↓

扳机日从档案室调出档案至IUI治疗室

↓

扳机日次日
护士准IUI所需所有表格及治疗记录单备
下午患者夫妇双方携带所需证件病历交实验室核实、登记

↓

重复进行下一次IUI ← 男方精液交实验室洗涤 → 人工授精治疗

男方精液交实验室洗涤 ↓ 手术完成后，护士登记整理病历交档案室

人工授精治疗 ↓ 术后次日超声检查，确定卵泡已排给予黄体支持

↓

人工授精日后第10～14天检测血HCG

－ → 妊娠：继续用药至孕50天超声确诊胎心+

+

未孕：停黄体支持，月经来潮1～4天门诊

随访至产科门诊建档（见随访流程）

* 人工授精病案管理　内容主要包括患者在挂号处、住院处或在急诊就医时即得到唯一识别号，即病案号，并即时开始建立病历档案（具体建立方法见前）。病案的保存管理、借阅、复印、销毁等应严格按照《医疗机构病历管理规定》执行。目的使保证患者信息安全。已进行手术者不能撤档。

**IUI/AID 分类　IUI 宫腔内人工授精、AID 为供精人工授精。

第6章　不孕不育相关疾病诊治的流程和风险控制

引　言

　　导致不孕不育的疾病种类繁多，其诊治不只局限于生殖科医师的工作范畴。解决相关问题所需要的知识非常广泛，除了涵盖妇产科、内科、外科疾病的内容外，理所当然还包括男性生殖科的内容。其中特别要提到的就是生殖中心在实施辅助生育技术时看似简单但并不简单的手术，如取卵术、减胎术、宫腔镜手术等，如何在手术中注意降低患者和胚胎风险是一大课题。尤其是生殖系统肿瘤手术，无论是良性病变还是恶性病变，第一目标当然是延长患者的生存时间，但另一个同等重要的目标就是保留器官的功能，对生殖系统来说就是保留生殖功能，做好这些是我们一直追求的目标。

　　以子宫内膜异位症这个"不死的癌症"疾病为例，它是导致患者不孕的原因之一，要求诊治此病的医师既要有妇科知识、又要有生殖内分泌知识、还要有良好的手术基础，执行必要的流程。治疗要从患者个人及家庭角度综合性通盘考虑，才能制订出好的应对方案，否则容易在患者长期疼痛折磨的基础上造成双重损伤。

　　面对今天诊治不孕不育相关疾病已上升为全社会讨论的人类生殖健康的大话题，希望通过本章的学习，提高临床医师对诊治不孕不育相关疾病中的风险意识，不断完善流程管理的规范性，养成全面考虑问题的正确思路。

一、少精子症诊治流程

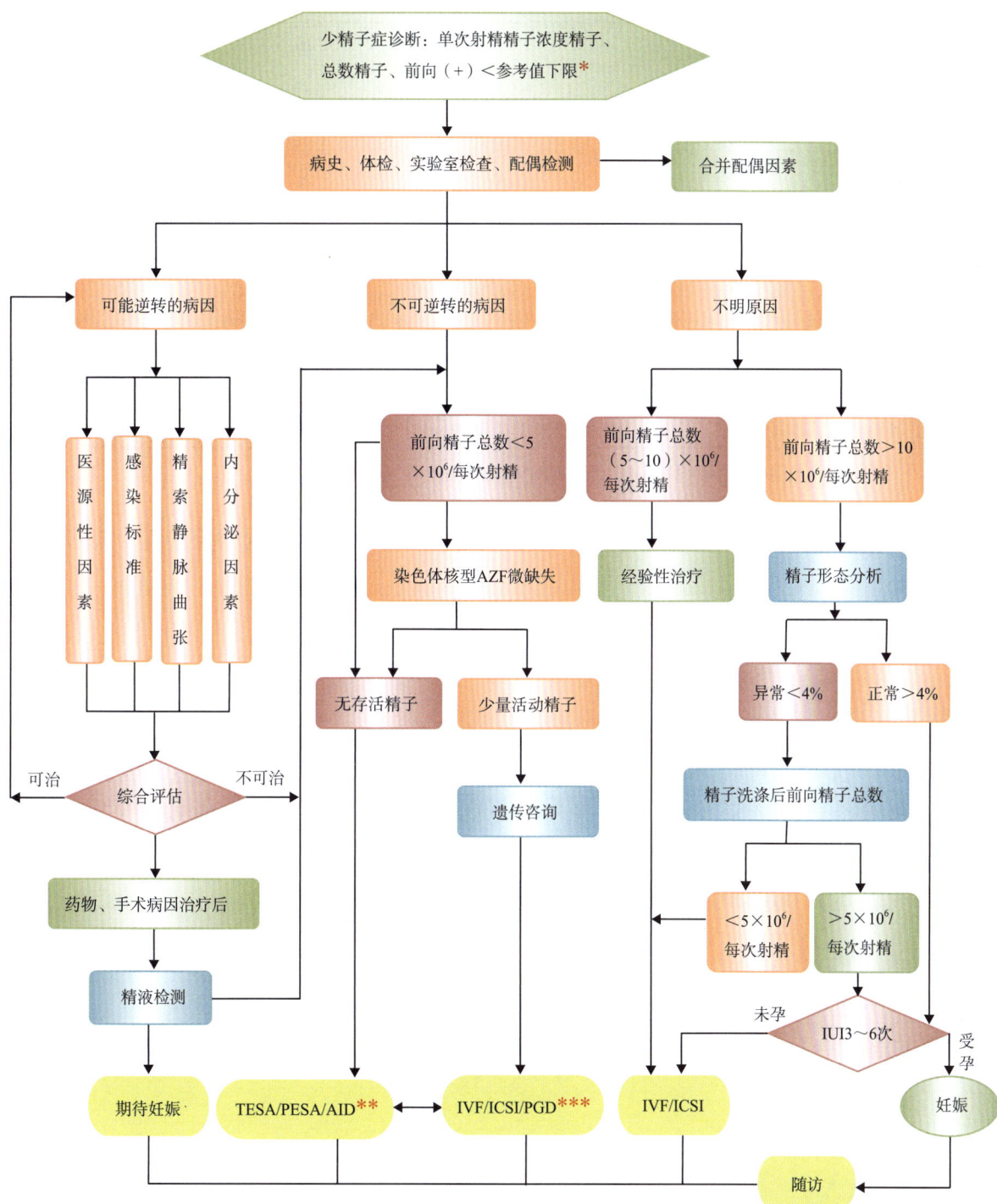

```
少精子症诊断：单次射精精子浓度精子、
总数精子、前向（＋）＜参考值下限*
```

病史、体检、实验室检查、配偶检测 → 合并配偶因素

可能逆转的病因　　不可逆转的病因　　不明原因

医源性因素　感染标准　精索静脉曲张　内分泌因素

前向精子总数＜5×10⁶/每次射精

前向精子总数（5～10）×10⁶/每次射精

前向精子总数＞10×10⁶/每次射精

染色体核型AZF微缺失

经验性治疗

精子形态分析

无存活精子　　少量活动精子

异常＜4%　　正常＞4%

可治　综合评估　不可治

遗传咨询

精子洗涤后前向精子总数

药物、手术病因治疗后

＜5×10⁶/每次射精　　＞5×10⁶/每次射精

精液检测

未孕　IUI3～6次　受孕

期待妊娠　TESA/PESA/AID**　IVF/ICSI/PGD***　IVF/ICSI　妊娠

随访

*精液参考值下限　精液参考值见表 6-1（第 5 版 WHO Laboratory Manual for the Examination and Processing of Human Semen）。

表 6-1　精液参考值

WHO（第 5 版）	推荐的参数下限（5% ～ 50% ～ 95%）
容积	＞ 1.5ml（1.5 ～ 3.7 ～ 6.8）
pH	7.2
精子密度	＞ 15×10^6/ml（15 ～ 73 ～ 213）
精子总数	＞ 39×10^6 每次射精（39 ～ 255 ～ 802）
活力	PR ＞ 32%（32 ～ 55 ～ 72）　　××
形态学	4%▲（Kruger 标准）（4 ～ 15 ～ 44）
存活率	＞ 58%（58 ～ 7991）
IBT 试验	＜ 50% 的活动精子被免疫球包被
MAR 试验	＜ 50% 的精子被黏附于颗粒上

▲引自第 5 版 WHO Laboratory Manual for the Examination and Processing of Human Semen

**TESA/PESA/AID　TESA 为睾丸细针穿刺抽吸术；PESA 为经皮附睾细针穿刺抽吸术；AID 为供精人工授精。

***IVF/ICSI/PGD　IVF 为体外受精；ICSI 为单精子卵泡浆内注射（二代试管婴儿技术）；PGD 为胚胎着床前的遗传诊断（三代试管婴儿技术）。

二、无精子症诊治流程

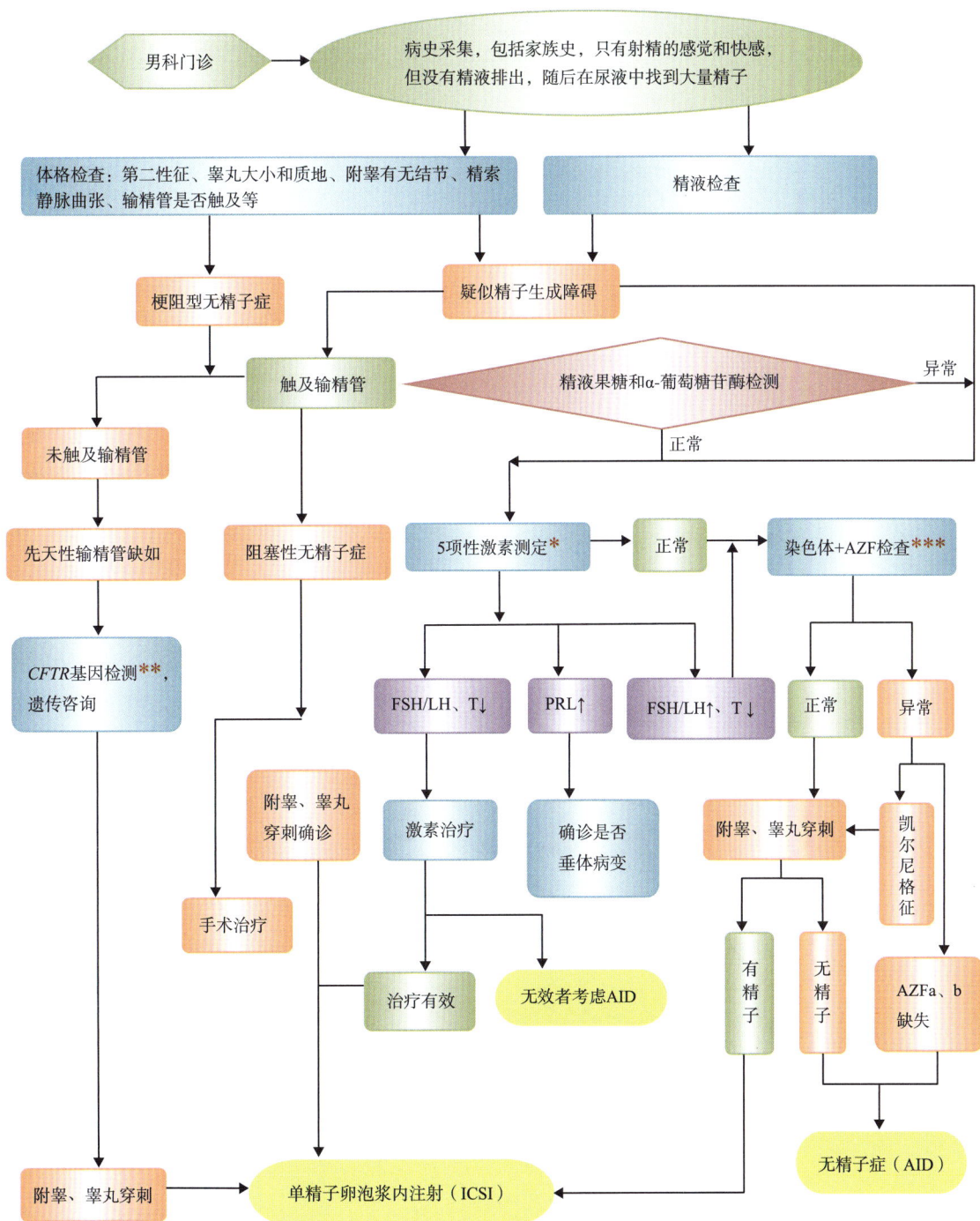

男科门诊 → 病史采集，包括家族史，只有射精的感觉和快感，但没有精液排出，随后在尿液中找到大量精子

体格检查：第二性征、睾丸大小和质地、附睾有无结节、精索静脉曲张、输精管是否触及等

精液检查

梗阻型无精子症

疑似精子生成障碍

触及输精管

精液果糖和α-葡萄糖苷酶检测　异常　正常

未触及输精管

先天性输精管缺如

阻塞性无精子症

5项性激素测定*　正常　染色体+AZF检查***

CFTR基因检测**，遗传咨询

FSH/LH、T↓　PRL↑　FSH/LH↑、T↓　正常　异常

附睾、睾丸穿刺确诊

激素治疗　确诊是否垂体病变　附睾、睾丸穿刺　凯尔尼格征

手术治疗

治疗有效　无效者考虑AID　有精子　无精子　AZFa、b缺失

无精子症（AID）

附睾、睾丸穿刺　单精子卵泡浆内注射（ICSI）

*5 项性激素测定　指 FSH，LH，T，PRL，E_2（意义较小）。

**CFTR 基因检测　CFTR 为囊性纤维化跨膜传导调节基因，是一种跨膜介质调节基因，突变后可导致先天性双侧输精管缺如或无精子症。

***AZF 检查　AZF（azoos-permiafactor，AZF）指无精子症因子，该检查是看男性不育患者中 Y 染色体长臂区 AZF 有无微缺失，常见的缺失区域有 a 区，b 区。

三、多囊卵巢综合征（PCOS）合并不孕诊治流程

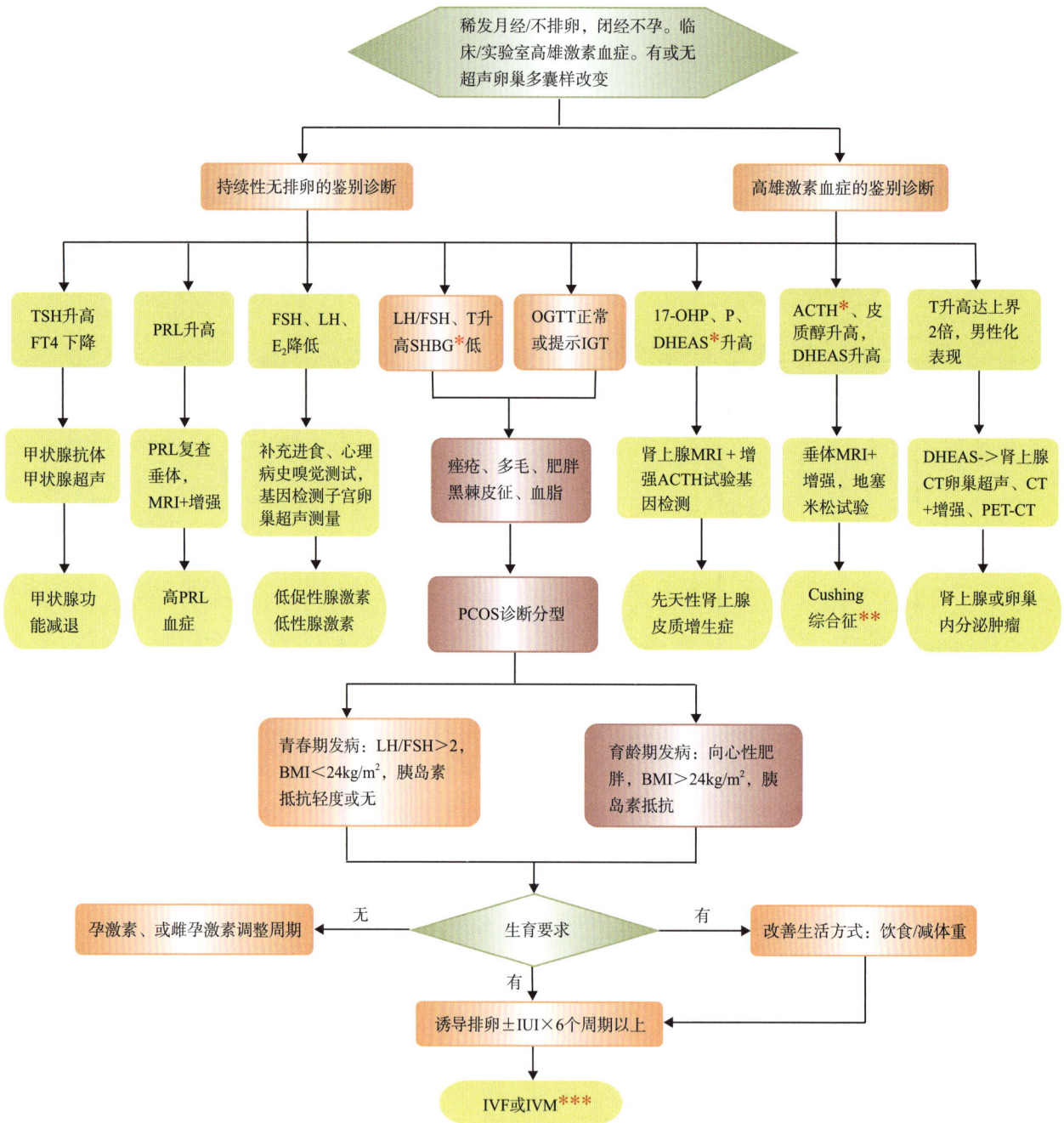

稀发月经/不排卵，闭经不孕。临床/实验室高雄激素血症。有或无超声卵巢多囊样改变

持续性无排卵的鉴别诊断

高雄激素血症的鉴别诊断

TSH升高 FT4 下降

PRL升高

FSH、LH、E$_2$降低

LH/FSH、T升高SHBG*低

OGTT正常或提示IGT

17-OHP、P、DHEAS*升高

ACTH*、皮质醇升高，DHEAS升高

T升高达上界2倍，男性化表现

甲状腺抗体 甲状腺超声

PRL复查 垂体， MRI+增强

补充进食、心理病史嗅觉测试，基因检测子宫卵巢超声测量

痤疮、多毛、肥胖黑棘皮征、血脂

肾上腺MRI＋增强ACTH试验基因检测

垂体MRI+增强，地塞米松试验

DHEAS->肾上腺CT卵巢超声、CT+增强、PET-CT

甲状腺功能减退

高PRL血症

低促性腺激素 低性腺激素

PCOS诊断分型

先天性肾上腺皮质增生症

Cushing综合征**

肾上腺或卵巢内分泌肿瘤

青春期发病：LH/FSH＞2，BMI＜24kg/m^2，胰岛素抵抗轻度或无

育龄期发病：向心性肥胖，BMI＞24kg/m^2，胰岛素抵抗

孕激素、或雌孕激素调整周期　　无　　生育要求　　有　　改善生活方式：饮食/减体重

有

诱导排卵±IUI×6个月周期以上

IVF或IVM***

*SHBG/DHEAS/ACTH　SHBG，性激素结合球蛋白；DHEAS，硫酸脱氢表雄酮；ACTH，促肾上腺皮质激素。

**Cushing 综合征　库欣综合征。

***IVM　未成熟卵母细胞体外培养。

四、子宫内膜异位症（EM）合并不孕症诊治流程

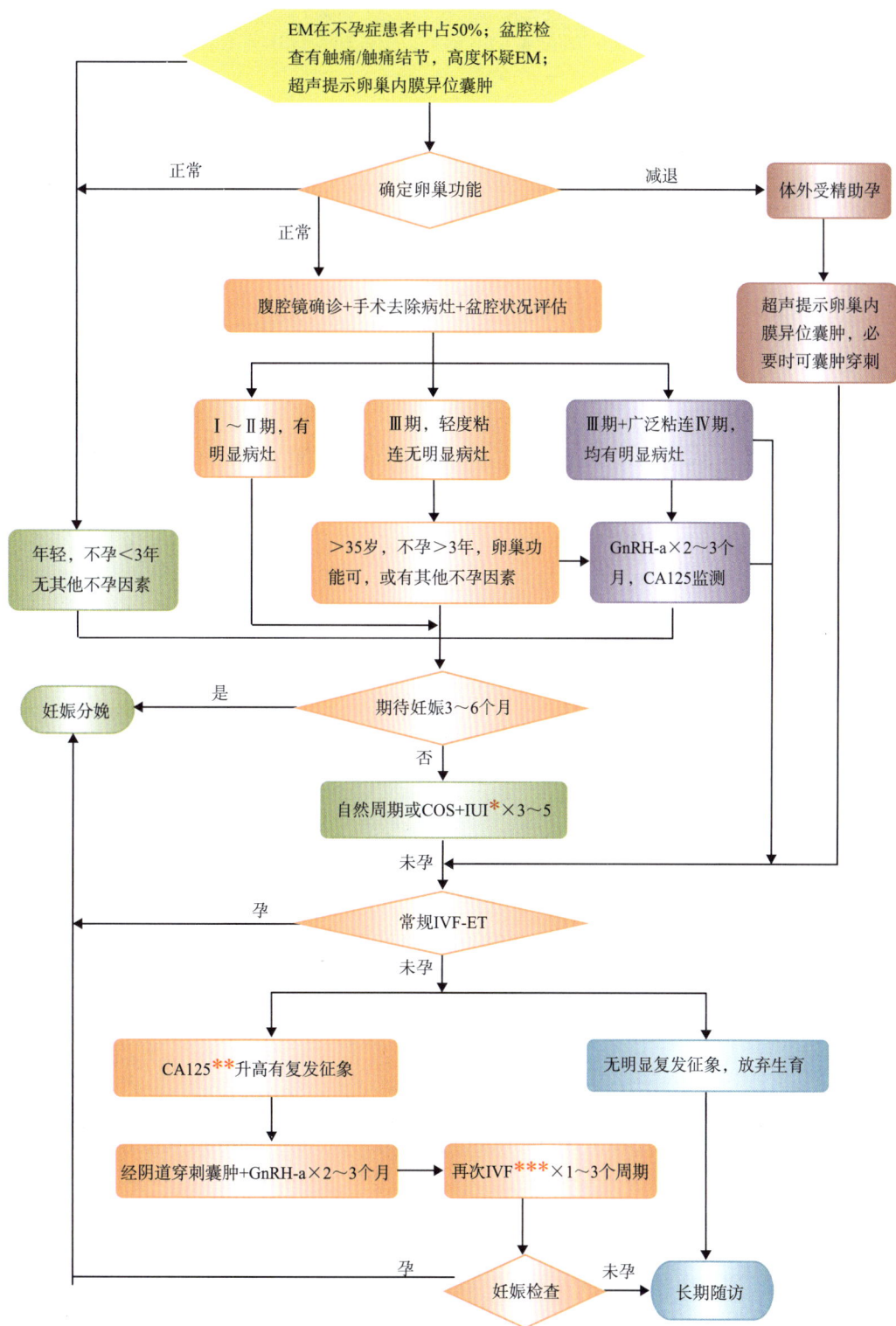

EM在不孕症患者中占50%；盆腔检查有触痛/触痛结节，高度怀疑EM；超声提示卵巢内膜异位囊肿

确定卵巢功能

正常 → 正常

减退 → 体外受精助孕

体外受精助孕 → 超声提示卵巢内膜异位囊肿，必要时可囊肿穿刺

腹腔镜确诊+手术去除病灶+盆腔状况评估

- Ⅰ～Ⅱ期，有明显病灶
- Ⅲ期，轻度粘连无明显病灶
- Ⅲ期+广泛粘连Ⅳ期，均有明显病灶

年轻，不孕<3年无其他不孕因素

>35岁，不孕>3年，卵巢功能可，或有其他不孕因素

GnRH-a×2～3个月，CA125监测

期待妊娠3～6个月

是 → 妊娠分娩

否 → 自然周期或COS+IUI*×3～5

未孕 → 常规IVF-ET

孕 →（返回妊娠分娩）

未孕：

- CA125**升高有复发征象
- 无明显复发征象，放弃生育

经阴道穿刺囊肿+GnRH-a×2～3个月 → 再次IVF***×1～3个周期

妊娠检查

孕 → （返回）

未孕 → 长期随访

***COS+IUI** 促排卵＋宫腔内人工授精。　****CA125** 糖链抗原上皮性卵巢肿瘤标志物。

*****IVF** in vitro fertillization，体外受精。

五、反复妊娠丢失（RPL）诊治流程

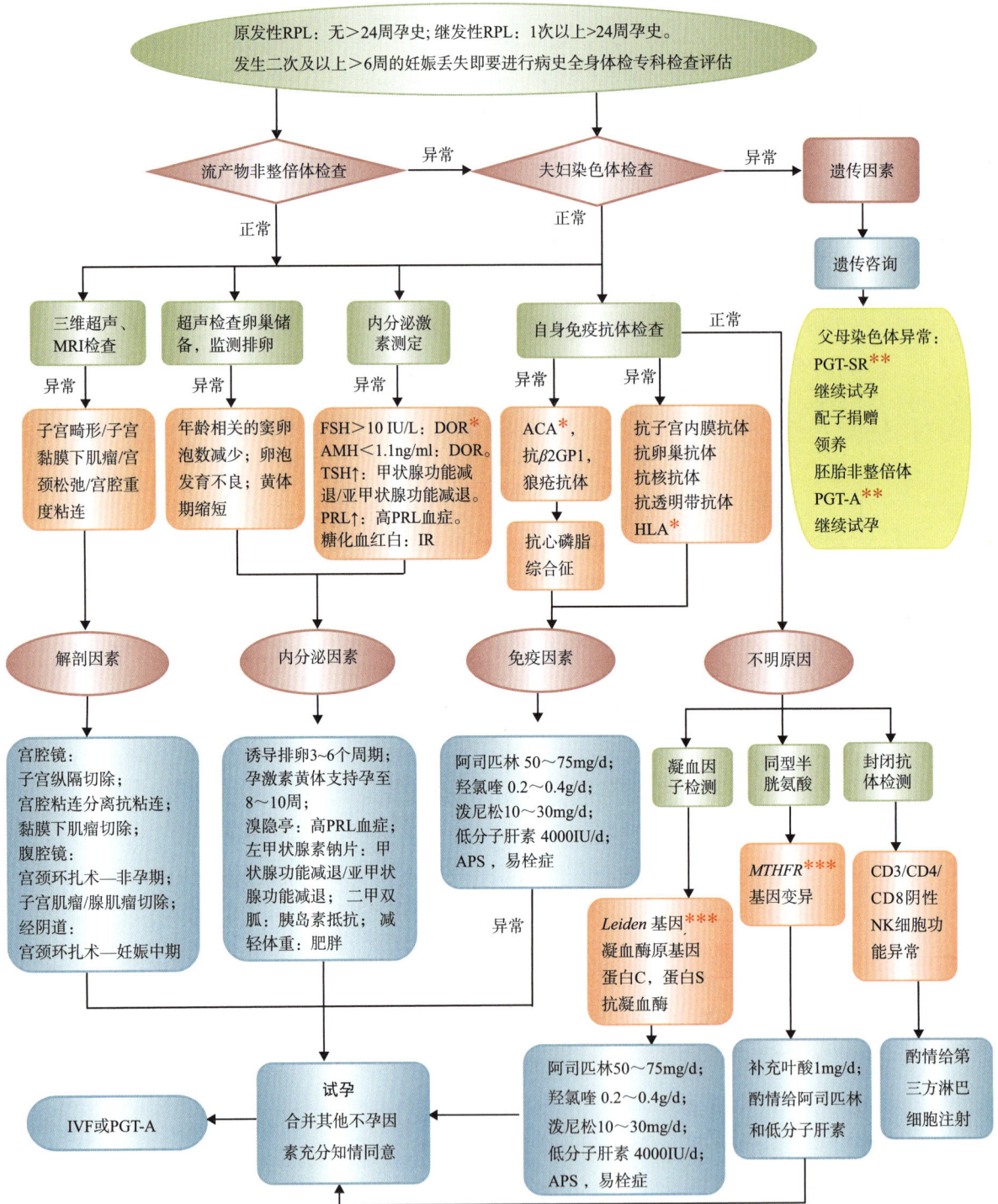

原发性RPL：无>24周孕史；继发性RPL：1次以上>24周孕史。
发生二次及以上>6周的妊娠丢失即要进行病史全身体检专科检查评估

流产物非整倍体检查 —异常→ 夫妇染色体检查 —异常→ 遗传因素

正常 ↓　　　　　　　　　　　正常 ↓　　　　　　　　　遗传咨询 ↓

父母染色体异常：
PGT-SR**
继续试孕
配子捐赠
领养
胚胎非整倍体
PGT-A**
继续试孕

三维超声、MRI检查　　超声检查卵巢储备，监测排卵　　内分泌激素测定　　自身免疫抗体检查　　正常

异常 ↓

子宫畸形/子宫黏膜下肌瘤/宫颈松弛/宫腔重度粘连

异常 ↓

年龄相关的窦卵泡数减少；卵泡发育不良；黄体期缩短

异常 ↓

FSH>10 IU/L：DOR*
AMH<1.1ng/ml：DOR；
TSH↑：甲状腺功能减退/亚甲状腺功能减退。
PRL↑：高PRL血症。
糖化血红白：IR

异常 ↓

ACA*，抗β2GP1，狼疮抗体

抗心磷脂综合征

异常 ↓

抗子宫内膜抗体
抗卵巢抗体
抗核抗体
抗透明带抗体
HLA*

解剖因素　　内分泌因素　　免疫因素　　不明原因

宫腔镜：
子宫纵隔切除；
宫腔粘连分离抗粘连；
黏膜下肌瘤切除；
腹腔镜：
宫颈环扎术—非孕期；
子宫肌瘤/腺肌瘤切除；
经阴道：
宫颈环扎术—妊娠中期

诱导排卵3~6个周期；
孕激素黄体支持孕至8~10周；
溴隐亭：高PRL血症；
左甲状腺素钠片：甲状腺功能减退/亚甲状腺功能减退；二甲双胍：胰岛素抵抗；减轻体重：肥胖

阿司匹林 50~75mg/d；
羟氯喹 0.2~0.4g/d；
泼尼松10~30mg/d；
低分子肝素 4000IU/d；
APS，易栓症

凝血因子检测　　同型半胱氨酸　　封闭抗体检测

异常 ↓

Leiden 基因***
凝血酶原基因
蛋白C，蛋白S
抗凝血酶

MTHFR***
基因变异

CD3/CD4/CD8阴性NK细胞功能异常

阿司匹林50~75mg/d；
羟氯喹 0.2~0.4g/d；
泼尼松10~30mg/d；
低分子肝素 4000IU/d；
APS，易栓症

补充叶酸1mg/d；
酌情给阿司匹林和低分子肝素

酌情给第三方淋巴细胞注射

试孕
合并其他不孕因素充分知情同意

IVF或PGT-A

*DOR/ACA/HLA　DOR，卵巢储备低下；ACA，抗心磷脂抗体；HLA，人类白细胞抗原。

**PGT-SR/ PGT-A　PGT-SR，胚胎植入前遗传学检测，包括染色体重排和结构异常；PGT-A，胚胎植入前非整倍体筛查的检测。

*** Leiden 基因 /MTHFR 基因变异　Leiden 基因，与凝血有关的一个基因；MTHFR，亚甲基四氢叶酸还原酶基因的检测。

六、不明原因不孕的诊治流程

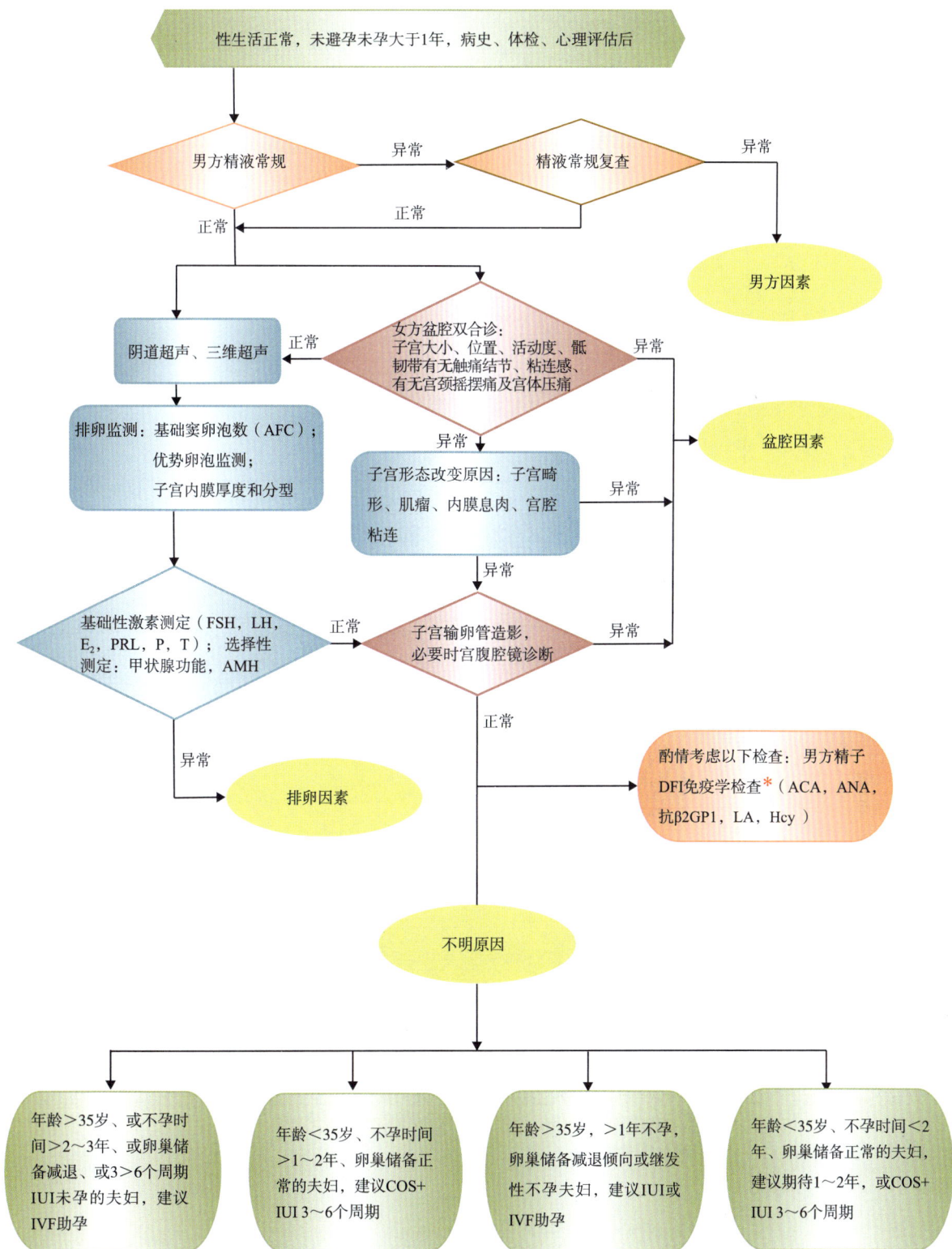

性生活正常，未避孕未孕大于1年，病史、体检、心理评估后

男方精液常规 ——异常—→ 精液常规复查 ——异常—→ 男方因素

正常 ← 正常

阴道超声、三维超声 ←正常— 女方盆腔双合诊：
子宫大小、位置、活动度、骶韧带有无触痛结节、粘连感、有无宫颈摇摆痛及宫体压痛 ——异常—→ 盆腔因素

排卵监测：基础窦卵泡数（AFC）；优势卵泡监测；子宫内膜厚度和分型

子宫形态改变原因：子宫畸形、肌瘤、内膜息肉、宫腔粘连 ——异常—→

基础性激素测定（FSH，LH，E$_2$，PRL，P，T）；选择性测定：甲状腺功能，AMH ——正常—→ 子宫输卵管造影，必要时宫腹腔镜诊断 ——异常—→

异常 → 排卵因素

正常 → 酌情考虑以下检查：男方精子DFI免疫学检查*（ACA，ANA，抗β2GP1，LA，Hcy）

不明原因

年龄＞35岁、或不孕时间＞2～3年、或卵巢储备减退、或3＞6个周期IUI未孕的夫妇，建议IVF助孕

年龄＜35岁、不孕时间＞1～2年、卵巢储备正常的夫妇，建议COS+IUI 3～6个周期

年龄＞35岁，＞1年不孕，卵巢储备减退倾向或继发性不孕夫妇，建议IUI或IVF助孕

年龄＜35岁、不孕时间＜2年、卵巢储备正常的夫妇，建议期待1～2年，或COS+IUI 3～6个周期

***男方精子 DFI 免疫学检查　DFI 检查，精子完整性检查；ACA，抗心磷脂抗体；RNA，抗核抗体；抗 β2GP1，抗 β2 糖蛋白抗体；LA，抗狼疮抗体；Hcy，同型半胱氨酸

七、高泌乳素血症的诊疗流程

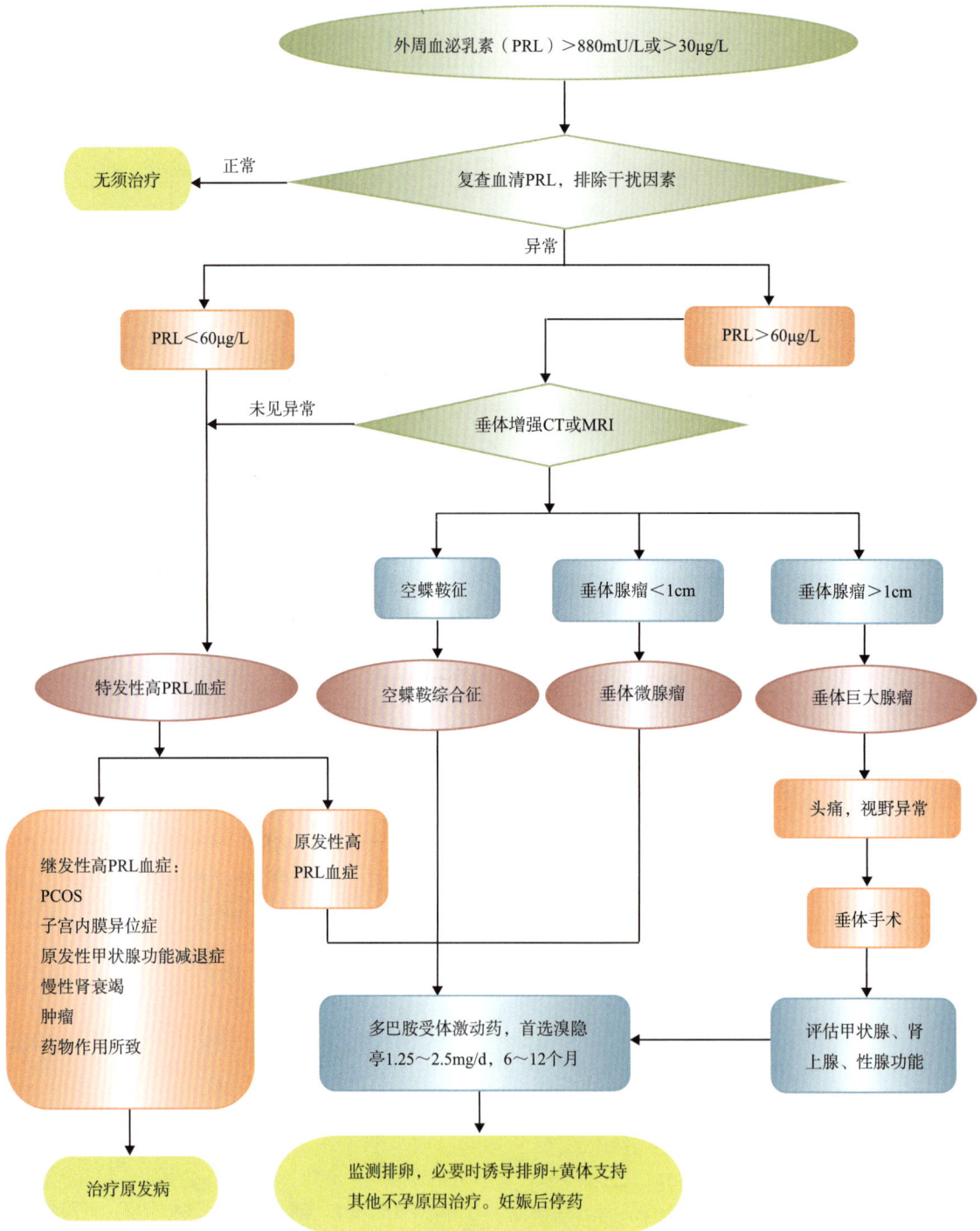

外周血泌乳素（PRL）＞880mU/L或＞30μg/L

复查血清PRL，排除干扰因素

正常 → 无须治疗

异常

PRL＜60μg/L

PRL＞60μg/L

垂体增强CT或MRI

未见异常

空蝶鞍征

垂体腺瘤＜1cm

垂体腺瘤＞1cm

特发性高PRL血症

空蝶鞍综合征

垂体微腺瘤

垂体巨大腺瘤

头痛，视野异常

垂体手术

继发性高PRL血症：
PCOS
子宫内膜异位症
原发性甲状腺功能减退症
慢性肾衰竭
肿瘤
药物作用所致

原发性高
PRL血症

多巴胺受体激动药，首选溴隐
亭1.25～2.5mg/d，6～12个月

评估甲状腺、肾
上腺、性腺功能

治疗原发病

监测排卵，必要时诱导排卵+黄体支持
其他不孕原因治疗。妊娠后停药

八、卵巢功能减退不孕的诊治流程

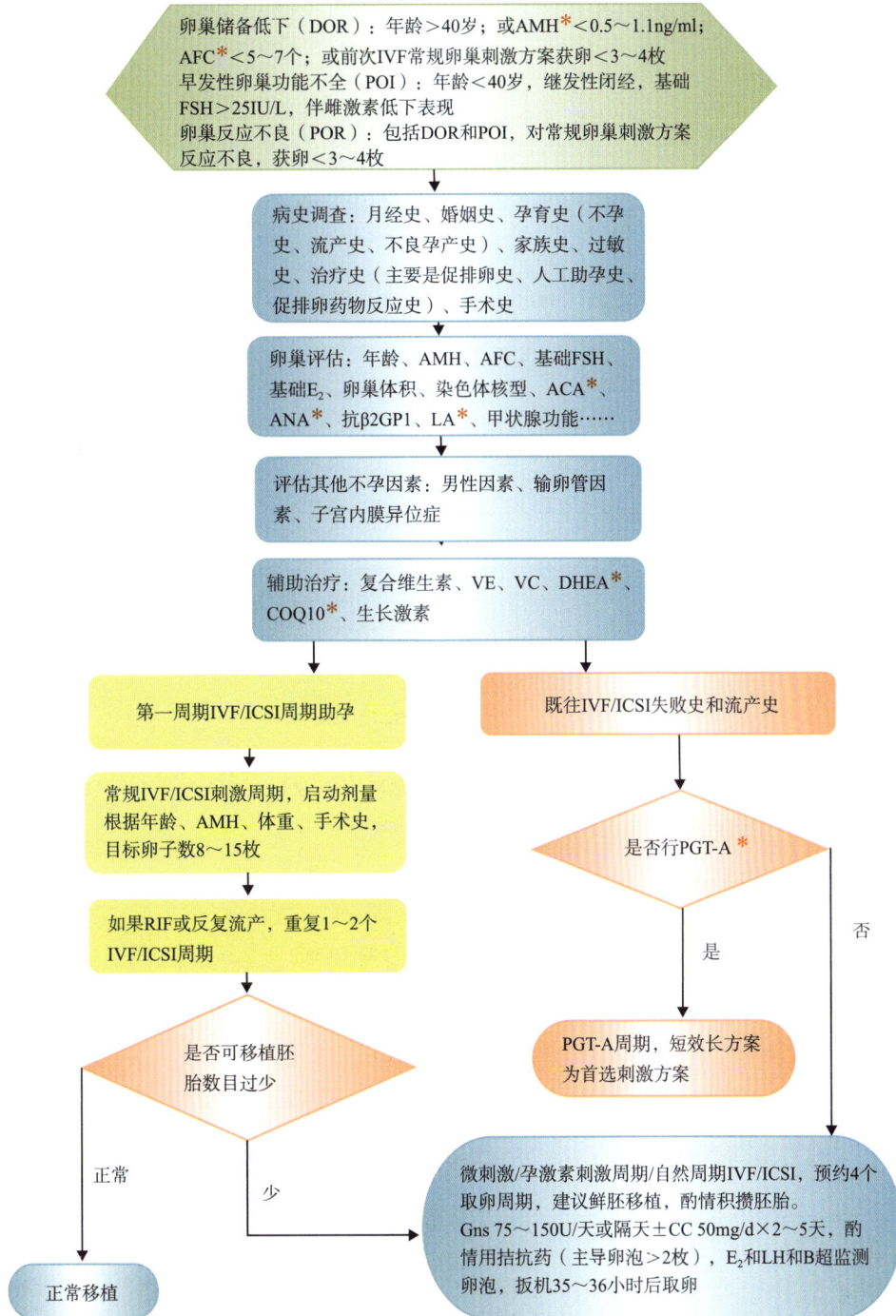

卵巢储备低下（DOR）：年龄>40岁；或AMH*<0.5～1.1ng/ml；AFC*<5～7个；或前次IVF常规卵巢刺激方案获卵<3～4枚
早发性卵巢功能不全（POI）：年龄<40岁，继发性闭经，基础FSH>25IU/L，伴雌激素低下表现
卵巢反应不良（POR）：包括DOR和POI，对常规卵巢刺激方案反应不良，获卵<3～4枚

↓

病史调查：月经史、婚姻史、孕育史（不孕史、流产史、不良孕产史）、家族史、过敏史、治疗史（主要是促排卵史、人工助孕史、促排卵药物反应史）、手术史

↓

卵巢评估：年龄、AMH、AFC、基础FSH、基础E₂、卵巢体积、染色体核型、ACA*、ANA*、抗β2GP1、LA*、甲状腺功能……

↓

评估其他不孕因素：男性因素、输卵管因素、子宫内膜异位症

↓

辅助治疗：复合维生素、VE、VC、DHEA*、COQ10*、生长激素

↓

左分支：
第一周期IVF/ICSI周期助孕

↓

常规IVF/ICSI刺激周期，启动剂量根据年龄、AMH、体重、手术史，目标卵子数8～15枚

↓

如果RIF或反复流产，重复1～2个IVF/ICSI周期

↓

【是否可移植胚胎数目过少】
正常 → 正常移植
少 → （微刺激方案）

右分支：
既往IVF/ICSI失败史和流产史

↓

【是否行PGT-A*】
是 → PGT-A周期，短效长方案为首选刺激方案
否 →

微刺激/孕激素刺激周期/自然周期IVF/ICSI，预约4个取卵周期，建议鲜胚移植，酌情积攒胚胎。Gns 75～150U/天或隔天±CC 50mg/d×2～5天，酌情用拮抗药（主导卵泡>2枚），E₂和LH和B超监测卵泡，扳机35～36小时后取卵

*AMH/AFC/ACA/ANA/LA/DHEA/COQ10/PGFA：

AMH，抗米勒管因子；AFC，卵巢窦卵泡计数；

ACA，抗心磷脂抗体；ANA，抗核抗体；LA，抗狼疮抗体。

DHEA，脱氢表雄酮；COQ10，辅酶Q10。

PGT-A，胚胎植入前遗传学检测-非整倍体筛查。

九、卵巢过度刺激综合征的诊治流程

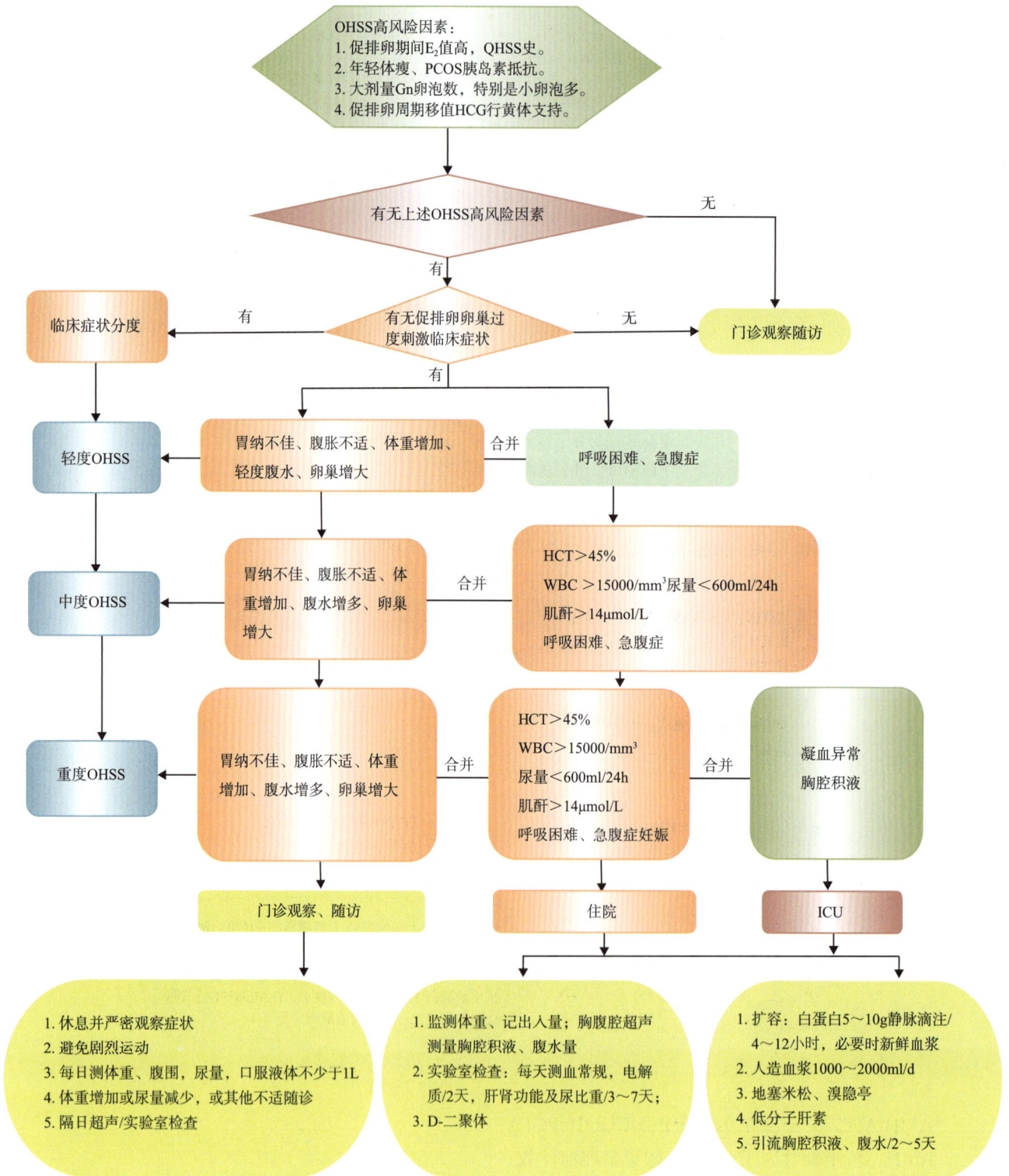

OHSS高风险因素：
1. 促排卵期间E₂值高，QHSS史。
2. 年轻体瘦、PCOS胰岛素抵抗。
3. 大剂量Gn卵泡数，特别是小卵泡多。
4. 促排卵周期移值HCG行黄体支持。

有无上述OHSS高风险因素 — 无 → 门诊观察随访

有

有无促排卵卵巢过度刺激临床症状 — 无 → 门诊观察随访

有 ← 临床症状分度

有

轻度OHSS

胃纳不佳、腹胀不适、体重增加、轻度腹水、卵巢增大 — 合并 → 呼吸困难、急腹症

中度OHSS

胃纳不佳、腹胀不适、体重增加、腹水增多、卵巢增大 — 合并 →
HCT＞45%
WBC ＞15000/mm³ 尿量＜600ml/24h
肌酐＞14μmol/L
呼吸困难、急腹症

重度OHSS

胃纳不佳、腹胀不适、体重增加、腹水增多、卵巢增大 — 合并 →
HCT＞45%
WBC＞15000/mm³
尿量＜600ml/24h
肌酐＞14μmol/L
呼吸困难、急腹症妊娠
— 合并 → 凝血异常 胸腔积液

门诊观察、随访 | 住院 | ICU

1. 休息并严密观察症状
2. 避免剧烈运动
3. 每日测体重、腹围，尿量，口服液体不少于1L
4. 体重增加或尿量减少，或其他不适随诊
5. 隔日超声/实验室检查

1. 监测体重、记出入量；胸腹腔超声测量胸腔积液、腹水量
2. 实验室检查：每天测血常规，电解质/2天，肝肾功能及尿比重/3～7天；
3. D-二聚体

1. 扩容：白蛋白5～10g静脉滴注/4～12小时，必要时新鲜血浆
2. 人造血浆1000～2000ml/d
3. 地塞米松、溴隐亭
4. 低分子肝素
5. 引流胸腔积液、腹水/2～5天

十、未生育女性患早期肿瘤者保留生育功能诊治处理流程

（一）肿瘤患者选择保存生育力的基本流程

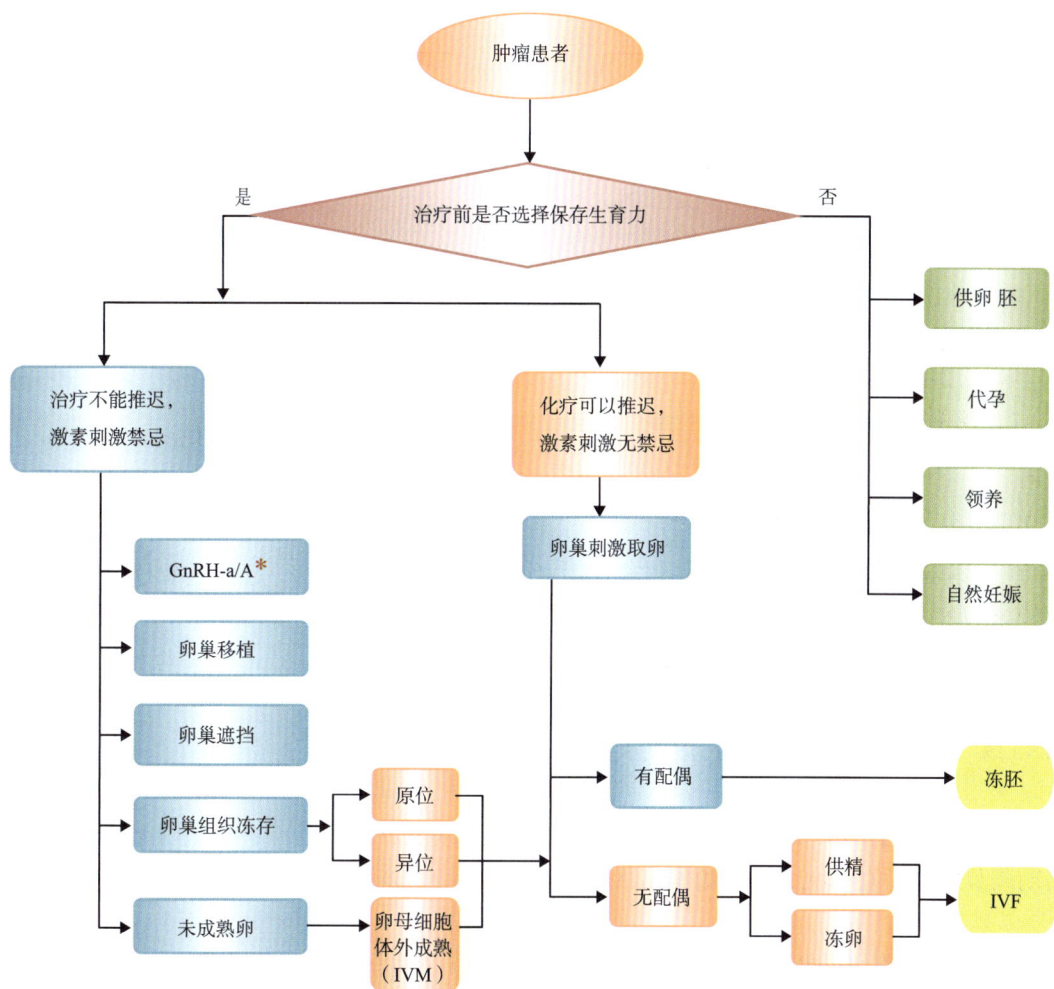

*GnRH-a/A　促性腺激素释放激素 - 拮抗药（antagonist）/激动药（Agonist）。

（二）保留生育功能的宫颈病变处理流程

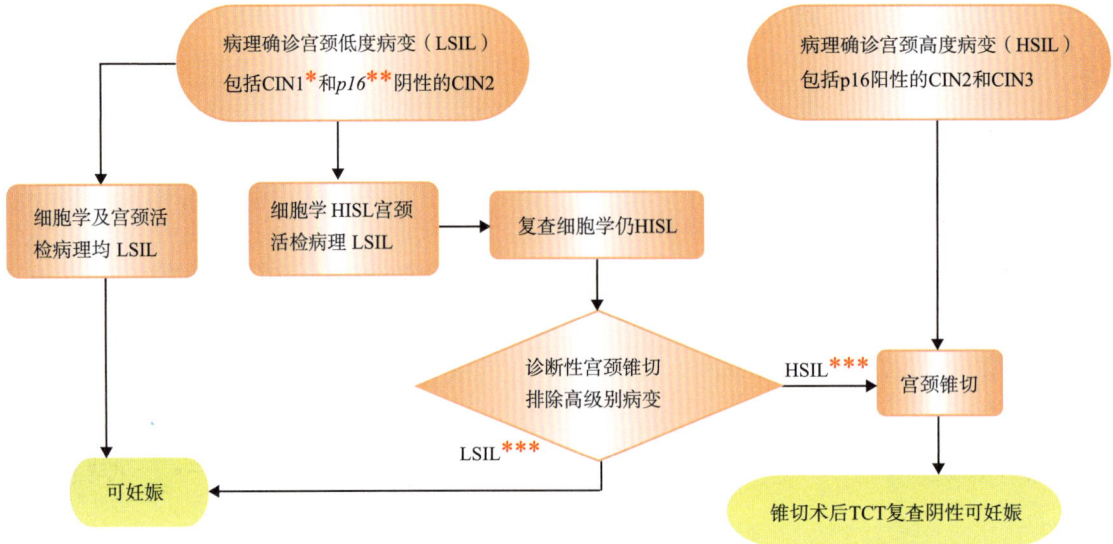

```
病理确诊宫颈低度病变（LSIL）          病理确诊宫颈高度病变（HSIL）
包括CIN1*和p16**阴性的CIN2            包括p16阳性的CIN2和CIN3

细胞学及宫颈活      细胞学 HISL宫颈      复查细胞学仍HISL
检病理均 LSIL      活检病理 LSIL

                        诊断性宫颈锥切        HSIL***    宫颈锥切
                        排除高级别病变

                  LSIL***

可妊娠                                        锥切术后TCT复查阴性可妊娠
```

*CIN 1　CIN 是宫颈上皮内瘤变（过去称宫颈癌前病变）的英文缩写。根据病变程度分为 1 级、2 级、3 级。具体分级如下：

1. CIN1 级　轻度非典型性增生，异常增殖细胞限于宫颈上皮层 1/3；

2. CIN2 级　中度非典型性增生，异常增殖细胞达到宫颈上皮层 2/3；

3. CIN3 级　重度非典型性增生及原位癌，异常增殖细胞扩展至宫颈上皮全层。

**p16　属于抑癌基因，是直接作用于细胞周期、抑制细胞分裂的基因，细胞内 P16 蛋白减少，会引起细胞周期调节紊乱，使细胞无限制增生，甚至癌变。

***HSIL/LSIL　高级别宫颈鳞状上皮内病变 / 低级别宫颈鳞状上皮内病变。

（三）宫颈鳞状上皮癌保留生育功能处理流程

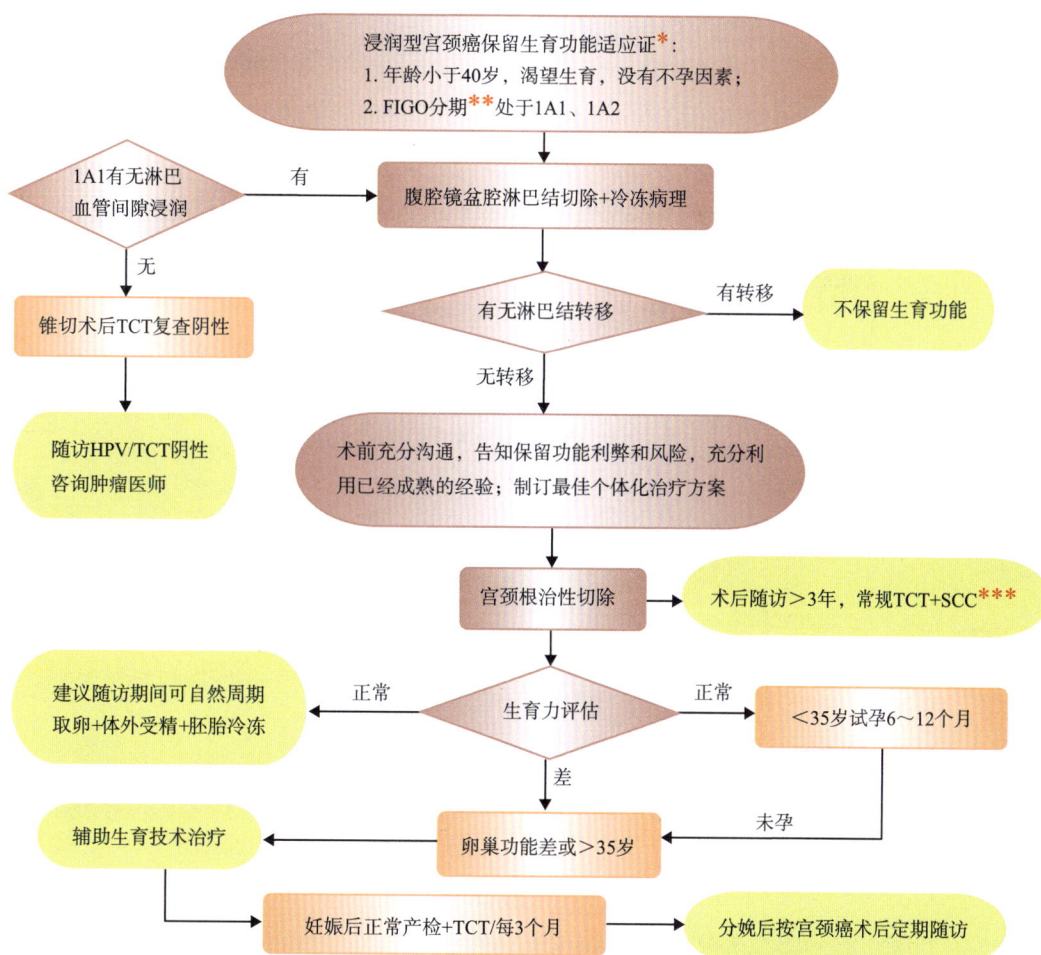

浸润型宫颈癌保留生育功能适应证*：
1. 年龄小于40岁，渴望生育，没有不孕因素；
2. FIGO分期**处于1A1、1A2

```
1A1有无淋巴          有      腹腔镜盆腔淋巴结切除+冷冻病理
血管间隙浸润 ──────────────→
    │无                              │
    ↓                                ↓
锥切术后TCT复查阴性          有无淋巴结转移 ──有转移──→ 不保留生育功能
    │                                │
    ↓                              无转移
随访HPV/TCT阴性                      ↓
咨询肿瘤医师          术前充分沟通，告知保留功能利弊和风险，充分利
                     用已经成熟的经验；制订最佳个体化治疗方案
                                     │
                                     ↓
                    宫颈根治性切除 ──→ 术后随访＞3年，常规TCT+SCC***
                                     │
                                     ↓
建议随访期间可自然周期  正常   生育力评估   正常   ＜35岁试孕6～12个月
取卵+体外受精+胚胎冷冻 ←────              ────→
                              差                      │未孕
                               ↓                      │
辅助生育技术治疗 ←───── 卵巢功能差或＞35岁 ←────────┘
    │
    ↓
妊娠后正常产检+TCT/每3个月 ──→ 分娩后按宫颈癌术后定期随访
```

　　* 浸润型宫颈癌保留生育功能适应证　　目前宫颈癌保留生育功能限于鳞状上皮癌，但该适应证仍有待数据支持。虽然经腹宫颈根治术可用于 1B1 宫颈癌性病灶 2～4cm 或宫颈腺癌的保留生育功能手术，因术后复发率高，所以宫颈腺癌和腺鳞癌要充分考虑卵巢转移的可能性。腺癌的特点是有跳跃性，癌灶范围不宜确定，表浅的地方没有病灶，不等于深部没有，即便是活检诊断的原位腺癌，甚至是锥切后诊断的，都不能排除浸润性腺癌的可能性。因此，对＞2cm 者及宫颈腺癌一般不建议保留生育功能。这些有待于更好的临床结论。

　　**FIGO 分期　　即国际妇产科协会宫颈癌分期。具体分期如下。

1. 0 期　　原位癌（上皮内癌）。

2. Ⅰ期　　肿瘤局限于外阴和（或）会阴，病灶最大直径≤ 2cm，淋巴结无转移。

①Ⅰa 期间质浸润深度≤ 1.0cm。②Ⅰb 期间质浸润深度＞ 1.0cm。

3. Ⅱ期　　肿瘤局限于外阴和（或）会阴，病灶最大直径＞ 2cm，淋巴结无转移。

4. Ⅲ期　　无论癌灶大小

（1）侵犯下尿道和（或）阴道，或肛门。

（2）或单侧区域淋巴结转移（腹股沟淋巴结阳性）。

5. Ⅳ期

（1）Ⅳa 期肿瘤侵犯尿道上段、膀胱黏膜、直肠黏膜、盆腔淋巴和（或）双侧区域淋巴结转移。

（2）Ⅳb 期远处转移，包括盆腔淋巴结转移。

　　***SCC　　鳞状细胞核抗原，可检测宫颈癌复发。

（四）不孕症合并子宫内膜病变诊治流程

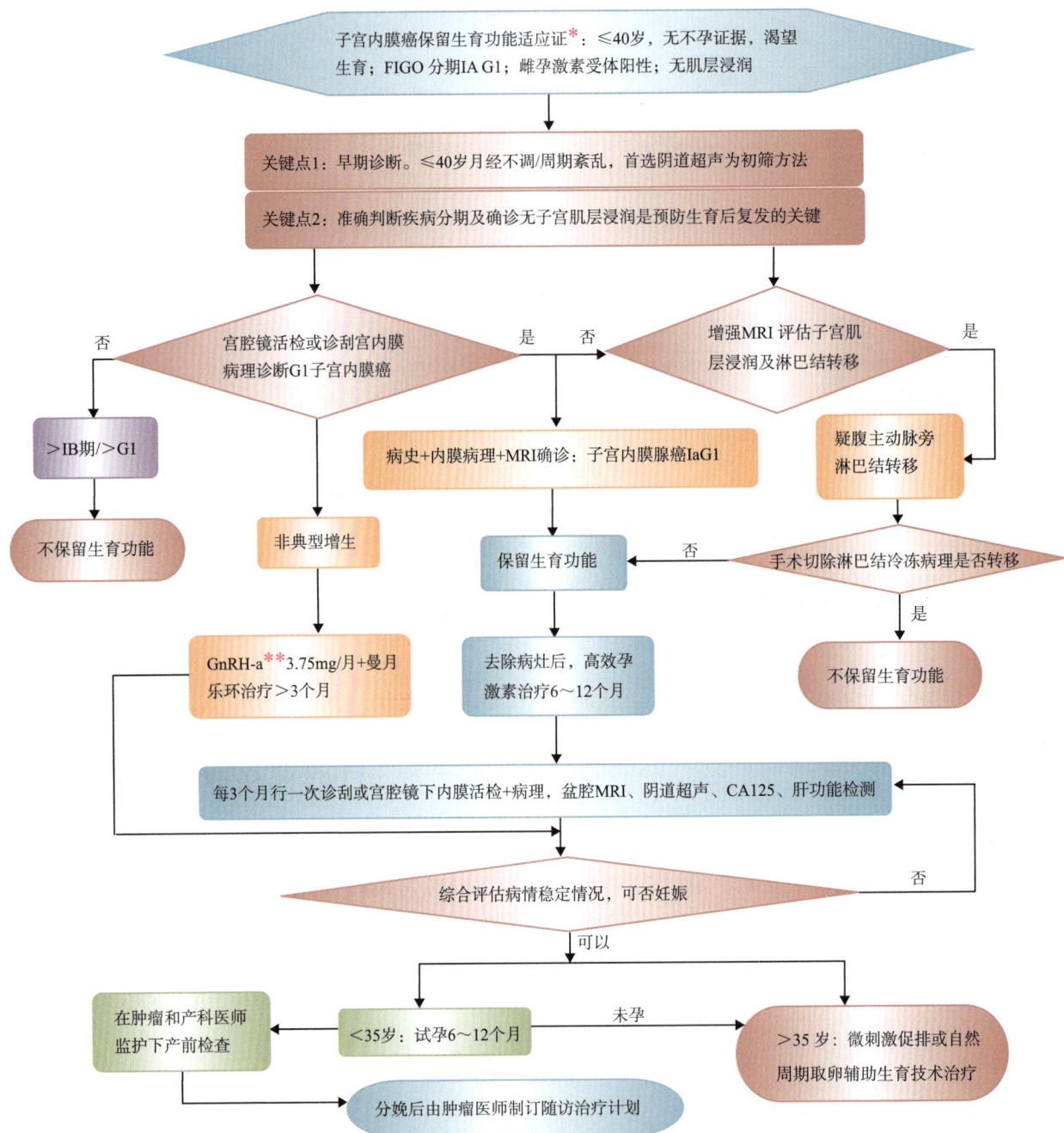

子宫内膜癌保留生育功能适应证*：≤40岁，无不孕证据，渴望生育；FIGO 分期IA G1；雌孕激素受体阳性；无肌层浸润

关键点1：早期诊断。≤40岁月经不调/周期紊乱，首选阴道超声为初筛方法

关键点2：准确判断疾病分期及确诊无子宫肌层浸润是预防生育后复发的关键

宫腔镜活检或诊刮宫内膜病理诊断G1子宫内膜癌

增强MRI 评估子宫肌层浸润及淋巴结转移

否　＞IB期/＞G1

是　否

是

＞IB期/＞G1

不保留生育功能

病史+内膜病理+MRI确诊：子宫内膜腺癌IaG1

疑腹主动脉旁淋巴结转移

非典型增生

保留生育功能

否

手术切除淋巴结冷冻病理是否转移

是

不保留生育功能

GnRH-a** 3.75mg/月+曼月乐环治疗＞3个月

去除病灶后，高效孕激素治疗6～12个月

每3个月行一次诊刮或宫腔镜下内膜活检+病理，盆腔MRI、阴道超声、CA125、肝功能检测

综合评估病情稳定情况，可否妊娠

否

可以

在肿瘤和产科医师监护下产前检查

＜35岁：试孕6～12个月

未孕

＞35 岁：微刺激促排或自然周期取卵辅助生育技术治疗

分娩后由肿瘤医师制订随访治疗计划

* 子宫内膜癌保留生育功能适应证　目前只适用于子宫内膜样腺癌，浆液性癌、透明细胞癌、肉瘤等不适合保留生育功能。

**GnRH-a　促性腺激素释放激素 - 拮抗药（antagonist）。

（五）不孕症合并卵巢恶性肿瘤诊治流程

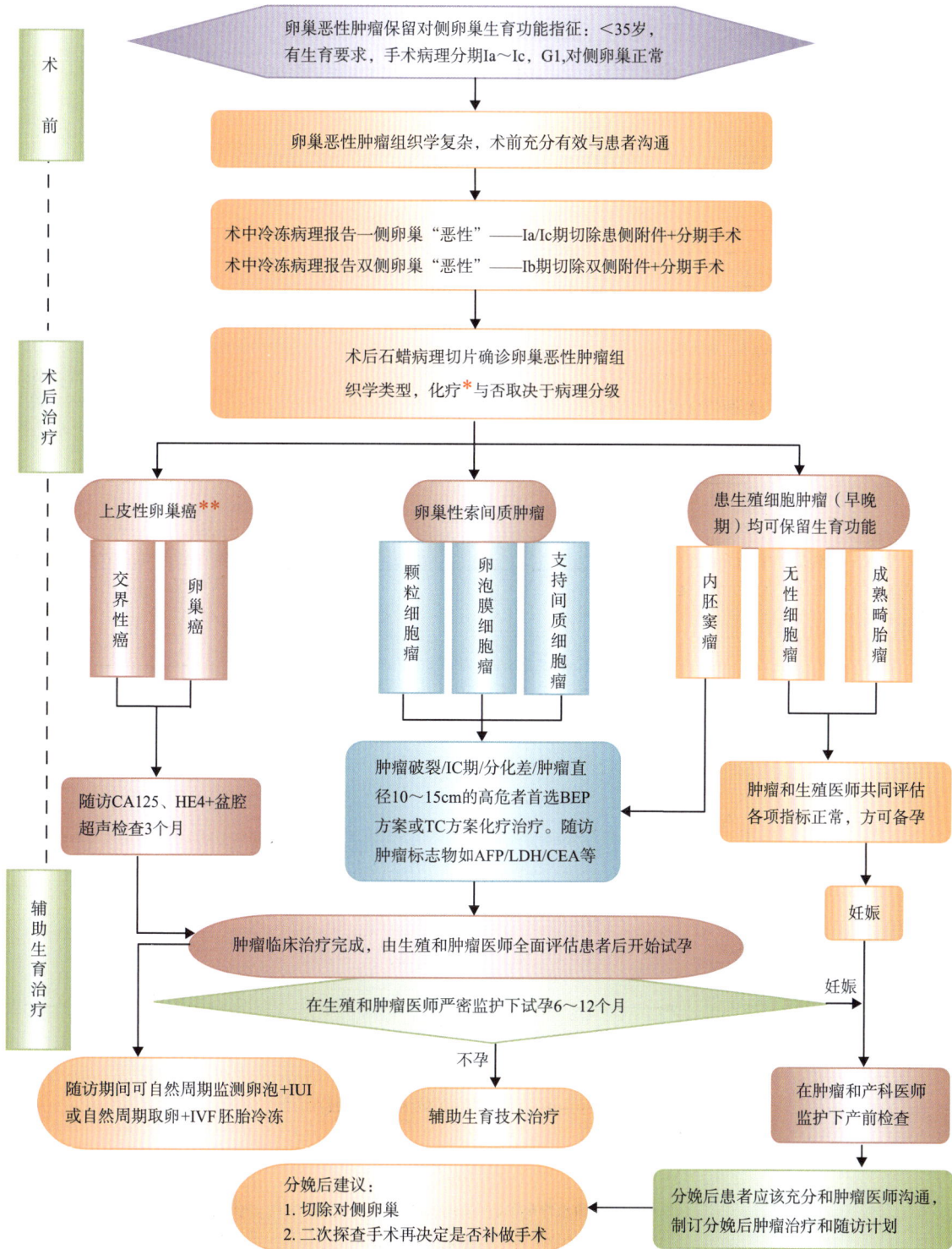

术前

卵巢恶性肿瘤保留对侧卵巢生育功能指征：<35岁，有生育要求，手术病理分期Ia～Ic，G1,对侧卵巢正常

卵巢恶性肿瘤组织学复杂，术前充分有效与患者沟通

术中冷冻病理报告一侧卵巢"恶性"——Ia/Ic期切除患侧附件+分期手术
术中冷冻病理报告双侧卵巢"恶性"——Ib期切除双侧附件+分期手术

术后治疗

术后石蜡病理切片确诊卵巢恶性肿瘤组织学类型，化疗*与否取决于病理分级

上皮性卵巢癌**
- 交界性癌
- 卵巢癌

卵巢性索间质肿瘤
- 颗粒细胞瘤
- 卵泡膜细胞瘤
- 支持间质细胞瘤

患生殖细胞肿瘤（早晚期）均可保留生育功能
- 内胚窦瘤
- 无性细胞瘤
- 成熟畸胎瘤

随访CA125、HE4+盆腔超声检查3个月

肿瘤破裂/IC期/分化差/肿瘤直径10～15cm的高危者首选BEP方案或TC方案化疗治疗。随访肿瘤标志物如AFP/LDH/CEA等

肿瘤和生殖医师共同评估各项指标正常，方可备孕

妊娠

辅助生育治疗

肿瘤临床治疗完成，由生殖和肿瘤医师全面评估患者后开始试孕

在生殖和肿瘤医师严密监护下试孕6～12个月

妊娠

不孕

随访期间可自然周期监测卵泡+IUI或自然周期取卵+IVF胚胎冷冻

辅助生育技术治疗

在肿瘤和产科医师监护下产前检查

分娩后建议：
1. 切除对侧卵巢
2. 二次探查手术再决定是否补做手术

分娩后患者应该充分和肿瘤医师沟通，制订分娩后肿瘤治疗和随访计划

* 化疗 化疗前用 GnRH-a 进行卵巢功能保护。

** 上皮性卵巢癌 透明细胞癌除外。不建议透明细胞癌患者保留生育功能。

十一、辅助生殖技术手术并发症的处理流程

（一）取卵术后出血诊治流程

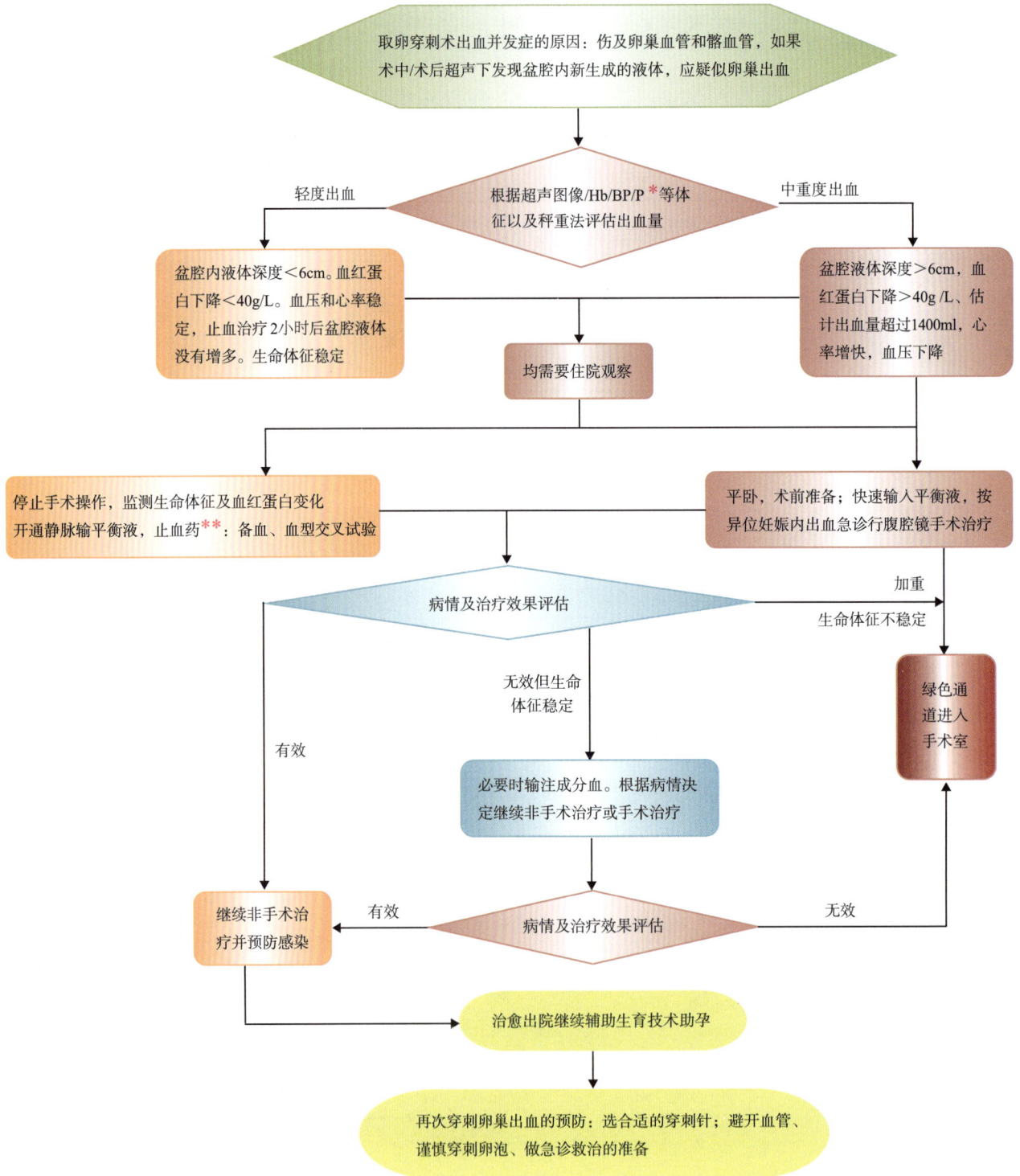

取卵穿刺术出血并发症的原因：伤及卵巢血管和髂血管，如果术中/术后超声下发现盆腔内新生成的液体，应疑似卵巢出血

根据超声图像/Hb/BP/P *等体征以及秤重法评估出血量

轻度出血 ← → 中重度出血

盆腔内液体深度<6cm。血红蛋白下降<40g/L。血压和心率稳定，止血治疗2小时后盆腔液体没有增多。生命体征稳定

盆腔液体深度>6cm，血红蛋白下降>40g/L，估计出血量超过1400ml，心率增快，血压下降

均需要住院观察

停止手术操作，监测生命体征及血红蛋白变化 开通静脉输平衡液，止血药**；备血、血型交叉试验

平卧，术前准备；快速输入平衡液，按异位妊娠内出血急诊行腹腔镜手术治疗

病情及治疗效果评估

有效 / 无效但生命体征稳定

加重 / 生命体征不稳定

绿色通道进入手术室

必要时输注成分血。根据病情决定继续非手术治疗或手术治疗

继续非手术治疗并预防感染 ← 有效 — 病情及治疗效果评估 — 无效

治愈出院继续辅助生育技术助孕

再次穿刺卵巢出血的预防：选合适的穿刺针；避开血管、谨慎穿刺卵泡、做急诊救治的准备

*Hb/BP/P　Hb，血红蛋白；BP，血压；P，脉搏。

** 止血药　因促排患者的血凝系统可能处于高凝状态，应谨慎应用抗凝血药治疗取卵穿刺导致的卵巢出血（非刺伤卵巢以外血管）。

（二）取卵术后继发盆腔感染的诊治流程

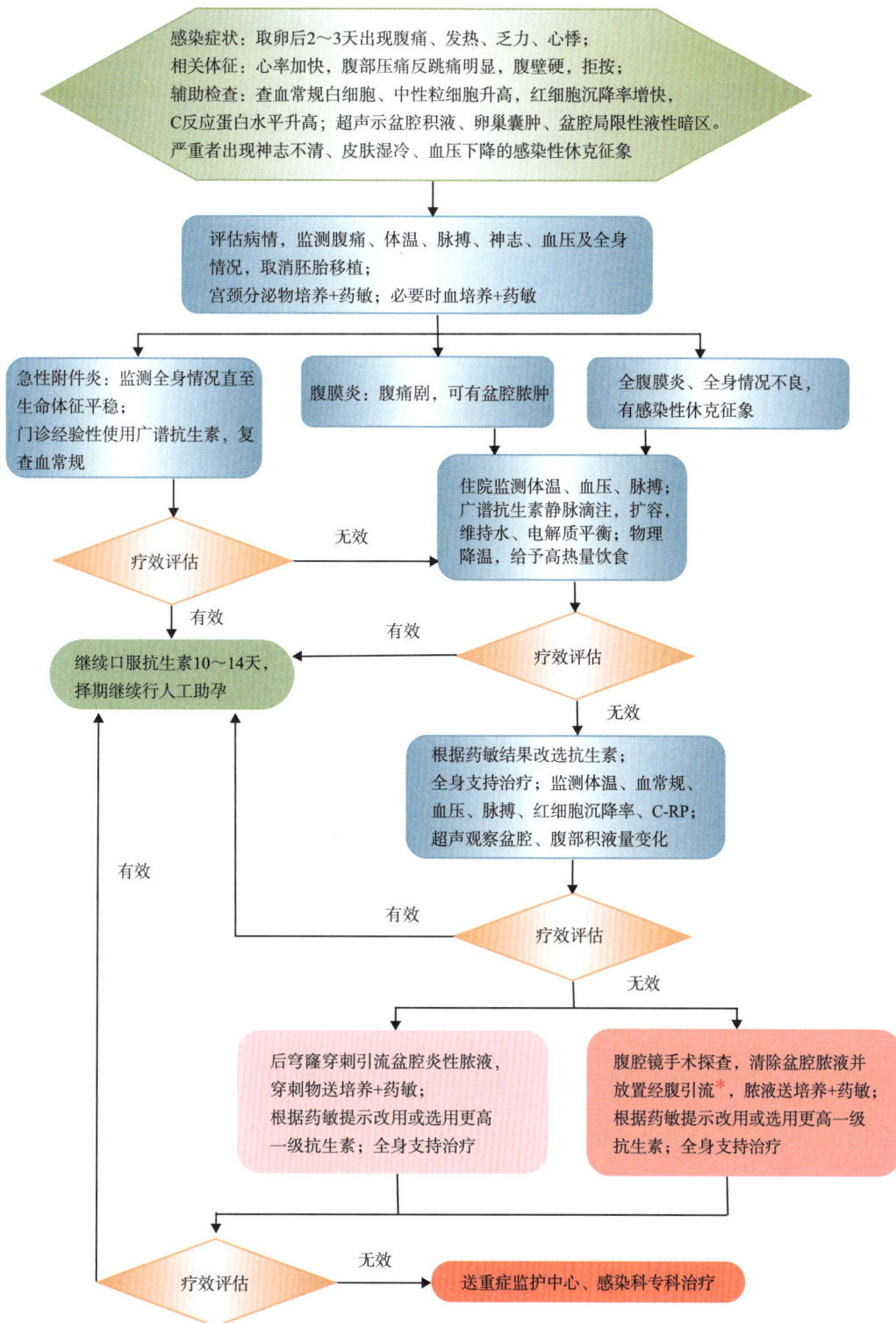

感染症状：取卵后2～3天出现腹痛、发热、乏力、心悸；
相关体征：心率加快，腹部压痛反跳痛明显，腹壁硬，拒按；
辅助检查：查血常规白细胞、中性粒细胞升高，红细胞沉降率增快，C反应蛋白水平升高；超声示盆腔积液、卵巢囊肿、盆腔局限性液性暗区。
严重者出现神志不清、皮肤湿冷、血压下降的感染性休克征象

↓

评估病情，监测腹痛、体温、脉搏、神志、血压及全身情况，取消胚胎移植；
宫颈分泌物培养+药敏；必要时血培养+药敏

急性附件炎： 监测全身情况直至生命体征平稳；
门诊经验性使用广谱抗生素，复查血常规

腹膜炎： 腹痛剧，可有盆腔脓肿

全腹膜炎、全身情况不良，有感染性休克征象

疗效评估 → 无效 →

住院监测体温、血压、脉搏；
广谱抗生素静脉滴注，扩容，维持水、电解质平衡；物理降温，给予高热量饮食

有效 ↓

继续口服抗生素10～14天，择期继续行人工助孕

疗效评估 — 有效 →

无效 ↓

根据药敏结果改选抗生素；
全身支持治疗；监测体温、血常规、血压、脉搏、红细胞沉降率、C-RP；
超声观察盆腔、腹部积液量变化

疗效评估 — 有效 →

无效 ↓

后穹隆穿刺引流盆腔炎性脓液，穿刺物送培养+药敏；
根据药敏提示改用或选用更高一级抗生素；全身支持治疗

腹腔镜手术探查，清除盆腔脓液并放置经腹引流*，脓液送培养+药敏；
根据药敏提示改用或选用更高一级抗生素；全身支持治疗

疗效评估 — 无效 → **送重症监护中心、感染科专科治疗**

* 经腹引流　及时引流可以缩短病程及抗生素使用天数，缩短炎症过程可减少炎症对卵巢的破坏。

（三）减胎术操作处理流程

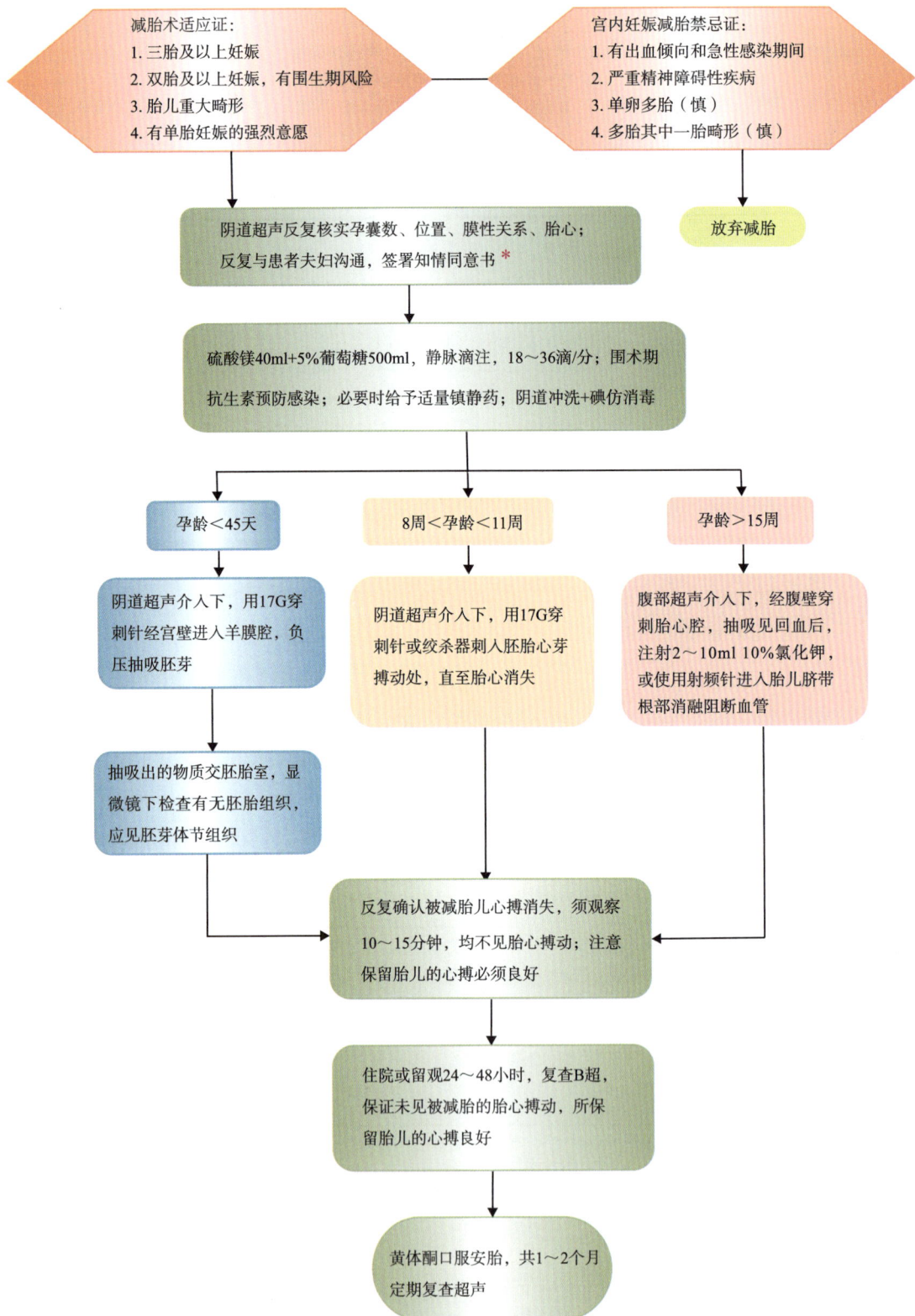

减胎术适应证：
1. 三胎及以上妊娠
2. 双胎及以上妊娠，有围生期风险
3. 胎儿重大畸形
4. 有单胎妊娠的强烈意愿

宫内妊娠减胎禁忌证：
1. 有出血倾向和急性感染期间
2. 严重精神障碍性疾病
3. 单卵多胎（慎）
4. 多胎其中一胎畸形（慎）

放弃减胎

阴道超声反复核实孕囊数、位置、膜性关系、胎心；反复与患者夫妇沟通，签署知情同意书*

硫酸镁40ml+5%葡萄糖500ml，静脉滴注，18～36滴/分；围术期抗生素预防感染；必要时给予适量镇静药；阴道冲洗+碘仿消毒

孕龄＜45天

8周＜孕龄＜11周

孕龄＞15周

阴道超声介入下，用17G穿刺针经宫壁进入羊膜腔，负压抽吸胚芽

阴道超声介入下，用17G穿刺针或绞杀器刺入胚胎心芽搏动处，直至胎心消失

腹部超声介入下，经腹壁穿刺胎心腔，抽吸见回血后，注射2～10ml 10%氯化钾，或使用射频针进入胎儿脐带根部消融阻断血管

抽吸出的物质交胚胎室，显微镜下检查有无胚胎组织，应见胚芽体节组织

反复确认被减胎儿心搏消失，须观察10～15分钟，均不见胎心搏动；注意保留胎儿的心搏必须良好

住院或留观24～48小时，复查B超，保证未见被减胎的胎心搏动，所保留胎儿的心搏良好

黄体酮口服安胎，共1～2个月定期复查超声

* **签署知情同意书**　签署的减胎知情同意书见表 6-2。

表 6-2　减胎知情同意书

××××医院

多胎妊娠减胎术知情同意书

病历号：

　　我们（妇）：_____（夫）：_____因多胎妊娠要求_____医院生殖医学中学实施多胎减胎术。

　　经医生介绍，我们已经知道：多胎妊娠会增加流产、早产、妊娠高血压综合征、产后出血和胎儿畸形等风险，为了母婴的安全，我们同意实施多胎减胎术，将_____胎减为_____胎。我们也知道，减胎术是一项比较成熟的技术。尽管如此，减胎术仍存在一定风险，它可能导致流产、早产、出血和感染，以及一次减胎失败需要再次减胎；按目前的医疗水平，医师尚无法确定胎儿是否正常，只能选择外观较小且容易操作部位的胚胎减灭，因此，不能保证继续妊娠的胎儿都是正常和没有畸形的。医师已经向我们详细说明了减胎术的必要性及上述可能发生的风险，我们已完全了解减胎术的有关细则和本知情同意书的内容，并就我们关心的问题与医师进行了讨论，得到了满意答复。我们在完全知情的情况下自愿签署本知情同意书。

丈夫（签字）：_____　日期：_____年_____月_____日

妻子（签字）：_____　日期：_____年_____月_____日

医师（签字）：_____　日期：_____年_____月_____日

（四）宫腔镜手术水中毒救治流程

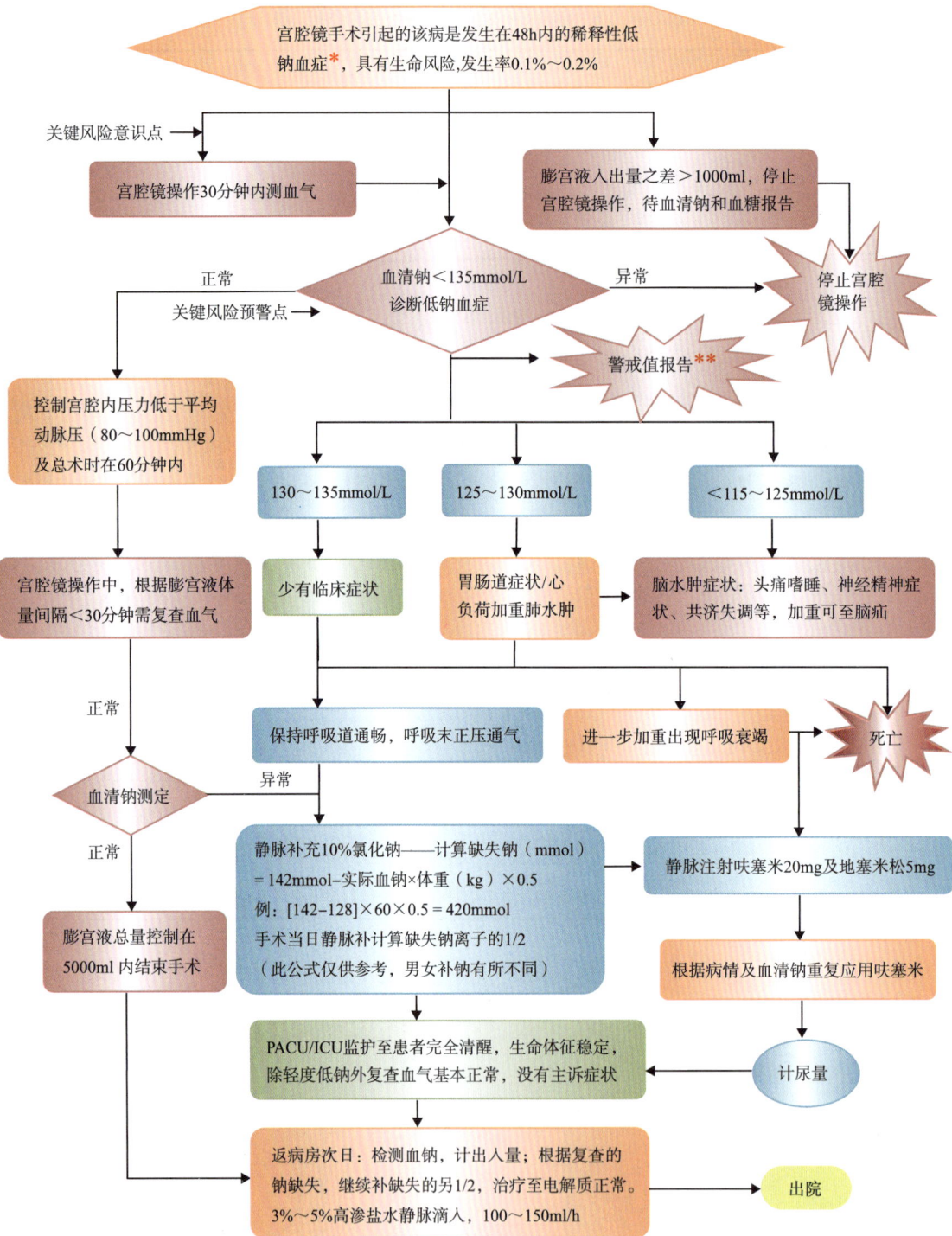

宫腔镜手术引起的该病是发生在48h内的稀释性低钠血症*，具有生命风险，发生率0.1%～0.2%

关键风险意识点→ 宫腔镜操作30分钟内测血气

膨宫液入出量之差＞1000ml，停止宫腔镜操作，待血清钠和血糖报告

停止宫腔镜操作

血清钠＜135mmol/L 诊断低钠血症

关键风险预警点→

正常　　异常

警戒值报告**

控制宫腔内压力低于平均动脉压（80～100mmHg）及总术时在60分钟内

130～135mmol/L　125～130mmol/L　＜115～125mmol/L

宫腔镜操作中，根据膨宫液体量间隔＜30分钟需复查血气

少有临床症状

胃肠道症状/心负荷加重肺水肿

脑水肿症状：头痛嗜睡、神经精神症状、共济失调等，加重可至脑疝

正常

血清钠测定

异常

保持呼吸道通畅，呼吸末正压通气

进一步加重出现呼吸衰竭 → 死亡

静脉补充10%氯化钠——计算缺失钠（mmol）＝142mmol-实际血钠×体重（kg）×0.5
例：[142-128]×60×0.5＝420mmol
手术当日静脉补计算缺失钠离子的1/2
（此公式仅供参考，男女补钠有所不同）

静脉注射呋塞米20mg及地塞米松5mg

根据病情及血清钠重复应用呋塞米

正常

膨宫液总量控制在5000ml内结束手术

PACU/ICU监护至患者完全清醒，生命体征稳定，除轻度低钠外复查血气基本正常，没有主诉症状

计尿量

返病房次日：检测血钠，计出入量；根据复查的钠缺失，继续补缺失的另1/2，治疗至电解质正常。3%～5%高渗盐水静脉滴入，100～150ml/h

出院

*稀释性低钠血症　临床低钠血症有高渗性、低渗性和等渗性三类。宫腔镜手术操作出现的是稀释性低钠血症（低渗性），因此又称"水中毒"。

**警戒值报告　因低钠血症临床表现严重程度不仅取决于血钠值，还取决于血钠下降的速度，血钠浓度迅速降低30mmol/L可引起死亡。宫腔镜手术水中毒均为急性稀释性低钠血症，可导致永久性神经系统受损后果。因患者在麻醉状态下的临床表现无法确定。建议将血钠≤130mmol/L时作为宫腔镜水中毒的风险警戒值。术中低于130mmol/L时，麻醉医师应向术者及上级医师明确报告。

附　录

附录一　流程管理与风险控制案例分析

一、产科病案分析

产科病案1——缩宫素应用；新生儿重度窒息

【病例临床过程】

27岁，妊娠39^{+2}周，G2P0，不规律腹痛半天。妊娠期产前检查12次，正常妊娠。因不规律腹痛半天于当晚22:00入院待产。入院体检未发现异常。产科检查：宫高37cm，腹围99cm，胎心148次/分。LOA，胎头半固定。骨盆外测量正常。肛查宫颈未容受，宫口未开。

入院次日晨5:30开始规律宫缩，胎头-3，至10:30规律宫缩，35"/4'，胎心130～152次/分。7:30肛查宫口开大2.5cm，9:00～10:30宫口开大维持在3cm，11:00胎心128次/分，开始5%葡萄糖注射液500ml+缩宫素2.5U静脉滴注，滴速6～8滴/分。产程记录摘要如下。

时间	宫缩	胎心（次/分）	先露	宫口	阴道检查	处理
5:30	30"/3'～4'	140	-3			
7:30	30"/3'	146	-3	2.5cm	y	胎膜未破
9:00				3cm	y	
			-3			
10:30		132～152		3cm	y	
11:00		128				缩宫素滴注
		146～152				
12:00	30～35"/2～3'	138	-1	6cm	y	
12:30		146				
13:00		155	0	8.5cm	y	
	3次胎心	136～186				
14:00		146				
14:19		115～124				汇报上级医师
14:28		90～120				嘱：继续观察
14:30		110	0	10cm	y	
14:40	20～30"/2'	112～128				
15:00	听胎心/5分钟	115～120				
15:10	25"/2'	136				
15:20		126				
15:30		102～124				▶ 宫口开全1小时，汇报医师
15:40		100～150				遵医嘱继续5%葡萄糖500ml
15:50	25"/1～2'	98～106				+缩宫素？单位，滴速？
16:00	30"/1～2'	93～120				
16:35～17:35	剖宫产分娩　术前诊断：1.G2P0，孕39^{+3}周，LOT，难产。 2.持续性枕横位。 3.胎儿宫内窒息。					

术中：取出胎儿顺利，羊水Ⅱ度污染，新生儿中 3300g，Apgar 评分 1 分钟 2 分（心率 1，喉反射 1），复苏救治，5 分钟评分 5 分，10 分钟评分 8 分（呼吸减 2 分）。

新生儿因出生后窒息抢救 15 分钟后转儿科治疗 50 天后出院。新生儿在分娩所在医院出院后 1 周，再次入第二家医院，入院及出院诊断：新生儿缺氧缺血性脑病。后遗症期，其表现为：循声追亲不能引出，不可逗笑，双手握拳，拇指内收，双肘屈曲，俯卧位不可抬头，尖足，四肢肌力Ⅳ级，肌张力增高，侧弯反射（＋），颈矫正反射（－），去干颈矫正反射（－），躯干矫正反射（－）。短程脑电图：异常睡眠脑电图。MRI 报告：脑白质广泛软化，考虑空洞脑，左侧额顶部皮下血肿。

【相关诊断】

剖宫产术后诊断：①G2P0，妊娠 39^{+3} 周，LOT，难产，男活婴；②持续性枕横位；③新生儿重度窒息。

新生儿第一次住院出院诊断：①新生儿重度窒息；②新生儿肺炎；③Ⅱ型呼吸衰竭；④新生儿缺血缺氧性脑病；⑤产瘤；⑥心肌损害；⑦电解质紊乱；⑧凝血障碍；⑨低钙血症；⑩卵圆孔未闭。

新生儿第二次入院及出院诊断：新生儿缺氧缺血性脑病，后遗症期。

【风险提示】

1. 在见有胎儿窘迫情况下使用缩宫素加强宫缩，是为大错，可加重胎儿窘迫风险。

2. 每毫升含缩宫素的剂量使用时无专门记录，用药风险无法控制，无可追溯。

3.16:00 以后无胎心记录，是否仍继续使用缩宫素不清楚。在医疗干预中，无医学记录需承担医方未尽到责任的法律风险。

【流程点评】

1. 使用缩宫素加强宫缩不符合医学会产科血组 2014 年的妊娠晚期促子宫颈成熟与引产指南的要求。

2. 本病案无专门记录缩宫素静脉滴注的使用表格。

3. 无医嘱（未查到临时医嘱记录）。

4. 胎心率异常后仍在使用缩宫素，此为大忌。

5.14:19 第一次发现胎心异常，助产士汇报后，仅作继续观察，并未做阴道检查了解骨盆情况、胎位有无头盆不称。

6. 未做阴道检查，怎样在产前得出持续性枕横位的结论？

7. 胎心率异常未做及时处理，自 14:19 开始胎心率异常至 16:44 取出胎儿，历时达 2 小时 25 分，在 16:00 以后，无胎心记录。

产科病案 2——产后出血（盆腹腔血肿）

【病例临床过程】

27 岁，职工。G1P0，妊娠 39^{+4} 周，妊娠后在当地孕期检查 5 次，无异常发现。有腹痛伴阴道流水入院。检查血压 120/80mmHg，心率、呼吸正常，有子宫收缩 20 秒 /5 ～ 6 分钟，宫颈容受。扩张 3cm，胎头先露高位 -2，胎膜破，羊水清。

产程正常进展顺利，会阴左侧切开，顺产一男婴，3300g，Apgar 评分 10 分，总产程 5 小时 30 分钟，出血 100ml。产后一个半小时观察中，持续少量阴道出血，子宫收缩好。此时产妇主诉：肛门坠胀。随即行肛查，发现阴道壁左侧缝合处血肿 4$^+$cm。立即请有经验的主治医师予以阴道血肿切开缝合术。至此，总出血量 500ml。返回病房观察，心电图、血压及血氧饱和度监测，产妇生命体征平稳。

阴道血肿缝合术后 2 小时，心率增快，100 次 / 分，血压、呼吸平稳，血氧饱和度轻度下降（98% ～ 95%）。病房护士报告医师，检查产妇：神志清，主诉稍感胸闷，子宫收缩中等，宫底位于脐上，阴道出血量少，予以宫缩药，补液，并向主治医师报告，距阴道血肿缝合术后 2 小时 30 分钟，心率增至 110 次 / 分，呼吸 25 ～ 30 次 / 分，血压 90 ～ 80/60 ～ 45mmHg，血氧饱和度 95% ～ 92%，子宫收缩质中，宫底位于脐上，腹部稍隆起。考虑休克前期，子宫出血可能，将产妇送手术室上全身麻醉，准备子宫切除，同时请上级医院主任医师急会诊，并启动危重孕产妇抢救流程汇报医院医务科及区妇幼所。

上级医师到手术室，上台探查，进腹后发现子宫收缩，如妊娠4个月，质硬，宫体移位至右侧肋缘下，盆腔腹膜后占位隆起，以左侧尤甚。膀胱位于脐耻之间，左侧输尿管向右侧移位，至盆腔中部偏右侧。剪开膀胱腹膜反折，左侧膀胱侧窝处出血活跃，予以缝扎止血，未发现其他活跃出血点。经阴道检查：阴道少量血迹，阴道壁左侧缝合处无渗血，其顶端距切缘4cm处（近穹窿处）阴道黏膜呈紫蓝色3.5cm直径，切开有暗红色血液流出，钳夹部分凝血块，探查：卵圆钳经阴道壁切开处直达盆腔腹膜后血肿脐耻之间。经阴道间断"8"字缝合盆腔腹膜后，关闭血肿腔，并徒手压迫之，止血成功。考虑该产妇阴道血肿盆腹腔后腹膜血肿，后腹膜留置引流管经腹壁引出体外，决定同时双侧髂内动脉结扎，手术顺利，术中清除血肿失血血块约2000ml，术中输血输液，产妇生命体征恢复正常至平稳，术后恢复顺利，如期出院。关腹前由区妇幼所请市危重孕产妇抢救专家到场，肯定了处置方法。

【相关诊断】

临床诊断：① G1P0，妊娠39^{+4}周，产后出血；②出血性休克。

术中诊断：盆腹腔后腹膜血肿。

【风险提示】

本例的主要风险是能否及时发现产后出血并做出正确处置。

【流程点评】

1. 虽然阴道出血量不多但血氧饱和度下降，心率增快，护士临床上报符合流程及要求。

2. 首诊医师对产后出血有很强的风险意识，并识别出（诊断）休克前期的风险。

3. 虽然此例血压下降已经表明休克存在，休克指数（SI）=110（心率）/90～80（收缩压）=1.375～1.22，但临床处理流程正确，处理中工作人员及时到位，避免了时间浪费和无效的操作，产妇得到应有的救治。

4. 分娩时会阴侧切或阴道撕裂缝合后，患者出现症状和主诉，应予以肛查及时发现阴道血肿，阴道血肿的处理常需要有经验的医师操作或指导，并且在麻醉状态下手术，可以充分暴露术野有利于发现出血处并利于操作。阴道血肿缝合未将回缩血管有效缝扎止血，导致受损血管出血向盆腔腹膜后渗入形成巨大盆腹腔血肿，有致命风险。术后当患者心率加速、血氧饱和度改变、有胸闷主诉时，虽然阴道出血极少，仍考虑与失血有关。及时启动了危重孕产妇抢救程序，在手术中明确了诊断。如果在手术前行盆腔超声检查可提示腹膜后占位（此时临床能够确诊，特别当休克发生时，因此超声检查并非必须）。

产科病案3——巨大儿

【病例临床过程】

38岁，停经39^{+4}周，产前检查5次。妊娠36周时，查血糖证实有妊娠期糖尿病。20岁结婚，曾妊娠4次，人工流产2次，足月产1次。因阴道流水1小时于上午9:00住镇中心医院。

入院后全身体检无异常。产科检查：宫高38 cm，腹围120cm，头位，已入盆，胎心率130次/分，无宫缩。骨盆外测量25-27-19-9cm。阴道流水，色清，宫口松，胎头高位 −2。

入院考虑为先兆临产；头位妊娠；糖尿病；胎膜早破。主治医师查房认为，胎儿较大，先行试产。

产程＋分娩过程：

9:30宫缩30″/8′，胎心率140次/分，宫口开5cm。

12:00胎心率140次/分。

14:30宫缩20″/5′，宫口开6cm，胎心率135次/分。

15:40宫口开全，嘱产妇向下用力，会阴侧切。

16:05胎头娩出会阴外，因肩难产嘱咐产妇双手抱膝，两大腿尽量上屈，术者用手沿骶骨凹深入阴道，用中、示二指置于胎儿后肩前面，握其肩使胎背旋转180°，旋转时先娩出后肩，将头下压娩出前肩，胎儿于16:10娩出。女婴娩出后无自主呼吸、无心搏、无反射、无肌张力，全身发绀，Apgar评分0分。立即复苏抢救，5分钟后，心率微弱，弹足底有反应，Apgar 评分 2 分，继续辅助通气，10 分钟后有自主呼吸，心率 110 次 / 分，Apgar 评分 7 分。16:50 新生儿面色红润，呼吸急促，哭声响亮。称体重 5200g，立即转上级医院。

分娩当日，新生儿转至市中心医院，体温 36.5℃，心率 142 次 / 分，呼吸 8 次 / 分。神清，反应欠佳，先锋头，头部有 8cm×10cm 包块，波动感不明显，口周轻微发绀，四肢皮肤红润，左臂及右上臂瘀青，右上臂肿胀明显。呼吸稍促，有轻度吸气三凹征，原始反射存在，于无创呼吸机辅助通气，SpO$_2$ 维持在 95% 以上，肺片两肺上叶见少许炎症，于抗生素治疗。15 小时后撤呼吸机。颅脑彩超未见明显异常，因右上肢肿胀明显，做正、侧位 X 线摄片提示肱骨骨折，以夹板固定后再摄片，提示复位失败，决定转省妇幼保健院。出院前发现，双侧腹股沟皮肤破损。

分娩次日新生儿转省妇幼保健院。体温、心率、呼吸正常，称体重 5900g，身长 58 cm。反应一般，易激惹，哭声有力，神志清楚，全身可见散在性瘀斑，颜面部可见大小出血点，头呈先锋状，无三凹征，无鼻翼扇动，面色黄染，左上肢肌无力，右上肢肿胀明显。觅食、吸允反射正常，握持拥抱反射减弱。入院颅脑 CT 平扫颅脑结构未见明显异常，颅骨未见骨折，双颞顶部血肿，胸 X 线片新生儿肺炎。右侧肱骨、第 1 肋骨、左尺骨骨折，肌电图双侧臂丛神经源性病损（左侧上干甚，右侧下干甚）。入院时肝功能异常，CK 及 CKMB 明显异常，出院时好转。住院检查及治疗 19 天。

【相关诊断】

产后诊断：① G4P2，妊娠 39^{+5} 周分娩；②妊娠期糖尿病；③胎膜早破；④肩难产；⑤巨大儿；⑥新生儿重度窒息。

新生儿诊断：①新生儿产伤：右肱骨、右胸第 1 肋骨、左侧尺骨骨折；②新生儿臂位神经损伤；③出生时重度窒息；④新生儿肺炎；⑤新生儿头皮血肿。

【风险提示】

1. 巨大儿对妊娠存在一定的风险是不争的事实。关键是诊断，忽视诊断及诊断相差太大都使分娩时风险增加。需要对孕妇胎儿做腹部宫高、腹围、超声的胎头双顶径测量及体重指数（BMI）的准确测量及计算，并结合病史前次分娩新生儿大小进行综合考虑，如果有一项测量能充分证实为巨大儿就有诊断价值。本例的诊断失败，在于未重视腹部测量的计算，无超声及 BMI 的辅助检查计算，随意性太大。

2. 巨大儿阴道分娩如发生肩难产，一定要冷静处理。助手协助做好产妇屈髋关节（大腿），耻骨联合上加压，接产者经阴道协助胎肩旋转。如在必要时牵引胎儿后肩后臂，则须屈上肢肘触及手牵引手顺序向下，使整个手臂娩出，随之胎肩娩出。否则硬拉手臂必然造成骨折。对肩难产的分娩手法，平时应在模型上训练，以便应急时使用。

3. 特别大的胎儿，如本例属 4500g 到 6000g 的胎儿，不可能安全从阴道娩出，关键在于正确诊断后剖宫产娩出。

4. 凡巨大儿，特别是有肩难产者，胎儿娩出后应对产妇及新生儿进行仔细检查，看看有无并发症。

【流程点评】

1. 所有接产者都应知道：我国新生儿体重 ≥ 4000g 者为巨大儿，≥ 4500g 称为特大巨大儿。前者在我国发生率 6% ～ 7%，后者约为 0.4%。巨大儿对母婴有极大风险：母体易发生软产道损伤及产后出血；新生儿并发症发生率明显增加，可以发生肩难产、臂丛神经损害、上肢骨折、缺血缺氧性脑病等。甚至造成新生儿重度窒息死亡。

2. 接产者应该熟悉巨大儿发生有较多的高危因素：糖尿病或妊娠期糖尿病、肥胖、过期妊娠等。

3. 目前对巨大儿在产前尚无法准确判断，但可通过腹部宫高腹围的测量、超声对胎儿双顶径 ≥ 10cm 及腹围测量，对母体身高体重计算即体重指数（BMI）≥ 30kg/m^2 等数种方法综合判断胎儿体重，以决定分娩方式，减少对母婴损害。

4. 本病案中无孕妇身高体重记录，未做超声检查，对巨大儿风险意识淡薄。但孕妇为 GDM，腹围 120cm，宫高 38cm，根据一般应用的计算式计算：120×38+200，预估胎儿体重已超过 4760g，属特大巨大儿，应选择剖宫产为宜。医方未作详细估算，随意决定试产是不恰当的。

5. 本例系经产妇，产程中提示活跃期进展缓慢并未加警惕进行评估，以致发生肩难产，粗暴地娩出胎儿使新生儿重度窒息、多处骨折、臂丛神经损伤。该新生儿神经系统预后不得而知。

6. 简单的体重称重，两个医院相差 700g 之大，分娩医院新生儿出生体重为 5200g，至省妇幼保健院时新生儿体重达 5900g，若医学上原始数字的不真实性导致的结果将更为严重。

产科病案 4——剖宫产术中（产后）出血抢救

【病例临床过程】

29 岁 G1P0，妊娠 39 周；臀位入院，月经规律，预产期准确。第一次妊娠期产前检查时即发现阴道纵隔；孕期检查心肺功能正常，产前检查无其他异常。

孕妇 9：49 入院，主治医师查房：宫口未开，胎膜未破，臀位，超声检查羊水指数 64mm；拟次日行剖宫产术。副主任医师查房后认为：胎儿监护检查偶有子宫收缩，建议并决定当日急诊行剖宫产术。手术风险评估和 NNIS 分级零分。

孕妇入院当日下午 15：10 行子宫下段剖宫产术，取出胎儿顺利，女婴，3580g，Apgar 评分 10 分。人工剥离胎盘顺利，胎盘胎膜完整。术中出血较多，常规给予缩宫素。

15：30，距离手术开始 20 分钟后，血压由 120/ 60mmHg 降至 90/45mmHg。心率 90 次 / 分。子宫收缩欠佳，静脉 + 子宫局部加大缩宫素量注射 + 加快补液，血压不升。

15：40，注射苄前列素（欣母沛），子宫收缩稍好，10 分钟血压升至 108/70 mmHg。

16：00 术中计量出血量 800ml 时，即向科室、医院产科安全办公室负责人汇报。因血源缺乏，及时向中心血站求援。红细胞悬液 400ml+ 血浆 200ml。

16：10，血压再次下降至 90/50 mmHg，心率 85 次 / 分。

16：15 给予动脉插管；再次给予苄前列素（欣母沛）注射，血压升至 140 ～ 120/100 ～ 50mmHg，维持 15 分钟。血气分析 HCT 25%，CTHB 55g/L。

16：30 血压迅速下降，90/50 mmHg。心率开始加快 90 ～ 110 次 / 分，维持 30 分钟。输红细胞悬液、冷冻血浆、冷沉淀共计 1000ml。结扎子宫动脉。

16：40 至 17：45 血压维持在 110 ～ 95/50 mmHg，心率波动在 90 ～ 120 次 / 分。向市中心血站取血。结扎双侧髂内动脉。开始使用去甲肾上腺素静脉维持。

17：50 ～ 18：30 改气管插管，继续输血（因血源紧缺）。血压 100 ～ 90/60 ～ 40 mmHg，心率 98 ～ 80 次 / 分。至 18：00 出血量 3600ml，输红细胞悬液 1600ml，冷冻血浆 800ml。HCT 19%，CTHB 65g/L。血氧饱和度始终在 95 ～ 100%。子宫软瘫，收缩无力，仍在出血。

18：33 至 18：40 次全子宫切除。子宫切除后出血止。

18：40 血检测指标提示 DIC 风险。血压 140 ～ 120/80 ～ 50 mmHg，心率渐恢复 90 ～ 70 次 / 分。

19：20 手术结束，总计出血量 4600ml。抢救过程的四次血气分析，HCT25% ～ 19%，CTHB 5g/L。入 PACU 后 1 小时转 ICU，病情稳定，继续给予输血。手术次日转回病房。

子宫剖视：子宫完全纵隔，胎盘 2/3 附着在纵隔左侧面。术后子宫送病理检查，病理诊断：胎盘完整；子宫完全纵隔，纵隔面组织粗糙。

手术后 7 天腹部切口拆线出院。术后（产后）42 天检查抽血检测激素水平正常，未发生希罕综合征。

【相关诊断】

产前诊断：① G1P0，妊娠 39 周；②臀位；③阴道纵隔。

出院诊断：① G1P1，妊娠 39 周；②臀位，剖宫产；③产后出血；④子宫收缩不良；⑤出血性贫血（出院时 Hb 100g/L）；⑥阴道子宫完全纵隔；⑦胎盘异常种植。

病理诊断：切除子宫剖视大体观：子宫完全纵隔，胎盘子宫底部向纵隔生长，约 2/3 附着于纵隔面。

纵隔面病理未提示胎盘粘连及种植。子宫肌层正常。

【风险提示】

1. 医院血库内血源不足。此病例抢救过程中虽然正确估计了出血量，但院内血源库存不足，明显术中输血不足。市中心血站距离医院较远，又因交通拥堵，没能及时补充足够血液，术中血细胞比容始终在 19% ～ 25%。

2. 此例产前检查，因 BMI < 19kg/m² 做了黄色预警标识，诊断写明臀位和阴道纵隔。虽然没有就阴道纵隔做预警标识（已有的预警标识分类中无妊娠合并生殖道畸形疾病。也尚无星形标识）。但从过程中可以看到，即便是高年资（副高职以上）医师也未意识到阴道纵隔可能同时存在子宫纵隔，更没有意识到胎盘可能种植在纵隔上的风险。否则可以在第二次（16:20）应用苄前列素（欣母沛）无效之后立即结扎髂内动脉，以减少产妇出血量并尽早决定切除子宫。17:10 计量出血 2200ml，如果此时决定切除子宫，可以减少产妇出血 2400ml。

【流程点评】

1. 此病例提示凡是生殖道畸形者，备孕或早孕时增加三维超声检查明确畸形诊断的流程，尽量能够明确诊断，降低风险。

2. 救治产后出血患者，产科医师除寻找出血原因外，当宫缩药、结扎动脉血管及宫腔纱布压迫等方法无效时，应迅速与麻醉医师、医疗行政部门讨论决定及时切除子宫事宜。

3. 麻醉师对产妇全身状况的评估对保障患者生命起决定性作用。甚至在无血源或某些特殊条件下的产后出血救治，子宫切除与否应该视产妇生命体征状态决定，麻醉医师也可以给出建议。

4. 改变急救的用血、取血途径，应该就近申请血源（术后已向行政部门建议，急救用血应采取不分区域的就近取血原则，以降低医疗以外的其他因素带来的风险）。

5. 建议产前预警分类中加生殖道畸形，未明确诊断的畸形应做橙色预警标识。

产科病案 5——中央型前置胎盘合并胎盘种植

【病例临床过程】

孕妇 31 岁，G2P1，两年前妊娠 38 周剖宫产，手术指征不详，新生儿死亡。末次妊娠一年前人工流产。此次妊娠在三甲综合性医院接受孕期检查。中期妊娠时，超声检查提示胎盘低置覆盖宫颈。妊娠 28 周胎盘覆盖宫颈。妊娠 31⁺⁶ 周，少许阴道出血，就诊拟收入院，但孕妇和家属不能理解和接受，拒绝入院，不遵守医嘱。医师与家属谈话，告知中央性前置胎盘有高度风险，随时有出血和大出血的危险，必须要住院观察。终于入院，给予术前准备，包括备血和促胎儿肺成熟等处置，并向医院医务处报告。

入院第 3 天（妊娠 32⁺² 周）上午突然一阵无痛性阴道出血，约 300ml，色鲜红，胎心正常。决定立即手术终止妊娠。主诊医师知道该孕妇存在瘢痕子宫和前置胎盘双重风险，特告知手术室先将备好的血拿进手术室内再开始手术。进腹后探查出现妊娠子宫呈紫蓝色、表面血管极为丰富，曲张的血管似蚯蚓状布满整个子宫。膀胱顶致密粘连于子宫脐耻间，予以锐性分离粘连，膀胱恢复解剖部位。选择子宫上端距宫底 5cm 处，于血管分布稍稀疏处切开 2cm，出血如注，手术医师立即局部徒手压迫，并与麻醉医师沟通，需迅速大量输血，遂切开子宫肌层。通过胎盘徒手娩出一男婴。Apgar 评分 10 分，体重 2250g。探查子宫，子宫切口下方，即为胎盘的边缘。胎盘面积从宫腔前壁经过宫颈内口至宫腔后壁。占据整个宫腔约 3/5 之多，试图徒手剥离胎盘，发现胎盘种植，出血极其汹涌，立刻决定全子宫切除（同时家属谈话告知病情）。宫腔内纱布压迫钳夹子宫切口关闭宫腔行全子宫切除术。此时手术仅开始 5 分钟，产妇血压降为 0/0mmHg，麻醉科上级医师及多位医师都到场，参与抢救。动脉穿刺无血液即予以动脉切开，出现动脉无血液流动，而穿刺点和切口有鲜红的渗血。麻醉抢救及台上手术争分夺秒，30 分钟内完成全子宫切除术后，阴道残端鲜红色不凝渗血，止血后迅速关腹。血压逐渐恢复正常。术中出血 7000ml，输血 8000ml。产妇术后并发肺水肿、心力衰竭、低钾血症等，送入 ICU 继续给予抢救，抗感染等治疗。术后第 3 天转入病房。术后 1 周出院。

【相关诊断】

临床诊断：①妊娠 31^{+6} 周，G2P1，剖宫产；②瘢痕子宫；③中央型前置胎盘；④种植性胎盘；⑤出血性休克。

病理诊断：种植性胎盘。切除全子宫标本剖视：中央型胎盘，胎盘厚＞3cm，呈根状广泛种植子宫肌层。

【风险提示】

1. 瘢痕子宫。可能孕卵瘢痕部位种植。

2. 中央型前置胎盘，胎盘面积异常增大。妊娠 28 周时超声提示胎盘低置，很可能因为瘢痕及孕卵种植在子宫下段，空间狭小而导致胎盘为汲取营养在子宫下段呈广泛性生长。

3. 种植性胎盘。企图剥离胎盘时大量出血，患者迅速重度休克，对生命是极大威胁。

4. 因前次手术很可能有膀胱顶致密粘连于子宫脐耻间，手术中发现妊娠子宫表面极为丰富的蚯蚓状曲张的血管，增加了手术操作中分离粘连及止血困难的风险。

【流程点评】

1. 术前诊断明确。超声应提供胎盘位置及是否有植入可能。

2. 孕妇有阴道出血，尽管孕妇及家属依从性很差，医护立即反复动员孕妇入院是正确必要流程之一。

3. 参加抢救人员充足，争分夺秒。主手术医师及麻醉医师团队抢救流程正确流畅。决策有序，根据病情（胎盘种植）当机立断决定切除子宫。

4. 据此病案提供者述：医院有血库，血源充足，且血库位于手术室楼下，是保障抢救成功的重要因素。从流程管理角度分析，此成功抢救病例也是为 ISO9000 要求的降低风险的第一要素——降低环境因素所致风险的案例体现。

5. 诊断明确者可以在术前于腹主动脉或左髂内动脉留置气表以备在术中应用，以减少术中出血。

此案例关键流程正确：主诊医师有强烈的风险意识（孕妇阴道出血即应终止妊娠）→并清楚识别风险所在（术中即判断只能行子宫切除才能达到止血目的的诊断，其中之一诊断是：种植性胎盘）→并立即付诸行动：剖宫产术＋全子宫切除（注：此例不能次全子宫切除）→术中流程正确：切开子宫 2cm 出现有血流涌出时，徒手按压暂时止血，待备血到位（试想如果不到位情况下继续手术操作，无疑会使手术风险骤增、患者生命风险加大，其后手术证明医生决断完全正确）→在可能出现 DIC 时果断关闭腹腔→术后 ICU，救治出血性休克导致的并发症→抗感染→病情稳定后转病房→正常出院。

术前明确诊断为中央型前置胎盘并瘢痕子宫者，建议此类孕妇转至综合性医院分娩为宜。

产科病案 6——脐带脱垂

【病例临床过程】

34 岁，停经 39^{+1} 周，G3P1，不规律腹痛伴见红 2 小时入当地妇幼保健院。无特殊既往史。妊娠期正常产科检查。9 年前正常分娩 1 次，其后人工流产 1 次。

入院后全身体检未发现异常。产科检查：宫高 33cm，腹围 96 cm，胎位 LOA，宫缩不规律，胎心 136 次 / 分。骨盆外测量正常，宫颈管容受 50%，宫口未开。产科超声检查双顶径 96cm 羊水正常范围，胎儿头颈部见 U 形压迹。入院后估计胎儿体重 3600g。

入院次日 0:00 开始规律宫缩，待产室正常监护待产。至 3:40 胎心 108 次 / 分，宫口扩张 4cm，人工破膜，羊水 Ⅱ 度污染，即发现发现脐带脱垂，立即上推抬头，还纳脐带，吸氧，每 5 分钟听胎心，分别为 100-98-70-98 次 / 分，此时宫缩较强，40 秒 /（1～2）分钟。胎头下降明显，上推抬头困难，4:00 进手术室，4:05 宫口开全，胎头 +2，脐带位于阴道内，无明显脐带波动，立即会阴侧切下 4:08 助产娩出胎儿。羊水深度污染。1 分钟 Apgar 评分 1 分，心率 40 次 / 分，复苏抢救，吸氧、保暖、胸外按压，气管插管，气管内给药，5 分钟仍无自主呼吸，心率 30 次 / 分。10 分钟后无自主呼吸，心率消失。抢救 40 分钟无效，新生儿死亡。

产妇无特殊。死亡新生儿送当地医学院附属医院尸检。

【相关诊断】

临床诊断：①妊娠39^{+1}周，G3P1，顺产分娩；②脐带脱垂；③新生儿重度窒息；④新生儿死亡。

尸检病理学诊断①死胎；②肝脾髓外造血；③脑水肿。

【风险提示】

1. 脐带脱垂可以突然发生，一旦发生，脐带受压于胎头与骨盆骨组织之间而切断了胎儿血供，脐带受压超过8分钟胎儿可以缺氧而死亡。

2. 本例已出现胎心率减慢，宫口扩张已经4cm，破膜前未做仔细检查，未明确胎头前有无条索状脐带即给予破膜。

3. 应托胎头搬动孕妇至手术室，但期间仍无法保证阴道内手不挪动而导致托胎头失败，脐带继续受压。搬动孕妇会增加脐带脱垂致胎儿死亡风险。此例用脐带还纳并不是好办法，还纳困难，且还纳后仍可以脱出，持续托胎头是最好的办法。

【流程点评】

一旦发生脐带脱垂，争取就地尽快娩出胎儿（5分钟之内）是最重要最正确的救治流程。

发生脐带脱垂，上推胎头异常困难，宫缩强状况下还纳脐带几无可能。即便经阴道手托胎头避免脐带受压成功，也应该就地尽快娩出胎儿（5分钟之内）。宫口开全可以产钳分娩，宫口未开全的初产妇，上托胎头同时，立即就地行剖宫产手术。

本例救治期间搬动运送孕妇完全错误，失去尽快娩出胎儿时机，以致新生儿缺血缺氧死亡。

产科病案 7——前置血管（vasa previa）胎膜早破

【病例临床过程】

28岁，自由职业。因停经34^{+3}周，两天前，突感阴道流液，色清，无腹痛，来院就诊入院。孕妇于停经3个月时曾有少量阴道出血，孕22周时超声提示胎盘位于子宫体后壁，胎盘下缘接近宫颈内口。曾人工流产3次。

入院后体格检查：体温、脉搏、呼吸、血压正常，营养发育良好，全身体检无异常，双下肢无水肿。

产科检查：宫高32 cm，腹围102 cm，胎心140次/分。头位，无宫缩。肛查：头先露，上推抬头见阴道有流液。

实验室检查：无异常。

入院后，给予抗生素预防感染，沙丁胺醇（舒喘灵）抑制宫缩，地塞米松促肺成熟。严密监测体温、脉搏、胎心率、血白细胞数及CRP、子宫有无压痛、羊水有无异味，超声监测胎儿及羊水情况，超声提示胎盘下缘接近宫颈内口。在保证无感染情况下，尽量延长至妊娠35周以上。

入院后第4天、胎膜早破，第8天晨6:30，胎心率144次/分，9:00突然阴道出血，检查患者有稀发宫缩，立即吸氧，25%硫酸镁20ml加入5%葡萄糖注射液500ml静脉滴注，胎心监护示胎心率自120次/分逐渐下降至80次/分，超声示胎盘情况如前，胎心率逐渐降至60次/分，不规则，阴道出血25分钟后、出血150ml，胎心消失。

孕妇于阴道出血后两小时有正规宫缩，12小时后，阴道顺利娩出一死婴，全身苍白呈失血状态，重2050g。检查胎盘为一帆状胎盘，胎膜破口距离胎盘边缘2cm处，破口附近可见一破裂的血管，直径约0.4 cm，该分支由脐带分出归入胎盘。

【相关诊断】

临床诊断：① G4P1，妊娠35^{+1}周，顺产；②胎膜早破；胎盘低置；③脐带血帆状胎盘；④前置血管破裂；⑤死胎。

【风险提示】

1. 前置血管往往发生在多次人工流产者，也可发生在多胎妊娠中。病史中凡多次人工流产、多胎妊娠者，需超声明确胎盘种植位置，若位置低下，应告知发生前置血管的可能性，因血管前置风险度极高。如有出血，紧急就诊。

2. 需与胎盘低置鉴别。为证实阴道出血来源为胎儿血，避免前置血管风险，可取血做涂片，以Wright 染色，镜下观察有无幼红细胞或较多有核红细胞而作出诊断。一旦阴道出血立即取阴道血染色，观察有无胎儿红细胞。也可用快速的 Ogita 法（附后）检查胎儿血红蛋白（5 分钟）。

3. 如有阴道出血，胎心率减速后回升，阴道血证实为胎儿血，紧急剖宫产是避免胎儿死亡风险的唯一方法。

【流程点评】

1. 此病例特点：前置血管是脐带异常附着的一种，它常发生于脐带的帆状附着，脐带在接近胎盘边缘，其动脉及静脉可以分成数支进入胎盘，周围无华通胶保护，若其进入胎盘的部位覆盖于宫颈内口上，称为前置血管，胎膜破裂时其可以发生破裂，以致发生阴道出血。特点是无痛，其发生率为 0.03% ～ 0.05%，胎儿死亡率高达 70% ～ 100%。

2. 足月胎儿血容量约为 300ml，如出血超过 40%（约 100ml），胎儿往往死亡。有时帆状胎盘的脐静脉分支细小，出血速度慢，胎儿血容量开始下降，血压降低，破裂口有凝血的可能，故少数病例，胎心率可能一度下降又重新上升，在这一阶段是争取处理的时机。否则再次破裂可造成胎儿死亡。

3. 该孕妇出血量在短时间内大于 100ml，胎心监护中无胎心率下降无复升过程，是胎儿死亡原因。临床处理极为困难。

4. 为避免风险和能够预先知晓风险，在产房内应该放置显微镜或一旦怀疑前置血管，可送检阴道血以快速鉴别是否胎儿血。

【附】

Ogita 法：试管内置阴道血，滴加 5 滴碱性液（0.1g 分子量 KOH）摇 2 分钟加 10 滴预先置备的溶液（400ml 的 50% 硫酸铵及 1ml 的 10g 分子量盐酸），其混合液以毛细管滴于滤纸上，成为 20mm 的圆圈，在 30 秒内如为变性成人血红蛋白及细胞碎片则仍位于中心，而抗碱性的胎儿血红蛋白在周围形成一个带色的圈。

产科病案 8——双胎、无心畸形、ICP

【病例临床过程】

39 岁，10 年不孕治疗后妊娠。妊娠 5 个月时出现皮肤瘙痒，当地就诊诊断"羊水过多、葡萄胎"转至上海某三甲综合性医院就医。门诊超声检查发现为"双胎妊娠，一胎存活，一胎仅见脊柱及部分肢体。随即收入院。

入院后全身检查未发现母亲异常。产科检查：子宫底高 37cm，腹围 105cm 再次超声检查见：正常胎儿位于子宫腔右下方，双顶径 71mm，胎心搏动正常。在胎儿左上方可见 118cm×172cm 实质性回声，期间可见无回声区，肿块下部见类脊柱的光带，未见胎心搏动，其肢体骨性光带显示甚短，胎盘位于子宫腔右下方，羊水多。

实验室检查：SGPT74U/L，AFP90ng/ml。

入院后治疗过程：20% 葡萄糖注射液 20ml+ 地塞米松 10mg，静脉注射，1 次 / 日 ×3，其后每周重复给药一次。妊娠 29 周时阴道流水，予以抗生素预防感染，沙丁胺醇（舒喘灵）2.4mg 口服 3 次 / 日。

入院后 5 次复测 SGPT。妊娠 30^{+3} 周时 174U/L，2 次 HBsAg 阴性，总胆红素 3111μmol/L，一分钟胆红素 1111μmol/L。

4次超声检查，妊娠30^{+3}周时胎儿双顶径75mm，胎心搏动正常，躯干及肢体均未见明显异常。胎儿左上方实质性回声区明显增大，约197mm×151mm，因考虑该无心型畸胎增大迅速，可能导致正常胎儿心力衰竭，同时ICP已出现黄疸，可能发生胎儿窘迫，故决定终止妊娠。术前给予维生素K110mg肌内注射，1次/日×3，行子宫下段剖宫产，先取出一男性胎儿，重1550g，Apgar评分9分，再取出无心畸形儿，胎盘顺利娩出。术后产妇正常恢复，SGPT及血清胆红素均降至正常，瘙痒已消失。早产婴住院4个月，生长良好，出院时体重3500g，出生后2年随访发育良好。

无心畸形儿，重3170g长28cm，未见胸部，其上端已呈肉团状，椭圆形，周径为44cm，表面覆盖皮肤，未见毛发，腹部短，脐带位于正中，下方可见男性外生殖器，阴茎短，未触及睾丸，肛门位于正常位置，两下肢短，足趾左右各五，排列不整齐，正中切开躯干腹侧，有大量液体溢出，未见心、肺，脐下方为一很小的腹腔，未见肝、脾、胃及胰腺，仅见少量肠襻，小肠短，部分为结肠，有阑尾，结肠直通肛门，两侧肾上腺、肾及输尿管距正常，下连膀胱，加压于膀胱时可见尿液自尿道口流出，睾丸位于腹腔内，脊柱位于躯干背侧，短小。

胎盘为单胎盘单绒毛膜双羊膜囊胎盘，20cm×24cm×2cm，重550g，为有缘胎盘，两侧脐带均为边缘附着，其附着点相距很近，可见两侧脐带的胎儿面有动脉-动脉及静脉-静脉交通支，两脐带脐血管均为3根，胎盘镜下检查外观水肿，分支停滞，绒毛板下及底板处基底膜普遍增厚，伴轻度绒毛膜血管病。

【相关诊断】

入院诊断：①G1P0，孕26^{+2}周；②双胎，一胎无心畸形；③羊水过多；④妊娠期肝内胆汁淤积症（ICP）。

最后诊断：①G1P1，孕30^{+6}周，剖宫产；②早产；③单卵双胎，一胎无心畸形；④胎膜早破；⑤羊水过多；⑥妊娠期肝内胆汁淤积症；⑦双胎输血综合征（理由：同性双胎，体重相差达100%，羊水过多，产后未做血红蛋白测定）。

【风险提示】

1. 无心畸形是一种以没有心脏为特征的胎儿畸形，在临床上十分罕见，Beneditti首次报道，发生率约为1:34 600。绝大多数发生在双胎中。根据畸形程度，分为四类：无心无脑畸形；无心无头畸形；无心无躯干畸形；无定形无心畸形。无心畸形病因不明，与畸胎瘤的区别是无心畸形以脐带与胎盘相连。在双胎的正常胎儿与无心畸形的胎盘间，至少有一支动脉-动脉及静脉交通支，是双胎中的无心畸形及正常胎儿胎儿心脏的动力，通过交通支获得循环血液生存。这种反向血流的血液的低氧低营养状态不足以维持胎儿正常发育还是先天心脏不发育或原始心管融合失败而导致的无心畸形尚不清楚。病因需进一步研究。（妇产科病理研究室主任刘伯宁教授会诊发言）。

2. 如畸形胎儿生长过快会影响正常胎儿生长，应及早终止妊娠。

【流程点评】

1. 该孕妇26周外地诊断双胎中其中一胎是葡萄胎来上海就诊，超声医师对无心无脑畸形不认识，请临床医师（戴钟英教授）一起看超声检查。戴教授有见过此类畸形胎儿的经验，诊断为无心畸形。

娩出后结果证实：虽然无心畸形是一种十分少见的畸形，在产前只能在超声下发现和诊断。这说明妇产科医师除了要具有基础的超声认识、基础的临床知识外，还应具有广泛的临床实践积淀，方能做出恰当的诊断。

2. 本例处理流程正确。双胎中1例为无心畸形的处理比较困难。本例诊断在产前超声的帮助下确诊。但在继续妊娠过程中陆续出现三个矛盾：首先是患者有10年不孕的历史，胎儿十分珍贵。双胎的最大危险是早产，本例为双胎合并ICP及羊水过多，容易发生早产，可随时发生胎儿窘迫，故有可能不得不及时终止妊娠，所以促使胎儿成熟十分重要；其次是妊娠29周时发生率胎膜早破，可能因羊水过多而发生，妊娠29周分娩，在双胎情况下胎儿过小，存活可能性小，只能尽可能保胎；第三，发现无心畸形生长过快，由于其血管是正常胎儿提供，异常胎儿的生长过速必然加重正常胎儿的心脏负担而发生心力衰竭，加以 ICP 在发展中过程中孕妇已出现黄疸，胎儿随时都可能发生窘迫，所以不得不在妊娠 30 周时终止妊娠，而正常胎儿已达 1550g，可以存活，从对无心畸形的解剖中可以看出其组织间已有大量液体潴留，所以再等待下去，正常胎儿发生心力衰竭完全可能。该例无心畸形其躯干为椭圆形，直径已达 15～20cm，已无阴道分娩的可能，故决定剖宫产终止妊娠。

产科病案 9——妊娠合并心脏病

【病例临床过程】

孕妇，26 岁，G3P0，妊娠期在某二级医院仅行产前检查共 4 次（未建卡），未告知医师有心脏病史。妊娠 33^{+5} 周时感头晕、心慌、活动后呼吸困难，未及时就诊。至妊娠 34^{+2} 周时，因头晕、心慌、活动后气急加重，感呼吸困难，不能平卧，无咳嗽，无发热，再去二级医院就诊，追问病史，发现孕妇患有先天性心脏病，当天下午转入某三级综合性医院。患者自诉 11 年前发现患先天性心脏病，未给予诊治。前次妊娠时 7 个月引产后出现咯血等表现，未给予检查和治疗，自愈。否认有其他病史。

入院时体检：神志清，精神差，半卧位体位，贫血貌，口唇发绀。体温 36.5℃，脉搏 120 次 / 分，呼吸 23 次 / 分，血压 140 / 80mmHg。手指呈明显槌状指，指甲发绀。双下肢水肿（＋）。其心率 120 次 / 分，律齐，心前区可闻及 Ⅱ～Ⅲ 级收缩期杂音，双肺未闻及明显啰音。肝肋下未及，脊柱无异常。检查血氧分压严重不足。

产科检查：宫高 30cm，腹围 91cm，胎心率 140 次 / 分，未及宫缩。入院诊断：妊娠 34^{+2} 周，G3P0，待产；先天性心脏病（发绀型），心功能 Ⅲ 级；重度低氧血症。入院后即与家属谈话告知病重，并请心内科会诊及与产科共同诊治。

入院当晚 20：00 开始不规律宫缩，产程顺利，次日凌晨 2：50 产钳助产娩出一女婴，1880g，Apgar 评分 9 分，新生儿转入 NICU。2：52 患者突然意识不清，呼之不应，随之呼吸、心搏骤停，血压下降，行多学科抢救，未能成功。与家属沟通后放弃抢救，即刻取死者右心血液 5ml，寻找羊水成分（－），排除羊水栓塞。家属拒绝尸检。

【相关诊断】

临床诊断：①G3P$_1$，妊娠 34^{+3} 周，单胎活婴，难产（产钳助产）；②早产；③先天性心脏病（发绀型），心功能 Ⅳ 级；④心搏呼吸骤停，呼吸、循环功能衰竭，死亡。

【风险提示】

1. 随整体社会经济、文化、教育及医疗水平提高，上海市从 20 世纪 80 年代中期开始，妊娠合并心脏病患者合并先天性心脏病已取代风湿性心脏病占得首位。

2. 医方对患者首次产前检查未做严格体检，患者又隐瞒心脏病史，丧失了及早发现并给予心脏病治疗的时机。可能孕妇及家属受教育程度低下，为保留此胎隐瞒病史以致为此而付出生命。首诊医院亦有不可推卸的责任，患者已有 4 次不正规的产前检查，并有明显的发绀、槌状指及心前区明显杂音，但都未诊断孕妇合并心脏病及其严重程度，没能及时作出是否应及时终止妊娠的决定。说明医者对全身体检极不认真，更没意识到妊娠合并心脏病风险极大，自身风险意识差。

3. 孕妇妊娠 34^{+2} 周被转入三级综合性医院，已经评定心功能 Ⅲ 级，孕妇既往有妊娠 7 个月引产史并伴发咯血（极可能是一次心力衰竭），对妇产科医护人员而言，应该认识心脏病合并妊娠的风险常发生在妊娠 32～34 周、分娩期和产后 72 小时内。入院后医师虽然诊断出本疾病，但未做出在医方严密监视下主动结束妊娠的决定，当晚 20：00 已出现不规则宫缩，又未及时处理。使孕妇叠加于三重风险中（隐瞒病史、首诊未识别孕妇心脏病及临产后未及时终止妊娠）。尽管在产程中做了产钳助产，仍未免死亡结局。

【流程点评】

1. 首诊医院未能发现孕妇心脏病是错误的。

2. 此后二级医院及时再次转诊流程正确。

3. 等待自然分娩时流程错误：入院后正处于一个高风险时节，即心脏病患者妊娠 34^{+2} 周时，没有主动及时终止妊娠。

4. 正确流程：详细全身体检→经检查初步确诊心脏病并进行心功能评估→病危报告（家属和产科安全办公室）→开通临床辅助检查的绿色通道迅速请内科会诊→抗心力衰竭治疗，告知家属病情→立即剖宫产终止妊娠→产后 ICU 继续抗心力衰竭治疗→对患者先天性心脏病做进一步处理。

产科病案 10——妊娠合并阑尾炎

【病例临床过程】

孕妇，37 岁，G1P0，妊娠 32^{+3} 周。孕前有右侧卵巢（小）畸胎瘤史，妊娠期产前检查正常。入院当日晨起感觉右下腹轻度疼痛，早饭后自觉右下腹痛逐渐加重，就诊后入某三级综合性医院妇产科病房。患者体温 37.5℃，血常规 WBC $18×10^9$/L，中性白细胞 90%，腹部隆起，右下腹部触痛不明显，胎动胎心正常，宫高 30cm，腰围 90cm，妇产科医师检查后高度怀疑为阑尾炎。有右卵巢畸胎瘤病史。

上午 9：00 患者自请外科医师会诊确诊妊娠合并急性阑尾炎。入院后腹痛未再加重反而有所减轻。因患者为本院医师，会诊医师未在会诊记录上给出治疗建议。入院当日下午医院组织多学科会诊，妇产科医师根据妊娠合并急性阑尾炎处理原则，决定请外科医师手术。于当日下午 17：00 入手术室由外科医师行阑尾切除术。手术切口选择右下腹麦肯伯尼点（麦氏点）稍上方，进入盆腔见"盆腔内较多稀薄黄色脓液，未见阑尾"。向上方延长切口至 8cm，探查阑尾呈急性炎症，可见阑尾尾端溃烂穿孔处明显脓性炎症，有脓苔附于阑尾表面，阑尾 - 盲肠处水肿并不明显，常规切除阑尾，清理盆腔脓液。术后给予"三联"抗生素抗感染治疗。持续硫酸镁静脉滴注以预防早产发生。

术后孕妇开始有不规律子宫收缩，明显较术前增多。持续给予"抑制"宫缩药物。术后 3 天血常规恢复正常，静脉给予地塞米松 5mg×3 天，术后 8 天切口拆线。至阑尾切除后第 9 天孕 33^{+5} 周时，患者腹部阵发性疼痛，不剧，无恶性呕吐，腹胀明显，肛门排气减少。外科检查：切口愈合良好。腹部没有明显压痛点，触诊不满意（因子宫），听诊肠鸣音少、弱。怀疑为"不全肠梗阻"。

产科检查：子宫敏感，仍有不规律宫缩，每小时 1～5 次，胎心正常。患者拒绝 X 线摄片。临床按肠梗阻治疗，给予禁食、胃肠减压、营养支持，并继续保胎治疗。患者逐渐腹痛好转，仍诉明显腹胀，夜里开始没有肛门排气。至阑尾切除术后第 10 天，外科医师查房听诊肠鸣音消失，诊断"麻痹性肠梗阻"，希望终止妊娠再继续治疗。当日在硬膜外麻醉下行剖宫产术 + 右侧卵巢畸胎瘤剥除术。剖宫产顺利，女婴，2600g，Apgar 评分 10 分。剖宫产后肠蠕动即恢复正常，切口愈合正常，按时拆线。

新生儿出生后 1 小时，出现呼吸窘迫综合征，转儿童医院治疗（当时肺表面活性物质刚进入临床应用）正常后出院。随访至儿童期无异常。

【相关诊断】

临床诊断：①妊娠 34 周，G1P1，早产；②妊娠合并化脓性阑尾炎，阑尾穿孔，盆腔腹膜炎；③麻痹性肠梗阻；④右卵巢畸胎瘤；⑤早产儿呼吸窘迫综合征。

【风险提示】

1. 妊娠合并急性阑尾炎临床并不少见，妊娠中晚期自觉症状可不明显；孕妇右下腹痛首要考虑合并阑尾炎，治疗原则：手术切除阑尾。

2. 因大网膜不能达阑尾区包绕感染部位，容易发生阑尾穿孔形成弥漫性腹膜炎。患者发病至穿孔仅在 10 小时之内，有致命风险，必须尽早尽快手术治疗。

3. 本例患者术后可能出现不全肠梗阻、麻痹性肠梗阻，增加了威胁孕妇生命的风险。

4. 胎儿可能因各种原因早产，产程风险加大。

【流程点评】

1. 此例患者是本院医师，在正常上班时间入院，护士没有及时报告医师，不符合就诊流程处理要求。

孕妇入院评估流程错误：孕妇入院后，病房护士未按常规流程向管床医师或值班医师报告新增患者。当外科医师会诊后初步诊断妊娠合并急性阑尾炎时，仍无人向医师报告（医师均在手术中）。

2. 在院内应按正规流程手续请会诊，会诊医师必须做会诊文字记录。但患者自己请外科教授，后补会诊单，会诊医师未在会诊单上做记录。说明缺乏正确流程概念。

3. 不全肠梗阻非手术治疗，病情持续并＞12小时不缓解，采取手术治疗。妊娠期＞34周行剖宫产均符合流程要求。

正确流程：入院后常规护士汇报床位医师→床位医师立即检查→开出医嘱、请求急会诊→外科医师会诊确诊→决定急诊手术→手术。可以为孕妇争取至少4小时以上的时间，可能可以避免发生阑尾穿孔。

产科病案 11——羊水栓塞（全子宫切除）

【病例临床过程】

36岁，G4P1，妊娠40⁺⁶周，妊娠期产前检查8次，无异常。妊娠4个多月自觉有胎动。妊娠期无头晕、眼花、胸闷、心悸、皮肤瘙痒等不适。因不规律腹痛1小时，于200×年×月××日10：00入市某二级综合性医院。

体格检查：无异常发现。

产科检查：宫高38cm，腹围103cm，胎儿估计体重4000g。胎方位LOT，胎心率140次/分。肛查：先露头，高位－3，胎膜未破，宫口开1指，宫颈管容受50%。

入院时超声：单胎，头位，BPD 99mm，胎盘功能Ⅲ级，未见其他异常。

入院第2天8：00胎膜自破，羊水呈胎粪样。开始不规律宫缩，查宫口开1cm，考虑胎儿宫内窘迫，8：40急诊行子宫下段剖宫产术，8：45娩出一男婴4100g，Apgar 9～10分。胎盘自然剥离，手术顺利。9：10术毕，按压子宫约20ml暗红色血。9：15患者突然出现寒战，5分钟后测量血压84/40mmHg，血氧饱和度100%，即考虑羊水栓塞可能，启动抢救流程，立即予氢化考地松200mg，静脉滴注，以抗过敏、升压药升压处理，治疗期间血压无明显升高。立即向医院领导汇报。10：00患者腹部切口出现渗血，阴道开始持续流出不凝血，产科主任考虑羊水栓塞、DIC，告知家属病情后，决定行全子宫切除。手术顺利。但羊水栓塞的所有典型体征均相继发生，转入ICU继续治疗数日，病情稳定转入病房。术后第11天产妇痊愈出院。

【相关诊断】

临床诊断：①G4P2，妊娠41⁺¹周，单胎活婴，剖宫产术后；②胎膜早破；③巨大儿；④胎儿宫内窘迫；⑤羊水栓塞；⑥弥散性血管内凝血。

【风险提示】

1. 羊水栓塞是产科最为凶险的并发症，可以发生于任何一次妊娠分娩，多发生于临产后和分娩时。虽然羊水发生率只有1.6～6.1/10万，一旦发生，由于诊断和处理水平不断提高，孕产妇死亡率仍高达20%～35%。因此要求产科工作者对胎膜早破，已临产的孕妇时刻保持对羊水栓塞的风险意识和防范意识，认识共前驱症状，一旦发生快速反应，紧急处理。

2. 羊水栓塞的临床预后与患者的致敏性、羊水栓塞的羊水量，特别是羊水中有形成分有关。此病对孕产妇风险大小莫不可测，甚至可致孕产猝死。大量的羊水及其复杂成分进入孕妇血循环内，使患者生命体征出现急剧变化。剧烈的致敏反应，并有肺动脉高压、全身组织极度的缺氧，随之发生凝血功能障碍导致DIC。这一病例羊水栓塞发生剖宫产术结束，产妇立即出现寒战和血压下降，医师在第一时间考虑到羊水栓塞的可能性，并立即给予药物处理。在出现腹部切口渗血和阴道出血的情况下，及时的做出了子宫切除的决定。大为降低DIC风险及产后出血风险。少数患者在产后15～30分钟发生产后出血，血不光是迟发性羊水栓塞，以DIC为特点，并无血压低肺动脉高压表现。

3. 临床上羊水栓塞发病特点：突然发病，时间就是生命，可以产科急症是对医务人员的临床思维、判断能力、果断决策的严峻考验。羊水栓塞发生，往往伴发前驱症状，医师需当机立断，迅速处理，容不得等待。此时辅助检查可以取样，但切忌等待报告再做判断，否则可能会贻误抢救时机。

4. 第一时间向医院产科安全办公室报告，并按照危重产妇抢救流程逐级上报，各级管理部门能为重症患者的抢救组织多学科会诊及组织血源，已成为重症孕产妇抢救这个流程中不可或缺的部分。实践证明其行之有效。

【流程点评】

流程正确：孕妇是经产妇，未临产胎膜自破，羊水胎粪污染。诊断胎儿宫内窘迫予以剖宫产终止妊娠→根据剖宫产术后即出现寒战症状，临床医师立即考虑到羊水栓塞可能（尽管此时血氧饱和度是100%），并果断启动抢救流程→当出现腹部伤口渗血和阴道出血时→第一时间考虑到羊水栓塞引发凝血功能障碍可能→及时做出切除全子宫的决定→祛除了羊水栓塞的病源病灶→阻断了 DIC 的进展和产后大出血→术后产妇转入 ICU 纠正 DIC，防止严重的缺氧导致重要器官功能衰竭，而使得前期抢救成功转为失败。术后多学科诊治至关重要。

流程正确源于医师对羊水栓塞强烈的风险意识和识别，只有准确识别风险才能预防和控制风险。

产科病案 12——双侧输卵管妊娠

【病例临床过程】

33 岁，G2P1。患者于 8 月 30 日顺产一婴儿。产前、产时产后无异常发现。产后母乳喂养，未避孕。产后第一次月经于产后 6 个月时来潮 10 天，间隔 31 天第二次月经正常来潮。距产后第二次月经 35 天起有阴道少量不规则出血，淋漓 10 天去一诊所，被诊断为月经不调，服中药治疗，服中药治疗第二天开始两下腹阵发性隐痛，未就医，半个月后突然双侧下腹痛加剧，伴头晕、乏力、晕厥 1 次，当晚急诊入院。

入院体检：血压 60/0mmHg，心率 140 次 / 分，面色苍白、四肢湿冷、表情淡漠。重度贫血貌，腹部隆起，全腹压痛、反跳痛明显。血红蛋白 126g/L，红细胞 4.5×10^{12}/L。腹腔穿刺抽出不凝血 3ml。妇科检查：阴道内少量血性分泌物，后穹窿膨出，宫颈举痛明显，宫体正常大小，漂浮感，双侧附件增厚，压痛 +。尿妊娠试验 +。

立即开放两路静脉，快速补液、输血，应用多巴胺、间羟胺（阿拉明）静脉滴注。急诊在持续硬膜外麻醉下剖腹探查术。术中见右侧输卵管增粗为 3cm×3cm×2.5cm，予以切除。其后发现左侧输卵管壶腹部一 1cm×1.5cm 破裂口，局部活动性出血，并有绒毛嵌顿，切除左侧输卵管。腹腔积血 3800ml，术中术后共输血 2500ml，术后恢复好，住院 8 天出院。

【相关诊断】

临床诊断：①双侧输卵管妊娠破裂出血；②失血性休克；③哺乳期。

病理诊断：左侧输卵管妊娠，破裂；右侧输卵管妊娠；镜下两侧输卵管腔内均见绒毛及胚体组织。

【风险提示】

1. 哺乳期女性避孕是最容易被忽视的事件。

2. 哺乳期避孕不能作为正式的避孕方法。产后 34 ~ 40 天既有恢复排卵者，恢复排卵的平均时间是产后 4 ~ 6 个月。90% 女性在产后 2 个月左右能恢复月经。虽由于哺乳影响促性腺激素、泌乳素等激素而导致卵泡发育不良或黄体不全，但并不意味不能妊娠。

3. 哺乳期恢复第一次月经及意味可能有排卵，妊娠可能增加。哺乳期月经不调应及时就诊排除妊娠。

【流程点评】

异位妊娠是已婚育龄期女性常见的急腹症。但哺乳期双侧输卵管妊娠极少见。本案例处理流程及时正确。尤其在血红蛋白"正常"的 126g 的假象（急性失血初期，交感神经兴奋出现的暂时血液浓缩）情况下，医护人员思路清晰，诊断正确，果断救治，及时手术治疗，挽救了患者生命。

产科病案 13——产后会阴Ⅲ度裂伤＋修补术后直肠阴道瘘

【病例临床过程】

第一次就医某院妇产科分娩。

孕妇 41 岁，G2P1，妊娠 39^{+5} 周。产前检查诊断有妊娠期糖尿病。不规律子宫收缩住院，产程进展快，子宫口开全后，接产的助产士给予正中切开，顺产。新生儿体重 3500g，Apgar 评 10 分。总产程 2 小时 50 分钟，分娩后会阴严重裂伤。请一线医师会诊，检查诊断：会阴Ⅳ度裂伤。缝合后，伤口"一期愈合"，但大便失禁。

孕妇自诉 21 年前，在家中分娩第一胎，会阴侧切＋会阴裂伤"严重"，家中由接产医师进行会阴缝合，会阴伤口"正常愈合"。

第二次就医某省省中医院外科。

产妇诉：产后 60 天赴某省中医院就医，由外科医师给予"会阴皮瓣法修补术"（未见手术记录）。术后被嘱在院卧床 16 天。出院时大便"能控制"。术后 40 天左右大便失禁状况好转不明显，大便仍不能控制，并出现阴道内有大便流出。

第三次就医某综合性医院。

患者于第 2 次皮瓣修补术后 36 天再次就医时检查：会阴外观基本正常，会阴体长 2cm。第 1 次会阴左侧切口瘢痕成 15°。第 2 次分娩正中切开瘢痕不明显。隐约见皮瓣转移手术瘢痕。处女膜痕迹不明显，舟状窝消失，距离外阴口向内 2cm 处阴道黏膜水肿明显，组织较硬，直肠指检肛门括约肌无张力，距离肛门口向内 2cm 正中偏右侧一环形水肿瘢痕样凹陷，直径约 1cm，该处通向阴道形成瘘，阴道瘘孔隐约但可见有黄色粪水流出。阴道左侧壁距离阴道外口 2.5cm 处有一凹陷，该处阴道直肠间隔组织薄，水肿明显，直肠检查时该阴道黏膜凹陷处也有少量粪水样物流出。

【相关诊断】

第 1 次就医诊断：①妊娠 39^{+5} 周，G2P2，顺产；②妊娠期糖尿病；③会阴Ⅳ度裂伤。

第 2 次就医诊断：①产后 3$^+$ 个月；②哺乳期；③会阴陈旧性裂伤；④阴道直肠瘘（两个瘘口）；⑤会阴皮瓣修补术后；⑥会阴瘢痕增生。

患者距"会阴皮瓣修补术"后 5 个月再次手术，行阴道直肠瘘修补术＋会阴陈旧性裂伤修补术。术后 5 天会阴外缝线拆线后，会阴手术部位愈合，大便可控。术后 1 个月、3 个月复查会阴正常及肛门括约肌功能。

【风险提示与流程点评】

1. 第一胎在家中分娩，有会阴左侧切开瘢痕明显＋裂伤严重病史。原侧切口角度过小，局部瘢痕形成明显，从风险识别角度看，这些均应该作为一种二胎分娩可能的风险存在。接产者没有风险意识，根据经验和数据，会阴Ⅲ度裂伤的风险常发生在急产、会阴体短、胎头大，沿侧切口撕裂等，反之没有考虑第二胎胎儿可能更大，瘢痕弹性差，有可能造成更为严重的裂伤，但不幸又经阴道分娩，且又做了会阴正中切开，加之急产导致会阴Ⅳ度裂伤。

2. 产后诊断会阴Ⅳ度裂伤，肛门括约肌断裂波及直肠损伤。处理的医师明显经验不足，手术关键步骤（肛门括约肌的缝合）未做，手术失败。导致第 2 次手术。处理者未意识到风险未能识别风险对患者就是最大的风险。对此例严重Ⅳ度会阴裂伤应该请上级医师处理。

3. 本例的错误：首先是由于手术不当，肛门括约肌未缝合，直肠裂伤处理不善，导致大便失禁并且发生阴道直肠瘘，加重局部瘢痕增生，其次是第二次会阴修补手术距离第二胎分娩会阴修补术仅 60 天，常规的第二次手术应至少相距第一次手术 3 个月以上，手术结果不仅没有治疗好疾病，反而加大了再次修补手术困难和再次手术不愈合的风险。

4. 第 3 次直肠阴道瘘修补手术流程正确，距离第 2 次会阴皮瓣修补手术 5 个月时施行了陈旧性会阴裂伤瘢痕切除＋会阴修补、肛门括约肌缝合手术及阴道直肠瘘修补手术。术后会阴伤口一期愈合。肛门括约肌功能恢复正常。

产科病案 14——妊娠合并卵巢良性肿瘤

【病例临床过程】

孕妇 28 岁，月经规律，停经 50 天时，超声检查确诊妊娠同时发现左侧卵巢畸胎瘤，直径 10cm×8cm×8cm。无下腹痛。偶有左下腹胀及牵拉感。某医院门诊医师嘱其注意事项，并建议下次孕 3～4 个月进行产科注册时，复查超声排除生理性囊肿可能。孕妇遵医嘱，在妊娠 13 周时进行全身检查及盆腔超声复查，确诊妊娠合并卵巢肿瘤。妊娠 15 周时转来某院门诊咨询，医师告知妊娠合并卵巢肿瘤在妊娠期及分娩期可能发生的并发症及妊娠期手术与否的利弊，特别是手术可能对胎儿的影响。因偶有的下腹痛及不适，孕妇要求手术治疗。决定在妊娠 16～18 周时腹腔镜手术治疗。

患者妊娠 16[+3] 周时入院，术前全身检查及辅助检查正常，产科检查：子宫增大与停经时间相符，宫底位于脐耻之间，胎心好。经术前讨论：入院第 2 天择期手术。平卧位，气管插管麻醉，腹腔镜手术入径选择：先进行右下腹阑尾点稍上方做第二操作孔穿刺，根据术前超声卵巢囊肿位于子宫左前方，第 3 穿刺点选择在左腋前线平脐水平做 1cm 操作孔穿刺。气腹压力 13mmHg 进行左侧卵巢囊肿剥除手术。术中见：妊娠子宫与妊娠月份相符，右卵巢正常，左侧卵巢肿瘤直径与超声相同，位于子宫左上左侧髂窝上方（腰部）。考虑术前超声检出肿瘤内有类似牙的骨组织，故剪开卵巢表面正常组织，穿刺吸引肿瘤内的液体脂肪部分，缩小部分囊肿后，扩大左侧腋前线平脐操作孔至 2cm，将肿瘤提至该操作孔下，放尽腹腔内 CO_2，直视下将肿瘤内头发、牙及骨组织等自 2cm 操作孔——取出，取出过程中将部分卵巢自 2cm 操作孔提出腹壁外，至囊内容物全部取出后卵巢可全部位于腹壁外。剥除囊壁（送冷冻病理报告良性），剥离面止血后，将卵巢放回腹腔。缝合 2cm 操作孔。重新建立 CO_2 气腹，通过腹腔镜检查手术后的腹腔无异常，放尽 CO_2。总气腹时间 11 分钟。手术结束。在手术室内（手术台上或麻醉苏醒室）行腹部超声检查，确诊胎心正常。

【相关诊断】

临床诊断：①妊娠 15 周，G1P0；②妊娠合并左卵巢畸胎瘤剥除术后。

【风险提示】

1. 妊娠合并卵巢肿瘤的风险在孕期均有不确定的发生。最大风险是妊娠合并恶性卵巢肿瘤。此例因为畸胎瘤在超声图像下清晰可见的牙和骨组织，术前确诊为良性卵巢肿瘤。

2. 畸胎瘤在妊娠期的风险为：卵巢肿瘤蒂扭转。孕妇已经出现数次腹痛，就可能再次发生不能复位的卵巢肿瘤扭转，而导致急诊手术。如果手术发生在妊娠早期或妊娠晚期，均有可能导致流产或早产。妊娠期未手术的卵巢肿瘤在分娩期可能存在产道梗阻的风险。

3. 除上述风险需要明确告知孕妇外，还要告知解释手术时机选择不同风险大小也不同。医师和患者均需权衡手术与否的利弊，但最终决定权在患者。因为手术可能导致的流产及胎死宫内风险结果最终发生在孕妇。如果手术还有麻醉及手术本身对母婴的各种风险。

4. 注意腹腔镜手术第一穿刺口损伤子宫的风险。

告知风险的目的是无论手术与否，医患均有责任将妊娠合并肿瘤导致的风险降至最低，使母胎安全。

【流程点评】

此病例流程详细正确：妊娠早期充分告知妊娠合并卵巢肿瘤的各种风险→孕妇要求手术→手术安排在妊娠 16～18 周（过大的子宫将影响手术视野而导致对子宫的干扰风险加大）→入院择期手术→再次签署各种知情同意书（手术风险告知）→术前各项准备无异议→按期手术→（sigh in）气管插管麻醉→调节好气腹压力 13mmHg →（time out）按术前标记的腹腔镜手术入径畸形观察孔和操作孔穿刺→探查全腹腔→进行左侧卵巢囊肿剥除手术→送肿瘤冷冻病理→辅助小切口→放尽 CO_2 →体外剥除肿瘤→缝合 2cm 切口→重新建立气腹检查术后盆腔正常→放尽 CO_2 →手术结束→腹部超声检查胎心正常→告知家属

手术结果→患者至（sigh out）麻醉苏醒室→完全清醒送入病房。

该病例术中见卵巢囊肿位置较高，第一穿刺选择在脐上 2 ～ 4cm 更容易操作。

病案 15——宫腔镜手术水中毒

【病例临床过程】

女性患者，40 岁，多发子宫肌瘤月经增多 1 年，检查确诊多发性子宫肌瘤，黏膜下子宫肌瘤，贫血中度，入院。每次月经有血块伴头晕，血红蛋白波动在 80 ～ 108g/L，有预激综合征射频消融术手术史。

阴道超声检查子宫后壁宫颈内口上方有一 3cm 的黏膜下肌瘤，80% 凸向宫腔。入院后，全身检查未发现其他异常，在全身麻醉下行宫腔镜黏膜下肌瘤切除手术。宫腔镜检查宫腔正常，输卵管开口正常，宫颈内口上方左侧子宫壁延续至子宫后壁下段一黏膜下肌瘤 3cm 大小，80% 凸向宫腔。患者要求腹腔镜下同时剥除子宫浆膜下肌瘤及宫腔镜下切除黏膜下肌瘤。

宫腔镜手术顺利，膨宫压力 120 ～ 140mmHg，液体总量 17000ml 流出量约 11 200ml，肌瘤蒂部宽，手术终末时膨宫液体流出较快，此时麻醉师第一次检测血气报告血钠 128 mmol/L（该院麻醉常规是手术开始半小时检测一次血气）。立即停止宫腔镜手术。腹腔镜建立 CO_2 气腹，进入腹腔后见，腹腔内液体 1000ml，剥除浆膜下肌瘤顺利。此时输液 500ml，出血约 100ml，尿量 3000ml。

立即给予 10% 氯化钠 30ml 加入 5% 平衡液 500ml 静脉滴注，呋塞米（速尿）20mg 静脉注射。患者苏醒于 PACU 继续观察 4 小时后返病房。

返病房当晚 20：00 检查血钠 130 mmol/L，继续补 10% 氯化钠 10ml，术后第 1 天继续给 10% 氯化钠静脉滴注，当晚复查血清钠 144mmol/L。术后苏醒后患者诉至术后第一天视物模糊，术后第 2 天恢复正常出院。

【相关诊断】

术中诊断：①急性稀释性低钠血症（急性水中毒）；②多发性子宫肌瘤。

【风险提示】

1. 宫腔镜手术的解剖部位、膨宫压力、体位、术中设备管理等诸多因素都使患者处于极大风险中。

2. 随手术至部位创面出现加大上述风险。此例切除大部分肌瘤后流入的液体速度加快，导致短时间内大量液体通过子宫静脉丛进入血循环，风险加大。

3. 医护人员没有准确记录膨宫液体进出量，风险叠加。

4. 宫腔镜电切手术，根据膨宫液体进出量适当提前检测患者血气，以便及早预测稀释性低钠血症风险。

【流程点评】

1. 该例子宫黏膜下肌瘤近子宫内口，应该尽量缩短膨宫时间，可采取电切部分，便于钳能直接抓取肌瘤后停止宫腔镜下操作，改为钳取。

2. 医护忽视准确计算膨宫液进出量流程。该例膨宫液进出量相差明显＞ 1000ml，在不足 1 小时内实际进入血循环的液体＞ 2000ml。

3. 手术医师与麻醉医师术中未有效沟通。按常规手术开始 30 分钟检测患者血气显然不能完全适合于宫腔镜手术，需要改进。

二、辅助生殖病案分析

生殖病案 1——IVF-ET 治疗中的宫内合并异位妊娠

【病例临床过程】

患者女，29 岁，已婚未育。因"停经 59 天，间断性腹胀 14 天"入院。平素月经规律，14 岁月经初潮，5/31 ～ 32 天，量中，无痛经，无性交痛。2017 年 6 月因"输卵管因素（右侧输卵管切除＋左侧输卵管结扎）"行 IVF 治疗，获卵 7 枚，形成 5 枚优质胚胎，新鲜周期移植 2 枚胚胎后受孕。

ET 后 14 天血 -HCG：＞ 1349U/L。

ET 后 18 天及 22 天感全腹胀，伴恶心、呕吐，持续数小时后自行好转，未就诊。

ET 后 30 天患者无明显不适主诉，至门诊行常规超声检查示 GS：23cm×13cm×20mm，见胚芽及胎心，子宫前方见 73mm×38mm 泥沙样回声，子宫后方见 58mm×35mm 泥沙洋回声，右髂窝积液深 21mm，左髂窝积液深 32mm。血常规：白细胞 9.78×10⁹/L；血红蛋白 111g/L；血细胞比容 0.326，CRP8.95mg/L，D- 二聚体 2.09mg/L。嘱 3 天后复查超声。

ET 后 31 天阴道少量咖啡色分泌物，再次感全腹胀，伴恶心、呕吐，后自行好转。

ET 后 33 天患者感腹胀、心慌，偶有恶心，无呕吐，无明显腹痛及肛门坠胀感。复查超声示 GS1：26mm×15mm×22mm，右侧输卵管间质部 GS213mm×10mm×12mm，似见胚芽，未见胎心，子宫前方见 81mm×51mm 泥沙样回声，子宫后方见 48mm×28mm 泥沙洋回声。复查血常规：白细胞 9.3×10⁹/L；血红蛋白 74g/L；血细胞比容 0.226，CRP 69.9mg/L，D- 二聚体 27.41mg/L，入院治疗。

患者入院后，在全身麻醉下行腹腔镜检查。术中探查：盆腔大量积血及血块约 1000ml，子宫前位，增大如妊娠 2 个月。右侧输卵管缺如，间质部增粗呈紫蓝色，向外凸起膨出，见破裂口，喷射状活动性出血，左侧输卵管部分与阔韧带后叶及卵巢致密粘连，左侧卵巢外观正常，右卵巢囊性增大。故行"腹腔镜下右输卵管间质部切除 + 右侧宫角修补术"。手术顺利，术中出血约 200ml，给予心电监测、抗生素预防感染、补液、抑制宫缩治疗，给予静脉滴注悬浮红细胞 2U，新鲜冷冻血浆 300ml。术后保胎纠正贫血等治疗，患者正常产前检查至妊娠 35 周剖宫产一男婴。

【相关诊断】

临床诊断：①宫内合并右侧输卵管间质部妊娠？②失血性贫血；③右侧输卵管切除术后；④左侧输卵管结扎术后。

术中诊断：①早孕；②宫内合并右侧输卵管间质部妊娠，出血；③失血性贫血；④右侧输卵管切除术后；⑤左侧输卵管结扎术后。

【风险提示】

1. 辅助生育技术（IVF-ET）治疗妊娠者，有 3% 发生异位妊娠的风险。

2. 即使双侧输卵管切除患者仍有输卵管残端妊娠发生，即切除双侧输卵管者并非无风险。

3. IVF-ET 治疗中心注重对患者的风险意识宣教有利于降低风险。

4. IVF-ET 治疗 + 宣教得到知识后，患者自我保健意识强（大部分是在求医过程中得到），有异常情况能及时就医更有利于降低治疗风险。

【流程点评】

该例病案患者就医流程和医护处理流程正确清晰：正确的 IVF-ET 治疗流程（包括孕前教育流程）→医护人员丰富的经验 + 清晰的风险意识 + 患者良好的依从性→患者遵医嘱及有不良反应时及时就医检查→严格的随访流程→明确诊断第 2 个孕囊（13mm×10mm×12mm，尽管无胎心）→及时手术→术后正确处理 + 保胎治疗，即处理了异位妊娠，又达到患者得子的治疗目的。

生殖病案 2——重度卵巢过度刺激综合征

【病例临床过程】

患者女，29 岁，主诉：胚胎移植后 9 天，腹胀 3 天。患者因"原发性不孕，男方因素"行 ICSI 治疗，给予"早卵泡长方案"促排卵治疗。患者 AMH3.92ng/ml，体重 44kg，给予促性腺激素启动剂量 100U，HCG 日 ≥ 14mm 卵泡共 10 枚，E₂ 6917.9pmol/l，给予重组人绒促性素（艾泽）6500U 扳机，37 天后取卵 7 枚，获得 6 枚胚胎。5 天后移植 1 枚囊胚，给予常规黄体支持治疗（达芙通 10mg 口服，2 次 / 日 + 雪诺酮 90mg 静脉注射，1 次 / 日）。移植后第 6 天感腹胀，逐渐加重，持续 3 天，患者腹胀严重，无明显腹痛，感胸闷，无气喘，夜间无法平卧入睡，食欲缺乏，尿量较前减少，体重增加 4kg。门诊超声提示腹腔大量积液，右侧胸腔积液深度 56mm。移植后第 9 天拟诊"卵巢过度刺激综合征（重度）"收住入院。

既往史：既往体健，否认"高血压、糖尿病、肝炎、结核"史，2018 年 1 月左侧腹股沟斜疝手术，否认输血史，否认药物及食物过敏史，按时预防接种。

个人及家族史无异常。

月经史：平素月经 15 岁，6～7/34，经量中，无痛经，否认性交痛，生育史：0-0-0-0，初婚。

体格检查：T 36.8℃，P 84 次/分，R 19 次/分，BP 124/83 mmHg，一般情况良好，患者神志清，精神欠佳，检查合作，面色红润，发育正常，营养良好，皮肤黏膜无黄染，浅表淋巴结未及；头颅部：正常；甲状腺正常，无肿大；胸部：乳房发育正常，未及肿块；心率 84 次/分，无杂音，呼吸音清晰；腹部：腹部膨隆，张力大，左侧腹股沟陈旧性手术瘢痕，腹部检查压痛、反跳痛阴性，叩诊移动性浊音阳性，肝脾肋下未触及；脊柱四肢正常，正常生理反射存在，病理反射未引出。

专科检查：外阴：已婚式；阴道：畅，未见前后壁黏膜膨出；宫颈：光；宫体：前位，常大，无压痛；附件：双侧卵巢增大，直径为 6～7cm。

实验室及器械检查：2019-02-02 本院超声：左侧卵巢 51mm×51mm×56mm，右卵巢 64mm×54mm×60mm，均见血流。肝肾隐窝积液 41mm，脾肾隐窝积液 65mm，右髂窝积液 64mm，左髂窝积液 64mm，右 56mm。

入院后予以腹腔穿刺引流腹水 2000ml 及胸腔穿刺引流胸腔积液 600ml。每日监测体重、腹围，记 24 小时出入量，高蛋白饮食，扩容等治疗。入院后查谷丙转氨酶 31.5U/L，谷草转氨酶 36.5↑U/L，总蛋白 44.2 g↓/L 清蛋白 23.6 g↓/L，球蛋白 20.6g/L，纤维蛋白原 5.38g↑/L，凝血酶时间 15.50，D 二聚体 1.08↑mg/L，血细胞比容 40.3%，给予"白蛋白"输注。

移植后 14 天查血 HCG 阳性，患者妊娠状态。共住院 12 天，放腹水 2000ml，胸腔积液 1425ml。给予每日监测体重、腹围，记 24 小时出入量，高蛋白饮食，扩容等治疗，患者腹胀及胸闷症状渐好转，出入量平衡。

出院时复查超声示左卵巢 65mm×70mm，右卵巢 65mm×72mm，均见血流信号，肝肾隐窝积液 0mm，脾肾隐窝积液 0mm，右髂窝积液 27mm，左髂窝积液 17mm，左侧胸腔未见积液，右侧胸腔少量积液，给予拔除腹腔及胸腔引流管；复查血液相关指标：谷丙转氨酶 65.2U/L，谷草转氨酶 30.1U/L，清蛋白 36.2g/L，D 二聚体 2.64mg/L，血细胞比容 34%。出院后监测肝功能。

【相关诊断】

临床诊断：①原发不孕症；②囊胚移植术后；③卵巢过度刺激综合征（重度）。

【风险提示】

1. 卵巢过度刺激发生与促排卵方案有关。传统超促排卵方案发生 OHSS 风险增加。

2. 取卵移植妊娠可加重 OHSS。

3. 重度 OHSS 可发生血管栓塞、成人呼吸窘迫综合征、肾衰竭等并发症，有致命风险。

4. 重度 OHSS 需输入大量白蛋白，住院治疗费用明显增加。

【流程点评】

1. 患者移植 1 周后发病，为迟发型 OHSS。就诊即收入院，及时给予输入白蛋白、引流胸腔积液、腹水等治疗。出院时肝功能、血细胞比容等恢复正常。

2. 若患者早就医可降低风险。

生殖病案 3——取卵后出血

【病例临床过程】

患者女，28 岁，主诉：取卵后腹痛半天。

患者因"输卵管因素"于行 IVF。早晨 9：42 取卵 15 枚，过程顺利，取卵后出现下腹部疼痛，查生命体征平稳，超声示双侧卵巢增大明显，ROV59mm×55mm×40mm，LOV45mm×40mm×40mm，腹腔未见积液，血压 100/60mmHg，心率 68 次 / 分。14：00 患者下腹部持续疼痛，伴头晕、乏力虚汗等症状，无明显恶心、呕吐，复测血压 95/60mmHg，心率 120 次 / 分，复查超声示双卵巢增大，见血流信号，上腹部未见积液，急诊予以蛇毒血凝酶（速乐涓）2U 静脉应用，打开双路静脉通路，急查血常规 HB114g/L，HCT0.32。急诊拟"取卵后出血？"收住入院。病程中患者精神欠佳，尿量较少。2018 年 10 月因 IVF 前多项抗体阳性予以口服阿司匹林 25mg BID 治疗，取卵前 2 天停阿司匹林。

既往史：既往体健。5 年前右输卵管妊娠切除手术史。

入院后体格检查 T 37.1℃，P 110 次 / 分，呼吸 18 次 / 分，血压 100/65mmHg，患者神志清，精神萎靡，检查合作，面色苍白，发育正常，营养良好，皮肤黏膜无黄染……心率 110 次 / 分，无杂音，呼吸音清晰；腹部：全腹软，拒按，全腹压痛阳性，反跳痛不明显，见陈旧性手术瘢痕，肝脾肋下未触及。

专科检查：外阴已婚式；阴道畅，少量血性分泌物，未内检。

辅助检查：本院超声示双侧卵巢增大明显，ROV59mm×55mm×40mm，LOV45mm×40mm×40mm，全腹未见积液。

入院后患者腹痛明显，生命体征平稳，血压波动于 100 ～ 120/70 ～ 80mmHg，心率 110 次 / 分，神清，精神差，面色苍白，肺听诊未闻及明显异常，腹痛拒按。急查血常规提示：白细胞 19.79×10⁹/L ↑，中性粒细胞计数 18.15×10⁹/L ↑，红细胞 0.291 ↓，血红蛋白 95g/L，血细胞比容 26.5%，凝血五项基本正常范围。患者血红蛋白持续下降，考虑腹腔内出血可能性大，予以头孢呋辛钠抗感染、卡络磺钠止血、心电监护、备血等对症支持治疗，密切观察生命体征及腹痛症状，监测血常规及凝血功能。当日夜间急查血红蛋白 71g/L，持续下降，予输注悬浮红细胞 2U+ 新鲜冷冻血浆 200ml。复查血红蛋白 83g/L。后血红蛋白维持在 70 ～ 80g/L，非手术治疗后生命体征平稳。

非手术治疗 5 天后无明显不适，无发热。复查血红蛋白 90g/L，血细胞比容 0.265 ↓。准予出院。

【相关诊断】

临床诊断：①继发不孕；②取卵术后腹痛待查：③腹腔内出血？④卵巢扭转？

【风险提示】

1.IVF-ET 治疗过程中穿刺取卵细胞操作存在卵巢出血风险。

2. 口服阿司匹林史，取卵手术前两日方停药。出血风险叠加。

3. 取卵出血后，给予大量止血药，加之患者雌激素高水平状态，可能存在血栓风险。

4. 此例患者出血明显，血 Hb 下降较快，超声明确提示腹腔内积液，不及时引流，腹腔内感染风险增加。病情的进展已说明风险成为现实。

5. 同时怀疑两种急腹症，没做鉴别诊断，将影响对实际存在的卵巢出血诊治。即诊断不确定时，对患者来说风险加大。

6. 腹腔大量积血的非手术治疗将增加腹腔粘连和感染风险。

【流程点评】

因为患者有多种抗体阳性史，给予口服阿司匹林，与取卵手术相矛盾，故停用药后做取卵手术，但停药与取卵日距离较近，应提前 1 周停服用阿司匹林。

本例 14：00 急诊至入院当日晚血红蛋白由 114g/L 下降至 71g/L，并有心率加快至 110 次 / 分，面色苍白，明显内出血体征。

取卵后卵巢出血，选择非手术治疗还是腹腔镜手术止血治疗，在生殖医师与妇产科医师有不同意见，但无论采用何种治疗方法或出血至何种程度再考虑手术，需要和患者及其家属充分告知。一旦危及生命应积极采取手术止血。取卵后的卵巢多个黄体囊肿形成，不宜对出血的黄体进行黄体囊肿的剥除操作。

生殖病案 4——服药的风险

【病例临床过程】

女，36 岁，不孕 8 年。主诉旅居国外多年，期间曾有两次妊娠（间隔 1 年以上妊娠），第 1 次妊娠 6 周左右自然流产，第 2 次妊娠 17 周时当地检查胚胎停止发育于妊娠 11 周时，其后数日阴道出血自然流产。第 2 次流产后月经量减少，月经周期尚规律。血液检查发现泌乳素增高，当地曾做"脑扫描"，未发现异常，医师给予溴隐停 1/4 ～ 1/2 粒口服，治疗后，定期检查泌乳素在正常范围。曾经在外检查"各种抗体"均阴性，抗磷脂抗体也阴性。男方精液常规检查正常。

两年前回国期间就诊于 ×× 省 ×× 医院生殖中心，给予治疗方案：监测排卵 + 人工授精治疗。就诊数月后人工授精成功妊娠，但第一次检测血 HCG 升高（人工授精第 10 天时），48 小时复查 HCG 时"异常"，其后月经来潮。被诊断为"生化妊娠"。在该生殖中心继续诊治，2018 年 3 月检出抗精子抗体、抗子宫内膜抗体、抗卵巢抗体及抗心磷脂抗体均阳性。其后患者遵医嘱开始口服阿司匹林，因"惧怕"羟氯喹药物不良反应未遵医嘱服药。

其后患者在国外就医行 IVF-ET 治疗，自诉促排卵治疗后取卵 > 10 枚，最终可以移植的胚胎只有 1 枚，被嘱休息后再次促排取卵，待胚胎 2 枚以上时再考虑做胚胎移植手术。患者等待期间自然妊娠，咨询国内生殖中心原给其看病的主诊医师后，除长期服用的阿司匹林和优甲乐外，加服羟氯喹，停用在服用中的 1/4 粒溴隐亭。

患者妊娠 11^{+4} 周开始间断阴道少量出血 3 天，色时红色时咖啡色，当地超声检查时发现宫腔内 6.5mm×6mm 低回声区，胎心正常，胚胎小于正常发育 4 天。诊断为早孕，宫腔内出血。当即停口服阿司匹林，观察。此后，阴道出血渐减少，持续 2 天后出血止。2 周后复查超声，宫腔内出血低回声区未见增大。至妊娠 24 周超声检查"宫腔内出血低回声消失"。

【风险提示与流程点评】

复发性流产在人群中虽然发病率不高，但却是不孕不育治疗中最棘手的，IVF-ET 并不治疗这部分患者。至今有效的治疗方法还在探讨中。对某些多种免疫抗体阳性患者口服药物治疗有效，但同时也带来药物的不良反应，此病例口服阿司匹林有效的治疗了复发流产，成功妊娠。但出现在子宫腔内的出血又导致了另一种风险。因此在临床需平衡某些药物的治疗作用和可能的不良反应。充分告知患者，药物和人体之间达到最佳治疗效果的平衡有时难以确定。此外，异地就医于两个以上主诊医师时，风险增加。

生殖病案 5——门诊不孕症

【病例临床过程】

女，27 岁，因"结婚 2 年未避孕未孕"门诊就诊。患者结婚 2 年，性生活正常，未避孕未孕。月经周期规律，无痛经。外院就医给予行输卵管碘油造影（HSG），结果告知"一侧输卵管不通"，再给予腹腔镜手术 +COOK 导丝疏通治疗，术后示双侧输卵管通畅。双侧输卵管"疏通治疗"术后 1 年仍未避孕未孕，先后为不孕症就医花费 80 000 元人民币后，到省医院生殖中心门诊就诊，被问病史中患者诉多年就医从未被告知做男性精液常规检查。生殖中心当日予以男方精液常规检查，结果显示男方重度少精子症，男科医师建议 ICSI（卵泡浆内单精子显微注射）助孕。

【风险提示与流程点评】

1. 此病案夫妇双方就医过程很常见。不孕夫妇知识常识的欠缺使得患者就医过程中自己财务风险增大（多花钱但未果）。

2. 医者专业知识缺乏（可能有意为之？）导致其夫妇双方诊治流程错误：未进行不孕不育初步筛查流程。应该先检查男方精液常规。女方被过度医疗，遭受不必要的医疗干预而手术损伤、感染等风险加大。

3. ICSI 无须检查输卵管是否通畅。

附录二　妊娠就诊分类标识自测及辅助生殖知识练习

一、妊娠就诊分类标识自测（A 型题）

【考题 1】

孕妇，34 周岁，停经 10 周时在社区卫生中心检查确诊怀孕，并做了三大常规检查无异常。妊娠 16 周时在一家综合性医院开始进行产前检查。按产前检查常规进行的血液生化、超声检查等均正常。

妊娠 23 周时，葡萄糖耐量试验诊断为妊娠期糖尿病，医师嘱饮食控制。饮食控制后，空服血糖很快恢复正常。至妊娠 32 周血常规检查血红蛋白 106g/L。其余项目检查未发现异常。医师嘱注意加强营养，但避免进食过多淀粉类食物。孕妇在妊娠 33^{+4} 周时，在自己 35 岁生日宴会后曾有轻度右上腹疼痛，在医院内科就诊口服 3 天抗生素后疼痛消失。

该孕妇妊娠 36 周产前检查，复查血红蛋白 110g/L。下肢足距小腿关节水肿，其他产科检查正常。孕妇再次产前检查时（妊娠 38 周）述自己在外院做了一次空腹血糖检测"血糖偏高"，要求复查，空腹血糖 5.8mmol/L。

该孕妇妊娠前 BMI 体重指数 24.3kg/m²，妊娠后体重从孕前的 55kg，增加至 70kg。问：

1. 该孕妇妊娠 20 周前的下列分类标识哪项正确（　　　）

A. 绿色　　　　　　　　　　　　　　B. 黄色

C. 橙色　　　　　　　　　　　　　　D. 红色

2. 该孕妇妊娠 32 ～ 35 周的下列分类标识哪项正确（　　　）

A. 黄色　　　　　　　　　　　　　　B. 橙色

C. 橙色 +1 星　　　　　　　　　　　D. 黄色 +1 黑星

3. 该孕妇妊娠 36 周后下列分类标识哪项正确（　　　）

A. 橙色　　　　　　　　　　　　　　B. 黄色 +2 星

C. 黄色 +3 星　　　　　　　　　　　D. 红色 +1 星

【考题 2】

孕妇，26 岁。G2P0，停经 40 天就诊某妇幼保健专科医院，自诉 11 年前发现先天性心脏病，未给予诊治。几年前曾妊娠 7 个月引产后出现咯血等表现，未给予检查和治疗，自愈。否认有其他病史。检查口唇发绀。心率 120 次 / 分，律齐，心前区可闻及 Ⅱ ～ Ⅲ 级收缩期杂音，双肺未闻及明显啰音。肝肋下未及，脊柱无异常。手指呈明显槌状指，指甲发绀。双下肢水肿（＋）。血氧分压严重不足。问：

1. 该孕妇的下列分类标识哪项正确（　　　）

A. 黄色 +2 星　　　　　　　　　　　B. 橙色 +1 星

C. 橙色 +2 星　　　　　　　　　　　D. 红色 +2 星

2. 该孕妇的心功能分级是（　　　）

A. 心功能 Ⅰ 级　　　　　　　　　　B. 心功能 Ⅱ 级

C. 心功能 Ⅲ 级　　　　　　　　　　D. 心功能 Ⅳ 级

3. 下列随访中哪项不最重要（　　　）

A. 动员孕妇终止妊娠　　　　　　　　B. 转到综合性医院随访

C. 有气短胸闷等症状随时就诊　　　　D. 每个月回来做一次产检

【考题 3】

患者 33 岁，G1P0，平时月经规律，妊娠 3 个多月时，在市二级专科医院行正规产前检查。妊娠 25 ～ 27 周时出现血压升高，血压波动，最高达 140/100mmHg，体重增加明显（据门诊记录）。医师嘱减少盐摄入，未做其他处理，正常时间预约。

妊娠 32^{+2} 周进行产前检查，测血压 150/100mmHg，给予拉贝洛尔（柳氨苄心定）50mg，每天 3 次口服降压治疗。

妊娠 33^{+1} 周复诊，测血压 138/96mmHg，尿蛋白（+），复测尿蛋白（-），继续给予拉贝洛尔 50mg，2 次 / 日，口服。

复诊第 2 天因中上腹疼痛 5 小时，至产前检查的医院急诊，考虑胃炎，嘱患者去综合性医院就诊。患者至二级综合性医院内科就诊，测血压 210/110mmHg，给予对症治疗，同时请该院妇产科会诊。考虑"子痫前期重度"，给予解痉、镇静、降压等治疗，并请眼科会诊，进行心电图等相关检查，在诊治过程中，患者突发四肢抽搐，牙关紧闭，神志不清，考虑"子痫"，立即置开口器，给予解痉、降压治疗，即刻通知麻醉科医师到场，留置导尿，开放两路静脉。床旁超声检查提示胎盘早剥可能。待抽搐停止后给予地西泮（安定）镇静，地塞米松应用和利尿治疗，同时开通绿色通道，急诊收治入院。

既往无慢性心、肝、肾等器官慢性疾病史。

门诊就诊病史分析：

血压持续升高 1 个月左右才复诊，未对患者进行系统的检查，未重视体重的变化、主诉症状改变和蛋白尿情况，反给予口服降压药治疗后嘱其 1 周后随访（预约复诊时间过长）。作为血压升高 1 个月的患者，妊娠晚期的密切监护非常重要。

妊娠 33^{+1} 周复诊时也未得到重视，病史询问不详细，全面体检太草率，复诊后 24 小时不到患者即出现严重临床症状，必须对前一天复诊时的检查结果提出质疑，是否存在漏诊。问：

1. 该孕妇妊娠 27 周时，下列分类标识哪项正确（　　）

A. 黄色　　　　　　　　　　　　　　B. 橙色

C. 绿色　　　　　　　　　　　　　　D. 红色

2. 该孕妇妊娠 32^{+2} 周的下列分类标识哪项正确（　　）

A. 黄色　　　　　　　　　　　　　　B. 橙色

C. 橙色 +1 星　　　　　　　　　　　D. 黄色 +1 星

3. 该孕妇妊娠 33^{+2} 周后下列分类标识哪项正确（　　）

A. 黄色 +2 星　　　　　　　　　　　B. 橙色 +2 星

C. 黄色 +3 星　　　　　　　　　　　D. 红色 +1 星

【考题 4】

患者 27 岁，平素月经规律，G1P0，停经 40 天查尿妊娠试验（+），停经后有轻微的恶心等早孕反应，妊娠早期经超声证实为宫内双胎妊娠。妊娠 4 个月自觉胎动。

妊娠 32 周时在某二级医院产科门诊注册，常规进行产科检查，乙型肝炎病毒血清检标志物检测：HBsAg（+），HBsAb（-），HBeAg（+），HBeAb（-）HBcAb（+），肝功能正常，无乏力，食欲缺乏等消化道症状，无皮肤瘙痒。

妊娠 34 周转至某危重孕产妇抢救中心门诊，查 HBV-DNA 1.90×10^7/ml，肝功能正常。

妊娠 36^{+1} 周出现不规则下腹痛和全身乏力，尿色深似红茶色，有明显胃纳减退、恶心呕吐等消化道症状。

妊娠期无头痛，眼花，胸闷，心悸。

既往史：否认有高血压史，无心、肺、肝、肾等器官慢性疾病史。无手术史和输血史，无药物过敏史，无明确的传染病史和有害物质接触史。

病史分析

该病例是双胎合并慢性乙型肝炎。妊娠期有明显的高危因素，但未引起患者足够重视，于妊娠 32 周才开始进行正规的产前检查为时较晚。

首诊医院在发现其 HB V-M "大三阳" 时应及时通知患者并及时转诊。问：

1. 该孕妇孕早期超声提示双胎时，下列分类标识哪项正确（　　　）

A. 黄色　　　　　　　　　　　　　　　　B. 橙色

C. 绿色　　　　　　　　　　　　　　　　D. 红色

2. 该孕妇孕 32 周首诊时，下列分类标识哪项正确（　　　）

A. 黄色　　　　　　　　　　　　　　　　B. 橙色

C. 橙色 +1 星　　　　　　　　　　　　　D. 紫色

【考题 5】

患者 37 岁，平素月经规律，G2P1，10 年前胎儿窘迫在某三级综合性医院行剖宫产术。此次停经 42 天自测尿妊娠试验（+），停经后有轻微的恶心等早孕反应，在家附近医院确诊早期妊娠。超声单胎妊娠，未发现子宫异常。妊娠 4 个月自觉胎动，在某医院产科门诊注册就诊。第 1 次按常规检查后结果均正常。

该孕妇在妊娠 22 周时曾间断有阴道咖啡色分泌物出现 3 天，医院给予超声检查胎盘下缘位于子宫内口上方 3cm，其他正常。此后再未出现阴道排出咖啡色分泌物。至足月妊娠，在严密监护下顺产一婴。问：

1. 根据孕妇第一次检查情况，下列分类标识哪项正确（　　　）

A. 黄色　　　　　　　　　　　　　　　　B. 黄色 +1 星

C. 红色　　　　　　　　　　　　　　　　D. 橙色

2. 孕妇出现阴道咖啡色分泌物后，下列分类标识哪项正确（　　　）

A. 黄色 +1 星　　　　　　　　　　　　　B. 橙色

C. 黄色 +2 星（提示胎盘低置）　　　　　D. 红色

二、辅助生殖知识练习

【考题 1】辅助生殖技术与卵巢过度刺激综合征

34 岁，原发性不孕 3 年，拟行 IVF，取卵后出现下腹痛、水肿、少尿。引起这些并发症最常见的高危因素是（　　　）

A. 高龄孕妇　　　　　　　　　　　　　　B. 卵巢储备功能减少

C. 肥胖　　　　　　　　　　　　　　　　D. 多囊卵巢

【考题 2】合并胃旁路术的患者

32 岁，不孕患者咨询，素食者，胃旁路手术后 20 个月就诊，体重指数 27kg/m²。目前患者有规律的月经周期，且高血压也恢复正常。该患者在怀孕之前最适合且能立刻采取的措施（　　　）

A. 指导性生活　　　　　　　　　　　　　B. 评估营养缺陷

C. 盆腔超声　　　　　　　　　　　　　　D. 试孕前至少观察 6 个月

【考题 3】BRCA1 阳性的卵巢癌家族史患者

30 岁，不孕症患者，年度健康体检就诊。自诉母亲患有乳腺癌，她母亲的整个家系中乳腺癌和卵巢癌患者均属于早期发病。该患者和她母亲已经检测出 BRCA1 基因突变阳性，她目前正在服用口服避孕药（OCs），担心会增加癌变的概率。对于该患者，提供给她最合适的非避孕健康益处的避孕药是（　　）

A. 仅含孕激素的避孕药　　　　　　　　B. 雌孕激素复方的避孕药

C. 醋酸甲羟孕酮　　　　　　　　　　　D. 宫内节育器

【考题 4】子宫内膜异位症和不孕

28 岁，不孕症患者，未避孕未孕 2 年就诊。口服雌孕激素联合避孕药期间无任何症状，在停药后出现渐进性加重的痛经、性交不适及盆腔痛，显著影响其日常生活。双合诊检查提示右侧附件饱满，轻度压痛。阴道超声提示正常子宫，右侧卵巢见直径 5cm 囊肿，内呈絮状强光点回声，提示子宫内膜异位囊肿。最好的手术治疗方式是腹腔镜手术，以提高生育率并减缓疼痛。手术方式是（　　）

A. 囊肿内壁的消融术　　　　　　　　　B. 右侧卵巢切除术

C. 子宫内膜异位灶穿刺术　　　　　　　D. 子宫内膜异位灶内膜剥除术

【考题 5】不明原因的不孕症

31 岁，不孕症患者，未避孕 24 个月未孕就诊。男女双方均健康且无服药史。该患者有规律的月经周期。医师建议行子宫输卵管造影和卵巢储备功能检测，结果均无异常。男方精液分析结果正常。根据这些检查结果，性价比最合适的第一步建议是（　　）

A. 期待治疗 6 个周期　　　　　　　　　B. 克罗米芬促排 3 个周期

C. 宫内人工授精 3 个周期　　　　　　　D. 克罗米芬和人工授精联合 3 个周期

【考题 6】米勒管发育异常

22 岁，米勒发育不全，想有正常的性生活就诊。通过检查，提示 Tanner' 综合征，分期 V 期（乳房发育及阴毛生长成熟期），阴道盲端，深 2cm。下一步最好的处理方式就是为她建立一个功能性的阴道，你认为下列哪种方法最适合于她（　　）

A. 用皮肤移植重建阴道　　　　　　　　B. 利用大肠重建阴道

C. 腹腔镜下阴道扩张　　　　　　　　　D. 序贯阴道扩张

【考题 7】宫腔镜的并发症

35 岁，每次经期出血伴血块，常伴有头晕就诊。超声检查提示宫腔内有 2cm 的团块，考虑黏膜下子宫肌瘤。建议行宫腔镜下肌瘤切除术。用葡萄糖液作为膨宫介质宫腔镜下切除术最常见的并发症是（　　）

A. 子宫穿孔　　　　　　　　　　　　　B. 液体负载（水中毒）

C. 失血过多　　　　　　　　　　　　　D. 低钠血症

【考题 8】激素治疗的风险和益处

妇女健康倡议机构（WHI）关于绝经期女性使用激素治疗的大型研究，包括 2 个随机对照临床试验组：一组是有子宫的女性服用雌孕激素，一组是无子宫的女性服用单纯的雌激素。这项研究提示雌孕激素的使用并不能改善以下的主要结局（　　）

A. 痴呆　　　　　　　　　　　　　　　B. 心血管疾病

C. 直肠癌　　　　　　　　　　　　　　D. 髋部骨折

【考题 9】子宫内膜异位症

33 岁，不孕症患者，未避孕 14 个月未孕就诊。自诉有严重的痛经及深部性交痛。阴道超声提示有一 6cm 的卵巢子宫内膜异位囊肿。下一步改善患者的症状并增加未来 6 个月内的受孕率，最好的具体建议是（　　）

A. 腹腔镜下子宫内膜异位囊肿切除术　　B. GnRH 激动剂治疗 3 个月

C. 宫内受精　　D. IVF

【考题 10】男方因素的不孕

女 36 岁，不孕症患者，未避孕、未孕 8 个月就诊。男方因勃起功能障碍（ED）无法射精，活力低下、性欲低下、易疲劳。体检还提示高泌乳素血症及垂体微腺瘤。改善男方症状最可能的治疗（　　）

A. 多巴胺激动药　　B. 枸橼酸西地那非

C. 睾酮补充剂　　D. 克罗米芬

【考题 11】垂体大腺瘤

24 岁，女，主诉：头痛、闭经、双侧乳房溢乳 6 个月就诊。实验室检查：PRL 325ng/ml，TSH 1.25mU/L。MRI 见 13mm 包膜清晰的垂体腺瘤。视野检查正常。胰岛素样生长因子 -1、游离甲状腺素、清晨及下午皮质醇的检测均提示正常。但 FSH 和 LH 激素水平低下。该患者最适合的治疗（　　）

A. 观察 3 个月后复查 MRI　　B. 多巴胺激动药

C. 生长激素抑制药　　D 神经外科经蝶鞍手术

【考题 12】肾上腺功能早现

6 岁女童，母亲陪伴就诊。发现阴毛生长 5 个月。体检提示 BMI 26kg/m²；乳房发育，Tanner 分期 I 期（幼女型），阴毛发育 Tanner 分期 III 期（阴毛变粗而卷曲，色深稀少）；骨测量提示轻度生长。实验室检查：雄烯二酮、睾酮、17- 羟孕酮、TSH 均提示正常；DHEAS（硫酸脱氢表雄酮）相对女童年龄稍有升高。该女童可能发展下述的情况（　　）

A. 多囊卵巢综合征（PCOS）　　B. 成人型的先天性肾上腺增生（类固醇 21- 羟化酶缺乏症）

C. 库欣病　　D. 雄激素性肾上腺腺瘤

【考题 13】子宫肌瘤栓塞

38 岁，女性，子宫肌瘤伴明显症状，咨询治疗方案就诊。该患者欲生二胎，咨询子宫肌瘤栓塞的治疗方法。对此，告知患者并使其了解子宫肌瘤栓塞后最常见的并发症（　　）

A. 感染　　B. 大出血

C. 长期有异味的阴道排液　　D. 栓塞后综合征

【考题 14】避孕套失败和紧急避孕

24 岁，4 天前性生活避孕套破裂，听说有药物可以避免怀孕而就诊。这种情况下，你最好建议她紧急避孕的口服药是（　　）

A. 因为时间周期的原因可以不需用药　　B. 大剂量的复方口服避 A 药

C. 单次剂量左炔诺孕酮治疗方案　　D. 单次剂量的醋酸乌利司他

【考题 15】迟发型先天性肾上腺增生

26 岁，不孕患者，因月经周期不规律，想怀孕而就诊。因痤疮及多毛曾就诊于皮肤科，剃胡须已有 10 年了。体检：面部痤疮、上唇及下颌绒毛胡须，无男性化体征和症状。TSH 水平正常。为进一步诊断，下一步的检查应该有（　　）

A. 睾酮全套
B. 清晨卵泡 17α- 羟孕酮
C. 清晨黄体 17α- 羟孕酮
D. 泌乳素

【考题 16】卵巢储备功能的检测

32 岁，未避孕未孕 1 年就诊。通过评估，男方精液分析正常，子宫输卵管造影（HSG）正常，对于卵巢储备功能的检测是（　　）

A. 卵泡生长激素（FSH）水平
B. 克罗米芬刺激试验
C. 抗米勒管激素（AMH）水平
D. 抑制素 B 水平

【考题 17】慢性盆腔痛

29 岁，G2P1，子宫内膜异位症分期 II 期，行腹腔镜下子宫内膜异位症切除术。有长期的周期性慢性盆腔痛、深静脉栓塞病史、凝血因子 V（F V Leiden 因子 V）基因突变阳性。手术后随访期间，患者咨询术后能减少复发率，同时不增加血栓发生的风险。

对减少患者长期慢性盆腔痛的最好的建议（　　）

A. 每月一次的非甾体抗炎药（NSAIDs）
B. GnRH 激动剂
C. 左炔诺孕酮宫内节育器
D. 持续的复方口服避孕药

【考题 18】机器人辅助手术的并发症

42 岁，经产妇，症状性子宫肌瘤，对机器人辅助全子宫切除术进行术前咨询就诊。作为咨询内容的一部分，应该告知患者所有可能出现的并发症，以及相比其他的手术方式，如腹腔镜辅助手术、传统的子宫切除术的风险可能相对多或大些。她应该了解到子宫切除术可能出现的并发症，但可能性最小的是（　　）

A. 阴道残端愈合不良
B. 感染丙型肝炎
C. 小肠梗阻
D. 大出血

【考题 19】闭经

28 岁，不孕症患者，停用周期性口服避孕药后闭经 18 个月前来就诊。每周运动约跑 50km，体重指数 19kg/m²。实验室检查：FSH 5.0mU/ml，LH 2.5mU/ml，PRL 12ng/ml，TSH 2.1mU/ml，雌二醇 15pg/ml。无高雄激素血症的症状表现。对此，你考虑的诊断有（　　）

A. 口服避孕药后的药物性闭经
B. 功能性下丘脑性闭经
C. 多囊卵巢综合征
D. 卵巢功能不足

【考题 20】关于捐供精

一位健康的 53 岁的捐精志愿者，被采集病史和家族史时，他提供的家族史：有二位表弟均在 20 岁左右死于突发的心搏骤停；没有进行下一步的评估。你担心这个潜在的捐精者可能有遗传风险，易致他和他的子代患心搏骤停。采用以下哪个步骤最合适（　　）

A. 医护人员拒绝捐精者
B. 捐精者遗传学检测
C. 继续实施供精人工授精
D. 捐精者遗传咨询

附录三 答 案

一、妊娠就诊分类标识自测

考题 1

1.B

2.A（**理由**：妊娠 33⁺⁴ 周时过了 35 岁，符合 ≥ 35 岁，其他的如轻度贫血、饮食控制正常的血糖，不做诊断依据。）

3.A（**理由**：年龄 ≥ 35 岁，妊娠期糖尿病、$BMI \geq 24kg/m^2$。）

考题 2

1.D（**理由**：心功能Ⅲ级、肺动脉高压、右向左分流型先天性心脏病

2.C 3.D

考题 3 1.A 2.B 3.B

考题 4 1.A 2.D

考题 5 1.B 2.C

二、生殖生育知识练习

考题 1 D

考题 2 C

考题 3 D

考题 4 D

考题 5 C

考题 6 D

考题 7 B

考题 8 C

考题 9 A

考题 10 B

考题 11 D

考题 12 B

考题 13 D

考题 14 D

考题 15 A

考题 16 C

考题 17 B

考题 18 B

考题 19 A

考题 20 D